Schmidt, Staats- und Verwaltungsrecht
Pflichtfachstoff für Übung und Examen

Juristische Lernbücher 27

ISSN 0340-5974

Staats- und Verwaltungsrecht
Pflichtfachstoff für Übung und Examen

von

Dr. iur. Walter Schmidt

Professor an der Johann Wolfgang Goethe-Universität
Frankfurt am Main

2., überarbeitete Auflage

Luchterhand

Die Deutsche Bibliothek – CIP-Einheitsaufnahme
Schmidt, Walter:
Staats- und Verwaltungsrecht : Pflichtfachstoff für Übung und Examen / von Walter Schmidt. – 2., überarb. Aufl. – Neuwied;
Kriftel ; Berlin : Luchterhand, 1994
(Juristische Lernbücher; 27)
ISBN 3-472-01846-1
NE: GT

Satz: Satz-Offizin Hümmer GmbH, Waldbüttelbrunn
Druck, Bindung: Wilhelm & Adam, Heusenstamm
Printed in Germany, April 1994

Vorwort

Spätestens die konzentrierte Vorbereitung auf das Referendarexamen nötigt die Studenten, ihre Arbeit an den Stichworten des Pflichtfachkatalogs der Prüfungsordnung auszurichten und entsprechend zu organisieren. Als Zeitaufwand für die systematische Wiederholung und Aufbereitung des examensrelevanten Wissensstoffs wird gewöhnlich ein Jahr angesetzt. Dieser Zeitraum beschreibt eine Erfahrungsgrenze für die Speicherung von Präsenzwissen: Was vor mehr als einem Jahr durchgearbeitet wurde, ist meist nicht mehr ohne weiteres abrufbar und muß neu gelernt werden. Andererseits läßt sich nur auf der Grundlage von Vorkenntnissen der gesamte Lernstoff auf ein Jahr verteilen. Der zeitliche Anteil der einzelnen Kernfächer bleibt dabei jeweils knapp genug. Für das Staats- und Verwaltungsrecht beträgt er, gemessen an dessen Anteil an Klausuren und mündlicher Prüfung, rund ein Viertel, also etwa drei Monate. Mehr steht auch nicht für eine besonders gründliche Vorbereitung auf die Vorgerücktenübung im öffentlichen Recht zur Verfügung. In dieser Zeit können Staatsrecht, Allgemeines und Besonderes Verwaltungsrecht, Verfassungs- und Verwaltungsprozeßrecht nicht aufgrund jeweils besonderer Lehrbücher (erneut oder erstmals) durchgearbeitet werden (von den Bezügen zum Völkerrecht und zum Europarecht hier gar nicht zu reden). Zudem wäre es mit der Lektüre selbst von vier bis fünf Lehrbüchern nicht getan; hinzu kommt ein Grundstock wichtiger Gerichtsentscheidungen, wobei die studienbegleitenden Ausbildungszeitschriften fortlaufend neue Entscheidungen herausstellen.
Die notwendige Auswahl aus der Überfülle des Stoffangebots ist von den Studenten allein nicht zu leisten. Ihnen muß deshalb neben den nach wie vor wichtigen Lehr- und Lernbüchern eine Art Kurzlernbuch zur Verfügung gestellt werden, das auf dem wissenschaftlichen Niveau, das anschließend in der Prüfung von den Kandidaten verlangt wird, einen Gesamtüberblick über den Pflichtfachstoff gibt, dazu besonders gekennzeichnete Nachweise für die vertiefende Lektüre und weitere stärker methodische Hinweise zum »gewußt wo« und »gewußt wie«. Ein solches Kurzlernbuch zielt auf das vor allem im Examen, aber auch in Übungsklausuren (wenn sie nicht ermogelt, sondern so ernst genommen werden wie eine Examensklausur) erforderliche Präsenzwissen. Was an Präsenzwissen mitsamt dem dazugehörigen Verständnis der Zusammenhänge von den Studenten und Kandidaten verlangt wird, muß auch in einer Lernanleitung entsprechend knappen Umfangs darstellbar sein. Wer das bestreiten wollte, müßte sich folgerichtig aus dem Prüfergeschäft, damit aber auch schon aus der Lehre zurückziehen. Im Lehrangebot der Universitäten entspricht eine solche Anleitung den Examensvorbereitungskursen neben den großen Hauptvorlesungen oder -kursen. Dement-

sprechend beruht das hier vorgelegte Buch auf Erfahrungen, die über mehrere Semester mit begleitenden Skripten zu einem Examinatorium im öffentlichen Recht gemacht wurden.
An den Bedürfnissen einer konzentrierten Stoffaufbereitung orientieren sich die Art der Darstellung und die Auswahl der Nachweise. Die Darstellung ist knapp und thesenhaft, wo es nur um das Referat eines weithin unstreitigen Teilgebiets geht oder wo sich ein Streit seit langem festgefahren hat; sie ist ausführlicher, wo die Diskussion im Fluß und stärker auf unterschiedliche Entwicklungen und Lösungsansätze offen ist. Die Nachweise aus Rechtsprechung und Literatur können notwendig nur eine sehr begrenzte Auswahl bieten. Mit ihnen braucht nicht der Fachwelt Gelehrsamkeit demonstriert, sondern den Studenten eine Lernhilfe gegeben werden. Innerhalb der Auswahl sind die Einzelnachweise weiter abgestuft; es bedeuten

(L) Lernstoff,
(F) eine (meist neuere) Fundstelle als Beleg für im Text referierte Positionen oder Nachweise eines Beispiels,
(V) zur Vertiefung.

Zu diesen Fußnotennachweisen kommen die im Text genannten Normen (Artikel oder §§): Sie sollten immer gelesen werden, ebenso die mit (L) gekennzeichneten Gerichtsentscheidungen, die übrigen Fundstellen je nach individuellem Bedarf, dabei die Vertiefungsnachweise (V) je nach verfügbarer Zeit. Bei Lehrbuchzitaten sind meist Alternativfundstellen angegeben, von denen jeweils nur eine gelesen zu werden braucht.
Für die 2. Auflage sind Text und Nachweise durchgehend aktualisiert worden. Meinen Mitarbeiterinnen bin ich sehr zu Dank verpflichtet. Frau Luise Mehrling hat geduldig und aufmerksam einen druckgeeigneten Computersatz erstellt und dabei schon zur Bereinigung verbliebener Fehler beigetragen. In einer früheren Arbeitsphase haben Frau Assessorin Ulrike Brugger und Frau Rechtsreferendarin Angelika Oppermann die Aktualisierung einzelner Abschnitte und der Nachweise aus anderen Lehrbüchern vorbereitet. Beim letzten und eigentlichen Arbeitsdurchgang hat Frau Rechtsreferendarin Marlene Schmidt an vielen Stellen die einzelnen Gesetzesnachweise ergänzt und aktualisiert, den gesamten Computersatz kritisch gegengelesen und dabei zahlreiche Verbesserungsvorschläge gemacht, sie und Frau Rechtsreferendarin Corinne Speck Malbran haben mich außerdem nachhaltig bei den Korrekturen unterstützt.
Frankfurt, im Januar 1994 Walter Schmidt

Inhalt

Verzeichnis der durchweg abgekürzt zitierten Literatur

Bull, Hans Peter, Allgemeines Verwaltungsrecht, 3. Aufl. 1991

Degenhart, Christoph, Staatsrecht I, 9. Aufl. 1993

Erichsen/Martens, Allgemeines Verwaltungsrecht, hrsg. von Hans-Uwe Erichsen und Wolfgang Martens, 9. Aufl. 1992

Hesse, Grundzüge, Hesse, Konrad, Grundzüge des Verfassungsrechts der Bundesrepublik Deutschland, 18. Aufl. 1991

Kopp, VwVfG, Kopp, Ferdinand O., Verwaltungsverfahrensgesetz, 5. Aufl. 1991

Kopp, VwGO, Kopp, Ferdinand O., Verwaltungsgerichtsordnung, 9. Aufl. 1992

Maunz-Dürig, Kommentar zum GG, hrsg. von Theodor Maunz/Günter Dürig/Roman Herzog, Bd. 1–4, Stand: Dez. 1992

Maunz/Zippelius, Maunz, Theodor/Zippelius, Reinhold, Deutsches Staatsrecht, 26. Aufl. 1985

Maurer, Maurer, Hartmut, Allgemeines Verwaltungsrecht, 8. Aufl. 1992

Meyer/Borgs, Verwaltungsverfahrensrecht, hrsg. von Hans Meyer und Hermann Borgs-Maciejewski, 2. Aufl. 1982

v. Münch, Ingo/Schmidt-Aßmann, Eberhard, Besonderes Verwaltungsrecht, 9. Aufl. 1992

v. Münch,Ingo/Kunig, Philip, GG-Kommentar, Bd. 1: 4. Aufl. 1992; Bd. 2 (nur *v. Münch)*: 2. Aufl. 1992

Pieroth, Bodo/Schlink, Bernhard, Staatsrecht II – Grundrechte, 8. Aufl. 1992

Schmidt, W., Verwaltungsrecht, Schmidt, Walter, Einführung in die Probleme des Verwaltungsrechts, 1982

Schwerdtfeger, Schwerdtfeger, Gunther, Öffentliches Recht in der Fallbearbeitung, 9. Aufl. 1993

Stein, Stein, Ekkehart, Staatsrecht, 14. Aufl. 1993

Steiner, Udo (Hrsg.), Besonderes Verwaltungsrecht, 4. Aufl. 1992

Stern, Stern, Klaus, Verwaltungsprozessuale Probleme in der öffentlichrechtlichen Arbeit, 6. Aufl. 1987

Schmitt Glaeser, Verwaltungsprozeßrecht, von Walter Schmitt Glaeser, 12. Aufl. 1993

Wolff/Bachof, Verwaltungsrecht, v. Hans J. Wolff/Otto Bachof, Bd. I – 9. Aufl. 1974

Wolff/Bachof/Stober, Verwaltungsrecht, von Hans J. Wolff/Otto Bachof/Rolf Stober, Bd. II – 5. Aufl. 1987

Abkürzungsverzeichnis

aaO	am angegebenen Ort
Abs.	Absatz
Abw. Meinung	Abweichende Meinung
AEPolG	Alternativentwurf einheitlicher Polizeigesetze des Bundes und der Länder
AG	Aktiengesellschaft
AO	(Bundes-)Abgabenordnung v. 16.3.1976
AöR	Archiv des öffentlichen Rechts
ArbGG	Arbeitsgerichtsgesetz i. d. F. v. 2.7.1979
Art.	Artikel
AtG	Atomgesetz v. 1976 i. d. F. v. 15.7.1985 (Sartorius 835)
AtVfV	Atomrechtliche Verfahrensordnung v. 1977 i. d. F. v. 31.3.1982 (Sartorius 836)
Aufl.	Auflage
AuslG	(Bundes-)Ausländergesetz v. 9.7.1990 (Sartorius 565)
BadWürtt	Baden-Württemberg, baden-württembergische(s)
BadWürttBauO	Landesbauordnung für Baden-Württemberg v. 28.11.1983
BadWürttKAG	Baden-Württembergisches Kommunalabgabengesetz i. d. F. v. 15.2.1982
BadWürttPolG	Polizeigesetz Baden-Württemberg i. d. F. v. 13.1.1992
BadWürttStrG	Straßengesetz für das Land Baden-Württemberg v. 11.5.1992
BAG	Bundesarbeitsgericht
BauGB	(Bundes-)Baugesetzbuch v. 8.12.1986
Bay	Bayern, bayerische(s)
BayBauO	Bayerische Bauordnung v. 2.7.1982
BayObLG	Bayerisches Oberstes Landesgericht
BayPAG	Gesetz über die Aufgaben und Befugnisse der Bayerischen Staatlichen Polizei (Polizeiaufgabengesetz) v. 14.9.1990
BayVerf	Verfassung des Freistaates Bayern v. 2.12.1946
BayVerfGH	Sammlung von Entscheidungen des Bayerischen Verwaltungsgerichtshofs mit Entscheidungen des Bayerischen Verfassungsgerichtshofs
BayVerfGHG	Bayerisches Gesetz über den Verfassungsgerichtshof i. d. F. v. 26.10.1962
BBauG	Bundesbaugesetz v. 1960 i. d. F. v. 18.8.1976
Bbg	Brandenburg, brandenburgische(s)

BbgVGPolG	Vorschaltgesetz zum Polizeigesetz des Landes Brandenburg v. 11.12.1991
BBG	Bundesbeamtengesetz v. 1977 i. d. F. v. 27.2.1985 (Sartorius 160)
Bd.	Band
Berl	Berlin, berlinische(s)
BerlASOG	Allgemeines Gesetz zum Schutz der öffentlichen Sicherheit und Ordnung in Berlin v. 14.4.1992
BerlBauO	Bauordnung für Berlin v. 28.2.1985
BFStrG	Bundesfernstraßengesetz i. d. F. v. 8.8.1990 (Sartorius 932)
BGB	Bürgerliches Gesetzbuch v. 18.8.1896 (Schönfelder 20)
BGBl.	Bundesgesetzblatt
BGH	Bundesgerichtshof
BGHZ	Entscheidungen des Bundesgerichtshofs in Zivilsachen (zit. nach Band und Seite)
BHO	Bundeshaushaltsordnung v. 19.8.1969 (Sartorius 700)
BImSchG	Bundes-Immissionsschutzgesetz v. 15.3.1974 i. d. F. v. 14.5.1990 (Sartorius 296)
BJagdG	Bundesjagdgesetz v. 1952 i. d. F. v. 29.9.1976 (Sartorius 890)
BNVO	Baunutzungsverordnung i. d. F. v. 23.1.1990 (Sartorius 311)
BRAO	Bundesrechtsanwaltsordnung v. 1.8.1959 (Schönfelder 98)
Brem.	Bremen, bremische(s)
BremBauO	Bremische Landesbauordnung v. 23.3.1983
BremPolG	Bremisches Polizeigesetz v. 21.3.1983
BR-Dr.	Bundesrats-Drucksache
BRRG	Beamtenrechtsrahmengesetz v. 1977 i. d. F. v. 27.2.1985 (Sartorius 150)
BRS	Baurechtssammlung, begr. v. Thiel, fortgeführt v. Gelzer
BSeuchenG	Bundesseuchengesetz v. 1961 i. d. F. v. 18.12.1979 (Sartorius 293)
BSG	Bundessozialgericht
BSHG	Bundessozialhilfegesetz v. 1987 i. d. F. v. 10.1.1991 (Sartorius 410)
BT-Dr.	Bundestags-Drucksache
BVerfG	Bundesverfassungsgericht
BVerfGG	Gesetz über das Bundesverfassungsgericht v. 1951 i. d. F. v. 12.12.1985 (Sartorius 40)
BVerwG	Bundesverwaltungsgericht
BVwVfG	(Bundes-)Verwaltungsverfahrensgesetz v. 25.5.1976 (Sartorius 100)

BVwVG	Bundes-Verwaltungsvollstreckungsgesetz v. 27.4.1953 (Sartorius 112)
BWahlG	Bundeswahlgesetz v. 1975 i. d. F. v. 21.9.1990 (Sartorius 30)
DJT	Deutscher Juristentag
DÖV	Die öffentliche Verwaltung
DVAuslG	Ausländergesetz Durchführungsverordnung v. 18.12.1990 (Sartorius 566)
DVBl.	Deutsches Verwaltungsblatt
-E	Amtliche Entscheidungssammlung (BAG, BSG, BVerfG, BVerwG)
EGBGB	Einführungsgesetz zum Bürgerlichen Gesetzbuch v. 18.8.1896 (Schönfelder 21)
EGGVG	Einführungsgesetz zum Gerichtsverfassungsgesetz v. 21.1.1877 (Schönfelder 95 a)
EinlALR	Allgemeines Landrecht für die Preußischen Staaten v. 1.6.1794, Einleitung
ESVGH	Entscheidungssammlung des Hessischen und des Württembergisch-Badischen Verwaltungsgerichtshofs
EuGRZ	Europäische Grundrechte-Zeitschrift
(F)	vgl. Vorwort
f./ff.	folgende
FGO	(Bundes-)Finanzgerichtsordnung v. 6.10.1965
Fn.	Fußnote
-G	Gesetz
GastG	(Bundes-)Gaststättengesetz v. 5.5.1970 (Sartorius 810)
GeschlKrG	Geschlechtskrankheitengesetz v. 23.7.1953
GewO	Gewerbeordnung v. 1869 i. d. F. v. 1.1.1987 (Sartorius 800)
GG	Grundgesetz für die Bundesrepublik Deutschland v. 23.5.1949 (Schönfelder 1; Sartorius 1)
GjS	(Bundes-)Gesetz über die Verbreitung jugendgefährdender Schriften v. 1953 i. d. F. v. 12.7.1985 (Sartorius 405)
GmbH	Gesellschaft mit beschränkter Haftung
GO-BT	Geschäftsordnung des deutschen Bundestags v. 1952 i. d. F. v. 2.7.1980 (Sartorius 35)
GüKG	Güterkraftverkehrsgesetz v. 1952 i. d. F. v. 10.3.1983 (Sartorius 952)
GVBl.	Gesetz- und Verordnungsblatt
GVG	(Bundes-)Gerichtsverfassungsgesetz v. 1877 i. d. F. v. 9.5.1975 (Schönfelder 95)
Hamb.	Hamburg, hamburgische(s)
HambBauO	Hamburgische Bauordnung v. 1.7.1986
HambJAO	Hamburgische Juristenausbildungsordnung v. 10.7.1972

HambSOG	Hamburger Gesetz zum Schutz der öffentlichen Sicherheit und Ordnung v. 14.3.1966
HandwO	Handwerksordnung, Bundesgesetz zur Ordnung des Handwerks i. d. F. v. 28.12.1965 (Sartorius 815)
HBO	Hessische Bauordnung v. 31.8.1976
Hess.	Hessen, hessische(s)
HessDSG	Hessisches Datenschutzgesetz v. 11.11.1986
HessJAG	Hessisches Gesetz über die juristische Ausbildung v. 7.11.1985
HessKAG	Hessisches Gesetz über kommunale Abgaben v. 17.3.1970
HessPolOrgVO	Verordnung über die Organisation und Zuständigkeit der hessischen Vollzugspolizei v. 31.1.1974
HessPresseG	Hessisches Pressegesetz v. 20.11.1958
HessStGHG	Hessisches Gesetz über den Staatsgerichtshof v. 12.12.1947
HessStrG	Hessisches Straßengesetz v. 9.10.1962
HessVGH Rspr	Rechtsprechung der Hessischen Verwaltungsgerichte (Beilage zum Staats-Anzeiger für das Land Hessen)
HinterlegungsO	Hinterlegungsordnung v. 10.3.1937 (Schönfelder 121)
h. M.	herrschende Meinung
HRG	Hochschulrahmengesetz v. 1976 i. d. F. v. 9.4.1987 (Sartorius 500)
Hrsg.	Herausgeber
HSOG	Hessisches Gesetz über die öffentliche Sicherheit und Ordnung v. 26.6.1990
i. d. F.	in der Fassung
i. V. m.	in Verbindung mit
i. w. S.	im weiteren Sinn
Jura	Juristische Ausbildung
JuS	Juristische Schulung
JZ	Juristenzeitung
KG	Kommanditgesellschaft
KomKonflGH	Kompetenzkonfliktgerichtshof
(L)	vgl. Vorwort
LadenschlußG	Ladenschlußgesetz v. 28.11.1956 (Sartorius 805)
LM	Nachschlagewerk des Bundesgerichtshofs, hrsg. v. Lindenmaier, Möhring u. a. (Loseblattsammlung; 1951 ff.)
LuftVG	(Bundes-)Luftverkehrsgesetz v. 1922 i. d. F. v. 14.1.1981
m. N./m. w. N.	mit Nachweisen, mit weiteren Nachweisen
MV	Mecklenburg-Vorpommern, mecklenburg-vorpommerische(s)
MVSOG	Gesetz über die öffentliche Sicherheit und Ordnung in Mecklenburg-Vorpommern v. 4.8.1992

Nds	Niedersachsen, niedersächsische(s)
NdsBauO	Niedersächsische Bauordnung v. 6.6.1986
NdsKAG	Niedersächsisches Kommunalabgabengesetz i. d. F. v. 11.2.1992
NdsSOG	Niedersächsisches Gesetz zum Schutz von Sicherheit und Ordnung v. 17.11.1981
NJW	Neue Juristische Wochenschrift
NVwZ	Neue Zeitschrift für Verwaltungsrecht
NW	Nordrhein-Westfalen, nordrhein-westfälische(s)
NWOBG	Gesetz über Aufbau und Befugnisse der Ordnungsbehörden i. d. F. v. 13.5.1980
NWPOG	Gesetz über die Organisation und Zuständigkeit der Polizei im Lande Nordrhein-Westfalen v. 13.7.1982
NWPolG	Polizeigesetz des Landes Nordrhein-Westfalen v. 24.2.1990
OHG	offene Handelsgesellschaft
OLG	Oberlandesgericht
OVG	Oberverwaltungsgericht
OWiG	(Bundes-)Gesetz über Ordnungswidrigkeiten v. 1968 i. d. F. v. 19.2.1987 (Schönfelder 94)
ParteienG	Gesetz über die politischen Parteien v. 1968 i. d. F. v. 3.3.1989 (Sartorius 58)
PersBefG	Personenbeförderungsgesetz v. 1961 i. d. F. v. 8.8.1990 (Sartorius 950)
RG	Reichsgericht
RhPf	Rheinland-Pfalz, rheinland-pfälzische(s)
RhPfBauO	Landesbauordnung Rheinland-Pfalz v. 28.11.1986
RhPfPOG	Polizei- und Ordnungsbehörden Gesetz Rheinland-Pfalz v. 9.7.1993
Rn.	Randnummer
S.	Seite (innerhalb von Normen auch = Satz)
Saarl	Saarland, saarländische(s)
SaarlBauO	Bauordnung für das Saarland v. 10.11.1988
SaarlPolG	Saarländisches Polizeigesetz v. 8.11.1989
SachsAnh	Sachsen-Anhalt, sachsen-anhaltische(s)
SachsAnhBauO	Gesetz über die Bauordnung Sachsen-Anhalt v. 20.7.1990
SachsAnhSOG	Gesetz über die öffentliche Sicherheit und Ordnung des Landes Sachsen-Anhalt v. 19.12.1991
Sächs	Sachsen, sächsische(s)
SächsBauO	Sächsische Bauordnung v. 20.7.1990
SächsPolG	Polizeigesetz des Freistaates Sachsen v. 30.7.1991
SGB I	Sozialgesetzbuch – Allgemeiner Teil – v. 11.12.1975 (Sartorius 408)

SGG	(Bundes-)Sozialgerichtsgesetz v. 1958 i. d. F. v. 23.9.1975
SH	Schleswig-Holstein, schleswig-holsteinische(s)
SHBauO	Landesbauordnung für das Land Schleswig-Holstein v. 24.2.1983
SHLVwG	Allgemeines Verwaltungsgesetz für das Land Schleswig-Holstein (Landesverwaltungsgesetz) v. 2.6.1992
SHPOG	Gesetz über die Organisation der Polizei in Schleswig-Holstein (Polizeiorganisationsgesetz) v. 9.12.1968
SHStrWG	Schleswig-Holsteinisches Straßen- und Wegegesetz i. d. F. v. 30.1.1979
StGB	Strafgesetzbuch v. 1871 i. d. F. v. 10.3.1987 (Schönfelder 85)
StHG 1981	Staatshaftungsgesetz v. 26.6.1981 (durch BVerfGE 61, 149 aufgehoben)
StPO	Strafprozeßordnung v. 1877 i. d. F. v. 7.4.1987 (Schönfelder 90)
st. Rspr.	ständige Rechtsprechung
str.	streitig
StVG	(Bundes-)Straßenverkehrsgesetz v. 19.12.1952 (Schönfelder 35)
StVO	(Bundes-)Straßenverkehrsordnung v. 16.11.1970 (Schönfelder 35 a)
Thür	Thüringen, thüringische(s)
ThürPAG	Thüringer Gesetz über die Aufgaben und Befugnisse der Polizei v. 4.6.1992
TVG	Tarifvertragsgesetz v. 1949 i. d. F. v. 25.8.1969
u. a.	unter anderem
usw.	und so weiter
UWG	Gesetz über den unlauteren Wettbewerb v. 7.6.1909 (Schönfelder 73)
(V)	vgl. Vorwort
VereinsG	Vereinsgesetz v. 5.8.1964 (Sartorius 425)
VersG	Versammlungsgesetz i. d. F. v. 15.11.1978 (Sartorius 435)
Verf	Verfassung
VerwArch	Verwaltungsarchiv
VG	Verwaltungsgericht
VGH	Verwaltungsgerichtshof
vgl.	vergleiche
VVDStRL	Veröffentlichungen der Vereinigung der Deutschen Staatsrechtslehrer
VwGO	(Bundes-)Verwaltungsgerichtsordnung v. 1960 i. d. F. v. 19.3.1991 (Sartorius 600)
VwVfG	Verwaltungsverfahrensgesetz
WaStrG	Bundeswasserstraßengesetz v. 1968 i. d. F. v. 23.8.1990 (Sartorius 971)

WPflG	Wehrpflichtgesetz v. 1956 i.d.F.v. 13.6.1986 (Sartorius 620)
WRV	Verfassung des Deutschen Reichs v. 11.8.1919
z.B.	zum Beispiel
ZPO	Zivilprozeßordnung v. 1877 i.d.F.v. 12.9.1950 (Schönfelder 100)
ZRP	Zeitschrift für Rechtspolitik

A. Grundbegriffe

I. Die Stoffgebiete von Staats- und Verwaltungsrecht; Schwerpunktbildungen und Überschneidungen

1. Staatsrecht

Wer sich einen ersten Überblick über den Stoff des Staatsrechts verschaffen 1
will, braucht dafür nur das GG und einige wenige ergänzende Gesetze. Der Schwerpunkt liegt auf dem Staatsrecht des Bundes; Besonderheiten des jeweiligen Landesstaatsrechts lassen sich von dort leicht erschließen. Anhaltspunkte liefert zunächst die Gliederung des GG in die Abschnitte I–X; für Lernzwecke können die Einzelpunkte etwas anders gruppiert und akzentuiert werden. Vier Stoffblöcke lassen sich so unterscheiden. Zwei davon betreffen Bund und Länder gleichermaßen: (1) die Grundrechte und obersten Verfassungsgrundsätze (wie z. B. Demokratie- und Rechtsstaatsprinzip) sowie – eng damit verflochten – (2) der verfassungsrechtliche und gesetzliche Schutz der politischen Willensbildung. Zwei weitere betreffen nur den Bund: es sind (3) die einzelnen Bundesorgane und (4) die Ausübung der Staatsgewalt des Bundes; sie sind später durch einen Blick auf das jeweilige Landesverfassungsrecht zu ergänzen. Aus den nichtamtlichen Abschnitts- und Artikelüberschriften des GG-Textes[1] und aus ergänzenden Gesetzen, die jetzt jeweils aufgeschlagen und angesehen werden sollten, läßt sich das folgendermaßen zusammensetzen: (1) An erster Stelle stehen die Grundrechte der Art. 1–19 (vollständiger ist die Aufzählung in Art. 93 I Nr. 4 a GG) und die Grundsätze der Art. 20, 28 GG. (2) Diese Grundsätze und von den Grundrechten vor allem Art. 5, 8, 9, 38 I 1, II GG schützen zugleich die politische Willensbildung des Volkes (dazu hier schon Art. 21 I 1 GG); ergänzend gehören hierher das ParteienG, das BWahlG sowie (zugleich im Vorgriff auf verwaltungsrechtliche Fragen) das VersG und das VereinsG. (3) Die obersten Bundesorgane finden sich in den Abschnitten III–VI des GG; sie sind um das BVerfG zu ergänzen (zu diesem Art. 93, 94, 100 GG und das BVerfGG). (4) Von der Staatsgewalt des Bundes, die wir üblicherweise nach Gesetzgebung, vollziehender Gewalt und Rechtsprechung unterscheiden (vgl. Art. 1 III; 20 III GG), interessiert im Staatsrecht vor allem die Gesetzge-

1 Die nichtamtlichen Überschriften sind von den Herausgebern der in einem privaten Verlag erschienenen Vorschriftensammlung dem Text hinzugefügt worden. In den gängigen Sammlungen (z. B. *Schönfelder, Sartorius, Nomos Texte*) stehen sie in Klammern, die amtlichen Überschriften nicht. Die amtlichen Überschriften, die sich erst in neueren Gesetzen finden (vgl. z. B. das VwVfG im Unterschied zur VwGO), sind Teil des Gesetzestextes und können bei dessen Auslegung mit einbezogen werden.

bung, also der VII. Abschnitt des GG. Die vollziehende Gewalt oder Verwaltung ist im Schwerpunkt Gegenstand des Verwaltungsrechts. Aus dem (IX.) Abschnitt »Rechtsprechung« notieren wir neben den schon genannten Vorschriften zum BVerfG die Übersicht über die obersten Bundesgerichte in Art. 95 I GG. Von dem zugehörigen Prozeßrecht wird es im Verwaltungsrecht auf die VwGO ankommen; die anderen Prozeßordnungen gehören teils zum Zivilrecht und Strafrecht (ZPO, StPO), teils zum Arbeitsrecht (ArbGG), teils in die Wahlfächer (FGO; SGG). Zu den Einzelabschnitten über Gesetzgebung, vollziehende Gewalt und Rechtsprechung (VII–IX) gehört als eine Art Querschnittsregelung die »Finanzverfassung«[2] des X. Abschnitts (vgl. Art. 105, 108 GG mit Art. 70–75, 83, 95 I GG). Wie gesagt: die bisherige Aufzählung dient einem ersten Überblick; einige andere Vorschriften werden später noch dazukommen (müssen). So viel läßt sich aber vielleicht jetzt schon erkennen: Wenn vergleichsweise wenige Normen den Rahmen abstecken, werden viele Einzelheiten und die sie verbindenden Zusammenhänge sich erst aus der Auslegung dieser Normen ergeben. Da die letztverbindliche Auslegung des GG dem BVerfG vorbehalten ist (vgl. § 31 BVerfGG), wird dessen Richterrecht zum GG eine erhebliche Bedeutung auch für die Ausbildung im Staatsrecht haben.

2 An dieser Stelle mag eine Zwischenbemerkung erklären helfen, wie die bisher schon nebeneinander gebrauchten Begriffe Staatsrecht und Verfassungsrecht sich zueinander verhalten. Das Verfassungsrecht hat seine Grundlage im Verfassungstext und der diesen Text fortentwickelnden Verfassungsrechtsprechung; das Staatsrecht umfaßt auch die zum Teil nur einfachgesetzlichen materiellen, organisatorischen und Verfahrensregelungen (wie z. B. das ParteienG, das BWahlG, die Geschäftsordnungen des Bundestages und der Landesparlamente). Die Rechtswirkungen der Verfassung beschränken sich jedoch nicht auf das Staatsrecht, sondern erstrecken sich auf alle Rechtsgebiete (also z. B. auch auf das Verwaltungsrecht). Von seiner Wirkung her ist das Verfassungsrecht der umfassendere Begriff; von seiner Textgrundlage her bezeichnet es einen engeren Kreis.[3]

2. Verwaltungsrecht

3 a) Der Überblick über das Verwaltungsrecht läßt sich nicht ganz so rasch und nicht ganz so einfach gewinnen wie beim Staatsrecht. Das liegt zunächst an der Vielzahl unterschiedlicher Verwaltungszuständigkeiten, für die jeweils mehr oder weniger umfangreiche rechtliche Regelungen bestehen, deren Einzelheiten auch von den Fachleuten des Verwaltungsrechts kaum noch ganz überschaut werden können. Aus dieser Überfülle des Verwaltungsrechtsstoffs müssen die Prüfungsordnungen eine Auswahl treffen. An einzelnen Verwaltungszweigen nennen sie gewöhnlich das Polizei- und Ord-

2 So genannt seit dem 6. Gesetz zur Änderung des GG (»FinanzverfassungsG«) vom 23. 12. 1955 (BGBl. I 817).

3 Vgl. (F) *Hesse*, Rn. 18, oder *Stein* § 1 V, oder *Stern*, Staatsrecht I, § 1 V.

nungsrecht (zugleich als Beispiel für die herkömmliche »Eingriffsverwaltung«) und das Baurecht zwischen stärker »eingreifender« Verwaltung im Bauordnungsrecht und planender Verwaltung durch die Bauleitplanung. Die Rechtsgrundlagen dafür fallen überwiegend in die Gesetzgebungszuständigkeit der Länder; eine Bundeszuständigkeit besteht hier nur für das Recht der Bauleitplanung (vgl. Art. 74 Nr. 18 GG sowie das BauGB), so daß schon hier Bundes- und Landesrecht nebeneinander vorkommen. Hinzu tritt in den Bundesländern, die eine gemeindliche Selbstverwaltung haben, das Kommunalrecht auf jeweils landesgesetzlicher Grundlage im Rahmen der verfassungsrechtlichen Gewährleistung des Art. 28 I 2, II GG und zusätzlicher landesverfassungsrechtlicher Garantien.[4] Beim Organisations- und Verfahrensrecht der Gemeinden und Kreise und bei den einzelnen nach ihren Gegenständen unterschiedenen Verwaltungszweigen (wie soeben dem Polizei- und Ordnungsrecht oder dem Baurecht) zeigen sich eine Fülle von Gemeinsamkeiten der Organisationsformen sowie der Entscheidungsbildung und der Entscheidungsformen. Sie lassen sich als »Allgemeines Verwaltungsrecht« vor die Klammer des »Besonderen Verwaltungsrechts« ziehen. Große Teile dieses Allgemeinen Verwaltungsrechts sind jetzt in den Verwaltungsverfahrensgesetzen des Bundes und der Länder geregelt;[5] anderes beruht auf allgemeinen Grundsätzen, die sich in Wissenschaft und Praxis herausgebildet haben, wobei zu dieser Praxis nicht zuletzt die höchstrichterliche Rechtsprechung gehört.[6] Deshalb läßt sich das »Allgemeine Verwaltungsrecht« nicht ohne das Prozeßrecht der VwGO erschließen.

b) Das »Allgemeine Verwaltungsrecht« läßt sich ohne Anschauungsmaterial aus dem »Besonderen Verwaltungsrecht« nicht darstellen. Die von den Prüfungsordnungen ausgewählten einzelnen Verwaltungszweige des »Besonderen Verwaltungsrechts« liefern deshalb zugleich zahlreiche Beispiele für das »Allgemeine Verwaltungsrecht«, können jedoch das für die Darstellung des »Allgemeinen Verwaltungsrechts« erforderliche Material nicht erschöpfend hergeben. Hinzu kommen deshalb weitere Beispielskomplexe, an denen allgemeine Probleme je nach Bedarf veranschaulicht werden, wie z. B. das 4

4 Die Stadtstaaten Berlin und Hamburg unterscheiden nicht zwischen staatlichen und gemeindlichen Aufgaben; Bremen hat mit Rücksicht auf Bremerhaven eine besondere Kommunalorganisation; vgl. im übrigen unten Rn. 186 (mit Fn. 1).

5 BVwVfG und Landesverwaltungsverfahrensgesetze unterscheiden sich vor allem in den einleitenden §§ 1 und 2. Auch die verwaltungsgerichtliche Kontrolle ist, wie sich aus § 137 I Nr. 2 VwGO ablesen läßt, auf eine einheitliche Auslegung hin angelegt. Der Einfachheit halber wird im folgenden grundsätzlich nur das (B)VwVfG zitiert – in Übungs- und Examensarbeiten muß hingegen darauf geachtet werden, ob das Bundes- oder ein LandesVwVfG anwendbar ist.

6 Zunehmend streitig wird, ob diese allgemeinen Grundsätze als »Rechtsquelle« des Verwaltungsrechts anzusehen oder ob sie inzwischen im Richterrecht aufgegangen sind; vgl. (V) *Maurer* § 4 Rn. 1, 23 ff.; *Ossenbühl*, in: Erichsen/Martens § 7 Rn. 92; *W. Schmidt*, Verwaltungsrecht, Rn. 23 mit Fn. 41.

Beamtenverhältnis für Rechtsschutzmöglichkeiten innerhalb der Verwaltungsorganisation oder für Steuerungsmöglichkeiten des Gesetzesvollzugs über Verwaltungsvorschriften. Die Auswahl solcher in den Prüfungsordnungen nicht ausdrücklich genannter Teile des »Besonderen Verwaltungsrechts« wechselt je nach aktueller Bedeutung für die Verwaltungspraxis. So mehren sich in den letzten Jahren die Übungs-und Prüfungsfälle mit ausländerrechtlichem Einschlag. Die Kenntnis des Ausländerrechts (oder des Beamtenrechts) insgesamt wird in solchen Zusammenhängen bei den Studenten jedoch nicht vorausgesetzt; vielmehr genügt die Kenntnis einzelner Rechtsbeziehungen und die Fähigkeit, die einschlägigen Vorschriften zu finden und anzuwenden. Dadurch unterscheiden sich die in den Prüfungsordnungen nicht genannten von den ausdrücklich aufgezählten Teilen des »Besonderen Verwaltungsrechts«. Bei den Letztgenannten wird eine Kenntnis auch der systematischen Zusammenhänge erwartet; sie müssen insoweit vollständiger erarbeitet werden.

Die Stoffmasse des Rechts einzelner Verwaltungszweige (also das »Besondere Verwaltungsrecht«) und ihrer rechtlichen Gemeinsamkeiten (im »Allgemeinen Verwaltungsrecht«) ist auch in der von Prüfungsordnungen ausdrücklich getroffenen oder von den Erfordernissen des »Allgemeinen Verwaltungsrechts« her erschließbaren Auswahl immer noch ungleich größer als die des Staatsrechts. Hinzu kommt das Ineinander von Bundes- und Landesrecht. In jedem Bundesland nehmen sich Teile des Gesamtbildes »Verwaltungsrecht« etwas anders aus. Zwar gibt es in einigen Bereichen Vereinheitlichungstendenzen auch dort, wo den Bundesländern die Gesetzgebungskompetenz zusteht. Sie werden durch eine ständig wachsende Zahl von Staatsverträgen und anderer Abkommen verstärkt,[7] die ihrerseits von Konferenzen der Fachminister (z.B. der Kultusministerkonferenz für das Schulrecht, der Innenministerkonferenz für das Polizeirecht) vorbereitet werden. Dennoch bleibt es dabei: Die Lehrbuchdarstellung namentlich des »Besonderen Verwaltungsrechts« wird durch die landesrechtlichen Unterschiede nicht vereinfacht. Es ist deshalb durchaus verständlich, wenn das Verwaltungsrecht den Studenten auf den ersten (und vielleicht auch noch einen späteren Blick) unübersichtlich und entsprechend schwierig erscheint.

3. Überschneidungen

5 Nach den bisherigen Stoffbeschreibungen scheint zwischen Staats- und Verwaltungsrecht eine deutlich sichtbare Trennlinie zu verlaufen. Gegenstand des Staatsrechts ist die Gesetzgebung; hingegen gehört der Gesetzesvollzug ins Verwaltungsrecht als das Recht der vollziehenden Gewalt. Die Tätigkeit der Regierung als eines obersten Staatsorgans ist Gegenstand des Staatsrechts nur soweit, als es um ihr Verständnis zu anderen obersten Staats-

7 Dazu am Beispiel Hessens (V) *W. Schmidt*, in: Meyer/Stolleis, S. 26ff.

organen geht, hier vor allem zum Parlament; hingegen gehört das Verhältnis der Regierung zu den ihr nachgeordneten Behörden ins Verwaltungsrecht. Spätestens bei der Darstellung der Grundrechte ergeben sich Schwierigkeiten. Da sie auch die vollziehende Gewalt als unmittelbar geltendes Recht binden (Art. 1 III GG), sind die Grundrechtswirkungen nicht ohne die Kenntnis von einigen Grundbegriffen des Verwaltungshandelns verständlich (zu machen). Das gleiche ergibt sich rasch auch aus der Perspektive des verfassungsgerichtlichen Grundrechtsschutzes: er verweist auf den zunächst in Anspruch zu nehmenden fachgerichtlichen[8] Rechtsschutz (vgl. zu dieser Voraussetzung der »Erschöpfung des Rechtswegs« hier schon Art. 94 II 2 GG, § 90 II BVerfGG). Einige Grundbegriffe des öffentlichen Rechts, deren Kenntnis für das Verständnis von Staats- **und** Verwaltungsrecht erforderlich ist, müssen deshalb vor die Klammer gezogen werden, innerhalb derer Staats- und Verwaltungsrecht je für sich stehen. Diese Grundbegriffe beziehen sich auf staatliches Handeln und auf die staatliche Organisation. Das Verwaltungshandeln, das Gegenstand einer zunächst fachgerichtlichen und dann unter Umständen noch verfassungsgerichtlichen Nachprüfung ist, besteht nicht nur aus einzelfallbezogenen Entscheidungen, die unmittelbar auf ein Gesetz zurückgehen. Vielmehr können sich zwischen das Gesetz und seinen Vollzug im Einzelfall noch Rechtssätze schieben, die von der Verwaltung selbst erlassen worden sind (z. B. eine Ausführungsverordnung wie die BNVO zum BauGB oder eine kommunale Abgabensatzung). Um welche Art Rechtssatz es sich dabei handelt (ob um eine Rechtsverordnung oder eine autonome Satzung), richtet sich nach der Art der Verwaltungsorganisation, die den Rechtssatz erlassen hat.

II. Grundbegriffe staatlicher Organisation und staatlichen Handelns

1. Organisationsformen

Die öffentlichrechtlichen Organisationsformen lassen sich der Aufzählung 6
des § 1 I BVwVfG entnehmen. Genannt werden einerseits Bund, Länder, Gemeinden und Gemeindeverbände. Auf der anderen Seite stehen die »sonstigen« juristischen Personen des öffentlichen Rechts: gemeint sind die »sonstigen« Körperschaften des öffentlichen Rechts[9] (neben den Gemeinden und Gemeindeverbänden, die wegen Art. 28 I 2, II GG eine Sonderrolle spielen) sowie die Anstalten und Stiftungen des öffentlichen Rechts. Für die

8 Von »Fachgerichten« spricht das BVerfG und meint damit alle anderen staatlichen Gerichte außer den Verfassungsgerichten. Das schließt nicht aus, daß auch gegen die Entscheidung der Landesverfassungsgerichte Verfassungsbeschwerde erhoben werden kann; (F) BVerfGE 34, 81 (96 m. w. N.).

9 Vgl. § 1 I Nr. 3 HessVwVfG; § 1 I 1 NdsVwVfG.

stofflichen Überschneidungen von Staats- und Verwaltungsrecht kommt es besonders auf die Körperschaft des öffentlichen Rechts an.
Die öffentlichrechtliche Körperschaft ist ein mitgliedschaftlich verfaßter und dabei unabhängig vom Mitgliederwechsel bestehender Hoheitsträger. Sie ist die regelmäßige Organisationsform der öffentlichrechtlichen Selbstverwaltung (eine wichtige Ausnahme sind die als Anstalten des öffentlichen Rechts organisierten Rundfunk- und Fernsehanstalten). Je nach Anknüpfung der Mitgliedschaft (und der hinter der Mitgliedschaft stehenden Selbstverwaltungsinteressen) an den Wohnsitz (also ein Gebiet) oder an persönliche Merkmale (z.B. den Beruf oder die Berufsausbildung) werden Gebietskörperschaften (Gemeinden und Kreise; vgl. Art. 28 I 2 GG)[10] und Personalkörperschaften (z.B. Rechtsanwaltskammern, Ärztekammern, die Universitäten und ihre Teilkörperschaften; vgl. z.B. § 62 I BRAO, § 58 I 1 HRG) unterschieden.
Die öffentlichrechtliche Anstalt ist eine sachlich und personell verselbständigte Verwaltungsorganisation; im Unterschied zur Körperschaft hat sie Benutzer, keine Mitglieder. Sie kann rechtsfähig sein (wie z.B. die öffentlichrechtlichen Sparkassen) und ist nur dann juristische Person. Als nichtrechtsfähige Organisationseinheit ist sie einem anderen rechtsfähigen Verwaltungsträger zugeordnet (z.B. als kommunale öffentliche Einrichtung einer Gemeinde) – die damit zusammenhängenden Einzelheiten interessieren noch nicht hier vorab, sondern erst im Verwaltungsrecht.[11]
Die öffentlichrechtliche Stiftung ähnelt als organisatorisch verselbständigte zweckgebundene Vermögensmasse der privatrechtlichen Stiftung der §§ 80–88 BGB. Wie diese hat sie Nutznießer (oder »Destinatäre«). Im deutschen öffentlichen Recht spielt sie bisher keine herausragende Rolle (als Beispiel wird gewöhnlich die »Stiftung preußischer Kulturbesitz« genannt). Außer zu den hier vorgeführten Abgrenzungen kann sie im Pflichtfachstudium eher vernachlässigt werden.
Schlagwortartig lassen sich die einzelnen Abgrenzungsmerkmale wie folgt zusammenfassen: Körperschaften haben Mitglieder, Anstalten haben Benutzer, Stiftungen haben Nutznießer.

7 Am Rande der staatlichen Verwaltungsorganisation finden sich der mit Teilaufgaben öffentlicher Gewalt »beliehene« Bürger und der »Verwaltungshelfer«. Die Beispiele für den »Beliehenen« reichen vom Notar bis zum Bezirksschornsteinfegermeister. Im Rahmen seiner »Beleihung« (durch Ge-

---

10 Auch Bund und Länder erfüllen diese Begriffsvoraussetzungen einer (Gebiets-)Körperschaft, jedoch bleibt eine solche Zuordnung ohne praktische Bedeutung und deshalb im folgenden beiseite (vgl. auch die Nebeneinanderstellung in Art. 34 S. 1 GG: »Staat oder ... Körperschaft«). Hingegen dient die Kennzeichnung von Bund oder Land als juristische Person der Konstruktion eines vermögensrechtlichen oder haftungsrechtlichen Zurechnungspunktes; (V) *W. Schmidt*, Verwaltungsrecht, Rn. 55.

11 Dazu unten Rdnr. 183.

setz oder aufgrund Gesetzes – Vorbehalt des Gesetzes für die Übertragung von Hoheitsrechten! -) wird der »Beliehene« Teil der staatlichen Verwaltungsorganisation und handelt hoheitlich. Als Beispiel für den »Verwaltungshelfer« werden die Schülerlotsen genannt. »Beliehene« und »Verwaltungshelfer« können Amtshaftungsansprüche gegen den Verwaltungsträger auslösen, der die Aufgabe delegiert hat.[12]

2. Rechtssätze (»Rechtsquellen«)

a) »Rechtsquelle« ist eine Sammelbezeichnung für sehr unterschiedliche **8**
Rechtsgrundlagen, von denen hier nur die für das Staats- und Verwaltungsrecht wichtigen aufgezählt werden.[13] Unstreitig sind die förmlichen, d. h. die in einem vorgeschriebenen Verfahren zu erlassenden und anschließend in vorgeschriebener Form zu veröffentlichenden Rechtssätze – also Verfassung (vgl. Art. 79, 82 GG), Gesetz (vgl. Art. 76–78, 82 GG), Rechtsverordnung (vgl. Art. 80, 82 GG) und autonome Satzung (vgl. z. B. §§ 10–12 BauGB) – sowie das Gewohnheitsrecht solche »Rechtsquellen«. Umstritten ist die Zuordnung des Richterrechts und (mit Bedeutung nur für das Verwaltungsrecht) der Verwaltungsvorschriften und Vollzugsmaximen.

Von den von der Verwaltung selbst erlassenen Rechtssätzen haben Rechtsverordnung und autonome Satzung Vorrang vor abweichenden Einzelfallentscheidungen, d. h. eine andere Entscheidung als im Rechtssatz vorgesehen setzt die vorherige Änderung des Rechtssatzes voraus. Verwaltungsvorschriften und aus einer Einzelentscheidung ableitbare Vollzugsmaximen haben einen solchen Vorrang nicht; von ihnen kann in einem späteren Einzelfall aus zureichenden Gründen abgewichen werden. Diese sogenannte »Selbstbindung der Verwaltung« nur in den Grenzen des Willkürverbots (Art. 3 I GG) gehört noch nicht zu den Fragen, die für Staats- und Verwaltungsrecht gleichermaßen von Interesse sind; sie wird deshalb erst im Zusammenhang des Verwaltungsrechts ausführlicher dargestellt.[14]

b) Der Unterschied von Rechtsverordnung und autonomer Satzung läßt sich **9**
am besten vor dem Hintergrund unterschiedlicher Ausprägungen der Verwaltungsorganisation erklären. Rechtsverordnungen werden von der Regierung oder einem Minister oder einer dem Minister nachgeordneten Behörde auf der Grundlage eines dazu ermächtigenden Gesetzes erlassen (vgl. Art. 80 GG für die Ausführung von Bundesgesetzen).[15] Autonome Satzungen werden von den sonstigen juristischen Personen des öffentlichen Rechts im Rahmen der ihnen verfassungsrechtlich (vgl. Art. 28 II GG

---

12 Zu weiteren Einzelheiten (F) *Maurer* § 23 Rn. 56–60; als Beispiel (F) BVerwGE 84, 244 (247 – Bezirksschornsteinfegermeister); zum Vorbehalt des Gesetzes sogleich Rn. 13, zur Amtshaftung noch unten Rn. 265 ff., 167.

13 Zum Begriff der »Rechtsquelle« (V) *Maurer*, § 4 Rn. 2–4, oder *Ossenbühl*, in: Erichsen/Martens, § 6 I.

14 Dazu unten Rn. 180, 181.

15 Als Beispiele die BauNVO aufgrund § 2 VIII Nr. 1–3 BauGB oder die DVAuslG aufgrund §§ 3 I 2, III 2, IV; 4 II AuslG.

»regeln«) oder einfachgesetzlich (z.B. § 55 HandwO) verliehenen Regelungsgewalt (oder »Satzungsautonomie«) erlassen; besonders wichtig sind hier die Satzungen der Selbstverwaltungskörperschaften.

10 c) Gewohnheitsrecht entsteht durch (1) eine lange allgemeine Übung, (2) von deren Rechtmäßigkeit die Beteiligten überzeugt sind. Eine solche Übung ohne Grundlage in einem Rechtssatz des »geschriebenen« Rechts (Verfassung, Gesetz, Rechtsverordnung oder Satzung) kann sich heute gegen die (Verfassungs- und Verwaltungs-)Rechtsprechung nicht mehr durchsetzen; an dieser Stelle berühren sich Gewohnheitsrecht und Richterrecht.[16] Deshalb und zusätzlich wegen der Regelungsdichte des schon »geschriebenen« Rechts geht es beim Gewohnheitsrecht praktisch nur noch um ältere, örtlich begrenzte »Observanzen«.[17] Umstritten ist, ob es Verfassungsgewohnheitsrecht geben kann. Für Freiheitsbeschränkungen wird die Berufung auf Gewohnheitsrecht für unzulässig gehalten;[18] hingegen wird gelegentlich Verfassungsgewohnheitsrecht als Grundlage eines allgemeinen Aufopferungsanspruchs angenommen.[19]

11 d) Praktisch von großer Bedeutung ist hingegen das Richterrecht. Seine Entstehungsvoraussetzungen und Bindungswirkungen sind weniger formalisierbar als die anderer »Rechtsquellen«. Eine Sonderrolle hinsichtlich der Bindungswirkungen spielt die Verfassungsgerichtsbarkeit (vgl. für das BVerfG § 31 I BVerfGG). An eine fachgerichtliche Entscheidung strikt gebunden sind hingegen nur die Verfahrensbeteiligten und ein später angerufenes Gericht im Rahmen der Rechtskraft der früher ergangenen Entscheidung (vgl. hier schon § 121 VwGO). Im übrigen stellen sich andere Bürger und Behörden auf die Rechtsprechung (vor allem) der (Obergerichte und obersten Bundes-)Gerichte schon deshalb ein, weil sie andernfalls gewärtigen müssen, den nächsten Prozeß in einer vergleichbaren Sache zu verlieren. Der verallgemeinerungsfähige Teil einer gerichtlichen Entscheidungsbegründung erlangt, wenn er von den Gerichten für spätere Entscheidungen wieder aufgenommen wird, eine den konkreten Prozeß überschießende Maßstabsfunktion für gleichgelagerte Fälle – und eben dadurch entsteht Richterrecht.[20] Aus dem Staats- und Verwaltungsrecht ist es nicht mehr wegzudenken. Die Kenntnis der jeweils einschlägigen Rechtsprechung gehört inzwischen zu den wichtigsten Studienanforderungen (auch, aber nicht nur) des öffentlichen Rechts.

---

16 Dazu (V) *W. Schmidt*, Verwaltungsrecht, Rn. 28, 29.
17 Als Beispiel (V) BVerwG DVBl. 1979, 116.
18 (F) *Hesse*, Rn. 368.
19 (F) *Maurer*, § 27 Rn. 1.
20 Etwas ausführlicher (V) *W. Schmidt*, Verwaltungsrecht, Rn. 23–27.

e) Die einzelnen »Rechtsquellen« stehen zueinander in einer Rangordnung, die auch als »Hierarchie der Rechtsquellen« bezeichnet wird. An der Spitze der hier aufgezählten Rechtsquellen steht die Verfassung; es folgen das Gesetz und dann (auf derselben Rangstufe unterhalb des Gesetzes) die Rechtsverordnung und die autonome Satzung (weitere Einzelheiten unten Rn. 20). Im Verhältnis zum jeweils nachgeordneten Rechtssatz spricht man vom »Vorrang«, also z.B. vom Vorrang der Verfassung oder (noch häufiger) vom Vorrang des Gesetzes. Das Richterrecht der Fachgerichte ist dem Gesetz nachgeordnet (vgl. Art. 20 III; 97 I GG) und vom Gesetzgeber in den Grenzen des Verfassungsrechts korrigierbar. Der Rang des Gewohnheitsrechts richtet sich nach seinem Gegenstand und Regelungsbereich (z.B. stehen die erwähnten »Observanzen« auf der Rangstufe einer kommunalen Satzung). **12**

f) Wenn bestimmte Regelungs**inhalte** nur in einer bestimmten Form normiert werden dürfen, spricht man vom **Vorbehalt** dieser **Rechtssatzform.** Praktisch wie theoretisch besonders wichtig ist der **Vorbehalt des Gesetzes**. Die Entwicklung dieses Begriffs gehört nach wie vor zu den aktuellen Streitfragen des deutschen öffentlichen Rechts.[21] **13**

3. Einzelfallbezogenes Verwaltungshandeln

a) Grundkenntnisse von den Erscheinungsformen einzelfallbezogenen Verwaltungshandelns können auch schon für die Beschäftigung mit dem Staatsrecht erforderlich sein (dazu oben Rn. 5). Dabei ist zunächst zu unterscheiden, ob das Verwaltungshandeln unmittelbar auf eine Rechtsfolge gerichtet ist oder nicht. Insofern bestehen Parallelen zu der zivilrechtlichen Unterscheidung zwischen rechtsgeschäftlichem und tatsächlichem Handeln. Dem einseitigen behördlichen Handeln (»mit unmittelbarer Rechtswirkung nach außen«, also gegenüber einem Bürger oder einem anderen rechtlich selbständigen Verwaltungsträger) wird im Verwaltungsrecht zugleich »Regelungs«-Charakter zugesprochen; sein Prototyp ist der Verwaltungsakt (§ 35 VwVfG).[22] Zweiseitige (oder mehrseitige) Regelungen durch öffentlichrechtlichen Vertrag sind wegen des Schriftformerfordernisses der §§ 54, 57, 62 S. 2 VwVfG i. V. m. § 125 BGB (in entsprechender Anwendung) praktisch **14**

21 Zur Unterscheidung von Vorbehalt des Gesetzes, Gesetzesvorbehalt, Parlamentsvorbehalt und Rechtssatzvorbehalt noch unten Rn. 57, 108–110.

22 Einseitiges öffentlichrechtliches Handeln, das auf eine unmittelbare Rechtswirkung (»nach außen«) gerichtet ist und doch nicht alle Merkmale eines Verwaltungsakts erfüllt, ist selten. Als Beispiel kann die behördliche Aufrechnungserklärung mit einer durch öffentlichrechtlichen Vertrag begründeten Forderung genannt werden; vgl. hier schon (F) *W. Schmidt*, JuS 1984, 28ff. (33). Einer solchen Erklärung fehlt die durch das Begriffsmerkmal »hoheitlich« bezeichnete Über- und Unterordnung.

inzwischen selten geworden.[23] Anders als in der privatrechtlichen Rechtsgeschäftslehre, die eindeutig vom Vertragsrecht beherrscht wird, überwiegt im Verwaltungsrecht die einseitig-verbindliche Regelung durch Verwaltungsakt.

15 b) Handlungen, die »unmittelbar« (was hier soviel bedeutet wie primär) nur auf tatsächliche Wirkungen, nicht auf Rechtswirkungen gerichtet und dabei dem öffentlichen Recht zuzurechnen sind (wie z. B. eine unverbindliche behördliche Auskunft), werden »Realakt« genannt. Mittelbare (oder sekundäre) Rechtsfolgewirkungen, die eintreten können, aber nicht müssen (wie insbesondere Schadensersatzpflichten für rechtswidriges tatsächliches Handeln) ändern an der Einstufung als »Realakt« nichts.[24] Das alles gilt auch für tatsächliche Abläufe, die nicht eigentlich als »Handeln« bezeichnet werden können (wie z. B. übermäßige Lärm- und Staubemissionen von einer öffentlichen Straße), deren mittelbare Rechtsfolgen (hier die Verantwortung für einen rechtswidrigen Zustand) aber doch einem Verwaltungsträger zuzurechnen sind; auch sie werden, wenn sie nach öffentlichem Recht zu beurteilen sind, den »Realakten« zugewiesen, die damit zu einem etwas unübersichtlichen Sammelbegriff für all das geworden sind, was kein Regelungselement enthält.[25] Hier sind sie zunächst nur zu Abgrenzungszwecken vorgestellt worden; die Einzelfragen interessieren erst wieder im Zusammenhang des Verwaltungsrechts.[26]

16 c) Wenn Verwaltungsakt, öffentlichrechtlicher Vertrag, Realakt und auch Rechtsverordnung und autonome Satzung als »Handlungsformen« des »Verwaltungshandelns« bezeichnet werden,[27] so darf dies nicht mit den Anforderungen rechts**förmlichen** Handelns verwechselt werden. Solche Formerfordernisse bestehen zwar für den öffentlichrechtlichen Vertrag (Schriftform gemäß § 57 VwVfG) sowie die Rechtsverordnung und die autonome Satzung hinsichtlich ihrer Veröffentlichung, aber nicht für den Verwaltungsakt (vgl. § 37 II VwVfG) und schon von seinen Begriffsmerkmalen her nicht für den Realakt.

23 Dazu und zur Abgrenzung zum privatrechtlichen Vertrag noch unten Rn. 238.

24 Auch insoweit verhält es sich entsprechend dem tatsächlichen Handeln im Privatrecht.

25 Dazu (V) *W. Schmidt*, Verwaltungsrecht, Rn. 212; zum Begriff der »Regelung« (F) BVerwGE 77, 268 (271).

26 Zu den Einzelfragen einer Zuordnung zum öffentlichen oder privaten Recht noch unten Rn. 237.

27 Vgl. aus der Lehrbuchliteratur (F) *Maurer*, Überschrift vor § 13.

4. Gemeinsamkeiten und Unterschiede von Rechtssatz und Verwaltungsakt

a) Gemeinsam ist beiden das Regelungselement oder, in anderer Begriff- **17**
lichkeit: das Entscheidungselement. Die Regelung durch Verwaltungsakt betrifft (konkret-individuell) die Entscheidung eines Einzelfalls (vgl. § 35 S. 1 VwVfG: »Entscheidung«). Die Regelung durch Rechtssatz betrifft (abstrakt-generell) die Entscheidung erst künftig auftauchender (und dann im Verwaltungsrecht gewöhnlich durch Verwaltungsakt zu regelnder) Einzelfälle. Der Rechtssatz kann deshalb auch als »Entscheidung über künftige Entscheidungen« beschrieben werden. Die Beachtung dieser Gemeinsamkeiten kann das Verständnis von Rechtssatzelementen einer (ihrem Anlaß nach nur) einzelfallbezogenen Entscheidung (durch Verwaltungsakt) erleichtern.[28]

b) Unterschiedlich ist jedoch das Regel-Ausnahme-Verhältnis bei den Folgen rechtswidriger Verwaltungsakte oder rechtswidrig erlassener Rechtssätze. Ein rechtlich fehlerhafter Rechtssatz ist grundsätzlich rechtlich unwirksam = nichtig.[29] Ein rechtlich fehlerhafter Verwaltungsakt bleibt grundsätzlich wirksam, so lange und soweit er nicht (von der zuständigen Behörde) zurückgenommen oder im Rechtsbehelfs- oder Klageverfahren vom Gericht aufgehoben wird oder sich durch Zeitablauf oder auf andere Weise erledigt hat; nur ausnahmsweise ist er unwirksam, also nichtig (§§ 43 II, III; 44 VwVfG).

Praktisch bedeutet das: Ein Verwaltungsakt kann auf einem fehlerhaften und deshalb nichtigen Gesetz beruhen und teilt dann zwar den Fehler dieser seiner Rechtsgrundlage, bleibt aber grundsätzlich zunächst wirksam – er bleibt es auf Dauer, wenn sein Adressat oder sonst von ihm Betroffene (vgl. hier schon § 43 I VwVfG) die Rechtsmittelfristen (vgl. §§ 70, 74 VwGO) versäumt haben (vgl. § 79 II BVerfGG).[30]

III. Staats- und Verwaltungsrecht – Staatsgewalt – öffentliches Recht

1. Zur Verwendung privatrechtlicher Formen bei öffentlich-rechtlicher Bindung

a) Verwaltungsakte oder Rechtsverordnungen können nur von Verwal- **18**
tungsorganen erlassen werden, nicht von einer Privatperson. Es handelt sich jeweils um eine typisch öffentlichrechtliche Ausübung öffentlicher Gewalt; es gibt diese Handlungsformen nur im öffentlichen Recht. Auch die öffent-

28 Dazu hier schon (V) *W. Schmidt*, Verwaltungsrecht, Rn. 44, und noch unten Rn. 181.
29 Zu Ausnahmen in der neueren Rechtsprechung vor allem des BVerfG noch unten Rn. 111, 112.
30 Nur ausnahmsweise kann es zur erneuten Sachprüfung kommen; dazu unten Rn. 170.

lichrechtlichen Körperschaften und Anstalten kommen, wie schon der besondere Zusatz »öffentlichrechtlich« angibt, so im Privatrecht[31] nicht vor.[32] Zwar bedient sich die öffentlichrechtlich (als Bund, Land oder sonstige juristische Person des öffentlichen Rechts) organisierte Verwaltung in aller Regel der spezifisch öffentlichrechtlichen Handlungsformen, doch kann sie, soweit Rechtsvorschriften nicht entgegenstehen, auch privatrechtliche Verträge schließen (so kaufen – um unstreitige Beispiele zu nehmen – auch die Behörden ihr Büromaterial oder sie mieten ein Verwaltungsgebäude nach den Regeln des bürgerlichen Rechts). Ein Verwaltungsträger kann bestimmte Tätigkeitsbereiche von vornherein in privatrechtlicher Organisationsform ausgliedern, z.B. eine Nahverkehrs-AG oder -GmbH gründen, die dann allerdings ihren Benutzern mit ausschließlich privatrechtlichen Handlungsformen gegenübertritt, also sowenig einen Verwaltungsakt erlassen darf wie eine Privatperson sonst.[33] Ein Nebeneinander von öffentlichrechtlichen und privatrechtlichen Handlungsformen kann es nur bei öffentlichrechtlichen Organisationsformen geben. **Daß** hier die eine oder andere Handlungsform vorkommen kann, ist außer Streit; hingegen ist streitig, **ob** die öffentlichrechtlich organisierte Verwaltung zwischen öffentlichrechtlichem und privatrechtlichem Handeln **wählen** kann. Die Frage kann sich nur für solche Handlungsformen stellen, die in beiden Rechtsgebieten vorkommen: das sind der Vertrag und das tatsächliche Handeln (im Verwaltungsrecht, nach Zuordnung zum öffentlichen Recht, »Realakt« genannt).

b) Die Zuordnung des Verwaltungshandelns zum Privatrecht entscheidet zwar über die anzuwendenden Vorschriften (z.B. §§ 54ff. VwVfG mit ergänzender Geltung des BGB-Vertragsrechts in entsprechender Anwendung oder BGB direkt) und sie entscheidet über den Rechtsweg. Ein Streit um privatrechtliches Verwaltungshandeln führt als »bürgerliche Rechtsstreitigkeit« gemäß § 13 GVG vor die ordentlichen Gerichte (vgl. als Gegenstück § 40 I 1

31 Hier wie im folgenden wird mit dem im Staats- und Verwaltungsrecht ganz überwiegenden Sprachgebrauch zwischen »öffentlichem Recht« und »Privatrecht« unterschieden. Die Vertreter der Nachbardisziplin bezeichnen ihr Fach zunehmend und mit guten Gründen als »Zivilrecht«.

32 Das schließt nicht aus, »Körperschaft« als einen übergeordneten Begriff zu verwenden, der vorzüglich geeignet ist, gesellschaftsrechtliche Strukturen zu erklären; vgl. (V) *Kübler*, Gesellschaftsrecht, 3. Aufl. 1990, § 3 II (S. 23f.). Im Vereins- und Gesellschaftsrecht gibt es ebenfalls »Satzungen«, aber mit anderen rechtlichen Voraussetzungen und Wirkungen; vgl. §§ 25, 33 BGB.

33 Eine »Rückbeleihung« z.B. einer Nahverkehrs-GmbH mit öffentlichrechtlichen Befugnissen wäre theoretisch zwar konstruierbar, aber sinnwidrig und kommt deshalb praktisch nicht vor; zu den »Beliehenen« oben Rn. 7. Eine Übersicht über die staatliche Verwaltung in privatrechtlicher Organisationsform gibt (V) *Stober*, NJW 1984, 449ff.; schwerer lesbar, dafür in jeder Hinsicht erschöpfend (F) *ders.*, Wolff/Bachof/Stober II, § 104 a (S. 420–451).

VwGO). Jedoch besagt die Zuordnung zum Privatrecht nicht, das Verwaltungsorgan verfüge damit über die gleiche Privatautonomie wie eine Privatperson und habe vor dem ordentlichen Gericht die gleichen Erfolgsaussichten wie diese Privatperson in äußerlich vergleichbarer Lage. Der staatlichen Verwaltung stehen bei der Erfüllung ihrer Aufgaben **nur** die **Formen** des **Privatrechts** zu, **nicht** aber die Freiheiten und Möglichkeiten der **Privatautonomie**; die Normen des Privatrechts werden hier vielmehr durch **inhaltliche Bindungen des öffentlichen Rechts** (z. B. der Grundrechte oder des Grundsatzes der Gesetzmäßigkeit der Verwaltung, Art. 20 III GG) ergänzt, überlagert und modifiziert (sogenanntes Verwaltungsprivatrecht).[34] Diese inhaltlichen Bindungen sind auch für die Entscheidung des Rechtsstreits durch das ordentliche Gericht maßgebend.

c) Mit dieser Aufspaltung nach Form und Inhalt gerät der Begriff »öffent- **19**
lichrechtlich« (»öffentliches Recht«) in die Nähe des Doppeldeutigen und dadurch Mißverständlichen. Deshalb muß bei jeder Erörterung der unterschiedlichen Voraussetzungen und Folgen von öffentlichem Recht oder Privatrecht von vornherein darauf geachtet werden, wovon die Rede ist: **ob** nur von unterschiedlichen Organisations- und Handlungs**formen oder** von dem **inhaltlichen** Gegensatz öffentlichrechtlicher **Bindungen** zur Privatautonomie. Unterschiedliche Organisations- und Handlungsformen (bei gleichbleibender inhaltlicher Bindung) gibt es nur im Verwaltungsrecht. Die Gesetzgebung und die Rechtsprechungstätigkeit der staatlichen Gerichte unterliegen ausschließlich dem öffentlichrechtlichen Organisations- und Verfahrensrecht (– daß die Gesetzgebungsorgane auch privatrechtliche Normen setzen, daß die staatlichen Gerichte auch Streitigkeiten zwischen Privatpersonen entscheiden, steht auf einem anderen Blatt und hat mit der hier diskutierten Unterscheidung von öffentlichem und privatem Recht nichts zu tun). Im Verwaltungsrecht ist die Verwendung privatrechtlicher Organisationsformen schon an den Formerfordernissen für die Entstehung einer juristischen Person des Privatrechts ablesbar[35] und deshalb kein Zuordnungsproblem. Die privatrechtlich organisierte Verwaltung kann nur in privatrechtlicher Form handeln; auch dafür kann es also nicht zu irgendeinem Zuordnungsproblem kommen. Bei der öffentlichrechtlich organisierten Verwaltung bildet der Erlaß von Verwaltungsakten oder Rechtssätzen (Rechtsverordnungen, autonomen Satzungen) kein Zuordnungsproblem: diese Handlungsformen sind immer öffentlichrechtlich. Es bleiben die anderen Handlungsformen und Verwaltungsabläufe, also namentlich Verträge sowie tatsächliches Handeln und tatsächliche Abläufe, die auch im Privat-

34 (F) BGHZ 91, 84; BVerwG NVwZ 1990, 754 = DÖV 1990, 614; aus der Lehrbuchliteratur (L) *Maurer*, § 3 Rn. 9, 13, 31; § 14 Rn. 25; § 17 Rn. 1.

35 Vgl. schon Rn. 18 und auch oben Rn. 16 zum Unterschied zwischen »Form« und Rechtsförmlichkeit.

recht vorkommen. Das praktische Bedürfnis nach einer Abgrenzung von öffentlichem Recht und Privatrecht betrifft also von vornherein eine nur sehr kleine Zahl von Fallgruppen und Fällen. Die Einzelheiten (einschließlich des dafür getriebenen »Theorie«-Aufwands) interessieren erst (und nur) im Rahmen des Verwaltungsrechts.[36] Hingegen hat die Unterscheidung zwischen der öffentlichrechtlichen Bindung jeder Art von Staatsgewalt und der Privatautonomie methodische Konsequenzen für die juristische Arbeit im gesamten Staats- und Verwaltungsrecht; sie ist deshalb vorab genauer darzustellen.

2. Die grundsätzliche Bindung der Staatsgewalt

20 Die Bindung aller staatlichen Organe bei der Ausübung von Staatgewalt ergibt sich aus Art. 1 III; 20 III und Art. 3 I GG. Im einzelnen sind es die Bindung an höherrangiges Recht (Art. 20 III GG), als Bindung an die Grundrechte noch einmal in Art. 1 III GG besonders hervorgehoben, und die Pflicht zur Gleichbehandlung aller von der Ausübung staatlicher Gewalt Betroffenen (Art. 3 I GG).

Auf die Verwaltung und ihre Bindung an höherrangiges Recht bezogen heißt das: Die Verwaltung ist in jedem Einzelfall zunächst an ihre selbst gesetzten Rechtssätze mit Vorrang vor Einzelfallregelungen, also an Rechtsverordnungen und Satzungen,[37] dann an die einschlägigen Gesetze und bei alledem an die Verfassung (und dort ganz besonders die Grundrechte) gebunden. Die rechtliche Prüfung wird zweckmäßigerweise in dieser Reihenfolge durchgeführt; dabei sollte inzwischen deutlich geworden sein, daß ein konkret anzuwendender Rechtssatz nicht dem höherrangigen Recht widersprechen darf (die Rechtsverordnung nicht dem Gesetz, auf das sie gegründet ist; das Gesetz nicht der Verfassung). Die Rechtsprechung ist an die einschlägigen Rechtssätze,[38] die Gesetzgebung ist an die Verfassung gebunden.

In die Praxis umgesetzt wird die Rechtssatzbindung durch die Begründungsbedürftigkeit jeder Art Ausübung von Staatsgewalt, sobald diese jemand in seinen Rechten betreffen kann. Das folgt aus Art. 3 I GG in seiner Bedeutung als Willkürverbot. Die Ausübung von Staatsgewalt, sei sie Rechtsetzung oder Rechtsanwendung, ist willkürlich, »wenn sie nicht mehr verständlich ist und sich daher der Schluß aufdrängt, daß sie auf sachfremden Erwägungen be-

36 Dazu noch unten Rn. 248–250. Kennzeichnenderweise kommen die Staatsrechtslehrbücher ganz ohne diese Abgrenzungs- und Zuordnungsfragen aus.

37 Zur Besonderheit der Verwaltungsvorschriften die Andeutungen oben Rn. 8 und im einzelnen noch unten Rn. 180.

38 Art. 97 I GG wiederholt Art. 20 III GG für die Rechtsprechung in sprachlich verkürzter und dadurch mißverständlicher Fassung: »Gesetz« meint hier jeden vorrangigen Rechtssatz, also auch Rechtsverordnungen, Satzungen und Gewohnheitsrecht; (F) *W. Meyer*, in: von Münch, Art. 97 GG, Rn. 10; BVerfGE 18, 52 (59); 19, 17 (31 f.) für Rechtsverordnungen.

ruht«.[39] Diese Anforderungen an ein Mindestmaß von Einsichtigkeit und damit Rationalität der Ausübung von Staatsgewalt knüpfen an den allgemeinen Gleichheitssatz an, weil die Gleichbehandlung vergleichbarer Fälle schon im Rechtssatz und die Gleichmäßigkeit der Anwendung des Rechtssatzes auf die von ihm erfaßten Fälle das Minimum an Rationalisierbarkeit des Rechts darstellt. Was sich auf keine Weise (rational) begründen läßt, ist (auch) rechtlich gesehen Willkür. Die Begründungsbedürftigkeit der Ausübung von Staatsgewalt ist am bekanntesten in Bezug auf gerichtliche Entscheidungen; hier ist sie in den einzelnen Prozeßordnungen auch ausdrücklich vorgeschrieben (vgl. § 117 II Nr. 5 VwGO; § 30 I 2 BVerfGG). Ebenso ausdrücklich ist sie inzwischen für Ermessensentscheidungen der Verwaltung normiert (§ 39 I 3 VwVfG). Bei Ermessensentscheidungen zählt der Rechtssatz, auf dem sie beruhen, nicht alle Entscheidungsgründe erschöpfend auf, sondern eröffnet dem Entscheider einen Spielraum, den dieser mit zusätzlichen Differenzierungen auszufüllen hat. Für die Gesetzgebung gibt es zwar keine derart formalisierten Anforderungen an eine den Gesetzgebungsakt begleitende (»subjektivrechtliche«) Begründung durch die an der Gesetzesformulierung beteiligten Gesetzgebungsorgane; doch wird hier ein Minimum an (»objektivrechtlicher«) Begründbarkeit unmittelbar aus Art. 3 I GG abgeleitet.[40]

3. Die grundsätzliche Freiheit der Privatautonomie – zu den verfassungsrechtlichen Grundlagen des Privatrechts

a) Ganz entgegengesetzt ist die verfassungsrechtliche Ausgangssituation für **21**
das Handeln von Privatpersonen, in erster Linie also der einzelnen Bürger. Wie sie in den Grenzen der Rechtsordnung die Möglichkeiten ihrer Persönlichkeitsentfaltung verwirklichen (vgl. Art. 2 I; 1 I GG),[41] bedarf im Einzelfall wie allgemein keiner Rechtfertigung und deshalb auch keiner Begründung. In den Grenzen der für alle geltenden Rechtsordnung, also einer sehr allgemein verstandenen »Sozialbindung«, ist der einzelne autonom, hat er –

39 Mit solchen Formulierungen – hier nach (F) BVerfGE 62, 189 (192) – überprüft das BVerfG ausnahmsweise auch einmal fachgerichtliche Entscheidungen und wird dabei wie eine »Superrevisions«-Instanz (genauer: wie eine Revisionsinstanz gegen Berufungsurteile des LG, gegen die einfachprozeßrechtlich gem. § 545 ZPO eine Revision nicht statthaft ist) tätig; zu dieser Ausnahmesituation aus neuerer Zeit (F) BVerfGE 80, 48 I (51); 83, 82 I (84). Auch den Gesetzgeber korrigiert das BVerfG nur ausnahmsweise; vgl. (F) BVerfGE 65, 141 (148). Zu den Anforderungen des Begründungsgebots an die Leistungsverwaltung (Stichwort: »Der Staat darf nichts verschenken«) hier schon (F) OVG Münster NJW 1983, 2517 (2518 m. N.); zu neueren Formeln bei der Gleichheitsprüfung aus Art. 3 I GG noch unten Rn. 69.

40 Die objektive Begründbarkeit spiegelt sich in der »objektivrechtlichen« Methode der Gesetzesinterpretation; vgl. (F) BVerfGE 62, 1 (45, m. w. N.); (V) *Hesse*, Rn. 53–59.

41 Zum Persönlichkeitsschutz durch Art. 2 I bzw. Art. 2 I i. V. m. Art. 1 I GG noch unten Rn. 93.

zugespitzt formuliert -ein Recht auf »willkürliches« Verhalten. Nichts anderes bedeutet »Privatautonomie«: Ob ich Verträge schließe, mit wem und welchen Inhalts, ist, solange die als Ausnahme zum Schutz anderer erlassenen Rechtsvorschriften beachtet werden, rechtlich für die getroffenen Abreden in einem ganz buchstäblichen Sinn »gleich-gültig«. Art. 3 I GG gilt nicht im Privatrechtsverkehr -andernfalls könnte von Privatautonomie nicht gesprochen werden. Die Freiheitsrechte anderer werden nur mittelbar geschützt, nämlich durch Transformation in eine Rechtsnorm des Privatrechts (z. B. als absolute Rechte und Rechtsgüter im Sinne des § 823 I BGB) oder ausnahmsweise durch Transformation in die Auslegung einer privatrechtlichen Generalklausel (z.B. in den Begriff der »guten Sitten« in § 826 BGB).[42] Weil der einzelne sein Verhalten nur ausnahmsweise zu rechtfertigen braucht, bedarf er dafür im Regelfall auch nicht einer ausdrücklichen Rechtsgrundlage (im Sinne einer »Ermächtigungsgrundlage«).

22 b) Für die Wahrnehmung von Privatautonomie und die Ausübung von Staatsgewalt besteht im Hinblick auf die Bindungen an Recht und Gesetz somit ein jeweils anderes Regel-Ausnahme-Verhältnis, das die unterschiedlichen Grundentscheidungen der Verfassung zum Ausdruck bringt und das in den größeren Zusammenhang einer Verfassungstheorie des GG gestellt werden kann. In den Grenzen rechtlich normierter sozialer Erfordernisse ist der einzelne grundsätzlich frei. Die sozialen Bindungen mögen mit der zunehmenden Technisierung der Umwelt wachsen (Stichworte: Umweltschutz, Datenschutz); sie mögen die wirtschaftlich Stärkeren im Verhältnis zu wirtschaftlich Schwächeren und Abhängigen deutlicher treffen – an dem soeben beschriebenen rechtlichen Regel-Ausnahme-Verhältnis ändert das nichts. Das entgegengesetzte Regel-Ausnahme-Verhältnis für die Ausübung von Staatsgewalt läßt sich vorläufig so erklären: Die Staatsorgane sollen sich, gerade weil sie die Rechtsmacht zu Freiheitsverkürzungen und Umverteilungen haben, gegenüber den durch diese Rechtsmacht potentiell ständig gefährdeten einzelnen nicht stärker verselbständigen dürfen als jeweils begründbar. Wie und mit welcher Intensität die Ausübung von Staatsgewalt zu begründen ist, gehört zu den methodischen Konsequenzen, die sich aus dieser ihrer Eigenart ergeben.

4. Methodische Konsequenzen für das Staats- und Verwaltungsrecht: Die Zweck-Mittel- oder Verhältnismäßigkeitsprüfung

23 Wer sein Verhalten zu rechtfertigen hat, muß sagen, warum und wozu er etwas tut oder unterläßt, welche Ziele er verfolgt, welchen Zweck sein Verhalten hat. Ist zweifelhaft, ob der eingeschlagene Weg zu dem angegebe-

42 Zu dieser sog. mittelbaren »Drittwirkung« der Freiheitsrechte noch unten Rn. 56.

nen Ziel führt, muß auch der Weg einsichtig gemacht, die Eignung des Mittels zur Erreichung des Zwecks begründet werden. Gibt es mehrere geeignete Mittel, so wird sich nur dasjenige rechtfertigen lassen, das andere Interessen am wenigsten beeinträchtigt, das die geringsten Nebenfolgen hat. Sind auf diese Weise Zweck und Mittel dargelegt, so muß immer noch der Aufwand in einem vernünftigen Verhältnis zum erstrebten Nutzen stehen; kurzum: die Proportionen von Zweck und Mittel, von Nutzen und Kosten müssen stimmen.[43]

Eine vollständige Zweck-Mittel-Prüfung besteht aus vier Schritten: (1) der Diskussion des Zwecks, auf den hin (2) die Eignung eines oder mehrerer Mittel untersucht wird; unter mehreren geeigneten Mitteln ist (3) das erforderliche Mittel herauszuarbeiten und (4) auf seine Angemessenheit (oder »Proportionalität«) im Verhältnis zu dem eingangs angegebenen Zweck zu untersuchen. Der erste Schritt betrifft nur den Zweck der Entscheidung und setzt einen Konflikt unterschiedlicher Entscheidungszwecke voraus. Das Mittel und sein Verhältnis zum Zweck (also die eigentliche Verhältnismäßigkeitsprüfung) sind Gegenstand der Schritte (2)-(4); diese lassen sich auf die Formel bringen, der Eingriff (also das Mittel als Eingriff gedacht) dürfe nicht ungeeignet, unnötig oder unzumutbar sein. Der dritte Prüfungsschritt (die Erforderlichkeit des Mittels) setzt mehrere geeignete Mittel voraus; er entfällt, wenn es nur ein (geeignetes) Mittel gibt. Der Gegenstand des vierten Prüfungsschritts wird auch »Verhältnismäßigkeit im engeren Sinn« oder »Proportionalität« genannt (womit letztlich die Verhältnismäßigkeit durch ein Fremdwort ausgedrückt wird).[44]

Die Zweck-Mittel-Prüfung ist immer durchzuführen, wenn eine rechtliche **24**
Entscheidung nicht in allen ihren Voraussetzungen rechtlich festgelegt ist, wenn also ein Entscheidungsspielraum mit der Möglichkeit alternativer (Teil-)Ausfüllung besteht. Das ist besonders deutlich bei der Gesetzgebung und ihren verfassungsrechtlichen Vorgaben; es ist schon schwächer ausgeprägt bei der Satzungsautonomie in Selbstverwaltungsangelegenheiten und eher noch enger bei Rechtsverordnungen oder bei Ermessensentscheidungen im Einzelfall. Nicht in jedem Fall kommt es auf alle vier Schritte der Zweck-Mittel-Prüfung an. Nicht immer ist auch ein Ziel-Konflikt zu entscheiden; nicht jedes Mal stehen mehrere geeignete Mittel zur Verfügung. Dennoch wird man im Konzept einer solchen Prüfung zur eigenen Sicherheit an jeden der vier Schritte denken; mündlich oder schriftlich vortragen wird man nur, wozu es fallbezogen etwas zu sagen gibt – auch für die

43 In trivialökonomischer Umformulierung läßt sich das auf folgende Fragen bringen: (1) Was will ich erreichen? (2) Was soll es kosten? (3) Geht es auch billiger? (4) Ist das Ergebnis den so ermittelten Preis wert?

44 Ausführlicher zur Methode der Zweck-Mittel-Prüfung (V) *W. Schmidt*, Verwaltungsrecht, Rn. 90–93; am Beispiel der Grundrechtsprüfung (V) *Pieroth/Schlink* Rn. 318ff.; zum Einbau in das Schema einer Ermessensprüfung noch unten Rn. 129, 130.

Ausarbeitung eines Rechtsgutachtens (eines Schriftsatzes, eines Plädoyers) sind Nutzen-Kosten-Rechnungen nicht verfehlt.

Zum Ergebnis einer solchen rechtlichen Überprüfung läßt sich hier schon eine Zwischenüberlegung einschalten: Nicht selten wird sich ein Entscheidungsspielraum auf unterschiedliche Weise ausfüllen lassen. Liegt die Entscheidung vor, ist sie später auf ihre Rechtmäßigkeit (bei Gesetzen: ihre Verfassungsmäßigkeit) zu überprüfen und lassen sich für ihre jeweiligen Weichenstellungen (die Entscheidung des Zielkonflikts, die Prognose über die Eignung des Mittels, die Auswahl unter mehreren geeigneten Mitteln und schließlich die Einschätzung der Zumutbarkeit) einsichtige Gründe angeben, die einem Vergleich mit Entscheidungsalternativen standhalten und insofern gleichermaßen vertretbar sind, so muß die Entscheidung als ebenso rechtmäßig akzeptiert werden, wie eine Alternative rechtmäßig gewesen wäre. In dieser rechtlichen Gleichwertigkeit von Entscheidungsalternativen besteht die rechtliche Eigenart der gesetzgeberischen Gestaltungsfreiheit oder des Verwaltungsermessens (kann, in anderen Worten, das politische Element solcher rechtlichen Entscheidungen bestehen).

IV. (Zwischenergebnis) Staats- und Verwaltungsrecht als Teil des öffentlichen Rechts

25 Schon in diesen einleitenden Bemerkungen zum Staats- und Verwaltungsrecht hat sich die Bezeichnung »öffentliches Recht« als mehrdeutig erwiesen. »Öffentlichrechtlich« werden die typischen Organisations- und Handlungsformen des Staats- und Verwaltungsrechts genannt, wobei der Verwaltung in begrenztem Umfang aber auch Formen des Privatrechts zur Verfügung stehen – hier kann es später (: im Verwaltungsrecht) auf die Abgrenzung der **Rechtsformen** und auf die Zuordnung eines konkreten Handelns oder Ablaufs zum öffentlichen oder privaten Recht im Sinne unterschiedlicher Rechtsformen ankommen. Unabhängig von solchen Rechtsformunterschieden sind alle staatlichen Organe bei der Ausübung von Staatsgewalt in besonderer Weise öffentlichrechtlich gebunden – hier geht es um grundsätzliche **inhaltliche Bindungen** im Unterschied zur (ebenso grundsätzlichen Bindungsfreiheit der) Privatautonomie.
Eine weitere, jetzt kurz zu streifende Wortbedeutung bleibt mehr an der Oberfläche von Stoffbeschreibungen und Stoffabgrenzungen. Sie betrifft das Staats- und Verwaltungsrecht als Teil des öffentlichrechtlichen Pflichtfachstoffs. Zu diesem Begriff des öffentlichen Rechts werden noch das Völkerrecht und das Europarecht gerechnet. Dabei handelt es sich jedoch um einen von vornherein eingeschränkten Begriff des öffentlichen Rechts. Ein umfassender Begriff müßte bei jeder Art Ausübung von Staatsgewalt ansetzen und das gesamte Prozeßrecht und auch das Strafrecht einbeziehen. Für beide Gebiete ist ihre Zugehörigkeit zu einem derart weitgefaßten Begriff des öffentlichen Rechts außer Streit. Beide berühren sich mit dem Staatsrecht in den Justizgrundrechten der Art. 101, 103 I GG (vgl. für Strafrecht und Strafprozeßrecht noch Art. 102; 103 II, III; 104 GG). Mit dem Verwaltungs-

recht berührt sich das Strafrecht im Ordnungswidrigkeitenrecht.[45] Im übrigen bilden das Gerichtsverfassungsrecht und die Prozeßordnungen außerhalb des Staats-und Verwaltungsrechts (also ohne BVerfGG und VwGO) und das Strafrecht eigenständige, vom öffentlichen Recht in einem engeren Sinn unabhängige Rechts- und Prüfungsgebiete.

Die Verzahnung des Völkerrechts und des Europarechts mit dem Staats- und Verwaltungsrecht ist etwas enger. Die allgemeinen Regeln des Völkerrechts binden die Staatsorgane als vorrangiger Bestandteil des Bundesrechts (Art. 25 GG); das Europarecht bindet sie aufgrund der vorherigen Übertragung deutscher Hoheitsrechte auf die entsprechenden zwischenstaatlichen Einrichtungen (Art. 24 GG).[46] Wenn dennoch beide Gebiete in den gängigen Universitätsveranstaltungen und Lehrbüchern vom Staats- und Verwaltungsrecht abgetrennt werden, so hat dies ganz pragmatische Gründe. Völkerrecht und Europarecht setzen zu ihrem Verständnis Grundkenntnisse des Staats- und Verwaltungsrechts voraus, das Völkerrecht mehr das Staatsrecht, das Europarecht auch das Verwaltungsrecht. Diese Art Stoffabschichtung wird auch hier beibehalten. Dabei werden sich Staats-und Verwaltungsrecht jeweils in einem schwerpunktartigen Zusammenhang darstellen lassen. Zum Verständnis des »materiellen« Rechts muß jeweils das zugehörige Prozeßrecht einbezogen werden, beim Staatsrecht das Verfassungsprozeßrecht, beim Verwaltungsrecht das Verwaltungsprozeßrecht. Der Stellenwert gerade dieser prozeßrechtlichen Kenntnisse für das Verständnis des Staats- und Verwaltungsrechts ist aus den Prüfungsordnungen kaum ablesbar. Auch die Lehrbücher des Staats- und Verwaltungsrechts weisen selten ausdrücklich darauf hin, setzen aber allenthalben die Kenntnis prozeßrechtlicher Begriffe und Verfahrensabläufe voraus.

45 Zum Ordnungswidrigkeitenrecht (L) *Naucke*, Strafrecht, 6. Aufl., 1991, § 4 V.
46 Dazu (L) *Ehlers*, in: Erichsen/Martens, § 3 Rn. 1–30.

B. Staatsrecht und Verfassungsprozeßrecht

Vorbemerkung zum Aufbau dieses Teils der Lernanleitung

26 a) Wer sich ein Stoffgebiet erarbeitet, wird mit den Teilen beginnen, die weniger an Vorkenntnissen voraussetzen als andere, und die anderen zurückstellen. Mit der Bedeutung der einzelnen Teile für das Gesamtgebiet hat eine solche Reihenfolge wenig zu tun; sie ergibt sich aus Überlegungen didaktischer Zweckmäßigkeit. Im Staatsrecht empfiehlt es sich, mit dem Organisations- und Verfahrensrecht zu beginnen, den Grundstrukturen der Staatsordnung, auf denen die Zuständigkeitsverteilung unter den einzelnen Staatsorganen und ihr Zusammenwirken namentlich im Gesetzgebungsverfahren aufbaut; daran können sich Zuständigkeitsfragen zu einzelnen obersten Staatsorganen anschließen (hier wie auch sonst jeweils mit dem Schwerpunkt auf dem Staatsrecht des GG). Wegen der verfassungsgerichtlichen Kontrollmöglichkeiten aller Arten von staatlichem Handeln und wegen der Weiterbildung des materiellrechtlich meist sehr allgemein und wenig bestimmten Verfassungsrechts ist danach eine Übersicht über das Verfassungsprozeßrecht einzuschalten, deren Schwerpunkt auf dem Verfahrensrecht liegt. Sie erleichtert das Verständnis der dann folgenden Darstellung der Grundrechtsprobleme, die auch die Perspektive der verfassungsgerichtlichen Kontrolle noch einmal aufnimmt. Hinweise zum Landesverfassungsrecht runden diesen Abschnitt ab.

27 b) Unabhängig von diesem Stoffaufbau wird die Arbeit im Staatsrecht durch die Kenntnis der einzelnen Normgruppen des Verfassungstextes erleichtert, für die am Beispiel des GG teilweise auf die eingangs gegebene Übersicht über den Stoff des Staatsrechts (oben Rn. 1) zurückgegriffen werden kann. Die Grundrechte lassen sich von Art. 93 I Nr. 4 a GG her erschließen, die obersten Grundsätze (oder Prinzipien) der Verfassung von Art. 28 I 1, 79 III GG her. Die Kompetenzverteilung zwischen Bund und Ländern ist allgemein in Art. 30 GG und im einzelnen in Anlehnung an das tradierte Gewaltenteilungsmodell in Art. 70 ff., 83 ff., 92 ff. GG geregelt, wobei dieses Grundmuster für das Finanzwesen von Art. 104 a ff GG (der »Finanzverfassung«) teilweise modifiziert wird. Die obersten Bundesorgane ergeben sich aus den Abschnitten III–VI; darüber darf das BVerfG nicht vergessen werden (vgl. Art. 93, 94, 100 I GG). Hinzu kommen Übergangs- und Schlußbestimmungen, wovon namentlich die Art. 116, 121, 123–125, 137 I, 140, 142, 143 GG für die Arbeit im Staatsrecht nach wie vor aktuell sind. Für die jeweilige Landesverfassung lassen sich ähnliche Übersichten aufstellen, die – wie kaum erklärt zu werden braucht – etwas knapper ausfallen, denn die bundesstaatliche Kompetenzverteilung findet sich verständlicherweise nur im GG.

I. Organisation und Verfahren der staatlichen Willensbildung in der bundesstaatlichen Ordnung des GG und im Bund

1. Die Grundsätze: Die bundesstaatliche Ordnung des GG als vertikale Gewaltenteilung und als Verstärkung des demokratischen Prinzips

Das GG normiert eine »Teilung der Staatsgewalt zwischen Bund und Ländern«.[1] Die »horizontale Gewaltenteilung« zwischen den unterschiedlichen Organen der Gesetzgebung, vollziehenden Gewalt und Rechtsprechung (Art. 20 II 2 GG) wird so ergänzt durch eine »vertikale Gewaltenteilung« (vgl. Art. 30 GG), die für Gesetzgebung, Verwaltung und Rechtsprechung jeweils unterschiedlich geregelt ist (Art. 70ff., 83ff., 92ff. GG).[2] Da jede dieser bundesstaatlichen Teilgewalten (also die Gesetzgebung des Bundes und die Gesetzgebung des Landes usw.) einer jeweils eigenen demokratischen Legitimation bedarf (vgl. nochmals Art. 20 II 1 und 2 GG), verstärkt die »vertikale Gewaltenteilung« zugleich die demokratische Ordnung des GG.[3] 28

Darin unterscheidet sich der Bundesstaat des GG grundlegend von dem Bundesstaat der Reichsverfassung von 1871, die bei deutlich schwächerer Ausformung des demokratisch-parlamentarischen Prinzips (ohne parlamentarische Verantwortlichkeit der Reichsregierung) noch stärker staatenbündische Elemente enthielt. Das Gewaltenteilungselement des heutigen demokratischen Bundesstaats wird in der Staatspraxis durch ausgeprägte Elemente der Kooperation kompensiert, die im Ergebnis zu Lasten der politischen Eigenständigkeit der Länder gehen. Verfassungsrechtlich kommt das kooperative Element in dem ungeschriebenen Verfassungsgrundsatz des »bundesfreundlichen Verhaltens« (in älterer Sprache: der »Bundestreue«) zum Ausdruck; er gilt im Verhältnis von Bund und Ländern ebenso wie für die Länder untereinander und kann dort die Rechte und Pflichten innerhalb eines schon anderweitig bestehenden Rechtsverhältnisses begrenzen.[4]

2. Einzelheiten der bundesstaatlichen (oder vertikalen) Gewaltenteilung, namentlich im Bereich der Gesetzgebung

a) Die vertikale Gewaltenteilung reicht von der Verteilung der Gesetzgebungskompetenzen über die Aufteilung der Verwaltungsorganisation und verwaltungsrechtlicher Weisungsbefugnisse bis in die Gerichtsverfassung: die rechtsprechende Gewalt wird für den Bund durch das BVerfG und durch fünf oberste Bundesgerichte ausgeübt, die zugleich die obersten Instanzen der einzelnen Gerichtszweige (oder »Rechtswege«) sind, für die Länder durch die nachgeordneten Instanzgerichte (z. B. Amtsgericht – Landgericht – 29

1 (L) BVerfGE 37, 363 (384); dort konkret für den Bereich der Verwaltung.
2 Zur Unterscheidung zwischen »horizontaler« und »vertikaler Gewaltenteilung« (F) *Hesse* Rn. 231 f., oder *Maunz/Zippelius* § 14 IV 2.
3 (V) *Hesse* Rn. 224–228.
4 (F) BVerfGE 13, 54 (75); 73, 118 I (197); (V) *Hesse* Rn. 234, 268–270, oder *Maunz/Zippelius* § 14 II 2, III.

Oberlandesgericht; VG – OVG bzw. VGH) und – soweit eingerichtet – die Landesverfassungsgerichte bzw. Staatsgerichtshöfe. Die Einzelheiten der Gerichtsverfassung und das Prozeßrecht sind (mit Ausnahme der Landesverfassungsgerichtsbarkeit, die in die ausschließliche Gesetzgebungskompetenz der Länder fällt) auf der Grundlage von Art. 74 Nr. 1; 123; 125 GG bundesrechtlich vereinheitlicht.

»Gerichtsverfassung« bezeichnet das Verfassungsrecht der Gerichtsbarkeit in Bund und Ländern insgesamt, darunter die Gerichtsverfassung einzelner Gerichtsbarkeiten, z. B. des BVerfG (vgl. I. Teil des BVerfGG) oder der allgemeinen Verwaltungsgerichte (vgl. Teil I der VwGO). Die ursprünglich (1877) einheitliche Regelung des GVG gilt jetzt primär für die Zivil- und Strafgerichte; die Vorschriften über Öffentlichkeit, Sitzungspolizei, Gerichtssprache, Beratung und Abstimmung gelten jedoch für die anderen Gerichte entsprechend (vgl. § 17 BVerfGG; § 55 VwGO).
Weder der Bund noch die Länder können über ihre im GG festgelegten Kompetenzen verfügen. Die Kompetenzverteilung zwischen Bund und Ländern ist im GG erschöpfend geregelt und grundsätzlich kein dispositives Recht.[5] Die Ausführungsregelungen müssen berechenbar sein.[6]

30 b) Auf die Ergänzung und Modifizierung der allgemeinen Kompetenzverteilungsnormen (Art. 71–75; 83 ff.; 92 ff. GG) durch die »Finanzverfassung« des X. Abschnitts (insbesondere Art. 105, 108 GG) wurde schon (oben Rn. 1; 27) hingewiesen. Die politische Problematik dieser »Finanzverfassung« des X. Abschnitts (insbesondere Art. 105, 108 GG) wurde schon oben Rn. 1; 27) hingewiesen. Die politische Problematik dieser »Finanzverfassung« des GG wird erst aus der Perspektive der Bundesländer hinreichend anschaulich.

Die Kenntnis der Begriffsmerkmale und der Funktionen von Steuern ist für den Pflichtfachstoff unerläßlich, auch wenn die Einzelheiten des Steuerrechts nicht dazugehören. Die Merkmale des Steuerbegriffs im Unterschied zu anderen öffentlichen Abgaben lassen sich aus § 3 I 1 AO ablesen, die Grundzüge der anderen öffentlichen Abgaben (Gebühren als Gegenleistung für bestimmte Verwaltungsleistungen; Beiträge für die Möglichkeit der Inanspruchnahme öffentlicher Einrichtungen) aus den landesrechtlichen (Kommunal-)Abgabengesetzen.[7] Soweit die Gemeinden eigene Steuern erheben, führen darauf bezogene öffentlichrechtliche Streitigkeiten vor die allgemeinen Verwaltungsgerichte, nicht die Finanzgerichte[8] – entsprechende Fälle können deshalb auch in den Pflichtfachstoff des Verwaltungsrechts hineinspielen. Von zunehmender Bedeutung für die Praxis werden »Sonderabgaben«, die weder Steuern noch Gebühren oder Beiträge sind und die verfassungsrechtliche Probleme der Finanzverfassung und der Lastengleichheit (Art. 3 I 1 GG) aufwerfen.[9]

Zur Funktion von Steuern wurde früher gelegentlich bestritten, ist jetzt aber

5 (F) BVerfGE 32, 145 (156); 39, 96 (109) – beide Entscheidungen zur Finanzverwaltung.
6 (V) BVerfGE 60, 135 (155 f.): im Zweifel eine »statische«, keine »dynamische« Verweisung.
7 Vgl. z. B. §§ 1; 8–10 BadWürttKAG; §§ 1; 9–11 HessKAG; §§ 1, 4–6 NdsKAG.
8 Vgl. § 33 FGO.
9 Zuletzt (F) BVerfGE 81, 156 I (186 f.); 82, 159 II (178–181); dazu (V) *W. Schmidt*, NVwZ 1991, 36–40.

allgemein anerkannt, daß Steuern nicht nur der Erzielung von Einnahmen dienen, sondern auch wirtschaftliche und soziale Steuerungsfunktionen haben dürfen.

Beispiel: (F) BVerfGE 38, 61 (70, 80 – »Leber-Pfennig«): Bestimmte Arten von Straßengüterverkehr dürfen besteuert werden, um ein »Gefälle von der Straße zur Schiene« zu schaffen, wobei der Sinn des Gesetzes dann am besten erreicht wird, wenn das »Steueraufkommen gleich Null« ist.

c) Die unterschiedlichen Arten von Bundesgesetzgebungskompetenzen lassen sich am raschesten aus der Lektüre der Art. 71, 72, 75 GG erschließen. Zu den drei Arten (ausschließliche, konkurrierende und Rahmengesetzgebung) ist durch GG-Ergänzung nachträglich noch die »Grundsatzgesetzgebung« des Bundes hinzugekommen, Art. 91 a II 2; 109 III GG; sie ähnelt der Rahmengesetzgebung. Ausschlaggebend für die Kompetenz des Bundes zur konkurrierenden oder Rahmengesetzgebung ist, unter welchen Voraussetzungen »ein Bedürfnis nach bundesgesetzlicher Regelung« angenommen wird. Das BVerfG legt dieses Merkmal außerordentlich extensiv aus. **31**

Beispiel: (F) BVerfGE 13, 230 (233f.): Durfte der Bund ein LadenschlußG erlassen, um insoweit die »Einheitlichkeit der Lebensverhältnisse« erst herzustellen oder setzt Art. 72 II Nr. 3 GG mit der »Wahrung« eine schon vorhandene Einheitlichkeit voraus? Vgl. auch (V) *Hesse* Rn. 240.

Die Frage, ob dem Bund auch »ungeschriebene« Gesetzgebungszuständigkeiten zustehen, kann als praktisch erledigt angesehen werden; in der Rechtsprechung des BVerfG spielt sie seit mehr als 25 Jahren keine Rolle mehr.[10] In der Sache ging es nie um ganz »ungeschriebene«, sondern um die Auslegung ausdrücklich geregelter, also »geschriebener« Bundeszuständigkeiten und dabei um den Fall, daß »eine dem Bund ausdrücklich zugewiesene Materie verständigerweise nicht geregelt werden könnte, ohne daß zugleich eine nicht ausdrücklich zugewiesene Materie die **unerläßliche** Voraussetzung wäre für die Regelung einer der Bundesgesetzgebung zugewiesenen Materie«[11] – genau betrachtet handelt es sich dabei also um eine (teleologische) Auslegung, wobei der Zweifelsfall der nicht ganz klar geregelten Bundeskompetenz das erforderliche **Mittel** zur Erreichung des **Ziels** (der ausdrücklich geregelten Bundeskompetenz) darstellt. **32**

3. Zum Verfahren der Bundesgesetzgebung; Parallelen und Abweichungen in den Landesverfassungen

Der Ablauf der Bundesgesetzgebung läßt sich am raschesten und klarsten aus Art. 76–78, 82 I 1 GG entnehmen. Die Einzelheiten des Beschlußverfahrens im Bundestag werden von Art. 77 I 1 GG ebenso wie die einzelnen Voraussetzungen des parlamentarischen Initiativrechts (vgl. Art. 76 I GG »aus der Mitte des Bundestages«) der autonomen Satzungsgewalt des Parlaments überlassen und ergeben sich aus der Bundestags-Geschäftsordnung. Drei Verfah- **33**

10 Vgl. (F) BVerfGE 26, 246 (257); 77, 288 II (299).

11 Dazu ebenfalls (F) BVerfGE 26, 246 (256), sowie (V) *Hesse* Rn. 236, oder *Maunz/Zippelius* § 37 II 4, oder *Degenhart* Rn. 101–106.

rensschritte lassen sich deutlich gegeneinander abgrenzen: die Gesetzesinitiative (Art. 76 GG), das Zustandekommen des Gesetzes (Art. 77, 78 GG) und seine Ausfertigung und Verkündung durch den Bundespräsidenten (Art. 82 I 1 GG). Unterschiede ergeben sich für den Zeitpunkt der ersten Beteiligung des Bundesrates je nach Ausübung des Initiativrechts (Art. 76 GG) und für den Einfluß des Bundesrates auf das Zustandekommen des Gesetzes je nachdem, ob es sich um ein im GG ausdrücklich als zustimmungsbedürftig gekennzeichnetes Gesetzgebungsvorhaben oder um ein sogenanntes Einspruchsgesetz handelt (Art. 77 III, IV; 78 GG). Solche aus der bundesstaatlichen Ordnung des GG erwachsenen Komplikationen entfallen in der Landesgesetzgebung: hier kann jedoch ein Einspruchsrecht der Landesregierung gegen vom Landesparlament beschlossene Gesetze vorgesehen sein.[12] In einigen Landesverfassungen ist die Gesetzesintiative im Vergleich mit Art. 76 GG um das Volksbegehren erweitert.[13] Die Ausfertigung und Verkündung wird gewöhnlich dem Regierungschef übertragen.[14]

4. Zu einzelnen obersten Bundesorganen

34 a) Im Verfahren der Bundesgesetzgebung begegnen uns alle »obersten Bundesorgane«, die mit diesem Begriff in Art. 93 I Nr. 1 GG gemeint und in § 63 BVerfGG im einzelnen aufgezählt sind;[15] hinzu kommen noch das Staatsvolk (Art. 20 II 2 GG »in Wahlen und Abstimmungen«)[16] und das BVerfG (vgl. § 1 I BVerfGG, wo etwas dunkel von »Verfassungsorgan« die Rede ist). Genannt werden können noch die Bundesversammlung, ein Organ, das nur zum Zweck der Wahl des Bundespräsidenten gebildet wird (Art. 54 GG), der nur für den Verteidigungsfall gebildete Gemeinsame Ausschuß (Art. 53 a GG), die obersten Bundesgerichte (Art. 95 GG) und der Bundesrechnungshof (Art. 114 II GG); umstritten ist insoweit die Stellung der Bundesbank (Art. 88 GG).[17]

35 b) Für das Staatsorgan »Volk« war schon früh umstritten, ob seine Aktivität auf Wahlen und (rechtsverbindliche) Abstimmungen zu begrenzen ist oder in den Bereich der öffentlichen Meinungsbildung ausgedehnt werden darf.[18]

---

12 Art. 119 HessVerf; Art. 50 HambVerf; vgl. auch Art. 67 NWVerf (»Bedenken«).

13 Art. 59 I BadWürttVerf; Art. 71 BayVerf; Art. 123 I BremVerf; Art. 117 HessVerf; Art. 68 NWVerf; Art. 108 RhPfVerf.

14 Anders Art. 123 III BremVerf (Senat); Art. 52 HambVerf (Senat); Art. 71 I NWVerf (Landesregierung); vgl. auch Art. 46 II VerfBerlin (Ausfertigung durch den Präsidenten des Abgeordnetenhauses, Verkündung durch den Regierenden Bürgermeister).

15 Die Unterscheidung zwischen obersten Staatsorganen und ihren mit eigenen Rechten ausgestatteten Teilen wirkt sich auf die Antragsberechtigung im Organstreitverfahren aus; dazu unten Rn. 45, 50.

16 (V) BVerfGE 20, 56 (98).

17 Dazu (V) *Stern*, Staatsrecht II § 35 I 3.

18 Dazu (F) BVerfGE 8, 104 (115f.).

c) Für die Bundesregierung ging es gleichfalls um ihre Beteiligung am Prozeß der öffentlichen Meinungsbildung, konkret um die »Öffentlichkeitsarbeit« der Regierung im Wahlkampf.[19] Für die Aufgabenverteilung in der Bundesregierung sollte Art. 65 GG genau gelesen werden: Er kombiniert das Kanzlerprinzip (S. 1 und 4) mit dem Ressortprinzip (S. 2) und dem Kollegial- (hier: Kabinetts-)prinzip (S. 3 und ebenfalls 4); herausgehoben werden vom GG die Bundesminister der Finanzen und der Verteidigung sowie – wenngleich in geringerem Ausmaß – der Bundesjustizminister (Art. 65 a; 96; 112 GG) – diese Minister muß es geben, die Bildung aller anderen Ressorts fällt verfassungsrechtlich in die »Organisationsgewalt« des Bundeskanzlers;[20] politisch sind sie gewöhnlich das Ergebnis ebenfalls nichtjustiziabler inner- oder interfraktioneller Absprachen. **36**

d) Der Bundesrat ist nur in den Ausnahmefällen zustimmungsbedürftiger Gesetze dem Bundestag als Gesetzgebungsorgan gleichgestellt. Weil er nicht durchweg gleichwertig mit dem Bundestag am Gesetzgebungsverfahren beteiligt ist, kann er nicht als »zweite Kammer« bezeichnet werden. Wird ein Bundesgesetz geändert, das zustimmungsbedürftige Teile enthält, die früher einmal mit Zustimmung des Bundesrates zustande gekommen sind, so ist jetzt nur maßgebend, ob eine für sich zustimmungsbedürftige Vorschrift ausdrücklich geändert oder in ihrem Sinne verändert wird; für die anderen Teile kann sich der Bundesrat nicht länger auf eine früher einmal umfassend übernommene »(Mit-)Verantwortung« berufen.[21] **37**

e) Prüfungsbefugnisse des Bundespräsidenten kommen in Betracht vor der Ausfertigung von Gesetzen (Art. 82 I 1 GG), dem Abschluß völkerrechtlicher Verträge (Art. 59 I 2 GG), einer Reihe von Ernennungen (Art. 60 I; 63 II, IV; 64 I; 94 I 2 GG) sowie vor der Auflösung des Bundestages gemäß Art. 68 I 1 GG – hier hat die Frage in neuerer Zeit in einen Verfassungskonflikt hineingespielt.[22] Eine sachliche Prüfungsbefugnis im Sinne eines eigenen politischen Ermessensspielraums wird dem Bundespräsidenten in keinem dieser Fälle zugebilligt; er wird vielmehr – um eine andere verwaltungsrechtliche Parallele zu bemühen – auf die Rolle einer Rechtsaufsichtsinstanz beschränkt.[23] Die Abgrenzungsschwierigkeiten werden dadurch **38**

19 (L) BVerfGE 44, 125 (139ff.); vgl. auch noch unten Rn. 45.
20 Zur Organisationsgewalt allgemein noch unten Rn. 174.
21 (L) BVerfGE 37, 363 (371f.; 379–383).
22 (F) BVerfGE 62, 1 (50f. – vorzeitige Auflösung des Bundestags).
23 In Kurzfassung vorweg: Ein Rechtsaufsichtsorgan hat – ähnlich wie ein Revisionsgericht – nur die Einhaltung der rechtlichen Grenzen zu prüfen und darf nicht sein Ermessen an die Stelle einer sachlich abweichenden, aber rechtlich einwandfreien Ermessensentscheidung der beaufsichtigten Behörde setzen. Das darf nur ein Fachaufsichtsorgan. Im einzelnen zu Ermessen, Rechts- und Fachaufsicht noch unten Rn. 124, 133, 173, 187.

kaum geringer. Übergänge in inhaltliche Entscheidungsprüfungen zeigen sich, sobald mehr zur Prüfung steht als der äußere Ablauf eines (Gesetzgebungs- oder Ernennungs- oder Auflösungs-)**Verfahrens**. Mit der gängigen Gegenüberstellung von »materieller« und »formeller« Prüfungsbefugnis – wobei dem Bundespräsidenten nur eine »formelle« Prüfungsbefugnis zustehe – ist nichts gewonnen. Der Streit wird so in die Ausfüllung der Begriffshülse »formelle Prüfung« weitergeschoben: Zuständigkeitsfragen werden sonst durchaus zur »formellen Prüfung« gerechnet, hier je nach verfassungsdogmatischem – und verfassungspolitischem! – Standpunkt nicht.[24]

Beispiel: (L) BVerfGE 61, 149 (161 f. – StaatshaftungsG): Im Gesetzgebungsverfahren ist die Gesetzgebungskompetenz des Bundes umstritten. Der Bundespräsident beschränkt sich darauf, den Ablauf des Gesetzgebungsverfahrens zu prüfen und verweist im übrigen auf das Verwerfungsmonopol des BVerfG.

II. Verfassungsprozeßrecht

1. Übersicht über wichtige Verfahrensarten und den Aufbau des BVerfGG

39 a) Wer bei seiner juristischen Arbeit mit dem Verfassungsprozeßrecht in Berührung kommt, möchte zunächst wissen, wann eine Streitigkeit verfassungsrechtlicher Art vor ein Verfassungsgericht, namentlich vor das BVerfG führt, und was dann im einzelnen an prozeßrechtlichen Voraussetzungen zu prüfen ist. Die einzelnen Prozeßvoraussetzungen (genauer: Sachentscheidungsvoraussetzungen – dazu sogleich) richten sich danach, welche Art Verfahren in Betracht kommt (z. B. ein Organstreit oder eine Verfassungsbeschwerde; vgl. Art. 93 I Nr. 1, 4 a GG). Mit der Ermittlung des richtigen Verfahrens ist auch entschieden, ob überhaupt der Rechtsweg zum Verfassungsgericht gegeben ist: Das Verfassungsprozeßrecht (des Bundes und der Länder) wird vom Enumerationsprinzip beherrscht: Wenn keine der in der Verfassung oder im Gesetz aufgezählten (»enumerierten«) Verfahrensarten paßt, ist der beabsichtigte Antrag an das Verfassungsgericht unzulässig. Es gibt keine Generalklausel, die für alle Streitigkeiten verfassungsrechtlicher Art den Verfassungsrechtsweg eröffnet – dies im Unterschied zur Rechtswegregelung des Verwaltungsprozeßrechts in der Generalklausel des § 40 I 1 VwGO. Die »Enumeration« unterschiedlicher Verfahrensarten ist unter dem GG allerdings sehr breit ausgebaut (vgl. hier schon die Übersicht des § 13 BVerfGG).

24 (L) *Hesse* Rn. 666–668, oder *Stein* §§ 8 V, 9; zu dem bisher letzten praktischen Fall (F) *V. Epping*, JZ 1991, 1102 ff. (1105 ff.); zu dessen Umsetzung in eine Examensklausur (V) *K. Ipsen/V. Epping*, JuS 1992, 305 ff. (309 f.).

b) Die wichtigeren Verfahrensarten lassen sich zu Fallgruppen zusammenfassen, die unterschiedlichen Entwicklungsschichten der Verfassungsgerichtsbarkeit[1] entsprechen und zugleich deren Funktion erkennen lassen. 40

(1) Die ältere Schicht betrifft bundesstaatliche Streitigkeiten zwischen Bund und Ländern (Art. 93 I Nr. 3 GG), die kontradiktorischen Streitigkeiten zwischen obersten Staatsorganen (oder auch deren Teilen; vgl. Art. 93 I Nr. 1 GG), die Anklageverfahren gegen bestimmte Staatsorgane (vgl. Art. 61 GG[2] – neu hinzugekommen sind die Anklageverfahren gegen Richter gemäß Art. 98 II, V GG und gegen politische Parteien gemäß Art. 21 II GG[3]) und das Wahlprüfungsverfahren (vgl. Art. 41 II GG).

(2) Erst unter dem GG wurde die Sicherung des Vorrangs der Verfassung gegenüber dem Gesetz und dessen Vollzug durch Normenkontrollverfahren und Verfassungsbeschwerde entwickelt. Bestimmte Antragsteller können das Normenkontrollverfahren losgelöst von einem konkreten Fall der Normanwendung betreiben (abstrahiert von der Normanwendung, deshalb als »abstrakte Normenkontrolle«); Art. 93 I Nr. 2 GG. Die Fachgerichte müssen die Frage, ob ein für den konkreten Streitfall entscheidungserhebliches, unter dem GG erlassenes Gesetz wegen Verletzung des GG als nichtig zu behandeln ist, dem BVerfG vorlegen; Art. 100 I GG – wegen des konkreten Anlasses spricht man zwar von »konkreter Normenkontrolle«, jedoch entscheidet das BVerfG nur über die Frage der Verfassungswidrigkeit der Norm (vgl. § 81 BVerfGG), beschränkt sich in seiner Entscheidung also auf die Normenkontrolle und gibt die übrige Streitentscheidung an das vorlegende Gericht zurück. 41

In der Verfassungsbeschwerde verbinden sich Möglichkeiten der Normenkontrolle und der Normanwendungskontrolle. Wegen des Erfordernisses der Rechtswegerschöpfung (Art. 94 II 2 GG, § 90 II BVerfGG) ist die Verfassungsbeschwerde grundsätzlich nur gegen die Normanwendung zulässig. Dabei kann die Rüge von vornherein darauf zielen, schon durch die Norm selbst, nicht erst durch ihre Anwendung seien Grundrechte des Beschwerde-

1 Dazu und zum folgenden (V) *Friesenhahn*, Jura 1982, 505 ff. (512); *W. Schmidt*, Jura 1983, 169 ff. (173–175). Zur Literaturlage im Verfassungsprozeßrecht allgemein: die Kommentare zum BVerfGG sind nicht auf dem neuesten Stand; *C. Pestalozza*, Verfassungsprozeßrecht, 3. Aufl. 1992, oder *E. Benda/E. Klein*, Lehrbuch des Verfassungsprozeßrechts, 1991, sind zum Lernen zu ausführlich und eher zum Nachschlagen z.B. bei Hausarbeiten geeignet; eine ebenfalls zum Nachschlagen und zum Vertiefen geeignete handbuchartige Materialsammlung auf dem Stand 1975/76 liefert die Festgabe zum 25jährigen Bestehen des BVerfG, hrsg. von *Chr. Starck u.a.*, Bd. I, 1976.

2 Vor Landesverfassungsgerichten auch einzelne Regierungsmitglieder; vgl. Art. 155 HessVerf.

3 Das als Parallele gedachte Grundrechtsverwirkungsverfahren hat sich in der Praxis als wirkungslos erwiesen; die beiden jeweils im Sande verlaufenen Verfahren finden sich in (F) BVerfGE 11, 282; 38, 23.

führers verletzt worden, so daß die Verfassungsbeschwerde im Ergebnis wie ein indirekter Normenkontrollantrag wirkt.[4] Da der spätere Beschwerdeführer die von ihm behauptete Verfassungswidrigkeit der Norm schon im Verfahren vor dem Fachgericht vorgetragen und mit der Anregung verknüpft haben wird, das Verfahren gemäß Art. 100 I GG auszusetzen und die Entscheidung des BVerfG einzuholen, berühren sich in diesen Fällen die sonst in ihren Voraussetzungen unterschiedlichen Normenkontrollmöglichkeiten gemäß Art. 93 I Nr. 4 a; 100 I GG. Die Verfassungsbeschwerde kann sich aber auch auf die Rüge von Grundrechtsverletzungen bei der Normanwendung beschränken. Wenn (wie im Regelfall) zuvor der Rechtsweg bis zum Revisionsgericht, das bereits Rechtsverletzungen einschließlich von Grundrechtsverletzungen zu prüfen hatte (vgl. für den Verwaltungsprozeß § 137 I Nr. 1 VwGO), erschöpft worden ist, gerät das BVerfG in den Fällen der Normanwendungskontrolle in die Nähe eines »Superrevisions-Gerichts«.[5]

42 c) Die übrigen Zuständigkeiten des BVerfG können bei Bedarf im Gesetz nachgeschlagen werden. Die insgesamt sechzehn im GG genannten Fälle (einschließlich der soeben schon erwähnten zehn Verfahrensarten) sind in der Reihenfolge, in der sie im GG vorkommen, in § 13 (Nr. 1–14) BVerfGG aufgezählt.[6] Diese Übersicht eröffnet zugleich den Zugang zu den für jede Verfahrensart besonders geregelten Sachentscheidungsvoraussetzungen im III. Teil des BVerfGG (also z.B. Art. 93 I Nr. 2 GG; §§ 13 Nr. 6; 76–79 BVerfGG für die abstrakte Normenkontrolle). Dabei ist dieser III. Teil (wie auch das gerade genannte Beispiel belegt) etwas systematischer gegliedert und richtet sich in der Abfolge seiner Verfahrensarten nicht immer genau nach der Reihenfolge des § 13 BVerfGG. Die Kenntnis eines solchen Gesetzesaufbaus und die dadurch erworbene Fähigkeit, sich rasch im Gesetz zurechtzufinden, läßt sich am BVerfGG besonders gut üben. Aus dessen I. Teil sollten außer dem gerade erwähnten § 13 noch die §§ 2 I, 14 (für die Zuständigkeit der einzelnen Senate, von denen jeder »**das** BVerfG« ist) und § 15 III 3 BVerfGG gelesen werden, aus dem II. Teil (den Allgemeinen Verfahrensvorschriften) außer dem schon mehrfach erwähnten § 31 die §§ 24 und 32 BVerfGG – und alles übrige nach Bedarf, wobei auch dafür die Kenntnis der Gesetzessystematik den raschen Zugriff erleichtert.

Bei seiner Entscheidung gem. § 32 I BVerfGG berücksichtigt das BVerfG die Erfolgsaussichten in der Hauptsache nur bei jetzt schon offensichtlicher Unzulässigkeit oder Unbegründetheit. Im Regelfall eines offenen Ausgangs werden die Folgen bei Nicht-

---

4 Vgl. grundsätzlich (F) BVerfGE 60, 360 (369 f.) sowie als Beispiel hier schon (L) BVerfGE 41, 399 (402 f., 410 – Daniels), und dazu noch unten Rn. 98 mit Fn. 7.

5 Zu den Bemühungen des BVerfG, diese Auswirkungen zu begrenzen, sowie zu besonderen Problemen auf der Grenzlinie von Normanwendungs- und Normenkontrolle noch unten Rn. 90, 96.

6 Auf insgesamt 16 im GG vorgesehene Verfahrensarten kommt man, wenn man die beiden unterschiedlichen Fälle des § 13 Nr. 8 a BVerfGG einzeln zählt.

erlaß der einstweiligen Anordnung, aber späterem Erfolg in der Hauptsache gegen die Nachteile bei Erlaß der Anordnung, aber Erfolglosigkeit in der Hauptsache abgewogen.[7]

2. Folgerungen für Art. 19 IV GG

Der starke Ausbau des verfassungsgerichtlichen Rechtsschutzes im GG selbst **43**
sowie der vergleichsweise ebenso breite Ausbau der Verwaltungsgerichtsbarkeit in der VwGO haben der grundrechtlichen Rechtsweggarantie des Art. 19 IV GG die praktische Bedeutung genommen. Sie wird nur auf den Rechtsschutz gegen die vollziehende Gewalt angewendet, ist dort aber wegen der Generalklausel des § 40 I VwGO gegenstandslos. Als Rechtsschutzmöglichkeit gegen die Gesetzgebung wird sie durch die besonderen Verfahren der Art. 93 I Nr. 2 und (inzwischen) Nr. 4 a; 100 I GG verdrängt. Da Art. 19 IV GG nach allgemeiner Meinung keinen Instanzenzug gewährleistet, scheidet seine Anwendung gegen die Rechtsprechung schon begrifflich aus: Art. 19 IV GG gewährt Rechtsschutz **durch** den Richter, aber **nicht gegen** den Richter. Hingegen werden aus Art. 19 IV GG Forderungen an die Wirksamkeit des Rechtsschutzes abgeleitet: weder dürfen unzumutbare Schranken für den Zugang zum Gericht errichtet noch darf sonst die Wirksamkeit gerichtlichen Rechtsschutzes verkürzt werden.[8]

3. Zur prozeßrechtlichen Prüfung im Gutachtenaufbau am Beispiel des Verfassungsprozeßrechts

Staats- und verwaltungsrechtliche Aufgaben enthalten oft Fragen nach den **44**
gerichtlichen Rechtsschutzmöglichkeiten und erfordern dann eine prozeßrechtliche Prüfung, deren Aufbau immer wieder Schwierigkeiten macht, die hier zunächst allgemein und dann am Beispiel des Verfassungsprozeßrechts behandelt werden sollen.

Die Eigenart der prozeßrechtlichen Prüfung läßt sich am besten aus der Perspektive des angerufenen Gerichts erklären. Das Gericht prüft zunächst, ob es überhaupt zur Sache entscheiden darf, ob also die Klage (im Verfassungsprozeßrecht: der Antrag[9]) überhaupt »zulässig« ist. Die Sachentscheidung selbst fällt erst im Rahmen einer gesonderten »Begründetheitsprüfung«; zu dieser wiederum kommt es nicht mehr, wenn die Klage (oder der Antrag)

---

7 Als neuere Belege für die dabei verwendeten Formeln (F) BVerfGE 85, 167 II (171 f. – Normenkontrolle); 87, 334 I (338 – Normanwendungskontrolle).

8 Aus der Rechtsprechung (L) BVerfGE 61, 82 (109 – Sasbach); (V) E 65, 76 (90); ferner (F) *Hesse* Rn. 338 (m. w. N.); zur Frage »nichtjustiziabler Hoheitsakte« noch unten Rn. 138.

9 Vgl. §§ 36, 43, 58, 63, 68, 71, 76, 80 III, 86 BVerfGG; § 48 BVerfGG spricht von »Beschwerde«, § 49 von »Anklage«, §§ 90 ff. sprechen von »Verfassungsbeschwerde« oder »Beschwerde« (vgl. § 92).

wegen Fehlens einer (oder mehrerer) Sachentscheidungsvoraussetzung(en) bereits unzulässig ist. Diese Unterscheidung nach Zulässigkeits- und Begründetheitsprüfung läßt sich z.B. in der Rechtsprechung des BVerfG schon am Aufbau der Entscheidungsgründe ablesen: Teil A enthält die Verfahrensgeschichte mit dem Vorbringen der Verfahrensbeteiligten, Teil B die Zulässigkeits-, Teil C (bei zulässigem Antrag) die Begründetheitsprüfung.[10]

Für das Gericht liegt die Reihenfolge Zulässigkeits-/Begründetheitsprüfung fest, für den Aufbau eines Rechtsgutachtens nur dann, wenn es aus der Perspektive eines Gerichts zu erstatten ist, wenn also das Gericht schon angerufen worden ist oder die Fragestellung der Aufgabe ausdrücklich eine solche Prüfungsabfolge festlegt (– wer hier zur Unzulässigkeit der Klage oder des Antrags kommt, muß zur Begründetheit ein Hilfsgutachten erstatten). In allen anderen Fallkonstellationen gibt es für die Aufeinanderfolge der materiell- und der prozeßrechtlichen Prüfung keine starre Regel. Hier kann es durchaus zweckmäßig sein, das Gutachten aus der Perspektive eines Anwalts zu erstatten, der den Ratsuchenden zunächst sagen wird, wie die (materiellrechtlichen) Aussichten in der Sache sind, und dann erst, wie diese Sache (verfahrens- und prozeßrechtlich) durchzusetzen ist. Dann wird man aber ebenso zweckmäßigerweise die materiellrechtliche Prüfung nicht als »Begründetheitsprüfung« überschreiben, weil diese Überschrift nur auf den Gutachtenteil paßt, der einer Zulässigkeitsprüfung mit positivem Ausgang folgt.

Innerhalb der prozeßrechtlichen Prüfung hängt es im Verfassungsprozeßrecht von der jeweils in Betracht kommenden Verfahrensart ab, welche einzelnen Sachentscheidungsvoraussetzungen zu prüfen sind. Gemeinsam ist allen Verfahrensarten nur die Prüfung des richtigen Antragstellers. Alle anderen Voraussetzungen lassen sich ohne besondere Schwierigkeiten jeweils neu aus dem Text des GG und (ergänzend) der einschlägigen Vorschriften des BVerfGG (III. Teil!) entwickeln. Wer das gelernt hat, kann schon in der Klausurensituation von Übung und Examen oder in der mündlichen Prüfung und ebenso später im Beruf sehr viel souveräner auftreten; denn wenn es wirklich darauf ankommt, sind die schlauen Bücher entweder nicht zur Hand oder geben nicht die gesuchte Auskunft, und mit den Spickzetteln steht es gewöhnlich nicht besser. An den praktisch wichtigen Verfahrensarten kann diese Art Re-Konstruktion eines prozeßrechtlichen Aufbaus sogleich vorgeführt werden.

---

10 Als Beispiel einer (jedenfalls teilweise) zulässigen und begründeten Verfassungsbeschwerde (L) BVerfGE 65, 1 (3, 36, 38 – VolkszählungsG); als Beispiel einer unzulässigen Normenkontrollvorlage (F) BVerfGE 65, 265 (277), dazu sogleich noch Rn. 47 mit Fn. 16. Die »Entscheidungsgründe« (vgl. § 30 I 3 BVerfGG) umfassen also die Prüfung der Zulässigkeit und der Begründetheit (in dem engeren, nur auf die Sachprüfung bezogenen Sinn).

4. Zu einzelnen, praktisch wichtigen Verfahrensarten vor dem BVerfG (mit Aufbauhinweisen)

a) Die Sachentscheidungsvoraussetzungen eines Organstreits ergeben sich 45
aus (Art. 93 I Nr. 1 GG; § 13 Nr. 5 BVerfGG) §§ 63, 64 I und III BVerfGG. Zu prüfen sind (1) **»Antragsteller«** und **»Antragsgegner«**, (2) als Prüfungsgegenstand **»eine Maßnahme oder Unterlassung** des Antragsgegners«, hinsichtlich derer (3) der Antragsteller geltend machen muß, daß er durch sie »in seinen ihm durch das GG übertragenen Rechten und Pflichten verletzt oder unmittelbar gefährdet ist« (sogenannte **Antragsbefugnis**); zu beachten ist schließlich (4) die **Frist** des § 64 III BVerfGG.
Parteifähig gemäß Art. 93 I Nr. 1 GG (§ 63 BVerfGG) können auch Organteile sein. Das betrifft vor allem den Bundestag und dort die einzelnen Abgeordneten (vgl. Art. 38 I 2 GG), die Ausschüsse und die Fraktionen (vgl. § 10 GO-BT).

Beispiel (L) BVerfGE 67, 100: Flick-Untersuchungsausschuß gegen Bundesregierung und einzelne Bundesminister.

Außerhalb des GG und des BVerfGG hat das BVerfG durch Richterrecht auf normativ zweifelhafter Grundlage[11] auch die politischen Parteien als parteifähig im Organstreit mit anderen obersten Bundesorganen erklärt – für (andere) Fälle einer **Grundrechts**verletzung durch die öffentliche Gewalt bleibt hingegen auch den politischen Parteien »nur« die Verfassungsbeschwerde.

Beispiele (L) BVerfGE 44, 125: Eine im Bundestag in der Opposition stehende politische Partei sieht sich durch die »Öffentlichkeitsarbeit« der Bundesregierung in ihrem Recht auf Chancengleichheit verletzt. (F) BVerfGE 7, 99 (103): Eine politische Partei sieht sich durch die Entscheidung einer öffentlichrechtlichen Rundfunkanstalt, sie von der Zuteilung von Sendezeiten für Wahlwerbespots auszuschließen, in ihrem Recht auf Chancengleichheit verletzt.

An Zahl der Verfahren mag der Organstreit keine so große Rolle spielen; politisch kann er, wie das Beispiel des Streits um die Flick-Akten zeigte, durchaus bedeutsam werden. In vielen Fällen ist er von dem Verfahren der »abstrakten Normenkontrolle« (Art. 93 I Nr. 2 GG) verdrängt worden.[12]

b) Die vier Sachentscheidungsvoraussetzungen der »abstrakten Normenkon- 46
trolle« lassen sich aus Art. 93 I Nr. 2 GG (§§ 13 Nr. 6; 76 BVerfGG) ablesen: Es sind (1) die (drei) **Antragsberechtigten** (einen Antragsgegner gibt es in diesem »objektiven Verfahren« nicht), (2) als **Prüfungsgegenstand** die **Vereinbarkeit von Bundesrecht mit** dem **GG oder** von **Landesrecht** auch **mit sonstigem Bundesrecht**, (3) als **Prüfungsmaßstab** somit das

11 Dazu (V) *W. Schmidt*, NJW 1984, 762 (765 f.).

12 Das gilt übrigens auch zum Bund-Länder-Streit (Art. 93 I Nr. 3 GG, § 13 Nr. 7 BVerfGG), der aus solchen Gründen selten geworden ist; vgl. als Beispiel (F) BVerfGE 41, 291 (303).

GG für Bundesrecht oder **jede Art von Bundesrecht für** das **Landesrecht**, sowie (4) die (abgeschwächte) **Antragsbefugnis**, für die gemäß Art. 93 I Nr. 2 GG **»Meinungsverschiedenheiten oder Zweifel«** genügen, während die Formulierung des § 76 BVerfGG als enger eingeschätzt wird – bisher ist das eine theoretische Streitfrage geblieben, denn in der Rechtsprechung des BVerfGG kam es noch nicht darauf an.[13] Die einzige praktisch ernsthafte Schwierigkeiten dieser Verfahrensart betrifft die **Ausnahmesituation** der **vorbeugenden Normenkontrolle**. Anerkannt ist, daß (1) sogenannte Vertragsgesetze (vgl. Art. 59 II GG) schon in der Zeitspanne zwischen dem Gesetzgebungsbeschluß und der (Unterzeichnung und) Ratifizierung[14] und daß Wahlrechtsvorschriften schon vor ihrem Inkrafttreten[15] dem BVerfG zur Prüfung vorgelegt werden können. Es geht jeweils um die Frage, ob schon Bundes- oder Landesrecht vorliegt. Das gilt für alle Arten von Normenkontrolle, also auch für die »konkrete Normenkontrolle« und die Verfassungsbeschwerde unmittelbar gegen ein Gesetz.

47 c) Die »konkrete Normenkontrolle« ist in der Rechtsprechungspraxis des BVerfG das nach der Verfassungsbeschwerde nächsthäufige Verfahren. Ihre Sachentscheidungsvoraussetzungen lassen sich ohne Schwierigkeiten aus Art. 100 I GG ableiten: (1) **Vorlageberechtigt** (und zugleich vorlagepflichtig) ist jedes staatliche **»Gericht«**; (2) **Prüfungsgegenstand** ist ein (förmliches) **»Gesetz«**, (3) auf dessen **»Gültigkeit«** (weil das Gesetz »nachkonstitutionell« ist) es (4) **»ankommt«** (das mithin entscheidungserheblich ist), und zwar nur wenn (5) das Gericht das Gesetz **»für verfassungswidrig hält«** (also von seiner Verfassungswidrigkeit überzeugt ist und dies auch mit vertretbaren Gründen dargelegt hat – bloße Zweifel genügen nicht). Durch eine genaue Beachtung der Punkte (3)-(5) bemüht sich das BVerfG, den Strom von Aussetzungs- und Vorlagebeschlüssen nach Möglichkeit einzudämmen und solche Beschlüsse auszusondern, mit deren Hilfe die Fachgerichte die verfassungsrechtliche Auslegungsarbeit unnötigerweise auf das BVerfG abzuwälzen versuchen.

Geachtet werden muß vor allem auf die Punkte (3) und (4). Ein dem GG widersprechendes Gesetz ist schon gemäß Art. 123 I GG nicht mehr gültig (und jedes Fachgericht darf das selbst feststellen), wenn es aus der Zeit vor dem Inkrafttreten des GG stammt, also »vorkonstitutionell« ist. Völlig unverändertes vorkonstitutionelles Recht gibt es kaum noch. Zweifel ergeben sich, wenn bestimmte Vorschriften aus älteren Gesetzen (z. B. der GewO) geändert (und dadurch unstreitig zu »nachkonstitutionellem« Recht) werden und wenn diese Änderung zugleich eine andere, in ihrem Text unverändert

---

13 (V) *Söhn*, Festgabe BVerfG I (Fn. 1), S. 301 ff.; (F) BVerfGE 83, 37 II (49 f.).

14 (F) BVerfGE 1, 396 (410 ff., 414 – Wiederbewaffnung der Bundesrepublik Deutschland); vgl. auch (F) BVerfGE 35, 193 (195); 36, 1 (15 – Grundlagenvertrag).

15 (F) BVerfGE 38, 326 (335) – im Verfahren der Verfassungsbeschwerde, dazu sogleich oben im Text.

gebliebene Vorschrift erfaßt. Das BVerfG läßt auch für die Überprüfung der anderen Vorschriften das Verfahren nach Art. 100 I GG zu, wenn entweder im Text der neuen Vorschrift ausdrückliche Anhaltspunkte (z. B. eine Verweisung auf die alte Vorschrift) vorliegen oder wenn ein enger sachlicher Zusammenhang zwischen beiden Vorschriften bei gleichzeitig begrenzter und überschaubarer Rechtsänderung besteht.

Beispiele: (F) BVerfGE 64, 217 (220 f.): Die GewO wird neu bekanntgemacht, ohne daß die umstrittene Vorschrift in ihrem Text verändert worden wäre.

(F) BVerfGE 63, 181 (187 ff.): Das eheliche Güterrecht des BGB ist (u. a.) für Vertriebene und Flüchtlinge im Jahr 1969 geändert worden. Ist damit die sachlich einschlägige Vorschrift des Art. 15 EGBGB nachkonstitutionelles Recht geworden? Das EGBGB ist seit seinem Inkrafttreten am 1.1.1900 in seinem Wortlaut unverändert geblieben.

Die Entscheidungserheblichkeit der zur Prüfung gestellten Norm für das Gericht – oben zu (4) – gilt entsprechend auch für das Rechtsgutachten: Für das Gericht ist die Norm nur dann entscheidungserheblich, wenn das vorlegende Gericht bei Gültigkeit der Norm zu einem anderen Ergebnis (einer anderen Entscheidung) kommen würde als bei ihrer Ungültigkeit;[16] an der Änderung des Ergebnisses erkennt man auch im Rechtsgutachten, ob ein Aussetzungs- und Vorlagebeschluß gemäß Art. 100 I GG; §§ 13 Nr. 11; 80–82 BVerfGG vorgeschlagen werden muß. Hat das BVerfG in einem früheren Normenkontrollverfahren die Norm schon einmal als mit dem GG vereinbar erklärt, so bedarf es für die erneute Vorlage neuer, in der früheren Entscheidung noch nicht bekannter und dementsprechend berücksichtigter Argumente.[17]

d) Der praktischen Bedeutung der Verfassungsbeschwerde entspricht ihre 48
Beliebtheit für Übungs- und Examensaufgaben. Dementsprechend zahlreich sind die Aufbauvorschläge in der Ausbildungsliteratur. Deren Wert soll hier nicht in Zweifel gezogen werden, jedoch ist jedenfalls für die zwangsläufig literaturabstinenten Arbeitsphasen aus den schon (oben Rn. 44) genannten Gründen ein Aufbau zu empfehlen, der sich möglichst eng an Art. 93 I Nr. 4 a; 94 II 2 GG; §§ (13 Nr. 8 a) 90; 93 BVerfGG orientiert. Dabei lassen sich folgende sechs Sachentscheidungsvoraussetzungen erkennen: (1) ein grundrechtsfähiger »jedermann«; (2) (eine Maßnahme der) »öffentliche(n) Gewalt«; (3) ein »Grundrecht« oder eines der in Art. 93 I Nr. 4 a GG (§ 90 I BVerfGG) genannten (grundrechtsgleichen) »Rechte«; (4) die »Behauptung«, selbst, gegenwärtig und unmittelbar in diesem Grundrecht (usw.) »verletzt zu sein«; (5) die Rechtswegerschöpfung des Art. 94 II 2 GG, § 90 II BVerfGG und (6) die unterschiedlichen Fristen des § 93 I oder II BVerfGG.

16 Dazu (F) BVerfGE 65, 265 (277); 66, 100 (105).
17 Dazu (F) BVerfGE 65, 179 (181 f.) – zugleich als Beispiel aus dem schwierigen Problemfeld der Bindungswirkung bundesverfassungsgerichtlicher Entscheidungen.

Von diesen sechs Voraussetzungen gelten die ersten drei für jede Art Verfassungsbeschwerde, die vierte im Schwerpunkt für die Rechtssatzverfassungsbeschwerde (und nur hier ist mehr an Kenntnissen erforderlich, als sich aus dem Verfassungs- und Gesetzestext ablesen läßt, denn die Forderung, der Beschwerdeführer müsse »selbst, gegenwärtig und unmittelbar« betroffen sein, ist erst vom BVerfG entwickelt worden) und die fünfte im Schwerpunkt für die Normanwendungskontrolle (gegen Gesetze gibt es keinen Rechtsweg; bei den selteneren Verfassungsbeschwerden gegen eine Rechtsverordnung oder Satzung kommt die verwaltungsgerichtliche Normenkontrolle gemäß § 47 VwGO in Betracht).[18] Grundsätzlich nicht im Rechtsgutachten zu prüfen sind das Annahmeverfahren und die ausnahmsweise Entscheidung durch die (gemäß § 15 a BVerfGG gebildeten) Kammern, § 93 a–93 c BVerfGG – bekannt sein sollte das gleichwohl!

49 Die kommunale Verfassungsbeschwerde der Art. 93 I Nr. 4 b GG; §§ 13 Nr. 8 a; 91 BVerfGG ist nur der äußeren Ausgestaltung nach eine Rechtssatzverfassungsbeschwerde, der Sache nach aber eher ein Ersatz für die fehlende Antragsberechtigung der Gemeinden in anderen Normenkontrollverfahren, hier insbesondere gemäß Art. 93 I Nr. 2 GG. Die Besonderheit ergibt sich auch daraus, daß das Recht auf kommunale Selbstverwaltung in Art. 93 I Nr. 4 a GG, dem Katalog der grundrechtsgleichen Rechte fehlt. Die Bedeutung dieses Verfahrens ist gering; das BVerfG ist im übrigen nur subsidiär zuständig (§ 91 S. 2 BVerfGG).[19]

5. Hinweise zur Landesverfassungsgerichtsbarkeit

50 Die verfassungsgerichtliche Überprüfung von Landesrecht am Maßstab der Landesverfassung fällt grundsätzlich in die Zuständigkeit des Landesverfassungsgerichts (in Süddeutschland: des Staatsgerichtshofs[20]); für das Verfahren gelten GG und BVerfGG, soweit landesrechtlich darauf verwiesen worden ist).[21] Für die Gerichtsverfassung und das Verfahrensrecht seines Landesverfassungsgerichts ist das jeweilige Land zuständig; Art. 74 Nr. 1 GG gilt dafür nicht.[22] Grundsätzlich liegt es also beim Land, welche Verfassungsstreitigkeiten vor das Landesverfassungsgericht (oder im Fall des Art. 99 GG vor das BVerfG) gebracht werden können. Eine Ausnahme bildet der Organstreit:

18 Zur Formel »selbst, gegenwärtig, unmittelbar« noch unten Rn. 96; zu § 47 VwGO unten Rn. 153.

19 Zur Eigenart der Gewährleistung des Art. 28 II 1 GG (L) BVerfGE 50, 50.

20 Die terminologische Grenzlinie entspricht der, die sich bei der Bezeichnung der Verwaltungsgerichte 2. Instanz als Oberverwaltungsgericht oder Verwaltungsgerichtshof beobachten läßt; vgl. §§ 2; 184 VwGO.

21 Als Beispiel, das über Schleswig-Holstein hinaus von Interesse ist, hier schon (L) BVerfGE 60, 53 (61 – Zusammensetzung des Rundfunkrats), und dazu noch unten Rn. 88 mit Fn. 10.

22 (V) *Friesenhahn*, Festgabe BVerfG I (Fn. 1), S. 751; (V) BVerfGE 36, 342 (357).

hier ist das BVerfG gemäß Art. 93 I Nr. 4 (3. Alternative: »innerhalb eines Landes«) GG subsidiär[23] zuständig.

Beispiel (F) BVerfGE 62, 194 (199): Das Landesrecht eröffnet den Weg zum Landesverfassungsgericht nicht den einzelnen Abgeordneten, sondern nur einem Bruchteil der Mitglieder des Landtags.

Zu parallelen Zuständigkeiten des BVerfG und des Landesverfassungsgerichts in derselben Streitsache kann es kommen, wenn GG und Landesverfassungsrecht parallele Prüfungsmaßstäbe enthalten und das Verfahrensrecht des Landesverfassungsgerichts eine parallele Verfahrensart vorsieht. Praktisch wird das beim Normenkontrollverfahren am Maßstab der Grundrechte. Prüfungsmaßstab für das BVerfG sind die Grundrechte und grundrechtsgleichen Rechte des GG (vgl. Art. 93 I Nr. 4 a GG), für das Landesverfassungsgericht die Grundrechte der Landesverfassung (vgl. Art. 142 GG!) – falls diese einen Grundrechtsteil enthält. Die nachgrundgesetzlichen Landesverfassungen von Hamburg und Niedersachsen haben auf einen solchen Grundrechtsteil ganz verzichtet; die ebenfalls nachgrundgesetzlichen Landesverfassungen von Baden-Württemberg und Nordrhein-Westfalen enthalten nur einen rudimentären Grundrechtsteil. Parallele Verfahrensarten sind die Verfassungsbeschwerde (oder, wie in Hessen, die »Grundrechtsklage«) und die konkrete Normenkontrolle.[24]

III. Die Grundrechte – Vorbemerkungen

1. Zur Stoffauswahl und -anordnung

a) Die Anordnung der Grundrechte im GG ist unsystematisch. Eine Darstel- 51
lung der einzelnen Grundrechte, die sich an deren Reihenfolge im GG orientiert, ist nur auf einen ersten Blick von bequemer Übersichtlichkeit; die Ausarbeitung wie die daran orientierte Nacharbeit werden sehr bald zu Verwirrungen führen. Deshalb empfiehlt sich die Bildung von Gruppen jeweils inhaltlich verwandter Grundrechte. Das entspricht der alten Lernerfahrung, daß es darauf ankommt, Verwandtes zu entdecken und miteinander zu verknüpfen. Es bleibt die Frage, in welcher Reihenfolge nunmehr mit solchen Grundrechtsgruppen gearbeitet werden sollte. Wer sich an der praktisch-politischen Bedeutung einzelner Grundrechte orientiert, wird entweder mit den um die Meinungsfreiheit oder den um Eigentum – Beruf – Koalitionsfreiheit gruppierten Grundrechten beginnen, dabei aber alsbald

23 (F) BVerfGE 64, 301 (315); 66, 107 (115); zur Subsidiarität der kommunalen Verfassungsbeschwerde gem. § 91 S. 2 BVerfGG schon oben Rn. 49.

24 Dazu grundsätzlich (L) BVerfGE 69, 112 II (116f.); (V) *Friesenhahn*, Festgabe BVerfG (Fn. 1) I, S. 781, 792; als Beispiele einer »Doppelbeschwerde« (F) BVerfGE 34, 165, und HessStGH ESVGH 22, 4, einer »Doppelvorlage« (F) BVerfGE 34, 52 (54, 56), und HessStGH ESVGH 19, 140 (141).

auf besonders schwierige Grundrechte stoßen. Besser scheint es, ohne Rücksicht auf solche inhaltlichen Gewichtungen mit leichter überschaubaren Freiheitsrechten anzufangen und so in kleineren Schritten die Grundrechte insgesamt kennenzulernen.

b) Die Zusammenfassung der meisten Freiheits- und Gleichheitsrechte in Art. 1–19 GG (wobei nicht jede dieser Normen ein selbständiges Grundrecht enthält, z.B. nicht Art. 17a;[1] 18 GG) und die Verteilung anderer Grundrechte über das übrige GG mit einem Schwerpunkt auf den »Justizgrundrechten« der Art. 101; 103; 104 GG ist für die Grundrechtsqualität aller dieser Rechte ohne Bedeutung. Art. 1 III; 19 III; 142 GG gelten auch für diese Grundrechte.[2] Das GG enthält spezielle Gleichheitsrechte (z.B. Art. 3 II, III; 6 V; 33 I, II GG) und den allgemeinen Gleichheitssatz des Art. 3 I GG. Das Verhältnis beider Arten von Gleichheitsgewährleistungen entspricht dem auch sonst geltenden Verhältnis von spezieller zu allgemeiner Regelung: Art. 3 I GG ist auf Tatbestände, für die ein spezielles Gleichheitsrecht gilt, nicht anwendbar und insofern subsidiär. Während aber bei den Gleichheitsrechten immer auf Art. 3 I GG zurückgegriffen werden kann, wenn der Tatbestand eines speziellen Gleichheitsrechts nicht erfüllt ist, so daß im Ergebnis ein lückenloser Gleichheitsschutz entsteht, ist das Verhältnis der ausdrücklich im GG »benannten« und insofern speziellen Freiheitsrechte zu dem aus Art. 2 I GG vom BVerfG entwickelten subsidiären Freiheitsschutz komplizierter: Der Tatbestand der Freiheitsverletzung muß den traditionellen konkreten Freiheitsgarantien in ihrer Bedeutung für den Schutz der menschlichen Persönlichkeit vergleichbar sein, damit ein neues (im GG noch nicht benanntes) Freiheitsrecht anerkannt werden kann.[3] Neben diese materiellrechtliche Schutzfunktion tritt eine verfahrensrechtliche Schutzfunktion des Art. 2 I GG: Sie ermöglicht die Zulässigkeit der Verfassungsbeschwerde auch in solchen Fällen, in denen der Beschwerdeführer sich weder auf ein ausdrücklich im GG benanntes Freiheitsrecht noch auf einen damit vergleichbaren Schutz des engeren Bereichs seiner Persönlichkeit berufen kann (dazu im einzelnen unten Rn. 94). Zur Verdeutlichung dieser auf den ersten Blick etwas schwierigen Unterscheidung zwischen dem Schutz eines engeren Bereichs der Persönlichkeitsentfaltung und einer »allgemeinen Handlungsfreiheit« (die in Verbindung mit einer anderen Verfassungsnorm eine verfahrensrechtliche Schutzfunktion im Verfassungsbeschwerdeverfahren übernimmt) verweist das BVerfG für den erstgenannten Fall meist auf den Zusammenhang des Art. 2 I GG mit Art. 1 I GG.[4] In der Unterscheidung

1 Zu Art. 17 a GG (V) BVerfGE 44, 197 (205).

2 (F) *Hesse* Rn. 277; zu Art. 142 GG (V) BVerfGE 22, 267 (271), und noch unten Rn. 115.

3 Vgl. hier schon (L) BVerfGE 65, 1 (41 f. – Volkszählung), und im einzelnen noch unten Rn. 93.

4 (L) BVerfGE 54, 148 (153 – Eppler).

zwischen einer materiellrechtlichen und einer verfahrensrechtlichen Schutzfunktion[5] des Art. 2 I GG liegen Schwierigkeiten beim Umgang mit Art. 2 I GG, die sich erst ganz überblicken und darstellen lassen, nachdem andere Anwendungsbeispiele im Zusammenhang mit den speziellen (»benannten«) Freiheitsrechten des GG behandelt worden sind (vgl. unten Rn. 93, 94). Andererseits ist zum Verständnis der Reichweite zahlreicher einzelner Freiheitsrechte die Kenntnis des Art. 2 I GG wenigstens in seiner materiellrechtlichen Auffangfunktion in den soeben skizzierten groben Umrissen erforderlich.

c) Grundrechte lassen sich am besten anhand ausgewählter Rechtsprechungsbeispiele erarbeiten. Wer die angegebenen Entscheidungen (oder doch, nach einem Blick auf den Entscheidungsgegenstand, jeweils die angegebenen Begründungsteile) durcharbeitet, ist zudem in vielen Fällen den Quellen der Grundrechtsdogmatik näher als bei der Lektüre monographischer Darstellungen, die oft nicht mehr bringen als eine Wiedergabe solcher Entscheidungsgründe. Nachweise aus der Literatur werden deshalb gerade in diesem Abschnitt erst in zweiter Linie gegeben – nur so läßt sich hier angesichts der Materialfülle das Auswahlproblem angehen. Aus der älteren Rechtsprechung des BVerfG werden diejenigen Schlüsselentscheidungen genannt, die noch heute für die Auslegung des betreffenden Grundrechts maßgebend sind; im übrigen kann aus den jeweils genannten neueren Entscheidungen die frühere Rechtsprechung im Bedarfsfall ohne Schwierigkeiten erschlossen werden.

2. Zur Relevanz von Grundrechtsprüfungen – Wann und wo kommt es auf Grundrechte an?

a) Die Grundrechte sind ein Kernstück des Verfassungsrechts; mit guten **52**
Gründen stehen sie an der Spitze des GG. Dennoch sind sie nicht in jedem öffentlichrechtlichen Gutachten zu prüfen, sondern nur unter bestimmten, eng begrenzten Voraussetzungen: als Maßstab einer Normenkontrolle und zur Ausfüllung eines Spielraums der Normauslegung (etwa bei sprachlich unbestimmt gefaßten Generalermächtigungen) oder der Ermessensausübung.

Es gibt nur eine Verfahrenssituation, in der es primär und ausschließlich um Grundrechte (genauer: um die Verletzung eines Grundrechts durch die öffentliche Gewalt) geht: die Prüfung einer Verfassungsbeschwerde (Art. 93 I Nr. 4 a GG). In anderen Staatsrechtsfällen sind nur bei (abstrakten oder konkreten) Normenkontrollverfahren (Art. 93 I Nr. 2; 100 I GG) auch Grundrechte zu prüfen, aber erst nach Überlegungen zur Gesetzgebungs-

5 Dazu hier schon (L) BVerfGE 6, 32 (41 – Elfes) sowie noch unten Rn. 94; allgemein dazu (V) *Hesse* Rn. 425–428.

kompetenz und zum Gesetzgebungsverfahren und gleichrangig mit der Prüfung von obersten Verfassungsgrundsätzen, z.B. dem Rechtsstaatsprinzip. Im Organstreitverfahren oder in bundesstaatlichen Streitigkeiten (Art. 93 Nr. 1, 3 GG) kann es nie um Grundrechte gehen, denn diese gelten nicht innerhalb der Staatsorganisation – wo sich ausnahmsweise doch eine juristische Person des öffentlichen Rechts auch auf ein ihre Tätigkeit konstituierendes Grundrecht berufen kann (dazu unten Rn. 55), ist sie für ein Organstreitverfahren nicht antragsberechtigt, so daß nur der verwaltungsgerichtliche Rechtsschutz (und subsidiär die Verfassungsbeschwerde) bleibt. Im Verwaltungsrecht wird der Freiheits-und Gleichheitsschutz primär durch die Gesetze und nachrangige Rechtssätze des »einfachen« Rechts (Rechtsverordnung, autonome Satzung) bewirkt und nur ganz ausnahmsweise unmittelbar durch ein Grundrecht. Grundrechte dienen hier der Überprüfung, ob das Gesetz (oder ein anderer Rechtssatz) inhaltlich verfassungsmäßig ist oder ob es doch nur in einer bestimmten, enger verstandenen Weise verfassungskonform angewendet werden darf. Das läuft entweder auf eine inzidente Normenkontrolle oder auf die Überprüfung der Auslegung »unbestimmter Begriffe« oder einer Ermessensausübung hinaus. Die Normenkontrolle unterscheidet sich in ihrem Aufbau nicht von der staatsrechtlichen Prüfung einer Norm (insofern ist hier, wenn der Sachverhalt dazu Anlaß gibt, ein staatsrechtliches Teilgutachten in ein verwaltungsrechtliches Gutachten eingeschachtelt). Zur Normanwendungskontrolle am Maßstab von Grundrechten kann es nur kommen, wenn ein Auslegungsspielraum oder ein Ermessensspielraum gegeben ist; in allen anderen Fällen erschöpft sich der Freiheits- oder der Gleichheitsschutz in der einfachrechtlichen Norm, für deren Überprüfung nur die Normenkontrolle bleibt. Die Normanwendungskontrolle am Maßstab der Grundrechte hat zusätzliche Aufbauschwierigkeiten und ist deshalb später im Zusammenhang darzustellen (unten Rn. 129, 130).

b) Für Inhalt und Aufbau eines öffentlichrechtlichen Gutachtens (oder später eines Schriftsatzes oder einer fachgerichtlichen Entscheidung) muß nach alledem von vornherein vor dem Fehler gewarnt werden, vor allem bei Auslegungsfragen (also einer Normanwendungskontrolle) sofort auf eine Grundrechtsprüfung hinzusteuern. Grundrechtsfragen müssen entweder auf die anzuwendende Norm selbst oder auf einen konkreten Schritt ihrer Anwendung bezogen werden. Wenn sich dafür keine Argumente finden lassen, wenn also gegen die anzuwendende Norm keine grundrechtlichen (und auch keine anderen, etwa aus Kompetenzverletzungen abgeleiteten) Zweifel bestehen und wenn auch in ihre Anwendung keine Grundrechte hineinspielen, bleibt das Gutachten auf der Ebene des »einfachen Rechts«[6] – bei Verwaltungsrechtsfällen kann das immer wieder vorkommen.

6 Das BVerfG würde eine Verfassungsbeschwerde als unbegründet zurückweisen – zu dem Ausnahmefall der in keiner Weise begründbaren und insofern willkürlichen fachgerichtlichen Entscheidung schon oben Rn. 20 mit Fn. 39.

3. Zur Prüfung von Grundrechtsfragen

Die Frage, ob eine staatliche Maßnahme (also gewöhnlich eine Norm oder ihre Anwendung) gegen Grundrechte eines einzelnen verstößt, wird bei Freiheitsrechten in drei Schritten geprüft: (1) Betroffenheit des Schutzbereichs durch (2) einen staatlichen Eingriff und (3) dessen verfassungsrechtliche Rechtfertigung. Erst wenn alle drei Teilfragen bejaht worden sind, liegt ein Grundrechtsverstoß vor. Auf die Prüfung des allgemeinen Gleichheitssatzes (Art. 3 I GG) paßt dieses Denken in Schutzbereich und Eingriff nicht; hier geht es in zwei Schritten darum, ob (1) eine Ungleichbehandlung vorliegt und ob sie (2) verfassungsrechtlich gerechtfertigt werden kann. Bei speziellen Gleichheitsrechten (z.B. Art. 3 III GG) kann geprüft werden, ob (1) der Teilbereich des speziellen Diskriminierungsverbots (z.B. »Abstammung«) erfüllt ist, ob insoweit (2) eine Ungleichbehandlung vorliegt und ob diese (3) verfassungsrechtlich gerechtfertigt werden kann. 53

In ihrem (1) Schutzbereich unterscheiden sich die jeweiligen Freiheitsrechte; hingegen stimmt die Prüfung von (2) Eingriff und (3) Eingriffsrechtfertigung im methodischen Ansatz überein. Zur Prüfung des Schutzbereichs kann auch gehören, ob überhaupt der oder die Betroffene sich auf dieses Freiheitsrecht berufen kann (z.B. auf Art. 12 I GG nur Deutsche). Eingriffe können einer in den Grundrechtsnormierungen verbreiteten Formel zufolge »durch Gesetz« oder »auf Grund eines Gesetzes« (vgl. auch dazu Art. 12 I GG und allgemein Art. 19 I 1 GG) erfolgen. In der älteren Grundrechtsdogmatik wurde ein Eingriff nur bei rechtsverbindlicher (= regelnder; vgl. die Verwaltungsaktsdefinition des § 35 S. 1 VwVfG) und unmittelbarer Wirkung angenommen (sog. »klassischer« Eingriffsbegriff); er ist in neuerer Zeit auf nur tatsächliche (z.B. bei Wissens- und Meinungsäußerungen, also Realakten) und mittelbare Wirkungen ausgeweitet worden (sog. »faktischer« Eingriff).[7] Die verfassungsrechtliche Eingriffsrechtfertigung verlangt (a) ein öffentliches Interesse mit Vorrang vor dem Schutzbereich des Freiheitsrechts und (b) die Verhältnismäßigkeit des Eingriffs als Mittel zum Zweck der Durchsetzung des öffentlichen Interesses auf Kosten des Freiheitsrechts (dazu noch unten Rn. 58).

4. Gemeinsame Begriffe und Strukturen (Allgemeine Grundrechtslehren I)

Vor der Darstellung der einzelnen Grundrechte empfiehlt es sich, einige Grundbegriffe und Strukturgemeinsamkeiten vor die Klammer zu ziehen. 54

a) In erster Linie sind die Grundrechte subjektive Rechte, jedoch erschöpft sich ihre Schutzfunktion nicht in dem Verhältnis einzelner Grundrechtsträger zum Staat. Am deutlichsten ist das bei der Grundrechtsbindung der Gesetzgebung: sie beschränkt sich nicht auf einzelne Grundrechtsträger und

7 (F) BVerwGE 87, 37 (41 f. m. w. N.).

deren subjektivrechtlichen Grundrechtsschutz, sondern erstreckt sich auf alle Grundrechtsträger in vergleichbarer Lage und wirkt deshalb insoweit auch objektivrechtlich. Die Grundrechtsbindung gesetzesanwendender Organe (also der vollziehenden Gewalt oder der Rechtsprechung) kann sich auf den einzelnen Anwendungsfall und dort auf den subjektivrechtlichen Grundrechtsschutz des Betroffenen beschränken. Sie kann aber auch, wenn die Grundrechtsbindung auf verallgemeinerungsfähigen Gründen beruht, zugleich ein objektivrechtliches (nicht auf das einzelne Grundrechtssubjekt beschränktes) Element enthalten. Das ist der Fall der verfassungskonformen Auslegung eines Gesetzes,[8] die, wenn vom BVerfG entwickelt, künftig alle Behörden und Gerichte auch in den vergleichbaren Fällen (also nicht nur in dem konkret entschiedenen Fall) bindet (§ 31 I BVerfGG). Die Normenkontrolle zielt immer auch auf objektivrechtliche Schutzwirkungen eines Grundrechts; die Normanwendungskontrolle jedenfalls auf die subjektivrechtliche, unter Umständen aber ebenfalls auf die objektivrechtliche Schutzwirkung.

Keine subjektiven Rechte und schon gar nicht einklagbare Leistungsrechte sind die in einigen Landesverfassungen, aber nicht im GG normierten sog. »sozialen Grundrechte« z. B. auf Arbeit und Wohnung (vgl. Art. 166 BayVerf, Art. 19 I BerlVerf, Art. 28 II HessVerf, Art. 53 II RhPfVerf). Sie können allenfalls (objektivrechtliche) Zielvorgaben für die Auslegung und Anwendung einfachen Rechts enthalten, darin verwandt den seit einigen Jahren diskutierten »Staatszielbestimmungen« (zu diesen noch unten Rn. 104), haben aber (wie diese) auch insoweit sich auf die Praxis der Behörden und Gerichte bisher nicht erkennbar ausgewirkt. In eine ähnliche Richtung geht die inzwischen im Sande verlaufene Diskussion der Grundrechte als soziale Teilhaberechte.[9]

55 b) Nach ihrer Geschichte und ihrem heutigen Inhalt sind die Grundrechte in erster Linie individuelle Rechte natürlicher Personen; für inländische juristische Personen gelten sie gemäß Art. 19 III GG, »soweit sie ihrem Wesen nach auf diese anwendbar sind«. Das BVerfG versteht hier den Begriff der (inländischen) juristischen Person untechnisch und verfährt bei der Auslegung des soeben zitierten 2. Halbsatzes im Ansatz großzügig. Auch nichtrechtsfähige Vereine und Personengesellschaften (z. B. OHG oder KG) werden als grundrechtsfähig behandelt (so wie sie auch im Zivil- und Zivilprozeßrecht als teilrechtsfähig behandelt werden). Auch solche Freiheitsrechte, die auf juristische Personen (jetzt vor allem technisch verstanden, also z. B. auf eine AG) ihrem Wesen nach wenig bis nicht passen wie z. B. die Berufsfreiheit des Art. 12 I GG, werden mit leichten Umformulierungen auf sie angewendet, aber in ihrer Reichweite sogleich wieder auf den Freiheitsschutz zurückge-

8 Dazu (V) *W. Schmidt*, Jura 1983, 169ff. (178f.).
9 Dazu (V) *Hesse* Rn. 208, 289, oder *Maunz/Zippelius* § 19 I 3.

nommen, der sich aus primär, weil besser anwendbaren Freiheitsrechten (hier Art. 14 I, II GG) ergibt.[10]

Art. 19 III GG meint grundsätzlich nur die juristischen Personen des Privatrechts. Die Kompetenzen des Staates und seiner öffentlichrechtlichen juristischen Personen (dazu oben Rn. 6) sind ebenso grundsätzlich nicht Gegenstand der Grundrechte; die juristischen Personen des öffentlichen Rechts können also in aller Regel nicht Grundrechtsträger sein. Ausnahmen für bestimmte juristische Personen des öffentlichen Rechts gelten dort, wo die öffentlichrechtliche Organisationsform der Verwirklichung eines bestimmten Freiheitsrechts dient: bei den öffentlichrechtlichen Rundfunkanstalten für die Rundfunkfreiheit des Art. 5 I 2 GG, bei den staatlichen Hochschulen (vgl. § 58 I HRG) für die Wissenschaftsfreiheit sowie bei den Kirchen und denjenigen Religionsgemeinschaften, die gem. Art. 140 GG in Verbindung mit Art. 137 V WRV Körperschaften des öffentlichen Rechts besonderer Art sind. Ausnahmen für alle juristischen Personen des öffentlichen Rechts werden bei den Justizgrundrechten der Art. 101 I 2; 103 I GG anerkannt; für die allgemeine Rechtsschutzgewährleistung des Art. 19 IV GG hat das BVerfG die Frage bisher offengelassen.[11]

Die Grundrechtsträgerschaft natürlicher Personen kann generell auf Deutsche beschränkt sein (sogenannte »Deutschenrechte«; vgl. Art. 8; 9 I; 11; 12 I GG). Für Ausländer greift das BVerfG in solchen Fällen auf den subsidiären Freiheitsschutz des Art. 2 I GG zurück; dieser Freiheitsschutz ist jedoch schwächer, weil weniger spezifisch: Im Rahmen der Zweck-Mittel-Analyse steht das spezielle Schutzgut (z.B. Freizügigkeit, Beruf) nicht mehr zur Verfügung.[12]

Die Grundrechtsträgerschaft kann auch auf bestimmte Personengruppen beschränkt sein wie z.B. beim Elternrecht. Ist das damit konkurrierende Freiheitsrecht, hier der Persönlichkeitsschutz des Kindes, im GG nicht ausdrücklich gewährleistet, so hilft das BVerfG ebenfalls mit Art. 2 I GG.[13] Theoretisch umstritten, praktisch aber folgenlos ist die Frage, ob es bei Kindern neben der Grundrechtsträgerschaft noch einer besonderen »Grundrechtsmündigkeit« bedürfe. Wird der Schutzbereich des in Betracht kommenden Freiheitsrechts (meist Art. 4 I GG) sorgfältig analysiert, so fallen Grundrechtsträgerschaft und »Grundrechtsmündigkeit« zusammen; einer besonderen »Grundrechtsmündigkeit« bedarf es also nicht.[14]

---

10 Vgl. hier schon (L) BVerfGE 50, 290 (363f. – Mitbestimmung) und dazu noch unten Rn. 75.

11 Zu alledem (L) BVerfGE 61, 82 (101–104, 109 – Sasbach); in neuerer Zeit (F) BVerfGE 68, 193 (205–208); zu Art. 140 GG (V) *Hesse* Rn. 467–474.

12 (L) BVerfGE 35, 383 (399 – Palästinenser) zur Freizügigkeit, (F) BVerfGE 78, 179 I (196f. – zur Berufsfreiheit).

13 Vgl. (L) BVerfGE 79, 51 I (63f.); weiter BVerfGE 64, 180 (187).

14 Wie hier (L) *Hesse* Rn. 285. Erörtert wird die Frage gewöhnlich am Beispiel der Religionsfreiheit Minderjähriger.

56 c) In aller Regel geht es um die Grundrechtsbindung staatlicher Organe (Art. 1 III GG). Privatpersonen sind in ihrer Vertrags- und Handlungsfreiheit nur an ein einziges Freiheitsrecht, nämlich die Koalitionsfreiheit gemäß Art. 9 III 2 GG, so gebunden, daß derjenige, der sich in seiner Koalitionsfreiheit durch eine nach Privatrecht zu beurteilende »Abrede« oder »Maßnahme« eingeschränkt oder behindert glaubt, sich zu seiner Rechtsverteidigung »unmittelbar« auf sein Grundrecht aus Art. 9 III 1 GG berufen kann; das ist dann von besonderem Interesse, wenn die Rechtsordnung ihm kein anderes Schutzgesetz zur Verfügung stellt. Alle anderen Freiheitsrechte wirken nur auf dem Umweg über die Bindung der Staatsgewalt: gegen den Gesetzgeber bei der Ausgestaltung der Privatrechtsordnung und gegen den Gesetzesanwender (meist ein staatliches Gericht) bei der Ausfüllung privatrechtlicher Generalklauseln. Weil private »Dritte« im Privatrechtsverkehr nur derart »mittelbar« an Grundrechte gebunden werden können, spricht man von »mittelbarer Drittwirkung« der Grundrechte im Privatrechtsverkehr.[15] Soweit die Privatrechtsordnung ihrerseits schon vergleichbare Rechte und Rechtsgüter schützt (vgl. z.B. § 823 I BGB mit Art. 2 II 1; 14 I 1 GG), spielt die »mittelbare Drittwirkung« der entsprechenden Grundrechte so gut wie keine Rolle. Praktisch wird sie erst bei solchen Freiheitsrechten, deren privatrechtlicher Schutz bisher nur unzureichend ausgebaut ist; das gilt in besonderem Maße für die Meinungsfreiheit des Art. 5 I GG und die ihre Einschränkung ermöglichenden (»allgemeinen«) Gesetze des Privatrechts (vgl. Art. 5 II GG und dazu noch unten Rn. 90). Diese Gesetze sind dann unter Berücksichtigung der objektivrechtlichen Schutzwirkung der Meinungsfreiheit verfassungskonform auszulegen (vgl. soeben Rn. 54). Nur in diesem Zusammenhang, also bei Fällen der Normanwendung, ist es üblich, von »mittelbarer Drittwirkung« zu sprechen; die Grundrechtsbindung des Gesetzgebers hinsichtlich privatrechtlicher Normen (und damit die Fälle einer der Normanwendungskontrolle vorausgehenden Normenkontrolle) werden in diese ganz auf die konkrete Beteiligung privater »Dritter« zugeschnittene Denkfigur nicht einbezogen. Auch die »mittelbare Drittwirkung« vor allem der Meinungsfreiheit bleibt somit (wie die »unmittelbare Drittwirkung« gemäß Art. 9 III 2 GG ohnehin) eine Ausnahme. Zudem läßt sich jede Art von »Drittwirkung« nur durch die Inanspruchnahme staatlicher Organe, vor allem staatlicher Gerichte durchsetzen. Für die folgende Grundrechtsdarstellung treten die Fälle der »mittelbaren Grundrechtswirkung« deshalb wieder in den Hintergrund; diese Darstellung ist, wenn nicht ausdrücklich etwas anderes gesagt wird, auf Fälle der Grundrechtsbindung nur der öffentlichen Gewalt bezogen.

---

15 Dazu (V) *Pieroth/Schlink* Rn. 202–214, oder *Hesse* Rn. 351–357, oder *Maunz/Zippelius* § 19 III.

d) Die verfassungsrechtlichen Grenzen für Grundrechtseingriffe sind zunächst bei der Gesetzgebung zu beachten. Das GG hat dafür aus älteren Verfassungsschichten ein System von Gesetzesvorbehalten übernommen und dieses System um die neuartigen (erstmals nach 1945 im deutschen Verfassungsrecht auftauchenden) Sicherungen des Art. 19 I, II GG ergänzt. Nach herkömmlicher Auffassung konkretisiert der einem Grundrecht beigefügte Gesetzesvorbehalt den allgemeinen Vorbehalt des Gesetzes, dem auch durch Rechtsverordnungen oder Satzungen genügt werden konnte, so daß es sich beim Vorbehalt des Gesetzes eigentlich nur um einen Rechtssatzvorbehalt handelte.[16] Die den einzelnen Grundrechten beigefügten Gesetzesvorbehalte werden nach »einfachen« (z.B. Art. 2 II 3 GG) und »qualifizierten« Gesetzesvorbehalten (z.B. Art. 6 III; 11 II; 13 III GG) unterschieden; dieser unterschiedlichen Fassung soll eine unterschiedlich weit reichende Regelungsbefugnis des Gesetzgebers entsprechen. Vorbehaltlos gewährleistete Grundrechte (z.B. Art. 4 I, III 1; 5 III GG) können dieser älteren Vorstellung zufolge überhaupt nicht eingeschränkt werden (dazu sogleich noch Rn. 59). Für die Fälle eines ausdrücklichen Gesetzesvorbehalts normiert Art. 19 GG als zusätzliche Sperren für den Gesetzgeber das Verbot des Einzelfallgesetzes (Art. 19 I 1 GG), ein Zitiergebot (Art. 19 I 2 GG) und eine Wesensgehaltsgarantie (Art. 19 II GG). In der Praxis der ebenfalls neuartigen Normenkontrolle durch das BVerfG (vgl. schon oben Rn. 41) hat sich dieses Grundrechtssicherungssystem als so nicht brauchbar erwiesen. 57

e) Das zulässige Ausmaß (und damit die verfassungsrechtliche Rechtfertigung) eines Grundrechtseingriffs durch Gesetz oder aufgrund eines Gesetzes kann sich letztlich aus einer Zweck-Mittel-Analyse ergeben (vgl. schon oben Rn. 53). Das BVerfG hat dazu von Grundrecht zu Grundrecht unterschiedliche Formen entwickelt, die sich durchweg als Abwandlungen einer Zweck-Mittel-(oder, wie das BVerfG mit einem zwar verbreiteten, aber weniger genauen Sprachgebrauch meist sagt: einer Verhältnismäßigkeits-) Prüfung erkennen lassen; als ein berühmtes Beispiel kann hier schon die »Stufen-Theorie« zu Art. 12 I 2 GG genannt werden (vgl. unten Rn. 76). Das unterschiedliche Ausmaß der Einschränkbarkeit des Grundrechts richtet sich dabei nach seiner Bedeutung für den Grundrechtsträger, nicht nach der (als historisch zufällig eingeschätzten) Formulierung des Gesetzesvorbehalts; in dieser Hinsicht kann z.B. der Schutz des Lebens höher stehen als der Schutz der Unverletzlichkeit der Wohnung (vgl. Art. 2 II 3; 13 III GG). 58

16 »Gesetzesvorbehalt« und »Vorbehalt des Gesetzes« sind also zwei verschiedene Begriffe, auch wenn der »Vorbehalt des Gesetzes« gelegentlich in sprachlich ungenauer Verkürzung ebenfalls als »Gesetzesvorbehalt« bezeichnet wurde und wird. Zur älteren Begrifflichkeit (V) *Thoma*, in: HdbStR II, 1932, S. 221 (mit Fn. 2); zu den Veränderungen unter dem GG hier schon (V) BVerfGE 8, 155 (166f.); (L) E 47, 46 (78f. – Sexualkundeunterricht) und dazu noch unten Rn. 108–110. Art. 19 I, II GG ist teilweise in Art. 63 HessVerf vorgebildet.

Daraus erklärt sich die praktische Bedeutungslosigkeit des Art. 19 II GG als einer zusätzlichen Grundrechtssicherung. Das BVerfG greift äußerst selten auf Art. 19 II GG zurück und verknüpft diese Norm alsbald mit einer Zweck-Mittel- (oder Verhältnismäßigkeits-)Prüfung.[17] Diese Prüfungsmethode muß den Schutz eines jeden Freiheitsrechts notwendigerweise relativieren; der akademische Streit um einen »absoluten« oder »relativen« Wesensgehalt[18] kann deshalb als realitätsfern vernachlässigt werden – wie überhaupt für den grundrechtlichen Teil eines Gutachtens zu empfehlen ist, nicht allzu voreilig sich an Art. 19 II GG festzubeißen.

59 f) Auf Freiheitsrechte ohne ausdrücklichen Gesetzesvorbehalt (insbesondere Art. 4 I, III 1; 5 III GG) passen Art. 19 I, II GG schon von ihrem Wortlaut her nicht. Rechtsprechung des BVerfG und h. M. lassen sich auf die Formel bringen: »vorbehaltlos, aber nicht schrankenlos«.

Beispiele: (L) BVerfGE 28, 243 (260 ff.): Ein Wehrpflichtiger verweigert ein Jahr nach Dienstantritt bei der Bundeswehr den Kriegsdienst mit der Waffe und noch vor seiner rechtskräftigen Anerkennung als Kriegsdienstverweigerer eine von ihm geforderte militärische Dienstleistung; er wird daraufhin disziplinarisch mit Arrest bestraft.

BVerfGE 32, 98 (108 f.): Ein Ehemann unterläßt es aus religiöser Überzeugung, seine unter akutem Blutmangel leidende Ehefrau zu einer lebensnotwendigen Bluttransfusion zu bewegen; er wird nach dem Tod der Ehefrau wegen unterlassener Hilfeleistung (§ 330 c StGB) verurteilt.

BVerfGE 30, 173 (193) mit Abweichenden Meinungen der Richter Stein (S. 200 f.) und Rupp-v. Brünneck (S. 218 ff.): Veröffentlichung und Vertrieb des Romans »Mephisto« von K. Mann werden auf die zivilrechtliche Klage des Adoptivsohns und Alleinerben von G. Gründgens wegen Verletzung des Persönlichkeitsrechts eines Verstorbenen verboten.[19]

Die Einschränkungsmöglichkeiten werden auch hier im Rahmen einer Zweck-Mittel-Prüfung und dabei jeweils zunächst als Problem eines Zielkonflikts diskutiert. Geschützt werden »nur kollidierende Grundrechte Dritter und andere mit Verfassungsrang ausgestattete Rechtswerte«. Die Problematik ergibt sich bei dem zweitgenannten Ansatzpunkt, denn jede beliebige Einschränkung muß sich letztlich an der Verfassung legitimieren

---

17 Das einzige Beispiel der Nichtigerklärung eines Gesetzes wegen Verletzung der Wesensgehaltsgarantie ist (L) BVerfGE 22, 180 (219 f. – BSHG). In den Bänden 46–83 findet sich als einzige Erwähnung durch einen Gesamtsenat (L) BVerfGE 61, 82 (113); ebenso folgenlos bleibt die Erwähnung in der Abweichenden Meinung *Hirsch u. a.* in (F) BVerfGE 52, 131 (175). Später finden sich zwei Randerwähnungen in (F) BVerfGE 80, 367 II (373); 84, 212 I (228).

18 Vgl. (F) *Maunz*, in: Maunz/Dürig, Art. 19 II (Zweitbearbeitung) Rn. 15 einerseits, *Stein* § 29 VI andererseits; ferner (V) *Hesse* Rn. 332; *W. Schmidt*, AöR 106 (1981), 497 ff. (515).

19 Die Neuveröffentlichung des Romans im Jahr 1980 hat sich über diese Entscheidungen aus den Jahren 1968 und 1971 hinweggesetzt; zu Art. 5 III GG aus neuerer Zeit (L) BVerfGE 77, 240 I (253–255).

lassen, das konkurrierende Schutzgut muß insofern auch »Verfassungsrang« haben. Wegen der vorbehaltlosen Grundrechtsgewährleistung sind an die Begründung von Einschränkungen gerade hier besonders hohe Anforderungen zu stellen.[20]

g) Die verfassungsrechtlichen Anforderungen des Art. 19 I GG sind, weil in **60**
diesem Ausmaß schlicht unpraktikabel, in der Rechtsprechung des BVerfG weitgehend zurückgenommen worden. Das Verbot des Einzelfallgesetzes (Art. 19 I 1 GG) ist zum Verbot eines ausdrücklich nur auf eine bestimmte Person bezogenen Gesetzes (also von »Einzelpersonengesetzen«) abgeschwächt und damit der Formulierungskunst des Gesetzgebers überantwortet worden.[21] Das Zitiergebot (Art. 19 I 2 GG) wird vom BVerfG außerordentlich restriktiv gehandhabt: nur für nachkonstitutionelle Gesetze, aber auch dann nicht, wenn ältere Grundrechtsbeschränkungen unverändert oder mit geringen Abweichungen wiederholt werden, und vor allem nicht bei Grundrechten, die noch der Inhaltsbestimmung durch Gesetze bedürfen und insoweit die Notwendigkeit gesetzlicher Regelungen voraussetzen (sog. »Regelungsvorbehalt« oder auch »Schrankenvorbehalt« im Unterschied zu anderen Gesetzesvorbehalten). Praktiziert wird das bei Art. 2 I; 5 II; 12 I; 14 I 2 GG.[22] Diese Verminderung des Gesetzesvorbehalts zu einem »Regelungsvorbehalt« gilt nur für den Zusammenhang des Art. 19 I 2 GG und schließt die Verstärkung derselben Gesetzesvorbehalte zu einem »Parlamentsvorbehalt« nicht aus (vgl. noch Rn. 108–110).

IV. Einzelne Freiheits- und Gleichheitsrechte und ihr Schutz im Verfassungsbeschwerdeverfahren

1. Typische Probleme des Individualrechtsschutzes am Beispiel der Art. 2 II; 11; 13; 104 GG

a) Verbindungslinien zwischen diesen auf einen ersten Blick sehr unter- **61**
schiedlichen Freiheitsrechten ergeben sich teils aus ihrer Zusammenfassung in einer Grundrechtsnorm (Art. 2 II 1–3 GG), teils aus Berührungspunkten des Schutzbereichs (Art. 2 II 2; 11 GG), teils aus der Regelungsstruktur (Art. 2 II 2 und 3 GG in Verbindung mit Art. 104 GG; Art. 11 II; 13 II und III GG). Art. 2 II GG schützt drei nur locker miteinander verbundene Grund-

20 (L) BVerfGE 77, 240 I (255); (V) *W. Schmidt* (Fn. 18), S. 506f.

21 Folgerichtig bezeichnet (F) BVerfGE 25, 371 (396 – Lex Rheinstahl) den im Schrifttum geprägten und vor allem auf wirtschaftslenkende Gesetze bezogenen (polemischen) Begriff des »Maßnahmegesetzes« als »verfassungsrechtlich irrelevant«; dazu (V) *Hesse* Rn. 330, oder *Maunz/Zippelius* § 20 I 3.

22 (L) BVerfGE 64, 72 (79 – Altersgrenze für Prüfingenieure), zu Art. 12 I GG; (F) *Hesse* Rn. 331 (dort auch zur »Warnfunkion« des Art. 19 I 2 GG); (V) *W. Schmidt* (Fn. 18), S. 513f.

rechte: (1) das Recht auf Leben, (2) das Recht auf körperliche Unversehrtheit und (3) die persönliche Bewegungsfreiheit, diese gegen Freiheitsentziehungen und Freiheitsbeschränkungen in einem enger begrenzten Raum im Unterschied zum Schutz der Freizügigkeit im gesamten Bundesgebiet. Die Freizügigkeit für Deutsche im Inland geht über in die Ausreisefreiheit, die vom BVerfG allerdings nicht mehr zu Art. 11 GG gerechnet, sondern als neues, im GG nicht ausdrücklich benanntes Freiheitsrecht aus Art. 2 I GG geschützt wird.[1] Während es bei den bisher genannten Freiheitsrechten um mehr oder weniger deutliche Berührungspunkte im jeweiligen Schutzbereich geht, zeigen sich Parallelen zwischen den sonst ganz unterschiedlichen Grundrechten der Art. 2 II 2; 104 und Art. 13 GG in der Normstruktur, und zwar in den Verfahrensvorbehalten der Art. 104 II–IV und Art. 13 II GG bei unterschiedlich strukturierten Gesetzesvorbehalten (Art. 2 II 3; 104 I 1 und 13 III GG). Berührungspunkte im Schutzbereich ergeben sich hingegen wieder zwischen Art. 2 II 1 GG und dem Folterverbot des Art. 104 I 2 GG (vgl. auch § 136 a StPO). Bei den hier zusammengefaßten Freiheitsrechten lassen sich im übrigen die unterschiedlichsten Arten von Gesetzesvorbehalten beobachten: bei Art. 2 II 1, 3 GG handelt es sich um einen einfachen Gesetzesvorbehalt; Art. 11 II; 13 III GG und in gewisser Weise auch noch Art. 2 II 2; 3 in Verbindung mit Art. 104 I 1 GG sind qualifizierte Gesetzesvorbehalte.

62 b) Bei dem nur mit einem einfachen Gesetzesvorbehalt gesicherten Grundrecht der körperlichen Unversehrtheit (Art. 2 II 1, 3 GG) ist die Frage, ob die Eingriffsgrenzen schon bei der Norm (und dann im Wege der Normenkontrolle) oder erst bei der Normanwendung (und deren Kontrolle) geltend zu machen sind.

Beispiel (L) BVerfGE 16, 194: Zur Durchführung eines Bagatellstrafverfahrens wird gegen den Angeklagten aufgrund § 81 a StPO eine äußerst schmerzhafte und zugleich gesundheitlich riskante Untersuchung angeordnet, um seine Zurechnungsfähigkeit zu ermitteln.

Das BVerfG begnügt sich mit der ganz unbestimmt gefaßten Ermächtigungsnorm und verlagert die Zweck-Mittel-Analyse in die Normanwendung.[2] Über diesen engeren Bereich des Individualrechtsschutzes hinaus wird Art. 2 II 1 GG, wenngleich noch zögernd auch als teilweiser Ersatz für den im GG sonst fehlenden Grundrechtsschutz gegen Umweltbelastungen herangezogen.[3] Die Berührung mit dem Grundrecht auf Leben (Art. 2 II 1 GG) wird dabei bisher nur sehr vorsichtig angedeutet.[4]

---

1 (L) BVerfGE 6, 32 (Elfes). Art. 11 GG hat in der Rechtsprechung des BVerfG bisher eine geringe Rolle gespielt.

2 Aufschlußreich (F) BVerfGE 51, 324 (346).

3 (L) BVerfGE 49, 89 (141 – Kalkar); 53, 30 (57 – Mülheim-Kärlich); 56, 54 (73 – Fluglärm).

4 Auch dazu (L) BVerfGE 56, 54 (73); aus der anders gelagerten früheren Rechtsprechung zum Recht auf Leben (F) BVerfGE 39, 1 (36ff., 43 – Fristenlösung).

c) Das Grundrecht der körperlichen Bewegungsfreiheit (Art. 2 II 2 GG) führt **63**
vor allem bei den Haftgründen schon im Rahmen der Normenkontrolle zur Prüfung des Zielkonflikts; dazu mag die Verstärkung des Gesetzesvorbehalts durch Art. 104 I 1 GG beigetragen haben.[5] Auch im Rahmen der Normanwendungskontrolle ist immer noch eine Zweck-Mittel-Prüfung mit besonderer Berücksichtigung des Übermaßverbots durchzuführen.[6] Zur Durchsetzung des Verfahrensvorbehaltes in Art. 104 II GG ist die Freiheitsentziehung von der Freiheitsbeschränkung abzugrenzen.[7]

d) An Art. 13 GG lassen sich Rückwirkungen veranschaulichen, die sich bei **64**
extensiver oder restriktiver Auslegung einzelner Merkmale des Grundrechtstatbestandes jeweils für andere Merkmale ergeben. Die im folgenden genannten drei Beispiele stehen zugleich für Schlüsselentscheidungen, die zu Art. 13 GG immer wieder genannt werden.
Wenn die ursprünglich als Schutz der »räumlichen Privatsphäre« gedachte Unverletzlichkeit der Wohnung auch auf Geschäftsräume ausgedehnt wird, sind viele herkömmliche Betretungs- und Besichtigungsrechte von Verwaltungsbehörden nicht mehr unter den qualifizierten Gesetzesvorbehalt des Art. 13 III GG zu bringen.

Beispiel (L) BVerfGE 32, 54 (68 ff.): Inhaber von Schnellreinigungsunternehmen rügen die Verfassungswidrigkeit des § 20 in Verbindung mit § 17 II HandwO. Das BVerfG nimmt die dort geregelten Betretungs- und Besichtigungsrechte von dem Begriff »Eingriffe und Beschränkungen« aus – obwohl § 17 II 3 HandwO unter Beachtung von Art. 19 I 2 GG das Grundrecht der Unverletzlichkeit der Wohnung (Art. 13 GG) ausdrücklich für »eingeschränkt« erklärt.

Wenn der Durchsuchungsbegriff restriktiv gefaßt wird, entfällt für die dann ausgegrenzten anderen Eingriffe zwar der Richtervorbehalt des Art. 13 II GG, es bleibt aber immer noch Art. 13 III GG zu beachten, dessen schwächste Stelle der generalklauselartige Gesetzesvorbehalt »zur Verhütung dringender Gefahren für die öffentliche Sicherheit und Ordnung« ist.

Beispiel (F) BVerwGE 47, 31 (37): Polizeibeamte räumen ohne richterlichen Durchsuchungsbefehl ein Studentenwohnheim, aus dem bei einer Demonstration Steine und Flaschen geworfen worden sind.

Wenn der Begriff »Durchsuchung« im übrigen beim Wort genommen, deshalb nicht auf strafprozessuale Durchsuchungen beschränkt, sondern auch auf andere behördliche Durchsuchungen einer Wohnung erstreckt wird, ergeben sich nochmals Reibungen mit älterem Recht, das einen so weitgehenden Schutz noch nicht kannte.

5 (L) BVerfGE 35, 185 (188, 190 – Haftgrund der Wiederholungsgefahr); (F) BVerfGE 61, 126 (134 f. – Erzwingungshaft aufgrund § 901 ZPO); zum »unlösbaren Zusammenhang« zwischen Art. 2 II 2 und 104 I 1 GG auch (F) BVerfGE 58, 208 (220 – Unterbringung in einem psychiatrischen Krankenhaus); 65, 317 (321 f.).
6 (F) BVerfGE 53, 152 (158 – Aufrechterhaltung eines Haftbefehls).
7 (F) BGHZ 82, 261 und 82, 271 (zu § 18 GeschlKrG).

Beispiele (L) BVerfGE 51, 97 (105ff., 114f.): Durchsuchungsrecht des Gerichtsvollziehers gemäß § 758 ZPO; bestätigt in (F) BVerfGE 57, 346 (355): Durchsuchungsrecht von Vollziehungsbeamten des Finanzamts gemäß § 287 AO; (F) BVerfGE 76, 83 I (89). Das BVerfG hilft jeweils mit der unmittelbaren Anwendbarkeit des Art. 13 II GG, wodurch das insoweit lückenhafte Gesetzesrecht aus dem GG ergänzt wird.

2. Subjektiv- und objektivrechtlicher Grundrechtsschutz am Beispiel der Art. 6 I, II; 7 I GG

65 a) Der in Art. 6 I GG normierte besondere Schutz von Ehe und Familie stellt diese Formen des sozialen Zusammenlebens von Verfassungs wegen über andere denkbare Formen.[1] Der subjektive Grundrechtsschutz einzelner wird deshalb zu der Prüfung überleiten, ob die einfachgesetzlichen Regelungen des Ehe- und Familienrechts oder ihre Anwendung mit der Ausrichtung vereinbar sind, die Art. 6 I GG für das Ehe- und Familienrecht vorgibt. Der subjektivrechtliche Grundrechtsschutz ist also gerade hier in besonderem Maße mit dem objektivrechtlichen Grundrechtsschutz verknüpft (vgl. oben Rn. 54). Das BVerfG geht deshalb auch dann von dem objektivrechtlichen Gehalt des Grundrechts aus, wenn die Anwendung eines Gesetzes auf einen Einzelfall, also »nur« eine subjektivrechtliche Betroffenheit zu prüfen ist. Schwierigkeiten ergeben sich dabei aus der älteren Begrifflichkeit, die das Gericht gerade in seiner Rechtsprechung zu Art. 6 I GG verwendet. Vor allem in früheren Entscheidungen spricht das BVerfG von einer »dreifache(n) verfassungsrechtliche(n) Bedeutung« des Art. 6 I GG: er sei »ein klassisches Grundrecht auf Schutz vor Eingriffen des Staates wie eine Institutsgarantie wie auch eine wertentscheidende Grundsatznorm für das gesamte Ehe- und Familienrecht«.[2] Nicht jedes Mal werden alle drei Bedeutungen aufgezählt;[3] ein Auswahlkriterium ist nicht erkennbar, die Begriffsverwendung scheint vielmehr einigermaßen beliebig. Für die Gutachtenarbeit ist es einfacher und übersichtlicher, immer dann von »objektivrechtlicher« Wirkung des Art. 6 I GG (statt von »Institutsgarantie« oder »Wertentscheidung« oder »Grundsatznorm«) zu sprechen, wenn es um eine Normenkontrolle oder die normenkontrollähnliche Wirkung einer verfassungskonformen Auslegung geht.[4]

Auch das Ehescheidungsrecht wird vom BVerfG an Art. 6 I GG gemessen.[5] Für die dabei zusätzlich auftretenden Gleichbehandlungsfragen bei Interessenkonflikten zwi-

1 Beispiele oder eher Gegenbeispiele liefern die Folgeprobleme eheähnlicher Lebensgemeinschaften; (F) BGHZ 77, 55; BVerfGE 82, 6 I (13f.).

2 Die Zitate finden sich in (F) BVerfGE 24, 119 (135); 31, 58 (67); darauf bezieht sich (F) BVerfGE 62, 323 (329). Nur bei BVerfGE 24, 119 handelte es sich um ein Normenkontrollverfahren gem. Art. 100 I GG; die anderen Entscheidungen betrafen Normanwendungskontrollen in Verfassungsbeschwerdeverfahren.

3 Vgl. (F) BVerfGE 53, 224 (245: »Institut«); 61, 18 (25: »verbindliche Wertentscheidung«); 66, 84 (93: »Grundsatznorm«).

4 (V) *W. Schmidt*, Jura 1983, 169ff. (170f., 178).

5 (F) BVerfGE 53, 224 (245).

schen den geschiedenen Ehegatten oder zwischen Ehegatten aus einer früheren und einer späteren Ehe wird zusätzlich Art. 3 I GG einbezogen.[6]

b) Das elterliche Erziehungsrecht kann in sehr unterschiedlichen verfassungsrechtlichen Konflikten auftauchen, die sich im Zielkonflikt zwischen Art. 6 II 1 GG und einer anderen Verfassungsnorm spiegeln: nach der Ehescheidung zwischen den geschiedenen Ehegatten und dem Kind (!),[7] zwischen den Eltern eines nichtehelichen Kindes,[8] zwischen elterlicher Gewalt und dem staatlichen Erziehungsauftrag (oder der staatlichen »Schulhoheit«).[9] **66**

c) Das Spannungsverhältnis zwischen dem staatlichen Erziehungsauftrag (Art. 7 I GG), dem Elternrecht (Art. 6 II 1 GG) und dem Persönlichkeitsrecht des Kindes (Art. 2 I GG), bei erwachsenen Schülern auch Art. 12 I GG, hat zu einer Kette von fünf Entscheidungen des BVerfG zum Parlamentsvorbehalt im Schulrecht geführt.[10] Hier, bei Art. 7 I GG, liegt ein Schwerpunkt dieser Rechtsprechung, die in der Literatur etwas mißverständlich mit dem Schlagwort »Wesentlichkeitstheorie« gekennzeichnet wird; ihren Anfang nahm sie allerdings bei Art. 5 I und Art. 12 I GG.[11] **67**

3. Gleichheitsschutz

a) Neben den allgemeinen Gleichheitssatz des Art. 3 I GG treten (wie schon oben Rn. 51 im Ansatz skizziert) speziell normierte Gleichheitsrechte wie z.B. Art. 3 II, III; 6 V; 33 II GG und spezielle Gleichheitssätze des (Verfassungs-)Richterrechts wie insbesondere das Recht auf »Chancengleichheit« im Prozeß der politischen Willensbildung[1] und die Verknüpfung des Art. 3 I GG mit dem Sozialstaatsprinzip (dazu sogleich zu e). **68**

b) Spezielle Gleichheitsrechte verschärfen das Begründungsgebot des Art. 3 I GG. Sie zwingen zu einer besonders sorgfältigen Auseinandersetzung mit dem ausdrücklich normierten Differenzierungsverbot, schließen aber eine

6 (F) BVerfGE 66, 84 (93: Art. 6 I in Verbindung mit Art. 3 I GG); vorher z.B. (F) BVerfGE 55, 114 (126, 128: Art. 6 I neben Art. 3 I GG) – diese einfachere Variante dürfte in einem schulmäßigen Rechtsgutachten leichter zu handhaben sein.

7 (L) BVerfGE 79, 51 I (63f.). Der Grundrechtsschutz des Kindes muß mangels besonderer verfassungsrechtlicher Ausformung aus Art. 2 I i.V.m. Art. 1 I GG abgeleitet werden; dazu allgemein schon oben Rn. 51 und noch unten Rn. 93.

8 (F) BVerfGE 56, 363 (385, 388): Art. 6 II, V; 3 II GG.

9 (L) BVerfGE 53, 185 (195f. – gymnasiale Oberstufe Hessen): Art. 6 II; 7 I GG; (L) BVerfGE 59, 360 (376 – Schweigepflicht von Schülerberatern).

10 Besonders grundsätzlich (L) BVerfGE 47, 46 (78f. – Sexualkunde); (F) BVerfGE 58, 257 (268, 273 – Schulausschluß; hier auch zu Art. 12 I GG); zuvor (F) BVerfGE 34, 165 (192f.); (V) 41, 251 (259f.); 45, 400 (417f.). In (L) BVerfGE 58, 257 (269) weitere Nachweise zur Rechtsprechung des BVerwG und des BayVerfGH.

11 (L) BVerfGE 33, 1 (10ff. – Meinungsfreiheit von Strafgefangenen); 33, 125 (156 – Facharzt); dazu noch unten Rn. 110.

1 Zur Chancengleichheit der politischen Parteien noch unten Rn. 100.

Differenzierung nicht völlig aus, denn die Rechtsordnung kann die von ihr selbst normierten (z.B. Art. 6 I, V GG)[2] oder vorgefundenen natürlichen oder sozialen Unterschiede nicht in jeder Hinsicht ausgleichen. Zwar bemüht sich das BVerfG, sprachlich zwischen »rechtlichen« und »sonstigen Wirkungen« rechtlich verbleibender Ungleichbehandlungen zu trennen,[3] jedoch sollte dies nicht allzu wörtlich genommen werden, denn im Ergebnis bleibt es – nach entsprechender Begründung – bei der Ungleichbehandlung.

c) Die Gleichberechtigung von Mann und Frau ist in Art. 3 II und III (»Geschlecht«) GG gleichsam doppelt gewährleistet. In dieser Hinsicht lief Art. 3 III GG früher weitgehend leer. Demgegenüber entnimmt das BVerfG in seiner neueren Rechtsprechung das auf die Beseitigung von Rechtsnormen, die Vor- oder Nachteile an Geschlechtsmerkmale knüpfen, gerichtete Diskriminierungs*ver*bot primär aus Art. 3 III GG und sieht in Art. 3 II GG ein darüberhinaus in die Zukunft gerichtetes, auch auf die gesellschaftliche Wirklichkeit zielendes Gleichberechtigungs*ge*bot.[4]

69 d) In seiner früheren Rechtsprechung interpretierte das BVerfG unter dem Einfluß seines Richters *Leibholz* den allgemeinen Gleichheitssatz des Art. 3 I GG als Willkür*ver*bot und damit beschränkt auf ein *Ge*bot rationaler Begründbarkeit einer Norm oder Entscheidung,[5] letztlich also nicht mehr als eine Absurditätskontrolle, wie sie nach wie vor gegen unsinnige Gerichtsentscheidungen praktiziert wird.[6] Das ließ vor allem der Gesetzgebung einen weiten Spielraum und verengte dessen Nachprüfbarkeit. In seiner neueren Rechtsprechung hat jedenfalls der 1. Senat des BVerfG bei der Nachprüfung von Gesetzen oder mit dem Ziel einer verfassungskonformen Auslegung am Maßstab des Art. 3 I GG stärker differenzierende Kriterien entwickelt, die unter Einbeziehung des Verhältnismäßigkeitsgrundsatzes die Kontrolldichte erhöhen und entsprechend dazu die Gestaltungsfreiheit des Gesetzgebers stärker einschränken.[7] Unklar ist bisher, ob auch der 2. Senat (und damit das BVerfG insgesamt) so verfährt.[8]

---

2 (V) BVerfGE 26, 44 (61); zu Art. 3 II GG (F) BVerfGE 63, 181 (195).

3 (F) BVerfGE 64, 135 (156f.).

4 (L) BVerfGE 85, 191 I (206f.); zuletzt (F) BVerfGE 87, 234 I (258); anders noch (F) BVerfGE 84, 9 II (17).

5 Als Beispiele (F) BVerfGE 23, 98 (107); 33, 367 (384).

6 Als neueres Beispiel (F) BVerfGE 83, 82 I (84).

7 Dazu die Erläuterung des Richters *Katzenstein*, (L) BVerfGE 74, 9 I (29f. – sog. *Katzenstein*sche Formel); neuere Beispiele (F) BVerfGE 79, 106 I (121f. – verfassungskonforme Auslegung); 87, 234 I (255f. – Gesetzgebungskontrolle); zum Verhältnismäßigkeitsprinzip (F) BVerfGE 82, 126 I (146 – Gesetzgebungskontrolle).

8 Das behauptet dessen Richter *E.-W. Böckenförde*, (V) VVDStRL 47 (1989), 96f.; aus neuerer Zeit (F) BVerfGE 85, 176 II (187 – Gesetzgebungskontrolle).

e) Häufig mißt das BVerfG eine Norm oder ihre Anwendung an Art. 3 I GG in Verbindung mit dem Sozialstaatsprinzip (Art. 20 I GG).[9] Auch dadurch werden die Begründungsanforderungen verschärft; der allgemeine Gleichheitssatz wird im Ergebnis einem speziellen Gleichheitsrecht angenähert. Andererseits beurteilt das BVerfG die verfassungsrechtlichen Wirkungen des Sozialstaatsgebots mit Rücksicht auf die Möglichkeiten demokratischer Willensbildung erkennbar zurückhaltend.[10]

4. Eigentum, Berufsfreiheit, Koalitionsfreiheit und angrenzende Freiheitsrechte

a) Art. 14 GG – Grundrechtsschutz des Eigentums

aa) Das Eigentum und die hier damit in Zusammenhang gebrachten Frei- **70**
heitsrechte haben auch, aber nicht nur einen deutlichen Bezug zum Wirtschaftsrecht. Diese Grundrechtsgruppe ist gelegentlich als »Wirtschaftsverfassungsrecht« mißverstanden worden. Für die Verfassungsmäßigkeit wirtschaftsordnender Gesetze sind diese Freiheitsrechte zwar von besonderer Bedeutung, aber in erster Linie als individuelle (subjektive) Rechte. Auch aus ihren objektivrechtlichen Wirkungen läßt sich eine vom GG vorgegebene »Wirtschaftsverfassung« nicht ableiten; das GG ist vielmehr wirtschaftspolitisch neutral.[1] Mit der Darstellung des Eigentums wird hier begonnen, weil das BVerfG bei anderen, auch sonst im Zusammenhang mit dem Eigentum genannten Freiheitsrechten zu Einzelfragen der Grundrechtsauslegung jeweils auf seine Auslegungsergebnisse zum Eigentum mit der Folge verweist, daß der Grundrechtsschutz dieser anderen Freiheitsrechte für denselben wirtschaftsrechtlichen Zusammenhang nicht weiter reicht als der Eigentumsschutz.[2] Andererseits steht jede Darstellung des Eigentums im Zusammenhang mit dem Schutz anderer Grundrechte vor der Schwierigkeit, daß die Enteignungsvoraussetzungen (also ein besonderer Problemschwerpunkt des Eigentumsschutzes) in ihren Einzelheiten sinnvoll nur in Verbindung mit den anderen öffentlichrechtlichen Entschädigungs- und Schadensersatzansprüchen (öffentlichrechtliche Aufopferung; Amtshaftung) behandelt werden können, und zwar zweckmäßigerweise am Ende der Verwaltungsrechtsdarstellung. Eigentumsfragen tauchen also bei jeder Beschäftigung mit dem Staats- und Verwaltungsrecht an (mindestens diesen) zwei Stellen auf.[3] Für den Zusammenhang mit anderen Grundrechten geht es um die mehr grund-

9 (F) BVerfGE 39, 316 (326).

10 (L) BVerfGE 59, 231 (263 – Rundfunkmitarbeiter); (F) BVerfGE 65, 182 (193); 66, 234 (247 f.); zu alledem noch unten Rn. 104.

1 (L) BVerfGE 50, 290 (336–338 – Mitbestimmung).

2 (L) BVerfGE 50, 290 (357 zu Art. 9 I GG; 364 zu Art. 12 I GG); dazu noch unten Rn. 75, 82.

3 Dazu ein Blick in gängige Lehrbücher des Staats- und Verwaltungsrechts, z. B. (F) *Hesse* § 12 III oder *Stein* § 41 neben *Maurer* § 26 oder *Rüfner*, in: Erichsen/Martens § 52.

rechtssystematischen Fragen, was als Eigentum gegen welche staatlichen Regelungen mit welcher Intensität geschützt wird.

71 bb) Eigentum im Sinne des Art. 14 (I 1) GG ist jedes bestehende vermögenswerte Recht. Nicht geschützt werden Interessen, Chancen, Verdienstmöglichkeiten;[4] nicht geschützt wird das Vermögen als solches.[5] Damit unterscheidet sich der »verfassungsrechtliche Eigentumsbegriff« vom Eigentumsbegriff des BGB (vgl. §§ 903, 90 BGB) und ganz allgemein vom Schutz vermögenswerter Rechte im Privatrecht. »Eigentum« im Sinne des Art. 14 GG schützt mehr als das Sacheigentum des BGB (z. B. auch Nutzungsrechte aus Urheberrecht),[6] aber es schützt diese Rechte unter Umständen in einem geringeren Umfang.[7] Die Verankerung der von Art. 14 GG geschützten vermögenswerten Rechte im Privatrecht bleibt jedoch auch für den Grundrechtsschutz die Regel. Nur ausnahmsweise werden vermögenswerte subjektiv-öffentliche Rechte in den Eigentumsschutz des Art. 14 I 1 GG einbezogen. Das BVerfG umschreibt das gewöhnlich mit einer noch sehr allgemein gehaltenen Formel und liefert dann erst das (nicht in jeder einschlägigen Entscheidung ausdrücklich ausformulierte) Kriterium nach, aufgrund dessen die jeweils neue Fallgruppe beurteilt werden kann. Der allgemeinen Formulierung zufolge muß es sich um eine Rechtsposition handeln, die derjenigen eines Eigentümers entspricht – das ist noch nicht viel mehr als die Umformulierung der Frage in eine Antwort. Die eigentliche Antwort lautet: »Bedeutsam für eine Bewertung ist, ob die Rechtsstellung auf eine eigene Leistung zurückzuführen ist oder ausschließlich auf staatlicher Gewährung beruht«.[8] Mit Blick auf die Möglichkeit des Staates allgemein oder einer ihm eingeordneten juristischen Person des öffentlichen Rechts (z. B. einer Gemeinde), privatrechtliches »Eigentum innezuhaben«, hat das BVerfG formuliert, Art. 14 GG als Grundrecht schütze »nicht das Privateigentum, sondern das Eigentum Privater«, und so einer Gemeinde das Eigentumsrecht aus Art. 14 I 1 GG abgesprochen.[9]

4 (F) BVerfGE 28, 119 (142); aus neuerer Zeit (F) BVerfGE 77, 84 I (118).

5 (F) BVerfGE 27, 326 (343); str., vgl. (V) *Kimminich*, Bonner Kommentar, Art. 14 GG Rn. 62 ff. Zur Frage von Geldleistungspflichten (Stichwort »Erdrosselungssteuer«) (F) BVerfGE 63, 312 (327).

6 (L) BVerfGE 31, 229 (239); ergänzend (F) E 28, 119 (141).

7 Besonders zu beachten ist das beim Recht am eingerichteten und ausgeübten Gewerbebetrieb; (F) BVerfGE 51, 193 (221 f.); aus neuerer Zeit nochmals (F) BVerfGE 77, 84 I (118). Demgegenüber hat die Anerkennung des Rechts am eingerichteten und ausgeübten Gewerbetrieb in § 823 I BGB auch die Funktion eines Vermögensschutzes; vgl. (V) BGHZ 69, 128 (139). Was noch nicht (weil noch nicht erworben) in den Schutzbereich des Art. 14 I GG fällt, kann aber als Erwerbstätigkeit von Art. 12 I GG geschützt werden; vgl. (F) BVerfGE 81, 70 I (96).

8 Als Beispiele (F) BVerfGE 48, 403 (413 –, zu diesem Beispiel in anderem Zusammenhang noch unten Rn. 105); 53, 257 (289–291); 64, 87 (97): Versichertenrenten aus der gesetzlichen Rentenversicherung und Anwartschaften darauf.

9 (L) BVerfGE 61, 82 (108 f. – Sasbach); zu der damit zusammenhängenden Problematik des Art. 19 III GG schon oben Rn. 55.

Die Frage, was den als Eigentum im Sinne des Art. 14 I GG geschützten vermögenswerten Rechten gemeinsam ist, beantwortet das BVerfG in ständiger Rechtsprechung mit zwei Merkmalen: Dieses Eigentum sei gekennzeichnet durch **Privatnützigkeit**, d. h. die Zuordnung zu einem Rechtsträger, und durch die von dieser Zuordnung nicht immer deutlich abgrenzbare **grundsätzliche Verfügungsbefugnis über den Eigentumsgegenstand.**[10] An der Eigentumsnutzung setzt die Bestimmung der Sozialpflichtigkeit des Eigentums (mit der Folge einer Sozialbindung) an (Art. 14 II 2 GG), die ihrerseits über das Ausmaß der Gesetzgebungsbefugnis zur Inhalts- und Schrankenbestimmung entscheidet (Art. 14 I 2 GG). Die Privatnützigkeit zugunsten des Eigentümers ergibt sich in vielen Fällen erst aus der Nutzung des Eigentumsobjekts durch andere (= Nichteigentümer), die ihrerseits auf die Nutzung des Eigentumsobjekts angewiesen sind. Je mehr das Eigentumsobjekt so in einem sozialen Bezug und in einer sozialen Funktion steht, desto weiter ist die Befugnis des Gesetzgebers zur Inhalts- und Schrankenbestimmung.[11] **72**

cc) Auf das Eigentum kann entweder im Wege der (soeben genannten) Inhalts-und Schrankenbestimmung (Art. 14 I 2 GG) oder der Enteignung (Art. 14 III GG) zugegriffen werden. Inhalts- und Schrankenbestimmung ist die generelle und abstrakte Festlegung von Rechten und Pflichten durch den Gesetzgeber; sie muß grundsätzlich durch Gesetz erfolgen (Parlamentsvorbehalt) und verhältnismäßig sein.[12] Enteignung ist (jedenfalls) die vollständige oder teilweise Entziehung konkreter subjektiver Rechtspositionen.[13] Enteignet werden kann in zwei Formen: regelmäßig aufgrund eines Gesetzes (Administrativenteignung), ausnahmsweise durch Gesetz (Legalenteignung) – ausnahmsweise, weil dadurch der (fach-)gerichtliche Rechtsschutz abgeschnitten wird und dem Betroffenen nur noch der Weg zum Verfassungsgericht bleibt.[14] Auch die (ausnahmsweise) Legalenteignung ist nur für konkrete Einzelfälle zulässig; auch darin unterscheidet sie sich von der Inhalts- und Schrankenbestimmung. **73**

dd) Bei der Konzipierung eines Rechtsgutachtens kann man sich also etwa folgendermaßen an die Problematik des Art. 14 GG heranarbeiten: **74**

---

10 (L) BVerfGE 50, 290 (339); die Feststellung einer grundsätzlichen Verfügungsbefugnis kann bei subjektiven öffentlichen Rechten Schwierigkeiten machen; dazu nochmals (F) BVerfGE 53, 257 (291).

11 (L) BVerfGE 50, 290 (340f., 349); zuvor z.B. (V) BVerfGE 37, 132 (140f.): Mieterschutz).

12 (L) BVerfGE 52, 1 (27 – Kleingärten); 58, 137 (148 – Pflichtexemplare).

13 Auch dazu (L) BVerfGE 51, 1 (27), und noch (L) E 58, 300 (331 – Naßauskiesung). Das BVerfG hat zu Art. 14 III GG bisher – meist im Wege der indirekten Normenkontrolle – nur Fälle der Eigentumsentziehung entschieden. Zur Problematik eines eigentumsbeschränkenden »enteignenden Eingriffs« noch unten Rn. 262.

14 (L) BVerfGE 24, 367 (400ff. – HambDeichordnungsG).

(1) Zunächst ist zu prüfen, ob überhaupt Eigentum im Sinne des Art. 14 I 1 GG gegeben ist.

(2) Wenn es um die vollständige oder teilweise Entziehung einer Rechtsposition im Sinne des Art. 14 I 1 GG im Einzelfall geht, ist nur Enteignung zu prüfen (- was dem einzelnen Eigentümer entzogen wird, entfällt als Objekt einer Sozialbindung).

(3) Sind Inhalt und Schranken der Privatnützigkeit und der (grundsätzlichen) Verfügungsbefugnis zu Lasten des Eigentümers abstrakt-generell geregelt worden, so ist die Verhältnismäßigkeit dieser Sozialbindung zu prüfen. Dabei ist zu beachten, ob andere (Nichteigentümer) auf die Nutzung des Eigentumsobjekts angewiesen sind (Art. 14 II GG). (Legal-)Enteignung kann schon wegen des fehlenden Einzelfallbezugs nicht in Betracht kommen.

(4) Die oft genannten Problemfälle des in der Rechtsprechung des BGH entwickelten (und inzwischen vom BVerfG zumindest teilweise korrigierten) »enteignenden« und »enteignungsgleichen Eingriffs«, die entweder nicht den Anforderungen des Art. 14 III 2 GG (der sogenannten Junktim-Klausel) genügen (»enteignender Eingriff«) oder kein Fall der rechtmäßigen und deshalb duldungspflichtigen Enteignung sind (»enteignungsgleicher Eingriff«), können nur als konkret-individuelle Eigentumsbeschränkungen auftauchen, die noch nicht Eigentumsentziehung sind, aber auch nicht eine verfassungsrechtlich einwandfreie Inhalts- und Schrankenbestimmung. Sie werden im Zusammenhang von Aufopferung (»enteignender Eingriff«) oder Amtshaftung (»enteignungsgleicher Eingriff«) erörtert (dazu unten Rn. 262, 272).

b) Art. 12 I GG – Berufsfreiheit

75 aa) Die Berufsfreiheit spielt in der Grundrechtspraxis wie in der Ausgestaltung von Übungs- und Examensaufgaben mit grundrechtlichem Einschlag eine erhebliche Rolle. Die Auslegung des Art. 12 I GG ist ganz von der Rechtsprechung des BVerfG geprägt, die aber schon ihres Umfangs wegen nur in einer sehr begrenzten Auswahl studiert werden kann; die Weiterentwicklung sollte bei der Examensvorbereitung im Auge behalten werden. Die Problempunkte der Auslegung dieses Grundrechts lassen sich von seinem Text her (rück-)erschließen: Art. 12 I 1 GG normiert das Recht, einen **Beruf** frei zu **wählen**; Art. 12 I 2 GG enthält einen Gesetzesvorbehalt für die **Berufsausübung**. Die Ausgangsfrage ist also, was unter »Beruf« zu verstehen ist. Die praktisch wichtigen Fragen betreffen dann die verfassungsrechtlichen Grenzen einer Regelung der Berufsausübung und (über den Wortlaut des Art. 12 I 2 GG hinaus) auch der

Berufswahl, sind also meist Fragen einer (direkten oder indirekten) Normenkontrolle.[1]
Die Ausgangsdefinition dessen, was als »Beruf« im Sinne des Art. 12 I GG geschützt wird, ist noch relativ weit: Danach ist Beruf jede erlaubte, auf Dauer angelegte Tätigkeit, die dem Lebensunterhalt dienen soll.[2] Schon an dieser Stelle taucht ein kleines Problem auf, denn dieser ganz individualrechtlich-personale Ansatz könnte es zweifelhaft erscheinen lassen, ob die Berufsfreiheit »ihrem Wesen nach« auch für (inländische) juristische Personen (z. B. eine AG oder GmbH) gilt (Art. 19 III GG). Das BVerfG bejaht dies zwar in ständiger Rechtsprechung, entschärft das Ergebnis aber durch eine verstärkte Regelungsbefugnis des Gesetzgebers, die der Inhalts- und Schrankenbestimmung bei Art. 14 I 2 GG gleichgestellt wird.[3] Dadurch bestimmt bei juristischen Personen der Eigentumsschutz das Ausmaß des Grundrechtsschutzes; mit der Berufung auf Art. 12 I GG kann nicht mehr erreicht werden als mit Art. 14 I 1 (I 2, II!) GG.

Was im Ergebnis wirklich als »Beruf« geschützt wird, ergibt sich jedoch erst aus der Reichweite der Regelungsbefugnis des Art. 12 I 2 GG. Dabei hat das BVerfG von Anfang an klargestellt, daß diese Regelungsbefugnis nicht nur die Berufsausübung, sondern auch die Berufswahl erfaßt, weil beide Begriffe den einheitlichen Komplex »berufliche Betätigung« von verschiedenen Blickpunkten her erfassen und sich deshalb nicht völlig gegeneinander isolieren lassen.[4] Für die Regelung der Berufswahl wird zwischen »subjektiven« und »objektiven« Berufszulassungsvoraussetzungen unterschieden: »subjektive« Voraussetzungen zielen auf Eigenschaften des Grundrechtssubjekts (insbesondere Vor- und Ausbildung), »objektivrechtliche« bestehen unabhängig von solchen Eigenschaften (z. B. wirkt eine Bedürfnisklausel »objektiv«). Diese drei Regelungsansätze (Berufsausübung, »subjektive« und »objektive« Anforderungen an die Berufswahl) sind unterschiedliche **Mittel** zum Schutz eines Gemeinschaftsguts. Verfassungsmäßig ist jeweils nur das **erforderliche** Mittel: Wenn sich das mit der Berufsfreiheit konkurrierende Gemeinschaftsgut durch eine Ausübungsregelung hinreichend schützen läßt, ist nur diese verfassungsmäßig; nur wenn das mit hoher Wahrscheinlichkeit **76**

1 Als Beispiele der vergleichsweise seltenen Normanwendungskontrolle (F) BVerfGE 52, 380 (388 ff. – der schweigsame Examenskandidat); 63, 266 (286 – Zulassung zur Rechtsanwaltschaft) mit Abw. Meinung *Simon*; zu dieser Entscheidung (V) *Kimminich*, JuS 1984, 848 ff.

2 So das BVerfG in ständiger Rechtsprechung; (L) BVerfGE 7, 377 (397 – Apotheken); 50, 290 (362 – Mitbestimmung). Die Frage der »Erlaubtheit« wird vom BVerwG etwas anders akzentuiert, im Ergebnis aber ebenso beantwortet; (V) BVerwGE 22, 286 (288 ff.) – das Merkmal ist leicht umstritten, dazu (V) *Pieroth/Schlink* Rn. 905 f.; zur Abgrenzung von Art. 12 I, 14 I GG oben Rn. 71 Fn. 7.

3 Auch dazu (L) BVerfGE 50, 290 (363, 364), und schon oben Rn. 55.

4 (L) BVerfGE 7, 377 (401), dort (S. 405 ff.) auch zum folgenden. Ganz stimmig ist das nicht; (V) *W. Schmidt*, AöR 106 (1981), 497 ff. (507 f.).

nicht der Fall sein wird, darf eine Zulassungsvoraussetzung (also eine Schranke für die Berufswahl) normiert werden, und auch dabei rangieren die »subjektiven« Zulassungsvoraussetzungen als der geringere Eingriff (das »mildere Mittel«) vor den »objektiven«. Das BVerfG hat dies mit dem berühmt gewordenen Bild dreier aufeinander folgender »Stufen« beschrieben; diese »Stufentheorie« wiederum ist nichts anderes als die Erforderlichkeitsprüfung im Rahmen einer Zweck-Mittel-Prüfung.
Für die einzelnen »Stufen« einer Berufsregelung werden jeweils unterschiedlich hohe Begründungsanforderungen gestellt. Für eine Berufsausübungsregelung begnügt man sich mit einer einfachen Zweck-Mittel-Prüfung, die jetzt ganz auf diese Art Regelung zu beziehen ist. Für die Aufstellung von Berufszulassungsvoraussetzungen werden jeweils die Anforderungen an die Darlegung des Schutzguts erhöht; bei »subjektiven« Voraussetzungen muß es sich um ein »besonders wichtiges Gemeinschaftsgut« handeln,[5] bei »objektiven« um »die Abwehr nachweisbarer oder höchstwahrscheinlich schwerer Gefahren für ein überragend wichtiges Gemeinschaftsgut«.

77 bb) Für die Arbeit mit der »Stufentheorie« kommt es darauf an, sie als Methode zu durchschauen; die wortgetreue Kenntnis der vom BVerfG im Apotheken-Urteil entwickelten Formulierungen ist demgegenüber nachrangig und ohne Verständnis der methodischen Zusammenhänge nur hinderlich. Wichtig ist zu durchschauen, daß Elemente der Zweck-Mittel-Prüfung in zwei aufeinander folgenden, aber jeweils selbständigen Prüfungsschritten auftauchen können (wobei sie beim ersten Schritt, wie sich sogleich zeigen wird, wegbleiben können, beim zweiten Schritt immer zu beachten sind): (1) bei der Festlegung, **auf welcher** »Stufe« die Regelung erfolgen darf (hier geht es im Schwerpunkt um die **Erforderlichkeit** des Mittels), und (2) bei der Prüfung **dieser** Stufe selbst (hier muß je nach Stufe das Schutzgut mehr oder minder intensiv gerechtfertigt werden). Daraus folgt für die Ausarbeitung des Gutachtens: Zunächst muß festgestellt werden, welche Art Regelung überhaupt vorliegt, ob (nur) eine Ausübungsregelung oder (was schon seltener ist) die Aufstellung subjektiver Zulassungsvoraussetzungen (Anhaltspunkt: Ausbildungsregelung) oder (was noch seltener sein wird)[6] die Aufstellung objektiver Zulassungsvoraussetzungen (z. B. einer Bedürfnisklausel). Liegt nur eine Ausübungsregelung vor, so erübrigen sich alle gelehrten Ausführungen zur Regelbarkeit der Berufswahl, zur Erforderlichkeit solcher Regelungen und zu den Begründungsanforderungen bei den beiden nächsten Stufen – diese Ausführungen sind nicht erforderlich oder,

5 Die Anforderung, das Mittel (der Zulassungsregelung) dürfe zu seinem Zweck »nicht außer Verhältnis stehen«, müsse also »proportional« sein, gilt für jede Zweck-Mittel-Relation, also auch schon bei der Berufsausübungsregelung. Zu den Anforderungen der Zweck-Mittel-Prüfung bei Art. 12 I GG besonders ausführlich (F) BVerfGE 30, 292 (316 – Erdölbevorratung); 61, 291 (312 – Tierpräparatoren; vgl. noch unten Fn. 8).
6 Als Beispiel (F) BVerfGE 40, 196 (218): GüKG.

schroffer gesagt: sie sind überflüssig! Man mag die »Stufentheorie« noch so gut gelernt oder sonst parat haben, hier läßt sie sich (leider) nicht anbringen. Auf die »Stufentheorie« kommt es (ganz oder teilweise) erst dann an, wenn der Sachverhalt Veranlassung gibt, Fragen der Berufswahl zu erörtern.

cc) Das gilt insbesondere für den in der Rechtsprechung des BVerfG entwik- **78**
kelten Begriff des »Berufsbildes«. Dabei handelt es sich um die gesetzliche Fixierung typischer Berufsmerkmale mit der Folge, daß der einzelne auf die freie Wahl des so geprägten Berufs beschränkt wird; untypische Tätigkeiten sind ihm im Rahmen dieses Berufs verboten. Die gesetzliche Festlegung eines Berufsbildes wirkt wie die Aufstellung subjektiver Berufszulassungsvoraussetzungen, unterliegt deren gesetzlichen Anforderungen und ist nur auf dieser »Stufe« der unterschiedlichen Berufsregelungen zu erörtern.[7]
In der Rechtsprechung des BVerfG lassen sich Tendenzen zur Einebnung der ursprünglich kunstvoll aufeinander getürmten Stufen beobachten. Wenn irgend angängig, ordnet das Gericht die Regelung der Berufsausübung zu und erhöht gleichzeitig die Anforderungen an die Darlegung des Zielkonflikts im Rahmen der Zweck-Mittel-Prüfung (so daß die Prüfung jedenfalls im Ergebnis wie bei einer »subjektiven« Zulassungsvoraussetzung abläuft).[8] Für ein schulmäßiges Gutachten sind solche Pirouetten wegen der damit verbundenen Gefahr des Ausgleitens nicht zu empfehlen.

dd) Der Gesetzesvorbehalt des Art. 12 I 2 GG wird vom BVerfG einerseits **79**
zum **»Regelungsvorbehalt«** abgeschwächt, für den das Zitiergebot des Art. 19 I 2 GG nicht gilt;[9] andererseits hat das BVerfG gerade am Beispiel der Berufsfreiheit den Rechtssatzvorbehalt zum **Parlamentsvorbehalt** verschärft.[10] An Art. 12 I 2 GG lassen sich somit ganz unterschiedliche Umprägungen des Begriffs »Gesetzesvorbehalt« studieren. Ein Kuriosum stellt die im Zusammenhang mit dem Gesetzesvorbehalt des Art. 12 I 2 GG entwickelte »negative Berufsfreiheit« dar.[11]

c) Art. 9 III GG – Koalitionsfreiheit

aa) Die »Vereinigungen« des Art. 9 III GG werden »Koalitionen« genannt, das **80**
Grundrecht des Art. 9 III »Koalitionsfreiheit«. Die Koalitionsfreiheit ist pri-

7 Beispiele: (L) BVerfGE 13, 97 (106 – Befähigungsnachweis für Handwerker); (F) BVerfGE 78, 179 I (193 – Heilpraktiker).

8 Beispiel: (F) BVerfGE 61, 291 (311 – Neuregelung des Berufs der Tierpräparatoren; vgl. schon oben Fn. 5); stark relativierend (F) BVerfGE 87, 287 I (316f.).

9 So z.B. (L) BVerfGE 64, 72 (80f. – Altersgrenze für Prüfingenieure).

10 (L) BVerfGE 33, 125 (156ff. – Facharzt); (F) E 57, 121 (131): »Fachanwalt für Steuerrecht«; E 58, 283 (290 – Architektenhonorar).

11 (F) BVerfGE 58, 358 (365 – Arbeitsauflage); vgl. den Begriff der »negativen Koalitionsfreiheit« und der »negativen Vereinigungsfreiheit« unten Rn. 80, 84.

mär die Freiheit des Zusammenschlusses für jedermann, also für die einzelnen, dabei auch die Freiheit, einer Koalition fernzubleiben (»negative Koalitionsfreiheit«). Nach h. M. steht die Koalitionsfreiheit aber auch der Koalition selbst zu, also ohne Umweg über Art. 19 III GG.[1]
Der Koalitionszweck der »Wahrung und Förderung der Arbeits- und Wirtschaftsbedingungen« kann auf zweierlei Weise verfolgt werden: im Wege der Tarifautonomie durch Abschluß von Tarifverträgen oder im Wege der Betriebsverfassung (mit ihrem Seitenstück der Personalvertretung für den öffentlichen Dienst[2]) einschließlich der Mitbestimmung. Die Verwirklichung der Koalitionsfreiheit durch diese unterschiedlichen Mittel ist in unterschiedlicher Weise auf Organisations- und Verfahrensrecht angewiesen; diese Verrechtlichung findet sich zu Betriebsverfassung, Personalvertretung und Mitbestimmung in entsprechenden Bundes- (für die Personalvertretung auch Landes-)Gesetzen, für die Tarifautonomie vor allem im Richterrecht des BAG. Wenn das BVerfG dazu auf etwas dunkle Weise feststellt, die Koalitionsfreiheit sei in beiderlei Hinsicht nur in ihrem Kernbereich geschützt, so läuft das nur auf die schon bekannten Begründungsanforderungen nach dem Muster der Zweck-Mittel-Analyse hinaus.[3] Die Regelungsbefugnis des Gesetzgebers kann sogar dort, wo entgegenstehende Rechte Dritter zurückzutreten hätten, zu einem Parlamentsvorbehalt werden.[4] Dementsprechend gilt die in Art. 9 III 2 GG normierte (»unmittelbare Dritt«-)Wirkung für den Privatrechtsverkehr nur für den »Kernbereich« der Koalitionsfreiheit, für den sich eine Einschränkung durch Gesetz nicht begründen ließe.[5]

81 bb) Speziell zur Tarifautonomie sind drei Einzelpunkte zu beachten: (1) Tarifautonomie setzt Tariffähigkeit voraus; sie kann für Arbeitnehmervereinigungen fraglich sein und ist dann von deren Koalitionseigenschaft zu trennen. Das BAG fordert eine ausreichende Verbandsmacht; das BVerfG sieht darin im Gegensatz zu gewichtigen Stimmen der Literatur keine Verletzung des Art. 9 III GG.[6] (2) Art. 9 III 3 GG[7] spricht von »Arbeitskämpfen«, nicht nur von Streiks (der Arbeitnehmer). In der Rechtsprechung anerkannt ist als Arbeitskampfmittel der Arbeitgeber die Abwehraussperrung.[8] (3) Die von den Tarifparteien (= tariffähigen Koalitionen, auf der Arbeitgeberseite

1 (L) BVerfGE 50, 290 (366f. – Mitbestimmung), dort jeweils auch zum folgenden.
2 Zum Personalvertretungsrecht (F) BVerfGE 60, 162 (169f.): Unterschriftenquorum; zuvor (V) E 19, 303 (310ff.): Wahlwerbung in der Dienststelle.
3 Auch dazu (L) BVerfGE 50, 290 (369).
4 (L) BVerfGE 57, 220 (245–249 – Zutrittsrecht zu kirchlichen Einrichtungen).
5 Auch dazu (L) BVerfGE 57, 220 (245); zu »unmittelbarer« und »mittelbarer Drittwirkung« der Grundrechte schon oben Rn 56.
6 (L) BVerfGE 58, 233 (246–250 – Deutscher Arbeitnehmer-Verein); zur Kritik (V) *Zöllner/Loritz*, Arbeitsrecht, 4. Aufl. 1992, § 34 I 3 a; vgl. auch (F) BVerwG NJW 1984, 747: Bundeswehrverband.
7 Eingefügt durch die Notstandsverfassung vom 24.6.1968 (BGBl. I 709).
8 (L) BVerfGE 84, 212 I (225).

auch einzelne Unternehmen) ausgehandelten Tarifverträge sind zwingende Rechtsregeln zunächst nur für koalitionsangehörige Arbeitnehmer und Arbeitgeber (§ 4 III TVG); diese Verbindlichkeit kann durch einen staatlichen Rechtsetzungsakt besonderer Art, die sogenannte Allgemeinverbindlicherklärung gemäß §§ 5; 7 TVG auf Personen ausgedehnt werden, die bisher vom Tarifvertrag nicht erfaßt wurden.[9]

d) Art. 9 I, II GG

aa) Der Schutzbereich des Art. 9 I GG wird durch die besonderen Gewähr- **82**
leistungen der Koalitionsfreiheit (Art. 9 III GG) und der Parteienfreiheit (Art. 21 I GG) deutlich entleert. Zwar beschreibt das BVerfG Art. 9 I GG als »ein konstituierendes Prinzip der demokratischen und rechtsstaatlichen Ordnung des GG«, jedoch hat Art. 9 I GG in der Rechtsprechung des BVerfG bisher nur als verfassungsrechtlicher Rahmen des Gesellschaftsrechts eine Rolle gespielt; dabei ergibt sich jedenfall für Kapitalgesellschaften aus Art. 9 I GG kein stärkerer Schutz als aus Art. 14 I, II GG, weil der gemeinsam verfolgte Zweck grundrechtlich nicht stärker geschützt werden kann als ein individuell verfolgter Zweck.[1] In der Verwaltungsrechtsprechung geht es außerdem im Anschluß an das Verbot einer politischen Vereinigung gelegentlich um Auslegungsfragen des VereinsG[2] (das ohnehin nicht mehr ist als ein Vereinsverbotsgesetz; es fehlen z. B. Regelungen der inneren Vereinsfreiheit).[3] Unstreitig wird Art. 9 II GG bei politischen Parteien vollständig durch Art. 21 II GG verdrängt.[4] Für die Koalitionsfreiheit ist die Geltung des Art. 9 II GG in der Literatur umstritten,[5] aber noch nicht praktisch geworden; § 16 VereinsG enthält seinerseits eine Sonderreglung für Koalitionen und kann insoweit für beide Auffassungen in Anspruch genommen werden.

bb) Die Vereinigungsfreiheit ist Mittel zur Erreichung eines gemeinsam **83**
verfolgten Zwecks,[6] also kein Selbstzweck. Umstritten ist deshalb, ob neben den einzelnen auch der Verein selbst sich auf Art. 9 I GG als sein Grundrecht berufen kann (für diese Vereinigungsfreiheit der Vereinigung; die h. M.), oder ob der Schutz des Vereins durch das Freiheitsrecht, das den Vereinszweck schützt (z.B. Art. 14 I 1 GG für das Anteilseigentum und das Eigentum der Unternehmensträger) in Verbindung mit Art. 19 III GG (dazu oben

9 (L) BVerfGE 44, 322 (338ff. – Allgemeinverbindlicherklärung); (F) E 55, 7 (20ff.); 64, 208 (214f.); BVerwGE 80, 355.
1 (L) BVerfGE 50, 290 (353, 357 – Mitbestimmung) – der verbale Vorbehalt von S. 353 wird S. 357 im Ergebnis fallengelassen; (F) E 54, 237 (251): Anwaltssozietät.
2 (F) BVerwGE 61, 218 (220): »Wehrsportgruppe Hoffmann«.
3 Diese Frage wurde breiter in den Jahren 1977/78 diskutiert; (V) *W. Schmidt*, ZRP 1977, 255ff.
4 (V) BVerfGE 17, 155 (166).
5 (F) *Hesse* Rn. 416; *Pieroth/Schlink* Rn. 845f.; vermittelnd *Maunz/Zippelius* § 24 IV.
6 Dazu nochmals (F) BVerfGE 54, 237 (251).

Rn. 55) vermittelt wird.[7] Im praktischen Ergebnis macht das keinen Unterschied.[8]

84 cc) Unstreitig umfaßt Art. 9 I GG auch die Freiheit, einer Vereinigung fernzubleiben (»negative Vereinigungsfreiheit«).[9] Streitig ist, ob dies auch gegen öffentlichrechtliche Zwangszusammenschlüsse (z. B. in Kammern, in der Studentenschaft als Körperschaft des öffentlichen Rechts) gilt. Das BVerfG verneint das mit einem unlogischen Umkehrschluß aus der positiven Vereinigungsfreiheit, die (unbestreitbar) nur für privatrechtliche Vereinigungen gilt, und weicht stattdessen in den subsidiären Freiheitsschutz des Art. 2 I GG aus. Hinsichtlich der Begründung der Zwangsmitgliedschaft läuft dieser Schutz praktisch leer.[10] Hinsichtlich der Kompetenz der Verbandsorgane werden in neuerer Zeit schwache Schutzwirkungen entwickelt.[11]

85 **e) Art. 2 I GG als Schutz der Handlungsfreiheit auf wirtschaftlichem Gebiet**

Dieser subsidiäre Freiheitsschutz ist vom BVerfG gleichsam vorsorglich entwickelt worden und bisher wegen der weiten Auslegung der Art. 14 I 1 und 12 I GG nicht praktisch geworden.[12]

5. Meinungsfreiheit (und angrenzende Freiheitsrechte)

86 a) Der Grundrechtsschutz der Meinungsfreiheit hat seinen Schwerpunkt auf dem Prozeß der öffentlichen Meinungsbildung, dort wiederum vor allem der politischen Meinungsbildung; in diesem Zusammenhang hat das BVerfG das Grundrecht als »für eine freiheitlich-demokratische Staatsordnung ... schlechthin konstituierend« bezeichnet.[1] Parallele Äußerungen gibt es zu der

7 Dazu (V) *W. Schmidt*, Festschrift W. Mallmann, 1978, S. 233 ff.; *Pieroth/Schlink* Rn. 821.

8 Auch dazu anschaulich (L) BVerfGE 50, 290 (353 ff., 357).

9 Entsprechendes gilt auch für andere Freiheitsrechte: Art. 4 I GG (»negative Glaubensfreiheit«), Art. 9 III GG (»negative Koalitionsfreiheit« – vgl. oben Rn. 80).

10 (L) BVerfGE 38, 281 (297 – Arbeitnehmerkammer); kritisch dazu (L) *Hesse* Rn. 413, oder *Pieroth/Schlink* Rn. 817–820.

11 (L) BVerwGE 64, 298 (303 – kein allgemeinpolitisches Mandat einer Ärztekammer); zur Grundsatzproblematik der Interessenvertretung durch öffentlichrechtliche Zwangsverbände (V) *W. Schmidt*, Der Staat 17 (1978), 244 ff. (258–261).

12 Auch dazu (L) BVerfGE 50, 290 (366).

1 (L) BVerfGE 7, 198 (208 – Lüth), am Beispiel der Meinungsäußerungsfreiheit (zu den Einzelfreiheiten des Art. 5 I 1, 2 GG sogleich Rn. 87); eine parallele Kennzeichnung der Pressefreiheit findet sich in (V) E 10, 118 (121), eine weiterentwickelte Formulierung zur Rundfunkfreiheit in (L) E 57, 295 (323 – Privatfunk im Saarland). Zum Schwerpunkt des Art. 5 I GG auf der öffentlichen Meinungsbildung am Beispiel der Pressefreiheit (L) E 64, 108 (119 – Zeugnisverweigerungsrecht zu Auftraggebern einer Chiffreanzeige). Zur Unterscheidung von politischer Meinungs- und Willensbildung noch unten Rn. 97.

zwar eng benachbarten, für den politischen Bereich aber doch weniger gewichtigen Vereinigungsfreiheit des Art. 9 I GG (dazu oben Rn. 82), zu der hier keine weiteren Einzelheiten nachzutragen sind. Besondere Übermittlungs- und Ausdrucksformen der Meinungsfreiheit werden durch Art. 8; 10 GG geschützt. Dabei ist Art.10 GG durch die 1968 eingeführte Rechtsschutzverkürzung des Art. 10 II 2 GG stark entwertet worden.[2] Im Unterschied zu Art. 9; 10 GG hat Art. 8 GG eine erhebliche Bedeutung für den Prozeß der politischen Meinungsbildung und dort das Demonstrationsrecht[3] mit zusätzlichen Problemen für nicht anmeldbare Spontan-oder nicht angemeldete Eildemonstrationen.[4]

b) Art. 5 I 1 GG schützt die Meinungsfreiheit individualrechtlich von den beiden Seiten eines Kommunikationsvorgangs: (1) als Grundrecht der Meinungsäußerung und -verbreitung und (2) als Grundrecht der Informationsfreiheit. Die Meinungsverbreitungsfreiheit verstärkt die Meinungsäußerungsfreiheit, kann von dieser aber nicht völlig abgetrennt werden; bei der praktischen Arbeit mit Art. 5 I 1 GG können hier zwar unterschiedliche Akzente gesetzt, doch sollte die begriffliche Unterscheidbarkeit zwischen »äußern« und »verbreiten« nicht überschätzt und übertrieben werden. Die Informationsfreiheit ist im Verhältnis zur Meinungsäußerungs- und -verbreitungsfreiheit ein eigenständiges Grundrecht; sie umfaßt mit dem Recht, sich aus eigenem Antrieb selbst zu informieren, mehr als nur den Schutz des Empfangs der Meinung (als notwendig von der Meinungsäußerungs- und -verbreitungsfreiheit mitgewährleistetes Recht),[5] gilt aber gem. Art. 5 I 1 GG nur für allgemein zugängliche Quellen, also z.B. nicht für Privatbriefe an einen Untersuchungsgefangenen.[6] Art. 5 I 2 GG gewährleistet die Meinungsverbreitungsfreiheit und Informationsfreiheit mittels bestimmter »Medien« (dazu sogleich Rn. 88). Das Zensurverbot des Art. 5 I 3 GG schützt die Freiheitsrechte des Art. 5 I 1 und 2 GG gegen bestimmte Formen ihrer Einschränkung; es wird in seiner Reichweite besser verständlich, wenn zuvor die Einschränkungsmöglichkeiten aufgrund Art. 5 II GG kennengelernt worden sind. **87**

2 Dazu (L) BVerfGE 30, 1 (17 ff.) mit der Abw. Meinung der Richter *Geller, v. Schlabrendorff* und *Rupp*, S. 33 ff.; zu Art. 10 II 1 GG noch (F) BVerfGE 67, 157 (171–173).

3 (L) BVerfGE 69, 315 I (342–351 – Brokdorf) sowie (F) BVerfGE 73, 206 I (248–250 – Mutlangen); BVerfGE 84, 203 I (209 f.).

4 Dazu nochmals (L) BVerfGE 69, 315 I (350 f.); sowie (L) BVerfGE 85, 69 I mit Abw. Meinung der Richter *Seibert* und *Henschel* (S. 77 ff.).

5 (L) BVerfGE 27,71 (80 f. – Bezug von DDR-Zeitungen); zum notwendigen Zusammenhang von Meinungsäußerung und -empfang durch den Adressaten der Äußerung (V) BayObLG NJW 1969, 1127.

6 Insofern kommt nur der subsidiäre Freiheitsschutz aus Art. 2 I GG in Betracht. Hingegen gilt Art. 5 I 1 GG (in seiner Bedeutung als Meinungsäußerungsfreiheit) für die Briefe des Untersuchungsgefangenen selbst, also die ausgehende Post, wird aber insoweit durch § 119 III StPO eingeschränkt; (V) BVerfGE 34, 384 (400, 401) – zu den Voraussetzungen einer solchen Einschränkung gem. Art. 5 II GG noch unten Rn. 89.

88 c) In der Presse-, Rundfunk- und Filmfreiheit werden nicht nur besondere Formen der Meinungsverbreitungsfreiheit geschützt, sondern auch die Informationsfreiheit der Leser, Zuhörer und Zuschauer. Infolge dieser Zusammenfassung (oder Bündelung) unterschiedlicher subjektivrechtlicher Elemente in einem selbständigen Freiheitsrecht tritt die objektivrechtliche Wirkung des Grundrechtsschutzes hier stark in den Vordergrund. Besonders deutlich hat das BVerfG dies am Beispiel der Rundfunkfreiheit herausgearbeitet.[7] Auf ihr liegt inzwischen das Schwergewicht der BVerfG-Rechtsprechung zu Art. 5 I 2 GG. Am anderen Ende der Skala steht die Filmfreiheit. Sie ist vom BVerfG bisher allenfalls gestreift worden; in dem umstrittenen Fall eines gesetzlichen Einfuhrverbots für »verfassungsfeindliche« Filme, verbunden mit der Pflicht, Filme aus bestimmten (im Ergebnis nur früheren Ostblock-)Ländern alsbald nach der Einfuhr einer Bundesbehörde zur Prüfung vorzulegen, entschied das BVerfG ausschließlich am Maßstab der Informationsfreiheit des Art. 5 I 1 GG.[8]

Die »duale Rundfunkordnung« eines verfassungsrechtlich abgestuften Nebeneinanders von öffentlichrechtlich organisiertem und privatem Rundfunk in der Bundesrepublik Deutschland beruht auf einer Kette von Entscheidungen des BVerfG, die bis 1961 zurückreichen.[9] Für die Auslegung des Art. 5 I 2 GG als Rundfunkfreiheit und Rundfunkgewährleistung zentral ist »die Gewährleistung freier und umfassender Berichterstattung«. Die dafür »unerläßliche Grundversorgung der Bevölkerung« »mit essentiellen Funktionen ... für die demokratische Ordnung ... ebenso wie für das kulturelle Leben in der Bundesrepublik« ist von den öffentlichrechtlichen Rundfunkanstalten zu erfüllen; für sie wirkt Art. 5 I 2 GG deshalb als Bestands- und Entwicklungsgarantie sowie als Finanzierungsgewährleistung, bisher vorrangig aus Rundfunkgebühren und ergänzend aus Rundfunkwerbung. An die privaten Veranstalter werden mit Rücksicht auf ihre Abhängigkeit von ausschließlicher Werbefinanzierung »nicht gleich hohe Anforderungen« gestellt; sie werden verfassungsrechtlich in die zweite Reihe verwiesen.

Zwei weitere Entscheidungen geben Aufschluß über die Grenzen des Einflusses politischer Parteien auf die Organe öffentlichrechtlicher Rundfunkanstalten und auf

---

7 (L) BVerfGE 57, 295 (319–321 – Privatfunk im Saarland oder 3. Rundfunk-Urteil). Früher sprach das BVerfG noch von einer »institutionellen« Freiheit; vgl. (V) E 12, 205 (261 – Deutschland Fernsehen GmbH oder 1. Rundfunk-Urteil); E 31, 314 (326 – Rundfunkgebühren-oder 2. Rundfunk-Urteil); diesen Sprachgebrauch hat es für die Rundfunkfreiheit zugunsten des Begriffspaars »subjektivrechtlicher-objektivrechtlicher« Grundrechtsschutz aufgegeben.

8 (L) BVerfGE 33, 52 (65 – »Kongo-Müller« oder »Der lachende Mann«) mit Abw. Meinung der Richter *Rupp-v. Brünneck* und *Simon*, S. 78ff.). Es ging um dasselbe Gesetz wie in (L) BVerfGE 27, 71 (oben Fn. 5); zur Frage des Zensurverbots unten Rn. 92.

9 (V) BVerfGE 12, 205 (vgl. oben Fn. 7), zuletzt (L) BVerfGE 83, 238 I (295–298, mit Nachweisen aus der früheren Rechtsprechung), zur »dualen Rundfunkordnung« erstmals (V) E 73, 118 I, dort S. 157f., das dritte der oben im Text folgenden Zitate, die übrigen stammen aus E 83, 296f.); ergänzend zuletzt (V) E 87, 181 I (197ff.).

arbeitsrechtliche Besonderheiten des Rundfunkrechts.[10] Auch die Pressefreiheit führt zu arbeitsrechtlichen Besonderheiten; im übrigen liegt das Schwergewicht der BVerfG-Rechtsprechung zur Pressefreiheit auf Fragen ihrer Einschränkbarkeit durch Gesetz oder aufgrund Gesetzes.[11]

d) Art. 5 II GG umschreibt den für alle Freiheitsrechte des Art. 5 I 1 und 2 GG **89**
geltenden Gesetzesvorbehalt in sprachlicher Anlehnung an ältere verfassungsrechtliche Vorbilder (zuletzt Art. 118 I 1 WRV) als »Schranken ... der allgemeinen Gesetze« und nennt zwei Schutzgüter (Schutz der Jugend; das Recht der persönlichen Ehre), die im Zweifel Vorrang vor den Schutzgütern des Art. 5 I 1 und 2 GG haben. Die Kennzeichnung der zulässigerweise ein Freiheitsrecht des Art. 5 I 1 oder 2 GG beschränkenden Vorschriften als »allgemeine Gesetze« hat zu Auslegungsbemühungen geführt, die zwar nur bedingt brauchbar sind, gerade deshalb jedoch die Arbeit mit Art. 5 (I) II GG immer wieder erschweren. Nach der ständigen Rechtsprechung des BVerfG sind allgemeine Gesetze alle die, »die nicht eine Meinung als solche verbieten, die sich nicht gegen die Äußerung der Meinung als solche richten, **die** vielmehr **dem Schutze eines schlechthin, ohne Rücksicht auf eine bestimmte Meinung, zu schützenden Rechtsgutes dienen, dem Schutze eines Gemeinschaftswerts, der gegenüber der Betätigung der Meinungsfreiheit den Vorrang hat«**.[12] Diese schon zur Meinungsäußerungsfreiheit des Art. 118 I 1 WRV entwickelte Formel zerfällt in zwei Hälften, die unterschiedlichen Auslegungsansätzen entsprechen. Die erste Hälfte versucht, die »allgemeinen Gesetze« negativ von ihrem Gegenstück, den besonderen Gesetzen als verfassungswidrigem Sonderrecht gegen bestimmte Meinungen zu fassen und muß an der unstreitigen Fortgeltung des Strafrechts gegen bestimmte Meinungsinhalte und Formen der Meinungsäußerung scheitern. Die zweite Hälfte der Formel (hier im Druck hervorgehoben) löst sich von dem Streit um die »Allgemeinheit« der Vorschrift und beschreibt (»ohne Rücksicht auf eine bestimmte Meinung«) die Lösung eines Zielkonflikts und damit zwar nur den ersten Schritt einer Zweck-Mittel-Prüfung, trifft damit aber den einzig brauchbaren Lösungsansatz, für den es im übrigen auf das Merkmal »allgemein« nicht mehr ankommt (dazu nochmals unten Rn. 91). Das BVerfG hat bisher noch keine einzige Vorschrift aufgrund der von ihm zu den »allgemeinen Gesetzen« entwickelten Ausle-

10 (L) BVerfGE 59, 231 (259f. – Rundfunkmitarbeiter); (L) E 60, 53 (66f. – Rundfunkrat); dazu in verfassungsprozeßrechtlichem Zusammenhang schon oben Rn. 50); zu beiden Beschlüssen (V) *W. Schmidt*, NJW 1982, 1442f. Zu einem weiteren, auch für das Rundfunkrecht wichtigen Urteil – (L) BVerfGE 35, 202 (222f. – Lebach) – im Zusammenhang mit Art. 2 I, 1 I GG noch unten Rn. 93. Fn. 7.

11 Zum arbeitsrechtlichen Tendenzschutz (L) BVerfGE 52, 283 (296); im übrigen aus neuerer Zeit (F) BVerfGE 77, 346 I (354 – Presse-Grosso); 85, 1 I (12f. – besonderer Schutzbereich der Pressefreiheit).

12 Seit (L) BVerfGE 7, 198 (209f. – Lüth, Hervorhebung nicht aaO), im Anschluß an den Auslegungsstreit zu Art. 118 WRV; Bestätigung und Zusammenfassung dieser Rechtsprechung u.a. in (F) E 28, 282 (292).

gungsformel als verfassungswidrig verworfen – für die Normenkontrolle ist die Formel praktisch bedeutungslos (zu ihrer Umsetzung in die Normanwendungskontrolle sogleich noch Rn. 90). In dem bisher einzigen Fall, in dem ein Gesetz wegen Verstoßes gegen Art. 5 I 1, II GG verworfen wurde, ging es um ein Gesetz zum Schutz der Jugend; das BVerfG ließ deshalb den Auslegungsstreit um den Begriff der »allgemeinen Gesetze« dahingestellt und verfuhr im übrigen nach der Methode der Zweck-Mittel-Prüfung.[13] In einem weiteren Fall ging es um den Schutz der Pressefreiheit (Art. 5 I 2 GG). Das BVerfG verneinte zwar die Eigenschaft der angegriffenen Vorschrift als »allgemeines Gesetz«, vermied aber seine (oben zitierte) Auslegungsformel, die (aus entstehungsgeschichtlichen Gründen) die Pressefreiheit ohnehin nicht erwähnt, und verfuhr auch hier nach der Methode der Zweck-Mittel-Prüfung.[14]

90 e) Auch wenn (wie bisher in der Rechtsprechung des BVerfG fast immer)[15] die Vorschrift, die einem Freiheitsrecht des Art. 5 I 1 oder 2 GG Schranken setzt, in ihrer abstrakt-generellen Fassung als verfassungsmäßig (als »allgemeines Gesetz« im Sinne des Art. 5 II GG) akzeptiert wird, bleibt meist noch zu prüfen, ob die Meinungsfreiheit (in einer ihrer Ausprägungen des Art. 5 I GG) auch konkret zurücktreten muß oder ob sie als Ergebnis einer Zweck-Mittel-Prüfung ausnahmsweise doch Vorrang hat vor dem sonst (»allgemein«) geschützten anderen Rechtsgut. Voraussetzung für eine solche Prüfung ist ein entsprechender Auslegungsspielraum der Vorschrift, der zum Schutz der Meinungsfreiheit (verfassungskonform) eingeengt werden kann. Das ist eher selten bei öffentlichrechtlichen Vorschriften, die strengeren Bestimmtheitsgrundsätzen genügen müssen.[16] Das eigentliche Gebiet für eine solche Normanwendungskontrolle am Maßstab des Art. 5 I 1 oder 2 GG sind privatrechtliche Generalklauseln wie z.B. § 826 BGB[17] oder § 1 UWG,[18] die ein anderes Rechtsgut als die Meinungsfreiheit schützen und dabei die Meinungsfreiheit als möglicherweise vorrangig entgegenstehendes Schutzgut nicht erwähnen.

---

13 (F) BVerfGE 30, 336 (353f.).

14 (L) BVerfGE 21, 271 (280ff. – Südkurier; vgl. S. 283: das Verbot sei »nicht unerläßlich«). Die Entscheidung ist zusätzlich wichtig für den Schutz auch des Anzeigenteils durch Art. 5 I 2 GG, der aber, wie sich später in (L) BVerfGE 64, 108 (114, 119 – Zeugnisverweigerungsrecht bei Chiffreanzeigen) zeigte, schwächer ausgeprägt ist als der Schutz des redaktionellen Teils.

15 Anschaulich die langen (und dennoch nicht erschöpfenden) Übersichten in (F) *v. Münch*, in: v. Münch (Hrsg.), GG-Kommentar, Art. 5 Rn. 74, oder (F) *Herzog*, in: Maunz/Dürig, Art. 5 (Zweitbearbeitung) Rn. 276.

16 Als Beispiel nochmals (L) BVerfGE 27, 71 (85), und (L) E 33, 52 (65f.) mit der Abw. Meinung S. 78ff. – dazu oben Fn. 5, 8; (F) BVerwGE 76, 267 (271–275), zur Meinungsäußerungsfreiheit eines Soldaten.

17 So in dem Ausgangsfall dieser Rechtsprechung (L) BVerfGE 7, 198 (Lüth).

18 Als Beispiel (F) BVerfGE 62, 230 (243ff. – Denkzettel-Aktion).

Weitere **Beispiele** aus der umfangreichen Rechtsprechung des BVerfG, die auch vom BVerfG selbst immer wieder zitiert werden: (L) BVerfGE 25, 256 (264 ff. – Blinkfuer): Der Springer-Zeitungsverlags-Konzern ruft die mit ihm zusammenarbeitenden Zeitungs-und Zeitschriftenhändler aus politischen Gründen zum Boykott einer regional verbreiteten Wochenschrift auf; deren Verleger wehrt sich unter Berufung auf seine Pressefreiheit.

(V) BVerfGE 42, 163 (169 ff. – Echternach): Ein führender CDU-Politiker kritisiert in scharfer Form die Verleihung eines »Konrad-Adenauer-Preises« durch die »Deutschland-Stiftung« und wird auf deren Antrag zur Unterlassung seiner Äußerungen verurteilt.

Verfassungsprozeßrechtlich geht es bei Verfassungsbeschwerden der zivilgerichtlich in letzter Instanz unterlegenen Partei jeweils auch um das Problem der sogenannnten »Superrevision«;[19] im Rechtsgutachten muß dargetan werden, daß die Auslegung der privatrechtlichen Vorschrift von der Berücksichtigung (das BVerfG sagt gelegentlich: der »Ausstrahlungswirkung«) des Art. 5 I GG abhängt. Materiellrechtlich handelt es sich jeweils um Fälle einer (»mittelbaren«) »Drittwirkung« des Freiheitsrechts aus Art. 5 I GG im Privatrechtsverkehr (vgl. oben Rn. 56). Für die Einzelheiten der Zweck-Mittel-Prüfung kommt es unter Umständen auch darauf an, was mit welcher Intensität als »Meinung« im Sinne des Art. 5 I 1 GG geschützt wird. Nicht geschützt werden unrichtige Tatsachenbehauptungen, z. B. unrichtige Zitate innerhalb eines Fernsehkommentars.[20] Umstritten ist, ob auch die Wirtschaftswerbung von Art. 5 I 1 GG geschützt wird.[21] Eine wertende Äußerung in einer öffentlich geführten Auseinandersetzung darf schärfer ausfallen (und ist insoweit dem davon Betroffenen zumutbar), wenn sie die Reaktion auf einen öffentlich geführten Angriff ist (sogenanntes Recht zum Gegenschlag).

Beispiel (F) BVerfGE 54, 129 (Kunstkritik): Rundfunkjournalisten berichten als Kunstkritiker in polemischer Form über öffentliche Vorträge, in denen die gegenwärtige Kunstkritik scharf angegriffen worden war.

Das BVerfG hat die Zweck-Mittel-Prüfung der Normanwendungskontrolle **91**
in sehr mißverständlicher Weise aus seiner Auslegungsformel zum Begriff der »allgemeinen Gesetze« abgeleitet. Richtig an dieser Querverbindung von Normenkontrolle (Frage des »allgemeinen Gesetzes«) und Normanwendungskontrolle ist, daß beide Male eine Zweck-Mittel-Prüfung durchzuführen ist. Wichtig ist, diesen auslegungsmethodischen Kern zu erkennen und

19 Alle in diesem Zusammenhang zitierten Entscheidungen enthalten dazu fast gleichlautende Passagen.

20 (L) BVerfGE 54, 208 (219 – Böll/Walden), und dazu noch unten Rn. 93 mit Fn. 7.

21 In (F) BVerfGE 40, 371 (382), wurde Art. 5 I 1 GG vermieden und nur Art. 12 I GG geprüft; weiter (F) BVerfGE 71, 162 I (175). Zwar umfaßt die Pressefreiheit des Art. 5 I 2 GG auch den Anzeigenteil, schützt ihn aber in schwächerem Maße; vgl. oben Rn. 89 Fn. 14.

sich im übrigen von der Formelsprache des BVerfG[22] nicht irritieren zu lassen. Für die Normenkontrolle ist mit der Doppelformel des BVerfG zu den »allgemeinen Gesetzen« nur teilweise etwas anzufangen, und gerade dafür kommt es auf das Merkmal »allgemein« nicht an (vgl. oben Rn. 89). Deshalb genügt es in den seltenen Fällen, in denen die Verfassungsmäßigkeit einer Vorschrift überhaupt am Maßstab der Art. 5 I, II GG zu prüfen ist, zu Beginn und am Ende die »allgemeinen Gesetze« des Art. 5 II GG zu erwähnen; in den eigentlichen Gutachtenausführungen werden sie besser vergessen. Vermeiden sollte man die Sackgasse der ersten Hälfte der Doppelformel (»nicht gegen die Äußerung der Meinung als solche«). Auch zur Normanwendungskontrolle kann auf die wolkigen Standardformeln des BVerfG (»im Lichte der Bedeutung des Grundrechts der Meinungsfreiheit«) getrost verzichtet werden – die Arbeit mit Art. 5 I 1 und 2 GG ist zwar schwierig, aber doch nicht ganz so schwierig, wie es angesichts solcher Formeln scheint.[23]

92 f) Das Zensurverbot des Art. 5 I 3 GG schützt nur einen kleinen Ausschnitt der Meinungsfreiheit. Es betrifft nicht das auf ein verfassungsrechtlich unbedenkliches (»allgemeines«) Gesetz im Sinne des Art. 5 II GG gestützte Verbot z. B. eines Zeitungsartikels, eines Buchs oder eines Theaterstücks (sogenannte Nachzensur). Erfahren die zuständigen Behörden zufällig schon vor der ersten Veröffentlichung (oder Aufführung) von dem strafbaren oder sonst rechtswidrigen Inhalt der beabsichtigten Meinungsäußerung, so ist deren Verbot auch schon zu diesem Zeitpunkt zulässig; eine Privatperson könnte eine auf Unterlassung gerichtete einstweilige Verfügung erwirken. Art. 5 I 3 GG verbietet lediglich, die Meinungsäußerung von einer behördlichen Vorprüfung und Genehmigung abhängig zu machen, betrifft also nicht die materiellrechtliche Verbotsentscheidung, sondern nur Organisation (Zensurbehörde) und Verfahren (der Genehmigung aufgrund eines Verbots mit Erlaubnisvorbehalt)[24] der sogenannten Vorzensur.[25]

---

22 Als Beispiel zur Normanwendungskontrolle nochmals (F) BVerfGE 54, 129 (136 zu II 1): Kunstkritik (dazu oben Rn. 90).

23 Die immer wiederkehrende Formulierung des BVerfG, die »allgemeinen Gesetze« im Sinne des Art. 5 II GG seien »in ihrer das Grundrecht beschränkenden Wirkung selbst wieder einzuschränken«, läßt sich so übersetzen: zwar verstößt das Gesetz allgemein nicht gegen Art. 5 I GG (= Ergebnis der Normenkontrolle), jedoch vermag es im konkreten Fall die Meinungsfreiheit nicht einzuschränken (= Ergebnis der Normanwendungskontrolle).

24 Als verfassungsrechtlich unbedenkliches Beispiel für ein Verbot mit Erlaubnisvorbehalt und seine Umsetzung in Organisations- und Verfahrensrecht: Erteilung einer Baugenehmigung durch die Baugenehmigungsbehörde im Baugenehmigungsverfahren; dazu noch unten Rn. 205.

25 Das BVerfG hat eine Vorzensur in zwei Fällen verneint, die gleichwohl je für sich problematisch bleiben; vgl. nochmals (L) E 33, 52 (71 ff.) und dagegen die Abw. Meinung S. 89 (dazu oben Rn. 88 mit Fn. 8); (F) BVerfGE 47, 198 (236 – Prüfung von Wahlwerbespots politischer Parteien durch den Intendanten einer Rundfunkanstalt vor der Ausstrahlung); dazu (V) *Herzog* (Fn. 15) Rn. 299 in Fn. 4.

6. Die unterschiedlichen Grundrechtsschutzwirkungen des Art. 2 I GG (Wiederholung und Zusammenfassung)

Vor dem Hintergrund des inzwischen zusammengestellten Grundrechtsmaterials können jetzt die schon oben (Rn. 51) skizzierten (a) unterschiedlichen materiellrechtlichen Auffangtatbestände und (b) die davon zu unterscheidende verfahrensrechtliche Schutzfunktion des Art. 2 I GG im Zusammenhang dargestellt und vertieft werden. 93

a) Die materiellrechtliche Schutzwirkung des Art. 2 I GG kommt nur in Betracht, wenn sich der begehrte Freiheitsschutz nicht schon aus einem der ausdrücklich im GG gewährleisteten einzelnen Freiheitsrechte ableiten läßt. Dieser subsidiäre Freiheitsschutz kann entweder (1) ein im GG ausdrücklich, aber lückenhaft normiertes Freiheitsrecht ergänzen oder (2) in einem völlig neuen (im GG nicht benannten) Grundrechtstatbestand bestehen.

(1) Beispiele eines die Lücken eines im GG benannten Freiheitsrechts füllenden Freiheitsschutzes waren die (in Art. 5 I 1 GG nicht geschützte) Freiheit, sich aus nichtöffentlichen Quellen zu informieren (vgl. oben Rn. 87), der Schutz einer negativen Vereinigungsfreiheit gegen öffentlichrechtliche Zwangsverbände (str.; vgl. oben Rn. 84) und die Handlungsfreiheit auf wirtschaftlichem Gebiet (oben Rn. 85). Wegen der Subsidiarität dieser Art Freiheitsschutz nur schwer nachvollziehbar ist die wiederholte Behauptung des BVerfG, die im Entzug der Personensorge liegende Feststellung eines Gerichts, die Eltern hätten als Erziehungsberechtigte versagt, berühre den in dieser Weise beurteilten Elternteil »in seinen Grundrechten aus Art. 6 II 1 und auch aus Art. 2 I GG«.[1] In jedem dieser Fälle muß sorgfältig geprüft werden, ob nicht doch der Freiheitsschutz des spezielleren Grundrechts in Betracht kommt und ob es wirklich auf eine Lückenfüllung aus Art. 2 I GG ankommt. In diesen Zusammenhang gehört ganz allgemein auch der Freiheitsschutz von Ausländern im Bereich der sogenannten Deutschenrechte (vgl. oben Rn. 55). Kennzeichnend für diese Fallgruppe ist, daß der Freiheitsschutz aus Art. 2 I GG jeweils das Gegenstück zu dem speziell geregelten Grundrechtsmerkmal bildet (besonders offenkundig in den Fällen: öffentliche-nichtöffentliche Quelle; Deutsche-Ausländer).

(2) Der Grundrechtsschutz aus Art. 2 I GG als einem »unbenannten« Freiheitsrecht wird in der Rechtsprechung des BVerfG meist mit Art. 1 I GG verknüpft und so von den anderen Fällen des Freiheitsschutzes aus Art. 2 I GG unterschieden.[2] Beispiele dafür waren die Ausreisefreiheit,[3] der Persön-

1 (F) BVerfGE 55, 171 (181); 60, 79 (91); zum Elternrecht oben Rn. 66.
2 (L) BVerfGE 54, 148 (153 – Eppler), dazu schon oben Rn. 51 mit Fn. 4; (V) *Hesse* Rn. 426.
3 (L) BVerfGE 6, 32 (41 – Elfes), dazu schon oben Rn. 51, 61.

lichkeitsschutz des Kindes als Gegenstück zum elterlichen Erziehungsrecht (Art. 6 II 1 GG) oder der staatlichen Schulhoheit (Art. 7 I GG)[4] und – als Schwerpunkt dieser Rechtsprechung – der Grundrechtsschutz der Persönlichkeitsentfaltung als Seitenstück und zugleich verfassungsrechtliche Grundlage des privatrechtlichen Persönlichkeitsschutzes (aus § 823 I BGB).[5] Dieser Persönlichkeitsschutz kann entweder die (vom BVerfG so bezeichnete) »Privat-, Geheim- und Intimsphäre«[6] betreffen oder ganz im Gegenteil die Selbstbestimmung des einzelnen über die Darstellung der eigenen Person in der Öffentlichkeit (also den Schutz einer Art »Öffentlichkeitssphäre«).

Beispiel (L) BVerfGE 65, 1 (43 – VolkszählungsG): Behördliche Registrierung der Teilnehmer an einer Versammlung oder einer Bürgerinitiative.[7]

94 b) Anders konstruiert wird der verfahrensrechtliche Schutz der »allgemeinen Handlungsfreiheit« (die in der neueren Rechtsprechung des BVerfG deutlich von dem materiellen Schutz einer »engeren Persönlichkeitssphäre« unterschieden wird).[8] In solchen Fällen ergibt sich die Verfassungswidrigkeit eines staatlichen Eingriffs aus einer anderen Verfassungsnorm, meist dem Rechtsstaatsprinzip (vom BVerfG aus Art. 20 III GG abgeleitet), seltener aus einer Kompetenznorm (z.B. Art. 30, 70, 74 Nr. 11 GG).

Beispiele (F) BVerfGE 55, 159 (165f. – Falknerjagdschein): Das BJagdG wird mit dem Ziel geändert, den Bestand der für die Falknerei in Betracht kommenden Federwildarten zu erhalten und Mißbräuchen bei der Haltung von Greifvögeln zu begegnen. In diesem Zusammenhang wird die Erteilung des Falknerjagdscheins vom Bestehen einer Schießprüfung und von waffenkundlichen Kenntnissen abhängig gemacht.

(L) BVerfGE 26, 246 (258): Der Bund erläßt ohne entsprechende Gesetzgebungskompetenz ein BIngenieurG. Hätte ein Bundesland ein Gesetz gleichen Inhalts erlassen, wären Grundrechte der vom Gesetz Betroffenen (insbesondere Art. 12 I GG) nicht verletzt worden.

Die Verknüpfung des Art. 2 I GG in seiner Bedeutung als »allgemeine Handlungsfreiheit« mit dem Rechtsstaatsprinzip oder der einschlägigen Kompetenznorm eröffnet den Betroffenen das Verfassungsbeschwerdeverfahren, obwohl weder ein spezielles Grundrecht noch Art. 2 I GG in seiner materiellrechtlichen Funktion (zum Schutz eines »unbenannten«, aber in der

4 (L) BVerfGE 79, 51 I (63f.).

5 Zu dieser Querverbindung (L) BVerfGE 34, 269 (280ff. – Soraya). Solche Fälle könnten als »mittelbare Drittwirkung« der Art. 2 I; 1 I GG im Privatrechtsverkehr beschrieben werden; im Ansatz vergleichbar (L) E 54, 208 (217, 222f. – Böll/Walden), dazu schon oben Rn. 90.

6 Zu dieser Bezeichnung und der folgenden Unterscheidung nochmals (L) BVerfGE 54, 148 (154) und aus der dort zitierten früheren Rechtsprechung (V) E 27, 1 (6 – Mikrozensus).

7 Dazu (V) *W. Schmidt*, JZ 1974, 241ff.; *ders.*, JZ 1976, 32f.; (L) BVerfGE 65, 1 (43); 69, 315 I (349).

8 Daraus folgt für den materiellrechtlichen Freiheitsschutz aus Art. 2 I (meist in Verbindung mit Art. 1 I GG), daß der Eingriff oberhalb einer Art Intensitätsschwelle liegen muß; vgl. (V) BVerfGE 59, 275 (277, 279).

Bedeutung für die Persönlichkeitsentfaltung den »benannten« Freiheitsrechten vergleichbaren Freiheitsrechts) verletzt sind. Der dem zugrundeliegende, nicht ganz einfache Gedankengang läßt sich am ehesten am Beispiel der gegen eine Rechtsnorm (meist ein Gesetz) gerichteten Verfassungsbeschwerde erklären: Die »allgemeine Handlungsfreiheit« darf nur durch eine solche Rechtsnorm eingeschränkt werden, die »formell und materiell mit der Verfassung in Einklang steht«.[9] Verstößt die Rechtsnorm gegen eine formelle Verfassungsbestimmung (z. B. eine Kompetenznorm) oder eine materielle Verfassungsbestimmung (wie z. B. das Rechtsstaatsprinzip), so wird **dadurch** auch die »allgemeine Handlungsfreiheit« verletzt. Nur auf die Behauptung eines solchen Verstoßes gegen die Kompetenznorm oder das Rechtsstaatsprinzip ließe sich die Zulässigkeit einer Verfassungsbeschwerde jedoch nicht stützen; erst die Verknüpfung mit Art. 2 I GG (also z. B. »Art 2 I GG in Verbindung mit Art. 20 III GG«)[10] macht die Verfassungsbeschwerde zulässig und je nach Sachlage auch begründet. Eine Verfassungsverletzung, die für sich genommen gerade keine Grundrechtsverletzung ist, wird durch diese Konstruktion einer verfahrensrechtlichen Schutzfunktion des Art. 2 I GG verfassungsbeschwerdefähig. Jedenfalls mit Wirkung gegen die Rechtsetzung (insbesondere die Gesetzgebung) wird die »allgemeine Handlungsfreiheit« so zu einer allgemeinen Eingriffsfreiheit – diese Konstruktion wird jetzt auch innerhalb des BVerfG zur Diskussion gestellt.[11]

Das BVerfG hat die verfahrensrechtliche Schutzfunktion des Art. 2 I GG auch in die Normanwendungskontrolle ausgedehnt. Eine hier in neuerer Zeit vom BVerfG herausgearbeitete Fallgruppe ist das aus Art. 2 I in Verbindung mit Art. 20 III GG abgeleitete »Recht auf ein rechtsstaatliches, faires Strafverfahren«.[12] Uneinheitlich entschieden wird die Frage der Subsidiarität des Art. 2 I GG.[13] Im Bereich der Normanwendungskontrolle ist die Rechtsprechung des BVerfG zu Art. 2 I GG (allein oder in Verbindung mit dem Rechtsstaatsprinzip) widersprüchlich und schwer berechenbar. Für diesen Bereich muß deshalb vor einer allzu raschen Nachahmung dieser Rechtsprechung in einem Rechtsgutachten gewarnt werden. Meist wird mit einem spezielleren Grundrecht als gerade Art. 2 I GG in Verbindung mit dem Rechtsstaatsprinzip geholfen werden können. Die Subsidiarität des Grundrechtsschutzes aus Art.2 I GG sollte im Rechtsgutachten strikt beachtet werden.

---

9 So die ständige Formulierung; vgl. nochmals (L) BVerfGE 55, 159 (165); aus neuerer Zeit (F) E 80, 137 I (153 – Reiten im Walde); als Beginn dieser Rechtsprechung wiederum (L) E 6, 32 (41 – Elfes).

10 Vgl. (F) BVerfGE 67, 256 (274: »Art. 2 I GG in Verbindung mit Art. 70 ff. und Art. 105 II GG«).

11 (L) Abw. Meinung *Grimm* zu BVerfGE 80, 137 I, 164 (167 f.); (V) *Hesse* Rn. 427 f.

12 (F) BVerfGE 66, 313 (318).

13 Besonders auffällig (F) BVerfGE 62, 216 (232): Art. 2 I GG in Verbindung mit dem Rechtsstaatsprinzip neben Art. 103 I GG.

7. Aufbauschwierigkeiten bei der Prüfung einer Verfassungsbeschwerde

95 Auf der Grundlage des inzwischen erarbeiteten Materials können jetzt die schon früher (Rn. 48) gegebenen Hinweise zur Prüfung einer Verfassungsbeschwerde ergänzt werden.

a) Der Grundrechtsbezug einer Verfassungsbeschwerde muß immer, also nicht nur für die Zulässigkeit, sondern auch für die Begründetheit der Verfassungsbeschwerde herausgearbeitet werden. Ein leider oft zu beobachtender Fehler ist, zur Zulässigkeit der Verfassungsbeschwerde zwar einige Grundrechte zu nennen, sie dann in der Begründetheitsprüfung aber ganz aus den Augen zu verlieren und allgemein über Kompetenzfragen oder Verletzungen des Verhältnismäßigkeitsprinzips zu schreiben.[1] Demgegenüber ist noch einmal festzuhalten: Hinsichtlich der Grundrechte müssen Zulässigkeits- und Begründetheitsprüfung der Verfassungsbeschwerde aufeinander abgestimmt werden und zueinander passen. Die Grundrechte, die als Zulässigkeitsvoraussetzung herausgestellt worden sind, müssen dann auch materiellrechtlich geprüft werden und umgekehrt.

b) Die (oben Rn. 48 skizzierte) Reihenfolge (1) Beschwerdeführer (»jedermann«), (2) Akt der »öffentlichen Gewalt«, (3) »Grundrechte« (einschließlich der in Art. 93 I Nr. 4 a GG genannten grundrechtsgleichen »Rechte«) kann nur dann Schritt für Schritt durchgehalten werden, wenn es keine Probleme bei der Grundrechtsträgerschaft (oder -fähigkeit) des Beschwerdeführers gibt. Solche Probleme (wie z. B. bei inländischen juristischen Personen im Sinne des Art. 19 III GG) können nicht ohne Vorgriff auf die in Betracht kommenden Grundrechte und ihre grundsätzliche Anwendbarkeit auf diesen Fall erörtert werden: Punkt (1) kann hier nicht ohne Teile von Punkt (3) behandelt werden; das eine geht nicht ohne das andere – aber Aufbauempfehlungen dieser Art sind nun einmal keine starren Regeln und müssen flexibel einem Fall angepaßt werden.

96 c) Die Verfassungsbeschwerde ist ein außerordentlicher Rechtsbehelf, der nicht die Funktion hat, Rechtsmittel, die nach anderen Prozeßordnungen gegeben sind, zu ersetzen. Diese **Subsidiarität** der Verfassungsbeschwerde

---

1 Mißverständlich ist die gelegentlich zitierte Feststellung des BVerfG, es könne auch im Verfassungsbeschwerdeverfahren »die angegriffenen Akte der öffentlichen Gewalt ... von Amts wegen unter jedem in Betracht kommenden verfassungsrechtlichen Gesichtspunkt prüfen«; so z. B. (F) E 54, 53 (57, m. w. N.). Wer die Entscheidungsgründe genau liest, wird sehen, daß sie von Grundrechten (Art. 3 I; 16 GG) ausgehen, von dort zu anderen Verfassungsnormen (Art. 116 II GG) kommen und am Ende (S. 74) zur Grundrechtsprüfung zurückkehren.

ergibt sich aus Art. 94 II 2 GG, § 90 II BVerfGG.[2] Das erklärt die Bedeutung der Rechtswegerschöpfung im Fall einer Normanwendungskontrolle. Gegen Gesetze gibt es keinen Rechtsweg (gegen Rechtsverordnungen und Satzungen unter den auch von der landesrechtlichen Ausgestaltung abhängigen Voraussetzungen des § 47 VwGO – vgl. im einzelnen noch unten Rn. 153). Deshalb prüft das BVerfG bei Verfassungsbeschwerden vor allem gegen Gesetze (aber auch gegen Rechtsverordnungen und Satzungen)[3] schon zur Beschwerdebefugnis, ob der Beschwerdeführer »selbst, gegenwärtig und unmittelbar« betroffen sei. Auf einen ersten Blick scheint diese Formel ungemein griffig, auf einen zweiten ebenso dunkel – und beides ist sie auch. Um handlich zu werden, bedarf sie einer Durchleuchtung.
Der Versuch einer nur an der sprachlichen Fassung orientierten Definition der einzelnen Merkmale gelingt noch einigermaßen bei »selbst« (also nicht ein anderer) und »gegenwärtig« (also schon oder noch), nicht aber bei dem Merkmal »unmittelbar«, das sich je nach Definition mit den Merkmalen »selbst« und »gegenwärtig« überschneiden oder sogar ganz darin aufgehen kann. Andererseits wird sich gerade dieses Merkmal (»unmittelbar«) für die Praxis der Verfassungeschwerde als besonders wichtig erweisen – ein weiterer Grund, hier sehr vorsichtig und sorgfältig zu arbeiten.

(1) Von einem Rechtssatz **»selbst«** betroffen sind immer diejenigen, die darin als **Adressaten** genannt werden, manchmal aber **auch andere**, die ebenfalls von dem Rechtssatz in ihren **rechtlichen** Handlungsmöglichkeiten **verletzt** sein können.

Beispiel (F) BVerfGE 13, 230 (233): Das LadenschlußG ist an die Ladeninhaber gerichtet, wirkt aber auch auf die Handlungsfreiheit der Kunden ein (– das BVerfG formuliert hier etwas nachlässig: »wirkt ... wie ein unmittelbar (!) an diese gerichteter Gesetzesbefehl«).

(2) Die **»gegenwärtige«** Rechtssatzbetroffenheit fehlt grundsätzlich, wenn der Eintritt der Rechtswirkung an einen künftigen Termin geknüpft ist oder wenn der Rechtssatz inzwischen aufgehoben worden ist oder wenn der Beschwerdeführer die tatbestandlichen Voraussetzungen noch nicht oder nicht mehr erfüllt. Nur ausnahmsweise kann der Rechtssatz in solchen Fällen voraus- oder nachwirken (Kurzformel: Der Beschwerdeführer muß **schon oder noch** betroffen sein).

Beispiele (F) BVerfGE 13, 1 (11): Ein Wahlgesetz erschwert die Aufstellung parteifreier Bewerber erstmals für die nächste Wahl (und dann für alle künftigen Wahlen). Dieser Termin liegt weiter als ein Jahr in der Zukunft (vgl. § 93 II BVerfGG).

2 (F) BVerfGE 49, 252 (258); aus neuerer Zeit (F) E 84, 203 I (208); dazu schon oben Rn. 41 (bei Fn. 5), 48.
3 (V) BVerfGE 6, 273 (277 – Rechtsverordnungen); 12, 319 (321 – Satzungen).

(F) BVerfGE 60, 360 (371): Die gesetzlichen Voraussetzungen, unter denen Rentner beitragsfrei in der gesetzlichen Rentenversicherung pflichtversichert sind, werden verschärft; der Beschwerdeführer wird sie sehr wahrscheinlich nicht erfüllen.

(3) Wird der rechtliche Nachteil für den Beschwerdeführer nicht schon durch den Rechtssatz, sondern erst durch dessen Vollzug bewirkt, so formulieren das BVerfG und die ihm folgende Prozeßrechtsdogmatik, der Beschwerdeführer sei durch den Rechtssatz (noch) nicht **»unmittelbar«** betroffen. Im Schwerpunkt geht es um den Vollzug im Einzelfall, praktisch seltener um Fälle, in denen ein Gesetz zum Erlaß einer Rechtsverordnung oder einer Satzung ermächtigt, die Rechte und Pflichten des Beschwerdeführers (der Verfassungsbeschwerde schon gegen das Gesetz erhoben hat) erst im einzelnen ausgestalten soll.[4] Wenn der Beschwerdeführer darauf verwiesen wird, den Vollzug des Rechtssatzes, gegen den er Verfassungsbeschwerde erhoben hat, abzuwarten, wird auf diesem Umweg mit Hilfe des Merkmals der »unmittelbaren« Betroffenheit ebenfalls die Subsidiarität der Verfassungsbeschwerde gewahrt.[5] Ausnahmen erkennt das BVerfG an, »wenn das Gesetz die Normadressaten bereits gegenwärtig zu später nicht mehr korrigierbaren Entscheidungen zwingt oder jetzt schon zu Dispositionen veranlaßt, die sie nach dem späteren Gesetzesvollzug nicht mehr nachholen können«.[6] In solchen Formulierungen wird die inhaltliche Überschneidung der Merkmale »gegenwärtig« und »unmittelbar« erneut deutlich (- ist ein Rechtssatz noch vollzugsbedürftig, so ließe sich auch sagen, der Beschwerdeführer sei gegenwärtig noch nicht betroffen). Das BVerfG hat jedoch die Problemgruppe der Vollzugsbedürftigkeit eines Rechtssatzes verselbständigt und dem (sprachlich für sich genommen undeutlichen) Begriff »unmittelbar« zugewiesen (»unmittelbar« = nicht vollzugsbedürftig).[7]
In dieser Fassung paßt das Merkmal »unmittelbar« nur auf Verfassungsbeschwerden gegen Rechtssätze. Bei Verfassungsbeschwerden gegen eine Gerichtsentscheidung (oder ausnahmsweise eine einzelfallbezogene Verwal-

4 Dazu (F) BVerfGE 53, 366 (389f. – Rechtsverordnung); 61, 260 (264f. – Satzung). Beim Vollzug durch Verwaltungsakt ist die Rechtslage ähnlich und die »unmittelbare« Betroffenheit schon durch das Gesetz (oder eine Rechtsverordnung oder Satzung) wird regelmäßig fehlen, wenn das Gesetz (usw.) der Verwaltung einen Auslegungs- oder Entscheidungsspielraum eröffnet; dazu (F) BVerfGE 58, 81 (104).

5 Terminologisch unterscheidet das BVerfG zwischen Subsidiarität i. S. der Rechtswegerschöpfung und der Sachentscheidungsvoraussetzung »selbst, gegenwärtig, unmittelbar«; vgl. (F) BVerfGE 79, 1 I (14, 19f.); zu Tendenzen, diese Begriffsgrenzen zu verwischen, (V) *Benda/Klein*, Verfassungsprozeßrecht, Rn. 511.

6 So (L) BVerfGE 65, 1 (37 – VolkszählungsG). In einem Gutachten muß gerade an solchen Stellen fallbezogen argumentiert werden; leere Formeln allein tun es nicht. Praktische Abgrenzungsschwierigkeiten ergeben sich vor allem bei den Grundrechten, die sich schon dem Zitiergebot des Art. 19 I 2 GG widersetzt haben, also Art. 5 I (II); 12 I (2); 14 I (2) GG; dazu schon oben Rn. 60.

7 Die Definition des Merkmals »unmittelbar« wird also gewöhnlich negativ gefaßt (: **nicht** vollzugsbedürftig); vgl. (F) BVerfGE 60, 360 (371). Eine positive Definition wird mit dem Lehnwort »self-executing« versucht.

tungsmaßnahme; vgl. § 90 II BVerfGG) kann jedenfalls nicht die vollständige Formel »selbst, gegenwärtig und unmittelbar« geprüft werden. Zweifel, ob der Beschwerdeführer von der Gerichtsentscheidung ausnahmsweise überhaupt selbst oder schon oder noch betroffen ist, erörtert das BVerfG im Rahmen des Rechtsschutzbedürfnisses,[8] das wegen des Ausnahmecharakters solcher Zweifel auch hier nur in substantiierbaren (fallbezogen belegbaren) Ausnahmefällen zu prüfen ist.

V. Wahlrecht – politische Parteien – Parlamentsrecht

1. Politische Meinungsbildung – staatliche Willensbildung – Vorbemerkung zu den Zusammenhängen und Unterschieden

Die Wahlen zum Bundestag (einem Landtag, Kreistag, einer Gemeindever- 97
tretung; vgl. Art. 28 I 1 GG) sind der vorläufige Abschluß, eine Art vorübergehend festgeschriebenes Zwischenergebnis eines politischen Meinungsbildungsprozesses der Wähler. Voraussetzung freier Wahlen sind somit die Meinungsfreiheit und ihre Nachbargrundrechte (Art. 5 I; 8; 9 I GG); auch das Wahlrecht ist als Grundrecht ausgestaltet (Art. 38 ; 93 I Nr. 4 a GG). In Wahlen übt das Volk selbst (als Staatsorgan) Staatsgewalt aus (Art. 20 II 2 GG – dazu schon oben Rn. 34). Wenn Art. 21 I 1 GG die Besonderheit der politischen Parteien als Mitwirkung bei der politischen Willensbildung des Volkes beschreibt, sieht es die Parteien vor allem als »Wahlvorbereitungsorganisationen«.[1] Durch die Aufstellung von Wahlbewerbern treffen sie, vor allem bei der Listenwahl, Vorentscheidungen über die Zusammensetzung des Parlaments. In der Zuordnung zur (politischen) **»Willensbildung«** – im Unterschied zur rechtlich noch ganz unverbindlichen Meinungsbildung – bringt Art. 21 I 1 GG das deutlich zum Ausdruck. Die Parteien werden dadurch nicht zu Staatsorganen; sie beeinflussen die Bildung des Staatswillens, üben aber nicht selbst Staatsgewalt aus. Im Parlament treten sie als Fraktionen in Erscheinung; die Fraktionen wiederum sind organstreitfähige Teile des Staatsorgans Parlament (Bundestag, Landtag, vgl. Art. 93 I Nr. 1, Nr. 4 [3. Alternative] GG), dies ebenso wie der einzelne Abgeordnete, dessen organschaftliche Stelllung vor allem in Art. 38 I 2 GG normiert ist. In Art. 38 I GG kommt somit dieses Spannungsverhältnis zwischen Grundrechtsgewährleistung und staatlichem Organisations- und Verfahrensrecht bereits anschaulich zum Ausdruck, das in diesen je nach Fallkonstellation unterschiedlichen Wechselbeziehungen zwischen Wahlrecht, Parteienrecht und Parlamentsrecht zu unterschiedlichen verfassungsprozeßrechtlichen Einklei-

8 (F) BVerfGE 57, 346 (355 – dazu schon oben Rn. 64); 58, 208 (219); 69, 315 I (341).
1 Dazu (F) BVerfGE 8,51 (63 – die erste der Parteienfinanzierungsentscheidungen).

dungen als Verfassungsbeschwerde- oder Organstreitverfahren führen kann; bei Fragen des Wahlrechts kann auch das Wahlprüfungsverfahren gemäß Art. 41 II GG (§§ 13 Nr. 3; 48 BVerfGG) hinzukommen.[2] Den einzelnen Wahlrechtsgrundsätzen vorgelagert ist die Frage, ob Ausländer an Wahlen i. S. d. Art. 20 II, 28 I 2 GG teilnehmen können; das BVerfG hat das auch für die kommunale Ebene verneint, eine entsprechende GG-Änderung aber nicht ausgeschlossen.[3]

2. Wahlrechtsgrundsätze

98 a) Die Wahlrechtsgrundsätze der allgemeinen, unmittelbaren, freien, gleichen und geheimen Wahlen gelten gemäß Art. 28 I 2; 38 I 1 GG für den Bundestag und die Volksvertretungen in den Ländern, Kreisen und Gemeinden. Praktisch geworden sind bisher vor allem Fragen der (allgemeinen und) gleichen, gelegentlich der freien Wahl.[4] Dabei berühren sich die Grundsätze der allgemeinen und gleichen Wahl im Gleichbehandlungsprinzip: die Allgemeinheit der Wahl betrifft die Teilnahme aller Staatsbürger an der Wahl, die Gleichheit der Wahl, den Einfluß der Stimmabgabe auf das Wahlergebnis.[5] Weil Art. 38 I 1 GG nur für das Wahlrecht zum Bundestag gilt und Art. 28 I 2 GG nicht zum Grundrechtskatalog des Art. 93 I Nr. 4 a GG gehört, muß für den Grundrechtsschutz der Wahlrechtsgleichheit in den Ländern, Kreisen und Gemeinden im Verfassungsbeschwerdeverfahren vor dem BVerfG auf den allgemeinen Gleichheitssatz des Art. 3 I GG zurückgegriffen werden,[6] der in Verbindung mit Art. 28 I 2 GG zu einem speziellen Gleichheitsrecht wird. Die Wahlrechtsgrundsätze beziehen sich auf das aktive und das passive Wahlrecht;[7] vgl. auch noch Art. 38 II GG. Das Wahlsystem selbst (z. B. das im BWahlG geregelte Verhältniswahlrecht mit Sperrklausel und Elementen der Persönlichkeitswahl) ist im GG selbst nicht im einzelnen vorgegeben; in den Grenzen der Wahlrechtsgrundsätze des Art. 38 I 1 GG, dabei besonders des Grundsatzes der gleichen Wahl, hat der Bundesgesetzgeber einen Gestaltungsspielraum, der z. B. die Einführung der Briefwahl einschließt.[8]

b) Den Schutz der freien Wahl begrenzt das BVerfG auf die Freiheit der Stimmabgabe von (staatlichem oder gesellschaftlichem) Zwang oder sonstiger unzulässiger Beeinflussung von außen. Diese Grenze hat das Gericht bisher weder durch eine

---

2 (L) BVerfGE 16, 130 (135 f. – Wahlkreiseinteilung, dazu noch unten Rn. 98 Fn. 11; (V) E 59, 119 (123): Verfassungsmäßigkeit der Briefwahl; 66, 369 (378): Ankündigung Investitionsstop durch Unternehmer.

3 (L) BVerfGE 83, 37 II (50 ff., 59); 83, 60 II (71, 75).

4 Zu den anderen Wahlrechtsgrundsätzen (V) *Hesse* Rn. 146, oder *Pieroth/Schlink* Rn. 526 ff.

5 Zur Allgemeinheit der Wahl (V) BVerfGE 36, 139 (141), zur Gleichheit der Wahl (F) BVerfGE 82, 322 II (337 ff.), sowie die folgende Fn. 6.

6 (F) BVerfGE 47, 253 (269), st. Rspr.; dazu auch noch unten c) mit Fn. 12.

7 (L) BVerfGE 41, 399 (413 – Daniels), am Beispiel der Wahlrechtsgleichheit.

8 Dazu nochmals (V) BVerfGE 59, 119 (124 f.).

regierungsamtliche Wahlwerbung[9] überschritten gesehen noch durch die Ankündigung einiger Unternehmer, sie würden bei einem Wahlsieg der SPD unter Vorbehalt getroffene Investitionsentscheidungen widerrufen, die Beschäftigtenzahl nicht halten und neue Mitarbeiter nicht einstellen.[10]

c) Die Wahlrechtsgleichheit ist vor allem im Hinblick auf die verfassungsrechtliche Zulässigkeit von Sperrklauseln allgemein[11] und der 5%-Klausel im besonderen diskutiert worden. Das BVerfG arbeitet mit der Unterscheidung von »Zählwert« und »Erfolgswert« einer Stimme und läßt beim »Erfolgswert« (der über den Einfluß auf das Wahlergebnis entscheidet) Differenzierungen mit der Wirkung einer 5%-Klausel zu.[12] Wenn das BVerfG den »formalen« Charakter der Wahlrechtsgleichheit betont, so meint das nur, daß ein etwas höherer Begründungsaufwand erforderlich ist als zur Überwindung des allgemeinen Willkürverbots;[13] das ergibt sich aber auch schon daraus, daß es sich bei der Wahlrechtsgleichheit um ein spezielles Gleichheitsrecht handelt.

Das passive Wahlrecht von Angehörigen des öffentlichen Dienstes kann aufgrund der Schlußbestimmung des Art. 137 I GG durch (Bundes- oder Landes-)Gesetz eingeschränkt werden. Das BVerfG prüft solche Gesetze am Maßstab (auch der allgemeinen, stärker aber) der gleichen Wahl und versteht »Wählbarkeit« hier nicht in dem engeren Sinn der Möglichkeit, sich um ein Mandat zu bewerben und gewählt werden zu können, sondern als Möglichkeit, das Mandat innezuhaben und auszuüben (gängige Kurzformel: »Inkompatibilität«, nicht »Ineligibilität«).[14]

3. Politische Parteien

a) Politische Parteien sind (meist: nicht eingetragene) Vereine des bürger- 99
lichen Rechts. Ihre Sonderstellung im Vergleich mit anderen Vereinigungen (Art. 9 I GG) ergibt sich aus Art. 21 I 1 GG. Was dabei unter »Mitwirkung bei der politischen Willensbildung des Volkes« zu verstehen ist, ergibt sich aus Art. 20 II 2 GG: Die Parteien wirken mit bei der Vorbereitung und Durchführung von Wahlen (und Abstimmungen).[15] Vereinigungen, die »sich durch

9 (L) BVerfGE 44, 125 (138 f. – Öffentlichkeitsarbeit der Bundesregierung) – das Urteil wurde mit Art. 20 I, II 2 GG und dem Recht auf Chancengleichheit begründet.
10 (V) BVerfGE 66, 369 (380 f.).
11 Bekanntlich ergibt sich eine faktische Sperrklausel aus der Zahl der Parlamentssitze bzw. der bei ihrer Errechnung zugrundegelegten Wahlkreise; zur Wahlkreiseinteilung (L) BVerfGE 16, 130 (138 ff.).
12 Und zwar für alle Arten von Wahlen, auch für Kommunal- und Europa-Wahlen; (F) BVerfGE 47, 253 (277); (V) E 82, 322 II (337–339); zur Kritik (V) *H. Meyer*, Wahlsystem und Verfassungsordnung, 1973, S. 225–236.
13 Das BVerfG formuliert vorsichtig: »in formal möglichst gleicher Weise«, so (F) BVerfGE 47, 253 (277); in (V) E 82, 322 II (337), spricht es von einer »strengen und formalen Gleichheit«.
14 (F) BVerfGE 48, 64 (88); zuletzt (F) E 58, 177 (190 f.).
15 Primär verantwortlich bleiben die verfaßten Staatsorgane; (L) BVerfGE 41, 399 (414 – Daniels).

Aufstellung von Bewerbern in Bund, Ländern und Gemeinden beteiligen« (vgl. § 1 II PartG), sind notwendig politische Parteien; jedoch haben die Parteien auch insoweit kein Mitwirkungsmonopol.[16] Bei allen anderen Tätigkeiten (wie sie in § 1 II PartG beispielhaft aufgezählt werden) nehmen die Parteien im Vergleich mit anderen Vereinigungen (insbesondere politischen Interessenverbänden) keine verfassungsrechtliche Sonderstellung ein. Das hat Folgen vor allem für die staatliche Parteienfinanzierung.[17] Wegen ihrer Mitwirkungsrolle bei der Vorbereitung und Durchführung von Parlamentswahlen mit Folgen für die personelle Zusammensetzung der Parlamente (vgl. schon oben Rn. 97) verpflichtet Art. 21 I 3 und 4 GG die Parteien zu demokratischen Organisations- und Verfahrensregeln und zur öffentlichen Rechenschaftslegung über die Herkunft ihrer Mittel und ihr Vermögen; diese Anforderungen werden – in Ergänzung des Vereinsrechts des BGB – durch §§ 6 II; 9 II; 10 IV; 11 I; 15 II, III; 17; 23–31 PartG konkretisiert.

Für das Verhältnis von Art. 21 I, II GG zu Art. 9 I, II GG ergibt sich daraus folgendes: Art. 21 I 1 GG normiert die verfassungsrechtliche Besonderheit der politischen Parteien im Verhältnis zu anderen Vereinigungen. Art. 21 I 2 GG wiederholt die in Art. 9 I GG grundsätzlich normierte Gründungsfreiheit – da jedoch Art. 21 I 2 GG nicht in den Grundrechtskatalog des Art. 93 I Nr. 4 a GG aufgenommen worden ist, bedarf es für Verfassungsbeschwerden einer Partei (vgl. oben Rn. 45) oder eines ihrer Mitglieder, wenn eine Verletzung der Parteienfreiheit gerügt wird, weiterhin des Rückgriffs auf Art. 9 I GG,[18] wobei die Verstärkung der Vereinigungsfreiheit für Parteien durch Art. 21 I 1 GG zu beachten ist. In Art. 21 I 3 und 4 GG wird diese spezifische Parteienfreiheit im Verhältnis zur Vereinigungsfreiheit anderer Vereinigungen materiellrechtlich verschärft; in Art. 21 II GG hingegen werden die Parteien im Verhältnis zu anderen Vereinigungen (Art. 9 II GG) verfahrensrechtlich privilegiert – es wird noch zu erörtern sein (unten Rn. 101), ob außerhalb eines Verbotsverfahrens auch eine materiellrechtliche Privilegierung aller Mitglieder eintritt. Art. 21 III GG schließlich normiert eine ausschließliche Bundeskompetenz außerhalb des Art. 73 GG im Unterschied zu der nur konkurrierenden Bundeskompetenz für das sonstige Vereinsrecht in Art. 74 Nr. 3 GG, die durch das VereinsG allerdings schon weitgehend ausgeschöpft worden ist.

---

16 Auch dazu (L) BVerfGE 41, 399 (416f.).

17 Das BVerfG hat die Selbstbedienung der im Bundestag etablierten Parteien immer wieder korrigieren müssen, zuletzt (L) BVerfGE 85, 264 II (283–295), gegen die Benachteiligung der sog. Rathausparteien aaO, S. 328, (F) E 78, 350 II (357ff.), allzu nachsichtig gegenüber den Parteien-»Stiftungen«, die überwiegend eingetragene Vereine zur Verwaltung der ihnen zufließenden Haushaltsgelder sind, (F) BVerfGE 73, 1 II; informativ zum Ganzen (V) *H. H. v. Arnim*, Die Partei, der Abgeordnete und das Geld, 1991.

18 Dazu (F) *W. Schmidt*, NJW 1984, 766. Für Gleichheitsverletzungen bleibt es bei Art. 3 I GG (dazu sogleich Rn. 100).

b) Wenn es bisher auf Grundrechtsschutz von politischen Parteien ankam, go es jeweils um deren Gleichbehandlung mit anderen Parteien unter dem Schlagwort »Chancengleichheit der Parteien«. Wegen der Rechtsprechung des BVerfG zur Organstreitfähigkeit politischer Parteien in der Auseinandersetzung mit anderen obersten Bundesorganen (dazu oben Rn. 45) kommt es für den Grundrechtsschutz der Parteien aus Art. 3 I GG (meist in Verbindung mit Art. 21 I 1 GG) darauf nur an, wenn ein anderer Träger öffentlicher Gewalt (der nicht seinerseits organstreitfähig ist) sich weigert, einer Partei im Wahlkampf Einrichtungen zur Verfügung zu stellen (wie z.B. öffentlichen Straßenraum für die Aufstellung von Plakatständern – dazu noch unten Rn. 236) oder andere öffentliche Leistungen zu gewähren (wie z.B. Sendezeit für die Ausstrahlung von Wahlwerbespots);[19] vgl. § 5 PartG. In der Auseinandersetzung mit einem obersten Staatsorgan ging es meist um Fragen der staatlichen Parteienfinanzierung. Im Organstreitverfahren geht es nicht um Grundrechtsschutz; deshalb vermeidet das BVerfG hier, von Art. 3 I GG auszugehen, und leitet stattdessen das Recht auf Chancengleichheit aus Art. 21 I GG oder aus Art. 38 I GG (allein oder in Verbindung mit Art. 21 I GG) ab.[20] Im Verfassungsbeschwerdeverfahren muß von Art. 3 I GG (sinnvollerweise in Verbindung mit Art. 21 I 1 GG) ausgegangen werden. 100

c) Eine politische Partei kann gemäß Art. 21 II GG; §§ 13 Nr. 2; 43ff. (46) BVerfGG nur vom BVerfG als verfassungswidrig (aufgelöst und) verboten werden; darin liegt im Verhältnis zur Rechtslage bei anderen Vereinigungen (Art. 9 II GG; § 3 VereinsG) eine verfahrensrechtliche Privilegierung solcher Parteien, deren Verbot in der Öffentlichkeit diskutiert wird. Das ist nahezu 30 Jahre nach dem zweiten und bisher letzten Verbotsverfahren vor dem BVerfG jedoch kaum noch aktuell.[21] Vorübergehend wurde das Fehlen einer Wiederzulassungsregelung für einmal verbotene Parteien als problematisch empfunden; dieser Streit erledigte sich mit der Duldung der sich 1968 (neu) konstituierenden DKP, womit im Ergebnis die 1956 verbotene KPD wiederzugelassen wurde.[22] Damit entschied sich die Praxis der Behörden (und später der Gerichte) endgültig dafür, den im Parteiverbotsverfahren antragsberechtigten Staatsorganen (§ 43 BVerfGG) ein (politisches) Ermessen für die Antragstellung zuzubilligen (Opportunitätsprinzip) und sie nicht für verpflichtet zu halten, gegen eine als verfassungswidrig eingeschätzte Partei das 101

19 (F) BVerfGE 47, 198 (225), dazu schon oben Rn. 45; (V) BVerwGE 87, 270 (273–277).
20 Vgl. (F) BVerfGE 8, 51 (63); 24, 300 (340), jeweils zur Parteienfinanzierung; (L) E 44, 125 (144 – Öffentlichkeitsarbeit der Bundesregierung); (F) E 66, 107 (114).
21 (V) BVerfGE 5, 85 (KPD); vorher (V) E 2, 1 (SRP).
22 Material dazu in (V) *R. Stöss* (Hrsg.), Parteienhandbuch I, 1983, S. 962f.; Nachfolgeorganisation ist inzwischen bekanntlich die PDS.

Parteiverbotsverfahren betreiben zu müssen (Legalitätsprinzip):[23] Nur die Annahme eines solchen Opportunitätsprinzips ermöglicht die Wiederzulassung einer schon verbotenen Partei. Praktisch wichtig ist Art. 21 II GG heute nicht mehr für das Parteiverbotsverfahren, sondern für die Rechte nicht verbotener Parteien und ihrer Mitglieder; die Frage lautet, ob und in welchem Ausmaß Art. 21 II GG eine Partei auch materiellrechtlich privilegiert, die von den gemäß § 43 BVerfGG antragsberechtigten Organen als verfassungswidrig eingeschätzt wird, ohne daß diese es für opportun halten, ein Verbotsverfahren zu betreiben oder weiter auf einem Verbot zu bestehen. Einigkeit besteht darin, daß die Parteien und ihre Mitglieder bei parteispezifischen Tätigkeiten, also bei der Beteiligung an Parlamentswahlen und bei der Arbeit im Parlament, rechtlich nicht benachteiligt werden dürfen.[24] Umstritten ist, ob Parteimitglieder außerhalb dieses parteispezifischen Tätigkeitsbereichs, insbesondere bei dem Zugang zum und der Tätigkeit im öffentlichen Dienst einen Anspruch darauf haben, daß für die Feststellung ihrer Eignung (Art. 33 II GG) ihre Parteimitgliedschaft ebenso unbeachtlich zu bleiben hat wie bei Mitgliedern anderer Parteien.[25]

4. Parlamentsrecht

102 a) Mit Parlamentsrecht sind Organisations- und Verfahrensrecht des Parlaments und die Befugnisse einzelner Parlamentsorgane (z.B. Präsidium, Ausschüsse) oder Organteile (z.B. Abgeordnete, Fraktionen) gemeint. Für den Bundestag ist das teils im GG (vgl. Art. 39 III; 40 I 1, II; 42; 43 I; 44–45 b GG), teils in der aufgrund Art. 40 I 2 GG als autonome Satzung erlassenen Geschäftsordnung geregelt, die als Rechtssatz mit Rang unter dem Verfassungs- (und einfachen Gesetzes-)recht der Normenkontrolle durch das BVerfG unterliegt.[26]

103 b) Besonders lückenhaft sind die Verfassungstexte zu den Fraktionen; im GG werden sie nur in (dem 1968 eingeführten) Art. 53 a I 2 GG vorausgesetzt. Jedoch gilt allgemein für sie: »Mit der Anerkennung der Parteien in Art. 21 erkennt das GG auch sie an«;[27] sie sind die Parteien im Parlament. Immer noch nicht ganz ausgetragen ist der Streit, ob das Geschäftsordnungsrecht den

23 Nachweise zum früheren Standpunkt der Bundesregierung bis zum KPD–Verbot (F) *W. Schmidt*, DÖV 1978, 468ff. (470), dort (S. 472, 474) auch zum folgenden.

24 (F) BVerfGE 47, 198 (227ff.).

25 Der Meinungsstreit ist schon aus den Entscheidungen des BVerfG ablesbar: (F) E 39, 334 (351ff., 357ff.) mit Abw. Meinungen der Richter *Seuffert* (S. 375ff.), *Rupp* (S. 378ff.) und *Wand* (S. 386ff.); zur Sonderproblematik der Zulassung zum Anwaltsberuf (F) E 63, 266 (282ff.) mit Abw. Meinung *Simon* (S. 298ff.).

26 (V) BVerfGE 44, 308 (315).

27 (L) BVerfGE 10, 4 (14 – Rederecht einzelner Abgeordneter); E 70, 324 II (350f.).

Abgeordneten einer Partei, die eine Wahlrechtssperrklausel überwunden hat, die Anerkennung als Fraktion verweigern darf.[28]

c) Die Rechtsstellung der Bundestagsabgeordneten ergibt sich aus Art. 38 I 2 GG;[29] 46–49 GG, der GO-BT und inzwischen in praktisch eher noch einflußreicherer Weise aus dem Abgeordnetenentschädigungsrecht. Nachdem das BVerfG mehrheitlich die Entwicklung des Abgeordnetenmandats zu einem öffentlichen Amt ähnlich dem eines Beamten auf Zeit anerkannt hat,[30] über dessen Laufbahn (und damit Versorgungsansprüche) Partei und Fraktion entscheiden, ist das früher lebhaft diskutierte »Spannungsverhältnis« zwischen freiem Mandat (Art. 38 I 2 GG) und Fraktionsdisziplin (aus Art. 21 I 1 GG abgeleitet) fast nur noch theoretischer Natur;[31] die praktische Entscheidungsalternative für den einzelnen Abgeordneten besteht auf Dauer nur noch im Austritt aus Partei und Fraktion, nicht in einer kontroversen Mitarbeit. Immerhin darf die Abgeordnetenentschädigung auch dem BVerfG zufolge nur der Unterhaltssicherung dienen, nicht der Mitfinanzierung der Fraktion oder Partei oder der Beteiligung an Wahlkampfkosten[32] – in der öffentlichen Rechtfertigung von Diätenerhöhungen durch die Bundestagspräsidenten wird das gelegentlich verwischt.

VI. Einzelfragen der verfassungsrechtlichen Bindung der Gesetzgebung und der verfassunsgerichtlichen Normenkontrolle

1. Zur Bindung der Gesetzgebung an die Grundrechte und die Verfassungsgrundsätze der Art. 20 I, III; 28 I 1 GG (Zusammenfassung und Problemübersicht)

a) Maßstäbe für die Gesetzesbindung und -kontrolle sind von den Verfassungsgrundsätzen der Art. 20 I, III; 28 I 1 GG je für sich allein vor allem das **104**
Rechtsstaatsprinzip (oder -gebot) und gelegentlich auch das Sozialstaatsprinzip. Das Demokratieprinzip kommt in Verbindung mit dem Rechtsstaats-

28 Praktisch geworden ist das z. B. im Bayerischen Landtag 1974–1978; (F) BayVerfGHE (N. F.), 1976, II S. 62; zur Chancengleichheit der Fraktionen zuvor schon (V) *W. Schmidt*, Der Staat 9 (1970), 481 ff.; anders (F) BVerfGE 84, 304 II (324 f.).

29 Art. 38 I 2 GG enthält kein Grundrecht; (F) BVerfGE 43, 142 (148).

30 (L) BVerfGE 40, 296 (310 ff. – Abgeordnetendiäten) mit Abw. Meinung *Seuffert*, S. 330 ff.

31 Dazu – etwas optimistischer – (V) *Hesse* Rn. 598–603 (m. w. N.). Von der faktischen Fraktionsdisziplin ist der rechtsverbindliche Fraktionszwang zu unterscheiden; er ist durch Art. 38 I 2 GG verboten.

32 (L) BVerfGE 40, 296 (316 – Abgeordnetendiäten); zur Fraktionsfinanzierung auch (F) BVerfGE 62, 194 (201 f.).

prinzip und den Grundrechten vor; im übrigen wirkt es auf die Auslegung einzelner Grundrechte ein (vor allem auf Art. 5 I; 8; 9 GG).[1]

b) Die in Literatur und Rechtsprechung geläufige Unterscheidung von »Rechtsstaat« und »Sozialstaat« findet sich so nicht im GG. Art. 28 I 1 GG enthält die von *H. Heller*[2] geprägte Formel »sozialer Rechtsstaat«; das BVerfG leitet das Rechtsstaatsprinzip aus Art. 20 III, das Sozialstaatsprinzip aus Art. 20 I GG ab. Der in den ersten Jahren des GG geführte Literaturstreit um einen angeblichen Gegensatz von Rechtsstaat und Sozialstaat hat sich praktisch erledigt.[3] Das Rechtsstaatsprinzip ist Oberbegriff für unterschiedliche Einzelausprägungen (dazu sogleich Rn. 106ff.). Das Sozialstaatsprinzip wird vom BVerfG zur Bindung der Gesetzgebung nur zurückhaltend eingesetzt;[4] die Verknüpfung von Art. 3 I GG mit dem Sozialstaatsprinzip hat die Wirkung eines speziellen Gleichheitssatzes (dazu schon oben Rn. 68).

c) Die Bindung der Gesetzgebung an oberste Verfassungsgrundsätze (oder -prinzipien) kann im Wege von Normenkontrollanträgen geltend gemacht werden (Art. 93 I Nr. 2; 100 I GG), mit einer Verfassungsbeschwerde aber nur auf dem Umweg über ein Grundrecht; das BVerfG hat dazu die verfahrensrechtliche Funktion des Art. 2 I GG entwickelt (oben Rn. 94).

2. Verfassungsrechtliche Grenzen für Rechtsänderungen mit Wirkung für die Vergangenheit oder die Zukunft: »Vertrauensschutz« gegen die Gesetzgebung; »Prognosespielraum« der Gesetzgebung

105 a) Rechtsänderungen mit Wirkung für die Vergangenheit sind problematisch bei Rückwirkungen eines belastenden Gesetzes. Ausdrücklich geregelt ist in Art. 103 II GG nur das Verbot des rückwirkenden Strafgesetzes. In den anderen Bereichen werden die verfassungsrechtlichen Grenzen rückwirkender Gesetzgebung teils dem Rechtsstaatsprinzip (Art. 20 III GG), teils den jeweils einschlägigen Grundrechten entnommen und mit dem allgemeineren Vertrauensschutzgedanken verknüpft. Die dazu vom BVerfG entwickelten und von der Literatur übernommenen Grundlinien lassen sich folgendermaßen nachzeichnen: Unterschieden wird zwischen »echter« und »unechter« Rückwirkung. Eine »echte« Rückwirkung wird angenommen,

---

1 Dazu (V) *W. Schmidt*, AöR 106 (1981), 497ff. (505).

2 (V) *H. Heller*, Rechtsstaat oder Diktatur (1929), in: Gesammelte Schriften, Bd. 2 (1971), S. 443ff. (450).

3 Zusammenfassung aus heutiger Sicht bei (L) *Maunz/Zippelius* § 13 I 5; ausführliche Nachweise bei (F) *Hesse* Rn. 208 Fn. 26.

4 Als Beispiel (L) BVerfGE 59, 231 (262f. – Rundfunkmitarbeiter) mit Abw. Meinung *Heußner* S. 273f.; aus der früheren Rechtsprechung (L) BVerfGE 22, 180 (204 – BSHG).

wenn das Gesetz in abgeschlossene Tatbestände eingreift und dadurch Rechtspositionen mit Wirkung (nur) für die Vergangenheit verschlechtert. Das BVerfG hält sie grundsätzlich für mit dem Rechtsstaatsprinzip unvereinbar und hat zu dieser Regel eine Reihe von Ausnahmetatbeständen entwickelt; Hauptbeispiel ist die rückwirkende Steuererhöhung.[5] Bei einer »unechten« Rückwirkung betrifft die Gesetzesänderung einen noch nicht abgeschlossenen Sachverhalt und wirkt insoweit auch in die Zukunft. Das BVerfG hält sie für in der Regel verfassungsrechtlich zulässig und schützt das Vertrauen der Betroffenen nur dann, wenn das Gesetz einen entwertenden Eingriff vornimmt, mit dem die Betroffenen nicht zu rechnen brauchten, den sie also auch bei ihren Dispositionen nicht berücksichtigen konnten.

In der neueren Rechtsprechung des BVerfG wird die Unterscheidung zwischen »echter« und »unechter« Rückwirkung nur noch von dessen 1. Senat beibehalten. Der 2. Senat spricht seit 1986 nur noch in den Fällen der »echten« Rückwirkung von einer »Rückwirkung von Rechtsfolgen«, in den übrigen Fällen von »tatbestandlicher Rükkanknüpfung«. Begründet wird das mit dem Bemühen um genauere Maßstäbe: eine »Rückwirkung von Rechtsfolgen« sei primär am Rechtsstaatsprinzip zu messen, eine »tatbestandliche Rückanknüpfung« primär an den einschlägigen Grundrechten.[6] Allgemein durchgesetzt hat sich das nicht.[7]

b) Vor allem bei Gesetzen, die auf wirtschaftliche Abläufe oder das Verhalten größerer Bevölkerungsgruppen einwirken sollen, ist im Gesetzgebungsverfahren noch ungewiß, ob die beabsichtigen Wirkungen eintreten werden; diese Ungewißheit ist desto größer, je komplexer die Zusammenhänge sind, auf die das Gesetz sich bezieht.[8] Die Gesetzgebungsorgane sind insoweit auf Wahrscheinlichkeitsurteile (hier gewöhnlich »Prognosen« genannt) angewiesen, deren Prämissen schon im Gesetzgebungsverfahren ausgewiesen werden können und müssen. Die Anforderungen an die Intensität einer solchen Wahrscheinlichkeitsprüfung sind unterschiedlich je nach Bedeutung der betroffenen Grundrechte und der von ihnen oder gegen sie geschützten Rechtsgüter.[9] Der daraus folgende »Prognosespielraum« der Gesetzgebung bezeichnet zugleich die Grenze der verfassungsgerichtlichen Normenkontrolle: Was die Gesetzgebungsorgane in verfassungsrechtlich noch vertretbarer Weise als »Prognose« zugrundelegen durften, kann nachträglich vom BVerfG auch dann nicht als verfassungswidrig verworfen werden, wenn die **106**

5 (F) BVerfGE 13, 261 (271 f.); 30, 272 (285). Terminologisch ausführlicher unterschied das BVerfG anfangs auch zwischen »echter« oder »retroaktiver« und »unechter« oder »retrospektiver« Rückwirkung; (F) E 11, 139 (145 f.); später z.B. noch (F) BVerfGE 48, 403 (415).

6 (L) BVerfGE 72, 200 II (242 f.); aus neuerer Zeit (F) E 83, 89 II (110).

7 Ausführlicher (L) *Degenhart* Rn. 311–318; knapper (L) *Hesse* Rn. 505; als neueres Beispiel für die Rechtsprechung des 1. Senats (F) BVerfGE 79, 29 I (46).

8 (L) BVerfGE 50, 290 (331 ff. – Mitbestimmung), dort auch zum folgenden.

9 Auch dazu (L) BVerfGE 50, 290 (333), und als frühes Beispiel (L) E 7, 377 (415 -Apotheken).

an das Gesetz geknüpften Erwartungen sich nicht erfüllt haben (wenn die Prognose falsifiziert worden ist).[10]

3. Bestimmtheitsanforderungen an gesetzliche Freiheitsbeschränkungen und Eingriffsermächtigungen

107 a) Zu den Einzelausprägungen des Rechtsstaatsprinzips gehören die Anforderungen an die Bestimmtheit grundrechtsrelevanter Regelungen. Sie werden meist in sehr allgemeinen Formulierungen umschrieben und lassen sich besser am Beispiel einzelner Fallgruppen verstehen, von denen hier drei besonders wichtige herausgegriffen werden: (1) ein gesetzliches Tatbestandsmerkmal ist auslegungsbedürftig und insoweit »unbestimmt« (sogenannter »unbestimmter Gesetzesbegriff«); (2) die Wahrnehmung eines Freiheitsrechts wird, obwohl grundrechtlich verbürgt, zum Schutz anderer Rechtsgüter von einer behördlichen Unbedenklichkeitsprüfung abhängig gemacht (präventives Verbot mit Erlaubnisvorbehalt, z.B. Baugenehmigungsverfahren), und (3) ebenfalls zum Schutz anderer Rechtsgüter darf in ein Freiheitsrecht eingegriffen werden, wobei der Eingriff von einer Zweck-Mittel-Analyse der für den Eingriff zuständigen Behörde abhängig ist (Eingriffsermessen, z.B. der Polizei- oder der Strafverfolgungsbehörden).

b) Die Anforderungen des rechtsstaatlichen Bestimmtheitsgebots lassen sich auf folgende Doppelformel bringen: (1) Der Interessenkonflikt zwischen der grundrechtlich geschützten Freiheit und dem konkurrierenden Schutzgut muß im Gesetz selbst geregelt sein;[11] (2) die Tatbestandsmerkmale dieser Regelung dürfen auslegungsbedürftig und insoweit als »unbestimmte Gesetzesbegriffe« gefaßt sein.[12] Im einzelnen heißt das: bei Verboten mit Erlaubnisvorbehalt muß im Gesetz selbst angegeben werden, unter welchen Voraussetzungen die Erlaubnis verweigert werden darf.[13] Bei Ermessensermächtigungen muß das Gesetz Grenzen der Eingriffsermächtigung bezeichnen (vgl. § 40 VwVfG, § 114 VwGO und dazu noch unten Rn. 123–134) – die auf einen ersten Blick strikt formulierten Anforderungen gerade an

10 Als Beispiel einer gesetzgeberischen Fehlprognose (V) BVerfGE 30, 250; zu den Parallelen im Verwaltungsrecht (»Beurteilungsspielraum«) noch unten Rn. 126.

11 In erkennbarer Anlehnung an Art. 80 I 2 GG (dazu sogleich Rn. 108) formuliert das BVerfG gelegentlich: »nach Inhalt, Zweck und Ausmaß« festgelegt; (L) E 58, 137 (146 – HessPressG).

12 Dazu (F) BVerfGE 21, 73 (79), sowie als Beispiel aus dem schon erarbeiteten Grundrechtsmaterial (L) E 16, 194 (200f. – Liquorentnahme).

13 (V) BVerfGE 20, 150 (158 – SammlungsG) zu Art. 2 I GG. Gelegentlich veweist das BVerfG auch auf die Rechtsschutzanforderungen aus Art. 19 IV GG; (L) E 52, 1 (41 – Kleingärten). Die präventiven Erlaubnisverfahren betreffen meist die Freiheitsrechte der Art. 14 I 1; 12 I; 2 I GG, nicht hingegen die der Art. 5 I (3!); 8; 9 I und III GG. Zu dem noch weitergehenden repressiven Verbot mit Ausnahme- oder Befreiungsvorbehalt unten Rn. 206.

Ermessensermächtigungen werden jedoch durch eine gewisse Großzügigkeit bei den Anforderungen an die Bestimmtheit ihrer Einzelmerkmale weitgehend wieder aufgehoben.[14]

4. Die Anforderungen an die Bestimmtheit gesetzlicher Rechtsetzungsermächtigungen (Parlamentsvorbehalt I)

a) Im folgenden geht es um das Verhältnis von Gesetzen zu gesetzesausführ- **108**
renden Rechtsverordnungen oder Satzungen. Für Bundesrechtsverordnungen ist das in Art. 80 I 2 GG folgendermaßen geregelt: Zwar enthält erst die Rechtsverordnung die für die Vollzugsakte erforderlichen Einzelregelungen, jedoch muß ihr Inhalt schon aufgrund des Gesetzes voraussehbar sein, das zum Erlaß der Rechtsverordnung ermächtigt. Die insofern »wesentlichen« Vorschriften sind also der Gesetzgebung und dort in besonderem Maße dem Parlament vorbehalten; für das Verhältnis von Gesetz und gesetzesnachrangiger Rechtsetzung läßt sich Art. 80 I 2 GG somit als Beispiel eines ausdrücklichen Parlamentsvorbehalts bezeichnen. Die dabei verwendete Formel »Inhalt, Zweck und Ausmaß« wird besser nicht Wort für Wort ausgelegt, sondern zusammenfassend als Vorentscheidung eines Zielkonflikts (»Zweck«) und der äußeren Grenzen einer Eingriffsregelung (»Inhalt und Ausmaß«) verstanden. Auch hier gilt: Die Tatbestandsmerkmale der Ermächtigungsnorm sind auch dann noch hinreichend bestimmt, wenn sie im einzelnen auslegungsbedürftig sind; sie dürfen also auch als »unbestimmte Gesetzesbegriffe« normiert sein.[15]

Für die allgemeine verfassungsrechtliche Begründung solcher Anforderungen an die Bestimmtheit gesetzlicher Verordnungsermächtigungen – und damit eines Parlamentsvorbehalts – verweist das BVerfG auf das Zusammenwirken von Rechtsstaats- und Demokratieprinzip und Grundrechten.[16] Aus dem Rechtsstaatsprinzip in seiner herkömmlichen Bedeutung als Gesetzmäßigkeitsgrundsatz würde das noch nicht folgen: Diesen Anforderungen genügt auch eine Rechtsverordnung oder Satzung; aus dem Gesetzmäßigkeitsgrundsatz folgt lediglich ein Rechtssatzvorbehalt. Erst aus dem Demokratieprinzip ergibt sich, daß die grundlegenden Regelungen in der Form des Gesetzes und damit vom Parlament getroffen werden müssen. Was je nach Regelungsgegenstand grundlegend (was »wesentlich«) ist, richtet sich nach den betroffenen Grundrechten: Je mehr die Regelung in Grundrechte eingreift, desto höher sind die Anforderungen an den Bestimmtheitsgrad der gesetzlichen Verordnungsermächtigung.

14 Dazu nochmals (L) BVerfGE 16, 194.

15 Dazu (L) BVerfGE 58, 257 (277 – Nichtversetzung und Schulentlassung); zu dem umstrittenen »Wesentlichkeits«-Merkmal sogleich noch Rn. 110.

16 Auch dazu (L) BVerfGE 58, 257 (278).

109 b) Eine derart allgemeine, vom Wortlaut des Art. 80 I 2 GG losgelöste verfassungsrechtliche Begründung gilt auch für solche Rechtsetzungsermächtigungen (und darin liegt ihre über Art. 80 I 2 GG hinausgreifende Bedeutung), auf die Art. 80 I 2 GG (jedenfalls) nicht unmittelbar anwendbar ist, also für Landesrechtsverordnungen und für autonome Satzungen. Enthält das Landesverfassungsrecht (wie meist) keine Art. 80 I 2 GG vergleichbaren Anforderungen, so greift das BVerfG auf die über Art. 28 I 2 GG auch für das Landesverfassungsrecht verbindlichen Grundsätze des Rechtsstaates und der Demokratie zurück;[17] die Bindung auch der Landesstaatsgewalt an die Grundrechte folgt aus Art. 1 III GG – von Landesgrundrechten (Art. 142 GG) einmal abgesehen. Für die Argumentation in einem Rechtsgutachten bedeutet das: Zwar ist Art. 80 I 2 GG als Maßstab nicht unmittelbar anzuwenden, aber es gelten die gleichen Überlegungen, die bei einer Anwendbarkeit des Art. 80 I 2 GG maßgebend sind. Inhaltlich braucht nichts Neues gelernt zu werden; es muß lediglich der schon für Art. 80 I 2 GG maßgebende Grundgedanke verstanden worden sein – das gilt im übrigen, wie sich sogleich zeigen wird, auch für alle anderen Anwendungsfälle des Parlamentsvorbehalts.

5. Die Verrechtlichung bisher nicht gesetzlich geregelter (Grund-)Rechtsverhältnisse (Parlamentsvorbehalt II)

110 Der herkömmliche Vorbehalt des Gesetzes, ohnehin grundsätzlich nicht mehr als ein Rechtssatzvorbehalt (vgl. oben Rn. 109), galt nicht für eine Reihe sogenannter »besonderer Gewaltverhältnisse«, von denen für die neuere Entwicklung des Parlamentsvorbehalts Strafvollzug und Schule zu nennen sind. Das Strafvollzugs- und das Schulverhältnis waren noch unter dem GG ganz überwiegend nicht durch Gesetz oder Rechtsprechung, sondern nur durch Verwaltungsvorschriften geregelt; da auch dem damaligen Diskussionsstand den Verwaltungsvorschriften jede Rechtswirkung abgesprochen wurde, galten solche »besonderen Gewaltverhältnisse« als »rechtsfreie Innen-Räume« der Staatsgewalt und unterschieden sich dadurch vom »allgemeinen Gewaltverhältnis«, für das (allein) der Vorbehalt des Gesetzes galt.[18] Die Durchsetzung des Parlamentsvorbehalts auch für Strafvollzugs- und Schulverhältnis beruhte nicht auf einer Änderung des Verfassungstextes,

17 Dazu nochmals (L) BVerfGE 58, 257 (277) für Landes-Rechtsverordnungen, sowie (L) E 33, 125 (157 – Facharzt) für Satzungen.

18 Zu den »besonderen Gewaltverhältnissen« zählte auch das Beamtenverhältnis, doch war es schon seit langem in Beamtengesetzen verrechtlicht. Bei den nutzbaren Anstalten der Leistungsverwaltung geht es um die Alternative Satzungsvorbehalt oder § 35 S. 2 VwVfG; dazu noch unten Rn. 183; zu den »besonderen Gewaltverhältnissen« allgemein hier schon (V) *W. Schmidt*, Verwaltungsrecht Rn. 126, 264–267, sowie noch unten Rn. 184.

sondern auf einem gewandelten Verfassungsverständnis.[19] Anknüpfungspunkte waren die Grundrechte der Strafgefangenen aus Art. 5 I GG und der Eltern (Art. 6 II 1 GG) und Schüler (Art. 12 I; 2 I GG).[20] Aus den betroffenen Grundrechten ergibt sich, was für die Regelung durch das Parlament »wesentlich« ist; für den Parlamentsvorbehalt insgesamt gilt auch hier das schon bekannte Zusammenspiel von Rechtsstaats- und Demokratieprinzip und Grundrechten.

Die verfassungsgerichtliche Durchsetzung des Parlamentsvorbehalts im Strafvollzugs- und Schulrecht wie auch des Parlamentsvorbehalts gegenüber zu weitgehenden Verordnungs- oder Satzungsermächtigungen erforderte besondere gerichtliche Entscheidungsformen und Entscheidungsformeln, die jetzt im größeren Zusammenhang gesehen werden können. Ohne Kenntnis dieser Zusammenhänge ist die Rechtsprechung des BVerfG nicht zu verstehen.

6. Die Normenkontrollentscheidungen des BVerfG und ihre Tenorierung; Appell-Entscheidungen

a) Tenor (mit Betonung auf der ersten Silbe) ist ein anderes, im Juristenjargon **111**
gebräuchliches Wort für die Entscheidungsformel, die den Gründen einer Gerichtsentscheidung vorangestellt (und in der amtlichen Sammlung der BVerfG-Entscheidungen an dieser Stelle abgedruckt) wird. Der Tenor ist maßgebend für die Bindungswirkung des § 31 BVerfGG. Die Entscheidungsgründe binden nur, soweit sie für die Begründung des Tenors erheblich sind; das gilt auch für die aus den Gründen extrapolierten Leitsätze.[1] Die Entscheidungsformeln für Normenkontrollentscheidungen des BVerfG sind in ihrem Grundmuster aus § 78 S. 1; 95 III 1 BVerfGG abgeleitet. Danach erklärt das BVerfG ein verfassungswidriges Gesetz für mit dem GG »unvereinbar und deshalb nichtig«. Problematisch sind die Entscheidungen, in denen das BVerfG das Gesetz zwar für mit dem GG »unvereinbar«, aber nicht für nichtig erklärt; Anhaltspunkte für eine solche Fassung der Entscheidungsformel (für eine solche Tenorierung) finden sich seit 1970 in §§ 31 II; 79 I BVerfGG. Wird das Gesetz nicht als verfassungswidrig verworfen, so erklärt das BVerfG in den Verfahren der abstrakten und konkreten Normenkon-

19 Dazu erneut (L) BVerfGE 58, 257 (282); aus der Rechtsprechung anderer Gerichte (F) BVerwGE 56, 155 (162); (V) BayVerfGH DÖV 1982, 691. In dieser Entwicklung kann ein Beispiel des sonst nur hochabstrakt diskutierten »Verfassungswandels« gesehen werden; zu diesem Stichwort allgemein (V) *Hesse* Rn. 39f., 46. Auch zu Strafvollzugs- und Schulverhältnis nochmals unten Rn. 183.

20 (L) BVerfGE 33, 1 (9ff. – Strafvollzug); zum Schulrecht außer der hier nochmals genannten Entscheidung (L) BVerfGE 58, 257 (272f.), die besonders grundsätztliche Entscheidung (L) E 47, 46 (78f.); dort finden sich auch Anmerkungen zu dem in der Literatur gelegentlich über-bis fehlinterpretierten Merkmal »wesentlich für die Verwirklichung der Grundrechte«; aus der Literatur dazu (V) *Hesse* Rn. 509.

1 Die für die Begründung des Tenors nicht erheblichen Teile der Entscheidungsgründe werden mit einem ebenfalls dem Juristenlatein enstammenden Begriff »obiter dicta« (im Singular: o. dictum) genannt.

trolle in Umkehrung der aus § 78 S. 1 (§ 82 I i.V.m. § 78 S. 1) BVerfGG abgeleiteten Entscheidungsformel das Gesetz für mit dem GG »vereinbar«. Eine Verfassungsbeschwerde wird »zurückgewiesen«; hier ergibt sich die Vereinbarkeit des (direkt oder indirekt) angegriffenen Gesetzes mit dem GG erst aus den Entscheidungsgründen. Problematisch sind hier die Fälle, in denen sich aus dem Tenor in Verbindung mit den Entscheidungsgründen (bei der Verfassungsbeschwerde nur aus den Entscheidungsgründen) ergibt, daß »vereinbar« als »noch vereinbar« zu lesen ist und daß das BVerfG dieselbe Norm bei späterer Gelegenheit (nach Ablauf einer Übergangsfrist) als verfassungswidrig behandeln wird. Jedenfalls in solchen Entscheidungsgründen ist zugleich ein (mehr oder minder ausdrücklich und nachdrücklich) formulierter Appell an die Gesetzgebungsorgane enthalten, so bald wie möglich für eine verfassungsmäßige Regelung zu sorgen. Eine Appell-Entscheidung ist aber auch in den Fällen denkbar, in denen es noch gar keine Norm (und dementsprechend auch kein Normenkontrollverfahren) gibt, aber infolge eines gewandelten Verfassungsverständnisses geben müßte (wie meist in den Fällen oben Rn. 110; vgl. auch noch die Zusammenfassung unten Rn. 113). Dann wird es um Verfassungsbeschwerden gegen Verwaltungsmaßnahmen und sie bestätigende fachgerichtliche Entscheidungen gehen und das BVerfG wird in den Gründen seiner Entscheidung an den Gesetzgeber appellieren, für eine ausreichende gesetzliche Grundlage zu sorgen.

Die Tenorierung als nur »unvereinbar« (aber nicht auch »nichtig«) und die Appell-Entscheidungen wurden vom BVerfG zunächst ohne gesetzliche Grundlage entwickelt.[2] Dieses Richterrecht spiegelt die praktischen Schwierigkeiten einer Verfassungsgerichtsbarkeit, die den Vorrang der Verfassung gegenüber der Gesetzgebung durchzusetzen hat; es entwickelte neue Entscheidungsformen und -formeln für alle Fallgruppen verfassungswidriger Gesetze, denen mit einer Nichtigkeitsautomatik nicht beizukommen ist. Die Nichtigerklärung einer Norm beseitigt deren Wirksamkeit rückwirkend bis zu ihrem Erlaß (»ex tunc«); es wird so getan, als habe die Norm nie gegolten. Die Rechtsfolgen für zwischenzeitliche Vollzugsakte, die nicht in gleicher Weise hinwegfingiert werden (können), regelt § 79 BVerfGG (auf den §§ 82 I; 95 III 3 BVerfGG verweisen). Die Nichtigkeit eines verfassungswidrigen Gesetzes ist weder im GG normiert noch eine zwangsläufige Folge der Verfassungswidrigkeit; sie beruht lediglich auf einem Dogma der herkömmlichen Staatsrechtslehre und -praxis, dem allerdings die ursprüngliche Fassung des BVerfGG noch ohne Einschränkungen entsprach, während die heutige Fassung die Nichtigkeit nur als Regelfolge der Verfassunsgwidrigkeit vorsieht und Ausnahmen zuläßt.

2 Zu dieser Entwicklung (V) *W. Schmidt*, Die Kunst der Tenorierung, in: G. Köbler u.a. (Hrsg.), Geschichtliche Rechtswissenschaft, Freundesgabe A. Söllner, 1990, S. 505–523 (auch zum folgenden). (V) *J. Ipsen*, Rechtsfolgen der Verfassungswidrigkeit von Norm und Einzelakt, 1980, S. 108 Fn. 7, hat für den Zeitraum von 1969–1979 insgesamt 39 Nichtig-Erklärungen und 42 (Nur-)Unvereinbar-Entscheidungen gezählt.

b) Die Ausnahmen, die in der Beschränkung auf die Entscheidungsformel als mit dem GG »unvereinbar« zum Ausdruck kommen, betreffen zwei Fallgruppen: (1) Der völlige Wegfall des Gesetzes (als Folge seiner Nichtigerklärung) würde einen Zustand entstehen lassen, der von der verfassungsmäßigen Ordnung noch weiter entfernt wäre als der bisherige – anders und einfacher: das Gesetz wird noch gebraucht und bleibt deshalb für eine Übergangszeit anwendbar.[3] (2) Der Gesetzesfehler besteht im gleichheitswidrigen Ausschluß einer Gruppe von einer Begünstigung, jedoch könnte je nach Zuschnitt verfassungsrechtlich einwandfreier Differenzierungsmerkmale ein Teil dieser Gruppe auch künftig von der Begünstigung ausgeschlossen werden; die Nichtigerklärung würde aber alle bisher Benachteiligten in den Genuß der Begünstigung bringen und so in die Gestaltungsfreiheit des Gesetzgebers eingreifen. Das Gesetz ist zwar insoweit nicht mehr anzuwenden, doch wird mit der Vermeidung der Nichtigerklärung eine Lücke für künftige Neuregelungen offengehalten.[4] Voraussetzung für die Beschränkung auf eine (Nur-)Unvereinbarkeits-Erklärung ist jeweils, daß der Verfassungswidrigkeit weder mit einer Teilnichtigerklärung[5] beizukommen ist (Voraussetzung dafür wäre die Abtrennbarkeit eines Textteils der Vorschrift) noch mit einer eingeschränkten Vereinbarkeitsfeststellung,[6] die den Fehler des Gesetzes weniger offenkundig werden ließe. 112
Dementsprechend lassen sich die Wirkungen einer Nur-Unvereinbarkeits-Erklärung wie folgt zusammenfassen: Grundsätzlich ist (wie bei der Nichtigerklärung) das Gesetz nicht mehr anwendbar (– die Beschränkung auf die Erklärung als nur »unvereinbar« hält jedoch den Gestaltungsspielraum für die Gesetzgebungsorgane offen). Ausnahmsweise bleibt das Gesetz ganz oder teilweise für eine Übergangszeit anwendbar (– dadurch sollen größere Nachteile für die Betroffenen vermieden werden). Die Anwendbarkeit kann im Tenor ausgesprochen, sie kann in diesem Zusammenhang auch befristet werden.[7]

c) Das derart für verfassungswidrig erklärte, aber dennoch vorläufig noch anwendbare Gesetz steht für eine der drei Fallgruppen, in denen das BVerfG an die Gesetzgebungsorgane appelliert.[8] Eine zweite Gruppe von Appell- 113

3 Beispiele: (F) BVerfGE 32, 199 (217f.): Beamtenbesoldung; (F) E 61, 319 (356f.): Steuerrecht.

4 Beispiel und Gegenbeispiel: (L) BVerfGE 28, 324 (361f. – Heiratswegfallklausel); (F) E 55, 100 (110ff.); zu Schwierigkeiten je nach Fassung des Gesetzes (V) E 22, 349 (360): keine Nichtigerklärung einer Gesetzeslücke.

5 Als neueres Beispiel (F) BVerfGE 63, 131 (132, 147f.): Gegendarstellung im Rundfunk.

6 Als neueres Beispiel (F) BverfGE 62, 256 (257, 274, 289): unterschiedliche Berechnung von Kündigungsfristen.

7 z.B. (F) BVerfGE 33, 303 (305).

8 Vereinzelt appelliert das BVerfG inzwischen auch dann, wenn es das Gesetz für »unvereinbar und deshalb nichtig« erklärt hat; (F) E 55, 100 (110f.).

Entscheidungen sind die Fälle, in denen es bisher an einer gesetzlichen Grundlage fehlt, (so daß es auch nicht zu einem Normenkontrollverfahren kommen konnte).[9] Die dritte Gruppe bilden die Entscheidungen, die im Tenor zwar das Gesetz als mit dem GG »vereinbar« erklären (oder die Verfassungsbeschwerde zurückweisen), in den Gründen aber dies auf ein »noch vereinbar« einschränken.[10] Weil gemäß Art. 100 I GG nur das BVerfG oder ein Landesverfassungsgericht ein nachkonstitutionelles Gesetz als verfassungswidrig verwerfen darf, ist die erste Fallgruppe von Appell-Entscheidungen den Verfassungsgerichten vorbehalten. In allen anderen Fällen können auch die Fachgerichte an den Gesetzgeber appellieren.[11]

VII. Grundrechtssicherung durch materiellrechtliche Konfliktentscheidung und durch Organisations- und Verfahrensrecht (Allgemeine Grundrechtslehren II)

114 Die Gesetzgebung zur Sicherung der Grundrechte läßt sich nicht auf die Begrenzung staatlicher Eingriffsermächtigungen oder auf die Sozialbindung für eine Reihe von Freiheitsrechten (nicht nur das Eigentum; vgl. oben Rn. 70, 75, 82 zu Art.9 I, 12 I GG), also auf materiellrechtliche Konfliktentscheidungen beschränken. Wo Freiheitsrechte nur im Miteinander einzelner Bürger verwirklicht werden können, bedarf es zu ihrer Sicherung zusätzlich des Organisations- und Verfahrensrechts. Dies zeigt sich in der Rechtsprechung des BVerfG zum Rundfunk- und zum Hochschulrecht,[1] kann künftig aber auch noch bei den Grundrechten aus Art. 9 I und III GG eine Rolle spielen. Auch für die Sicherung von Individualfreiheitsrechten wie z. B. Art. 2 II 1 GG gegen die Errichtung umweltbelastender Anlagen ist das Verfahrensrecht – und damit eine entsprechende Grundrechtssicherung – von ausschlaggebender Bedeutung.[2] Einen weiteren Aspekt liefert schließlich die gerechte Verteilung knapper Freiheitsvoraussetzungen, bisher am Beispiel von Studienplätzen,[3] künftig möglicherweise bei der Verteilung der Arbeit überhaupt.

---

9 Als Beispiel (L) BVerfGE 33, 1 (Strafvollzug); zu dieser und der sogleich noch folgenden dritten Gruppe von Appell-Entscheidungen auch schon oben Rn. 111.

10 Als frühe Beispiele (L) BVerfGE 16, 130 (141 ff.): Wahlkreiseinteilung; E 21, 12 (39 ff.): Einkommensteuer. (F) 39, 169 (170, 185 ff.) enthält schon im Tenor einen Hinweis auf die einschränkenden Entscheidungsgründe; E 55, 100 (110); 61, 319 (356).

11 Als Beispiel (F) BVerwGE 56, 155 (161 f. – dazu schon oben Rn. 110 Fn. 19).

1 (L) BVerfGE 35, 79 (120 ff. – Gruppenuniversität) mit Abw. Meinung *Simon* und *Rupp-v. Brünneck*, S. 148 ff. (154 ff.); 57, 295 (320 – privater Rundfunk im Saarland).

2 (L) BVerfGE 53, 30 (65 – Mülheim-Kärlich) mit Abw. Meinung *Simon* und *Heußner*, S. 69 ff. (72 ff.).

3 (V) BVerfGE 33, 303 (345); *Hesse* Rn. 358–360.

VIII. Hinweise zum Landesverfassungsrecht

Das Landesverfassungsrecht setzt sich aus den Normen der Landesverfassung und aus solchen Normen des GG zusammen, die (wie vor allem Normen des II. Abschnitts, z.B. Art. 20, 21, 28, 34, 35 GG) unmittelbar in das Landesverfassungsrecht hineinwirken.[1] Eine Besonderheit ist hier bei den Landesgrundrechten zu beachten: Soweit die Landesverfassung Grundrechte enthält, gelten sie gemäß Art. 142 GG ergänzend zu den Grundrechten des GG, soweit sie diesen nicht widersprechen. Kennt die Landesverfassung zugleich eine Landesverfassungsgerichtsbarkeit mit den Verfahrensarten der konkreten Normenkontrolle und der Verfassungsbeschwerde (oder Grundrechtsklage), so führt das zu einer Zweispurigkeit des Rechtsschutzes durch das BVerfG (am Maßstab der Grundrechte des GG) und des Landesverfassungsgerichts (am Maßstab der gemäß Art. 142 GG fortgeltenden Landesgrundrechte).[2] 115

Für die Staatsorganisation und die Verfahren der staatlichen Willensbildung gibt Art. 20 I GG den Landesverfassungen einen Rahmen vor, innerhalb dessen unterschiedliche Ausgestaltungen möglich bleiben.[3] In den meisten Bundesländern gibt es die Möglichkeit einer Gesetzgebung durch das Volk selbst, auch wenn die praktische Bedeutung dieses Verfahrens bisher gering war.[4] In Bayern gibt es im Gesetzgebungsverfahren als Zweite Kammer den Senat (Art. 34, 39, 40 BayVerf).[5] Die Bundesländer haben kein jeweils besonderes Staatsoberhaupt; dessen traditionelle Kompetenzen sind dem Ministerpräsidenten (in den Stadtstaaten: dem Bürgermeister) übertragen worden.[6]

1 Für Art. 21 GG (V) BVerfGE 4, 375 (378).

2 Dazu schon oben Rn. 50 mit Fn. 24.

3 Auch diese sollten nicht überschätzt werden, wie die Anforderungen an Rechtsverordnungen zeigen; vgl. (L) BVerfGE 58, 257 (277 – dazu schon oben Rn. 109 mit Fn. 17) einerseits, (F) E 34, 52 (58f.) andererseits; vgl. im übrigen schon oben Rn. 33 bei Fn. 12–14.

4 Vgl. aber die Entstehung des Art. 111 a BayVerf: die Vorschrift wurde 1973 nach einem Volksbegehren in die BayVerf eingefügt.

5 Der Bundesrat ist keine solche Zweite Kammer; dazu oben Rn. 37.

6 So die Vertretung des Landes nach außen, die Ausfertigung und Verkündung von Gesetzen und das Begnadigungsrecht; am Beispiel Hessens Art. 103 I, 120 HessVerf; vgl. Art. 59 I, 60 II, III; 82 I 1 GG; vgl. aber auch oben Rn. 33 mit Fn. 14.

C. Verwaltungsrecht und Verwaltungsprozeßrecht

I. Grundlagen und Grundbegriffe

1. Die Rechtsgrundlagen des Allgemeinen und Besonderen Verwaltungsrechts

116 a) Das Staatsrecht ließ sich vollständig aus der Perspektive des Bundes darstellen, denn das GG enthält als »Vollverfassung«[1] alle dafür erforderlichen Normen. Das ist beim Verwaltungsrecht anders. Die Gesetzgebungszuständigkeiten für die einzelnen Verwaltungsbereiche (also für das »Besondere Verwaltungsrecht«) und für Organisation und Verfahren der Verwaltungsorgane und für deren Handlungsformen (das »Allgemeine Verwaltungsrecht«) sind zwischen Bund und Ländern aufgeteilt; zudem führen grundsätzlich die Länder auch die Bundesgesetze als eigene Angelegenheit aus (Art. 83 GG) und regeln dafür ebenso grundsätzlich Organisation und Verfahren ihrer Behörden (Art. 84 I GG). Deshalb reichen weder die Verwaltungsrechtsnormen des Bundes noch die eines Landes für eine vollständige Darstellung des Verwaltungsrechts aus. Zwar erleichtern die weitgehend textgleichen Verwaltungsverfahrensgesetze des Bundes und der Länder inzwischen die länderübergreifende Darstellung des Verfahrensrechts, wenn auch diese Gesetze nicht das gesamte Verwaltungsverfahrensrecht abstecken (dazu sogleich Rn. 119). Die Darstellung des Organisationsrechts ist hingegen nur auf einer relativ hohen Abstraktionsstufe möglich. So ist die Verwaltungsorganisation zwar meist, aber nicht in allen Bundesländern dreistufig gegliedert; die allgemeine Verwaltungsbehörde der Unterstufe ist in allen Ländern außer den Stadtstaaten auf der Kreisebene (Landkreis, kreisfreie Städte) eingerichtet; die Einzelheiten dieses Kommunalorganisationsrechts unterscheiden sich von Land zu Land.[2]

117 b) Soweit nicht (wie im Fall des VwVfG) in Bund und Ländern parallele Rechtsnormen gelten, beruht das Allgemeine Verwaltungsrecht auf zunächst gewohnheitsrechtlich anerkannten und dann richterrechtlich weiterentwikkelten allgemeinen Grundsätzen, die wie geschriebene Normen angewendet werden.[3] Unter dem GG wurden viele dieser Grundsätze auf die Verfassungs-

1 Zum Begriff »Grundgesetz« (V) *Hesse* Rn. 86–88, oder *Maunz/Zippelius* § 5 III.
2 Vgl. hier schon (F) *Bull* Rn. 230, oder *Maurer* § 22 Rn. 17–33, oder *Rudolf*, in: Erichsen/Martens § 57 II 1 Rn. 11–15, sowie noch Rn. 186–188.
3 (V) BSGE 18, 22 = DÖV 1963, 182 (183), sowie schon oben Rn. 3 mit Fn. 9.

prinzipien (vor allem das Rechtsstaatsprinzip in seinen unterschiedlichen Ausformungen) und die Grundrechte des GG (vor allem Art. 3 I GG) zurückgeführt.[4] Dadurch wurde die Zuständigkeit des BVerwG als Revisionsgericht (vgl. § 137 I Nr. 1 VwGO) verstärkt und die Grundlage für die Beteiligung des BVerfG an der Weiterentwicklung des Allgemeinen Verwaltungsrechts geschaffen. An der Entwicklung von Richterrecht zu einem länderübergreifenden Allgemeinen Verwaltungsrecht ist nicht zuletzt auch der BGH (und war vor ihm das RG) beteiligt, dessen Zuständigkeit als Revisionsgericht sich meist auf die Zuständigkeit der ordentlichen Gerichte für bürgerliche Rechtsstreitigkeiten (vgl. § 13 GVG)[5] oder sonst auf eine besondere Rechtswegzuweisung (z.B. in Art. 14 III 4; 34 S. 3 GG) gründet (dazu noch unten Rn. 140). Alle an der Rechtsprechung zum Allgemeinen Verwaltungsrecht beteiligten ordentlichen Gerichte und Verwaltungsgerichte, in letzter Instanz heute also BGH und BVerwG, haben schließlich immer wieder Anleihen beim Zivilrecht gemacht, teils durch entsprechende Anwendung zivilrechtlicher Normen (auf dieser Methode beruht z.B. noch heute § 62 S. 2 VwVfG), teils durch Übernahme »allgemeiner Rechtsgedanken«.[6]

Der Schwerpunkt des verwaltungsrechtlichen Richterrechts liegt auf der Rechtsprechung der allgemeinen Verwaltungsgerichte. Was an Rechtsformen des (Allgemeinen) Verwaltungsrechts sich hier neu herausbilden oder noch verändern kann, hängt von der prozeßrechtlichen Zulässigkeit der darauf zielenden Anträge ab. Deshalb ist die Kenntnis des Verwaltungsprozeßrechts der VwGO für das Verständnis des Verwaltungsrechts und seiner Entwicklung unerläßlich. Andererseits sind heute mit dem VwVfG den Verwaltungsgerichten zentrale Begriffe und Verfahrensabläufe des Verwaltungsrechts (die früher von der Verwaltungsrechtsprechung mitgeprägt und meist in dieser Ausprägung in das VwVfG übernommen wurden) den Verwaltungsgerichten vorgegeben. Die Beschäftigung mit einigen dieser Begriffe des VwVfG kann daher – zusätzlich zu den schon früher (oben Rn. 3–4 und 14–17) gegebenen Informationen – noch etwas Anschauungsmaterial für die anschließende Darstellung des Verwaltungsprozeßrechts liefern.

2. Überblick über Aufbau, Grundbegriffe und Anwendungsbereich des VwVfG

a) Am Beispiel des für das Studium wichtigen VwVfG läßt sich üben, mit **118**
Inhalt und Aufbau eines Gesetzes vertraut zu werden, denn auch bei wichtigen Gesetzen ist nicht jede Vorschrift gleich wichtig. Die Kenntnis solcher Gewichtungen erleichtert die Arbeit vor allem dann, wenn es auf einen raschen Durchblick ankommt.

4 Damit hängt das Verständnis des Verwaltungsrechts als »konkretisiertes Verfassungsrecht« zusammen; (V) *F. Werner*, DVBl. 1959, 527 ff. = Recht und Gericht in unserer Zeit, 1971, S. 212 ff.

5 Dabei ist die Rechtsform ausschlaggebend, nicht eine inhaltliche Bindung an öffentliches Recht (»Verwaltungsprivatrecht«); dazu schon oben Rn. 18.

6 Dazu (V) *Ossenbühl*, in: Erichsen/Martens § 7 Rn. 94.

Zwar nennt § 1 I VwVfG für dessen Anwendungsbereich »die« öffentlichrechtliche Verwaltungstätigkeit, doch wird dieser sehr weitgefaßte Ausgangsbegriff im folgenden in vielerlei Hinsicht eingeschränkt. Der Schwerpunkt des Gesetzes liegt auf der öffentlichrechtlichen Verwaltungstätigkeit von Behörden gegenüber selbständigen Rechtssubjekten. §§ 9; 35 S. 1 VwVfG umschreiben das mit dem Merkmal »nach außen«;[1] ein Vertrag (vgl. § 54 VwVfG) setzt schon begrifflich zwei selbständige Rechtssubjekte voraus. Von der öffentlichrechtlichen Verwaltungstätigkeit gegenüber selbständigen Rechtssubjekten regelt das VwVfG aber nur diese beiden Handlungsformen des Verwaltungsakts und des öffentlichrechtlichen Vertrags, nicht hingegen die regelnde Verwaltungstätigkeit durch Rechtsetzung (z.B. den Erlaß einer Rechtsverordnung oder Satzung; vgl. als fachgesetzliche Teilregelung §§ 10–12 BBauG) oder die nichtregelnde Verwaltungstätigkeit (durch »Realakt«; dazu schon oben Rn. 15). Für die öffentlichrechtliche Verwaltungstätigkeit durch Verwaltungsakt oder Vertrag regelt das VwVfG das Verfahren der Entscheidungsvorbereitung (vgl. § 9 VwVfG) und verweist für das Verwaltungsverfahren der Entscheidungskontrolle auf die VwGO (vgl. § 79 VwVfG). Mit Ausnahme der örtlichen Zuständigkeit (§§ 3; 44 II Nr. 3, III Nr. 1; 46) werden Fragen der Entscheidungszuständigkeit nicht geregelt. Neben diesem Ausschnitt aus der öffentlichrechtlichen Verwaltungstätigkeit gegenüber selbständigen Rechtssubjekten regelt das VwVfG mit der Amtshilfe (§§ 4–8 VwVfG) ein Verwaltungsverfahren zwischen Behörden und enthält in seinem VII. Teil subsidiär geltende Verfahrensvorschriften zur Arbeit von Ausschüssen und zu den Rechten und Pflichten ihrer ehrenamtlichen Mitglieder (§§ 88ff., 81ff. VwVfG kehren diese Reihenfolge um). Weil diese Vorschriften nur subsidiär gelten, müssen zunächst die fachgesetzlichen Vorschriften z.B. einer Gemeindeordnung und dann erst die des VwVfG geprüft werden; alles weitere ergibt sich aus der Arbeit mit Sachverhalt und Gesetzestext – mit anderen Worten: Teil VII des VwVfG liefert ein typisches Beispiel für das »gewußt daß und wo« (mit dem »wie im einzelnen?« sollte niemand sein Gedächtnis verstopfen; das läßt sich im Bedarfsfall nachschlagen).

119 b) Der Inhalt einer Verwaltungsentscheidung hängt davon ab, was bei der Entscheidungsvorbereitung berücksichtigt werden muß, dies davon, wer mit welchen Rechten am Verfahren der Entscheidungsvorbereitung beteiligt ist und wer letztlich die Entscheidung zu treffen hat. Organisations- und Verfahrensrecht gehören deshalb (zusätzlich zu den materiellrechtlichen Entscheidungsmaßstäben) zu den Entscheidungsprämissen,[2] die Verwaltungsorgani-

---

1 Das führt jedoch keineswegs zur Annahme eines besonderen »Außenrechts«; dazu noch unten Rn. 177.

2 Dazu *W. Schmidt*, Verwaltungsrecht Rn. 43, 134, und auch schon oben Rn. 114 zur Grundrechtsverwirklichung durch Organisation und Verfahren.

sation meist als Frage nach der für die Entscheidung zuständigen Behörde. Unterschieden wird üblicherweise zwischen »sachlicher«, »örtlicher« und »instanzieller« Zuständigkeit: »sachlich« zwischen Behörden verschiedener Verwaltungszweige (z. B. Baubehörden, Schulbehörden, Ausländerbehörden), örtlich z. B. zwischen dem Landratsamt in X und dem in Y, »instanziell« bei mehrstufigem Behördenaufbau (vgl. § 73: »nächsthöhere Behörde«).[3] Zuständigkeitsregelungen fallen (wie das Organisationsrecht allgemein) grundsätzlich in die Kompetenz der Bundesländer (Art. 83, 84 GG) und unterscheiden sich dort aus geschichtlichen Gründen besonders stark. Daraus erklärt sich die Zurückhaltung des VwVfG, das nur Teilfragen der örtlichen Zuständigkeit aufgegriffen hat, soweit sich dabei von der konkreten Raumaufteilung abstrahieren ließ (vgl. nochmals §§ 3, 44; 46 VwVfG). Im übrigen hat § 1 VwVfG nur den Sprachgebrauch für die Bezeichnung der »Stelle, die Aufgaben der öffentlichen Verwaltung wahrnimmt«, vereinheitlicht; sie wird »Behörde« genannt. Behörden sind Verwaltungsorgane, die für einen rechtsfähigen Verwaltungsträger handeln; Verwaltungsträger sind nicht Behörden, sondern haben Behörden. Die natürlichen Personen, die für eine Behörde handeln, werden meist Amtswalter genannt.[4]

c) An Verwaltungsverfahren unterscheidet das VwVfG ein »allgemeines« (§§ 10–30) und zwei besondere Verwaltungsverfahren (§§ 63–71; 72–78 VwVfG). Das allgemeine Verwaltungsverfahren ist hinsichtlich seiner Einleitung und Durchführung nur wenig formalisiert (vgl. §§ 22–30; daraus sind von größerem Interesse die Vorschriften über die Anhörung Beteiligter und die Akteneinsicht durch Beteiligte bei gleichzeitiger Wahrung des Persönlichkeitsschutzes, §§ 28–30); wegen der Begriffssprache der §§ 10, 63–71 wird es auch etwas mißverständlich als »nichtförmliches« Verwaltungsverfahren bezeichnet (dazu noch unten Rn. 221). Zu seinen »Verfahrensgrundsätzen« gehören außer den schon erwähnten §§ 9, 10, 22–30 noch Regeln über die Beteiligten (§§ 11–19; daraus sollten § 11 und § 13 etwas genauer betrachtet werden). Die besonderen Verfahrensarten unterscheiden sich vom allgemeinen Verwaltungsverfahren durch eine stärkere Formalisierung der Einleitung und Durchführung (vgl. hier schon §§ 64, 67, 68, 73), durch eine zwingend vorgeschriebene mündliche Verhandlung (vgl. insbesondere § 73 VI VwVfG), durch eine teilweise abweichende Beteiligtenregelung (vgl. § 73 VI VwVfG) und eine Regelung auch der das Verfahren abschließenden Behördenentscheidung (vgl. §§ 69, 70; 74, 75). Soweit nichts Abweichendes **120**

3 Dazu etwas ausführlicher (F) *Maurer* § 21 Rn. 47–49, oder *Rudolf*, in: Erichsen/Martens § 56 IV 1. Die Beschränkung des VwVfG auf Regelungen der örtlichen Zuständigkeit ist das Ergebnis möglichst weitgehender Vereinheitlichung des Bundes- und der Landesverwaltungsverfahrensgesetze bei unterschiedlicher Gesetzgebungskompetenz für den Behördenaufbau.

4 Dazu die Zusammenfassung bei (F) *Maurer* § 21 Rn. 42; zum Amtswalter auch (F) *Rudolf*, in: Erichsen/Martens § 56 III 1 a, oder (ausführlicher) *Wolff/Bachof* II § 73 III a.

geregelt ist, gelten die Vorschriften für das allgemeine Verwaltungsverfahren; dazu gehören außerdem zwei Befangenheitsregelungen (§§ 20, 21; vgl. dazu § 71 III), Vorschriften über Fristen, Termine und Wiedereinsetzung (§§ 31, 32), die erst dann (wieder) besonders genau zu lesen sind, wenn der Sachverhalt dazu Veranlassung gibt, sowie Formvorschriften über die amtliche Beglaubigung (§§ 33, 34), auf die es in Übungs- und Examensaufgaben (der 1. Staatsprüfung) kaum jemals ankommen wird.

121 d) Zwar formuliert § 1 VwVfG den Geltungsbereich des VwVfG sehr umfassend für »die« (wie es zunächst klingt: gesamte) öffentlichrechtliche Verwaltungstätigkeit aller staatlichen Behörden, jedoch schließt § 2 VwVfG die Anwendung in bestimmten Gebieten des Besonderen Verwaltungsrechts mit eigener Verfahrensregelung (vgl. § 2 II Nr. 1, 4–6 VwVfG)[5] ganz aus und schränkt den Anwendungsbereich für bestimmte andere Verwaltungstätigkeiten teilweise ein (vgl. § 2 III Nr. 1f. für die Justizverwaltung und Nr. 2f. für Leistungs-, Eignungs- und Prüfungsentscheidungen z.B. im Recht des öffentlichen Dienstes, im Schul-[6] oder Hochschulrecht).

122 e) Mit den Vorschriften über die besonderen Verfahrensarten hat das VwVfG (in seinem V. Teil) eine Querschnittsregelung für die stärker planende Verwaltung bereitgestellt.[7] Davon werden in der Verwaltungsrechtsdogmatik die »Eingriffsverwaltung« (mit einem Schwerpunkt auf dem Polizei- und Ordnungsrecht bis hin zum Ausländerrecht) und die Leistungsverwaltung unterschieden (für die aus dem Pflichtfachstoff z.B. das Recht der kommunalen Versorgungs- und Entsorgungseinrichtungen, aber auch Fragen des Subventionsrechts in Betracht kommen).[8] Mit solchen Bezeichnungen (als Eingriffs-, Leistungs- oder Planungsverwaltung) können nur Schwerpunkte von Verwaltungsfunktionen beschrieben, jedoch keine Kriterien für die

---

5 Die Fallgruppen § 2 II Nr. 2 und 3 VwVfG liegen ohnehin am Rande bis außerhalb des Verwaltungsrechts. § 2 I VwVfG betrifft die nur formal als öffentlichrechtliche Körperschaften ausgestalteten, der Sache nach aber nichtstaatlichen Kirchen und anderen Religionsgemeinschaften i.S. Art. 140 GG i.V.m. Art. 137 V WRV; zu umstrittenen Grenzfragen (V) *Meyer/Borgs* § 2 Rn. 4. Die Herausnahme auch der öffentlichrechtlichen Rundfunkanstalten in den Landesverwaltungsverfahrensgesetzen von Baden-Württemberg, Bayern, Berlin, Bremen, Hamburg, Hessen, Nordrhein-Westfalen, Rheinland-Pfalz und Saarland ist rechtspolitisch umstritten; (V) *H. Meyer*, in: Meyer/Stolleis, S. 98.

6 Vgl. zusätzlich § 2 III Nr. 3 der Landesverwaltungsverfahrensgesetze von Bremen, Hessen, Niedersachsen, Nordrhein-Westfalen und Saarland sowie in Baden-Württemberg und Hamburg § 2 III Nr. 2 und in Berlin § 2 I.

7 Praktisch wichtiger als die subsidiäre Querschnittsregelung des Planfeststellungsverfahrens in §§ 72–78 VwVfG sind die fachgesetzlichen Regelungen z.B. in den Straßengesetzen des Bundes und der Länder; dazu noch unten Rn. 221.

8 Im einzelnen dazu noch unten Rn. 243ff., 246f., sowie hier schon (V) *Bull*, S. 46, 78f., oder *Maurer* § 1 Rn. 15–22, oder *v. Münch*, in: Erichsen/Martens § 2 II 2–4 (dort jeweils auch zum folgenden).

Lösung rechtlicher Grenzfragen geliefert werden. Schon die Zuordnung im Rahmen einer solchen Beschreibung kann zweifelhaft sein; so haben z.B. Subventionen Leistungscharakter für den begünstigten Subventionsempfänger, Eingriffscharakter für den nichtsubventionierten Konkurrenten und Lenkungscharakter (mit Planungselementen) für die Volkswirtschaft insgesamt.

3. Normauslegung, Ermessensausübung, Ausfüllung von »Beurteilungsspielräumen«

a) Normanwendung und Normauslegung im Verwaltungsrecht am Beispiel der Entscheidung durch Verwaltungsakt und aus der verengten Perspektive der Juristenausbildung

Die Verwaltungsentscheidung durch Verwaltungsakt besteht in der Anwendung einer Norm (der Rechtsgrundlage) auf einen Lebenssachverhalt (oder, in anders angeordneter Beschreibung, in der Subsumtion des Sachverhalts unter die Tatbestandsmerkmale der Norm). Schwierigkeiten können sich bei der Ermittlung des Sachverhalts wie bei der Auslegung der Norm ergeben – sie können, aber sie müssen sich nicht ergeben. Nur sind die zahlreichen Fälle, in denen keinerlei Schwierigkeiten dieser Art auftreten, in denen es also um Vollzugsroutine geht, für die Juristenausbildung und deren Übungs- oder Prüfungsaufgaben selten von Interesse. Bereits dadurch wird das Bild von der Verwaltungswirklichkeit in der Ausbildungsliteratur leicht verzerrt. Praktische Schwierigkeiten bei der Normanwendung treten oft schon bei der Ermittlung und Aufbereitung des Lebenssachverhalts auf. Solche Schwierigkeiten spielen wiederum in den Übungs- und Prüfungsaufgaben bis zum 1. Staatsexamen so gut wie keine Rolle; den Studenten und Kandidaten wird hier gewöhnlich ein fertiger (und dann meist unstreitiger) Sachverhalt vorgegeben, so daß die Aufgabe im Schwerpunkt auf die Arbeit mit und an der Rechtsgrundlage hinausläuft.[1] Dadurch wird das Bild von der Verwaltungswirklichkeit weiter verzerrt.[2] Immerhin läßt aber erst der Blick auch auf die Probleme der Sachverhaltsermittlung die Funktion von Verwaltungsverfahren als Verfahren der Entscheidungsvorbereitung voll verständlich werden. Die Beteiligung der später von der Entscheidung Betroffenen an solchen Verfahren (vgl. § 13 I Nr. 2, II VwVfG) wird vom VwVfG ausdrücklich nur für den Aspekt der Sachverhaltsermittlung anerkannt: Im Wege der Anhörung sollen sie Gelegenheit erhalten, »sich zu den für die Entscheidung **123**

1 Vgl. die Zuspitzung auf »Rechtsprobleme« in §§ 13–15 HessJAG.

2 Auch ein Studium anhand von Aktenfällen würde dem nur sehr eingeschränkt abhelfen. Die Wirklichkeit des Verwaltungsalltags läßt sich nicht auf den Inhalt eines Aktenstücks verkürzen (- es sei denn, man huldigt der alten Bürokratenweisheit »Quod non est in actis, non est in mundo«). In anderen Rechtsgebieten mag das anders sein; (V) *Hassemer*, Einführung in die Grundlagen des Strafrechts, 2. Aufl. 1990, §§ 2, 3.

erheblichen Tatsachen zu äußern« – ob sie sich auch zu Rechtsfragen äußern dürfen, ist (wen wundert's) umstritten.[3]

Die Lösung der in Übung und Examen aufgegebenen »Rechtsprobleme«[4] wird (nach gründlichem Studium des Aufgabensachverhalts) in aller Regel bei der **Auslegung** der als Rechtsgrundlage in Betracht kommenden **Norm** ansetzen. Ist die Norm sehr allgemein (oder »unbestimmt«) gefaßt, kann dem ihre verfassungsrechtliche Überprüfung am Maßstab des rechtsstaatlichen Bestimmtheitsgebots (Art. 20 III GG) – also eine Normenkontrolle vor der Normanwendungskontrolle – vorausgehen; erst nach dem Zwischenergebnis, die Norm sei allgemein (also ohne Rücksicht auf den Aufgabensachverhalt) mit solchen verfassungsrechtlichen Anforderungen noch vereinbar,[5] kann die sachverhaltsbezogene Auslegungsarbeit beginnen. Sie folgt den auch sonst gängigen Auslegungsregeln und teilt deren methodische Grundsatzprobleme.[6]

Die Auslegung einer noch auslegungsbedürftigen (und insofern »unbestimmten«) Norm erhebt den Anspruch, das für die Normanwendung allein maßgebende Auslegungsergebnis finden zu können. Kommt es zum Streit um die Normauslegung durch eine Behörde und kommt das vom Betroffenen angerufene Gericht zu einer von dem Ergebnis der Behörde abweichenden Auslegung, so setzt es seine Normauslegung an die Stelle der als fehlerhaft verworfenen behördlichen Auslegung. In der Kompetenzverteilung zwischen Behörde und Gericht ist bei solchen Auslegungsstreitigkeiten die Auffassung des Gerichts letztverbindlich und deshalb (wie gerade von den Verwaltungsgerichten selbst gern formuliert wird) allein rechtmäßig. Solche (und auch stärker mißverständlich formulierte) Vorstellungen (wie die von der »nur einen richtigen Entscheidung«) sind nur aus der Kompetenzverteilung zwischen (erstentscheidender) Behörde und (zweitentscheidendem) Gericht zu rechtfertigen; sie haben nur das Ziel, eine widerspruchsfreie Rechtslage herzustellen und können nicht den Anspruch einer wissenschaftlichen Richtigkeitsgewähr erheben.

Anders und auf den ersten Blick komplizierter stellt sich die Rechtslage dar, wenn die Norm (wegen des rechtsstaatlichen Bestimmtheitsgebots in begründungsbedürftigen Ausnahmen) auch nach ihrer sorgfältig auf den Sachverhalt bezogenen Auslegung der Behörde unterschiedliche und dabei glei-

---

3 Dafür z.B. (F) *Bull*, S. 191; dagegen (F) *Meyer/Borgs* § 28 Rn. 16 (m.w.N.); vgl. allgemein zur Grundrechtsverwirklichung durch Organisation und Verfahren oben Rn. 114.

4 Vgl. nochmals oben bei und mit Fn. 1.

5 Zu entsprechenden Tendenzen der Verfassungsrechtsprechung schon oben Rn. 107 mit Fn. 14. Der verwaltungsrechtliche sog. »unbestimmte Gesetzesbegriff« genügt somit dem verfassungsrechtlichen Bestimmtheitsgebot.

6 In der verwaltungsrechtlichen Lehrbuchliteratur (V) *Bull*, S. 161–164; zum Verfassungsrecht (V) *Hesse* Rn. 53–59. Als verwaltungsrechtliches Beispiel § 34 I BauGB (»Innerhalb der im Zusammenhang bebauten Ortsteile...»; dazu im einzelnen noch unten Rn. 216) hier schon (F) BVerwGE 31, 20 (21), 22 (26); E 41, 227 (233).

chermaßen rechtmäßige Entscheidungsalternativen (also einen Ermessensspielraum) oder doch einen ermessensähnlichen »Beurteilungsspielraum« (wie unstreitig in den Fällen des § 2 III Nr. 2 VwVfG) eröffnet.[7] Hier bleibt auch nach einer Korrektur der behördlichen Normauslegung durch das Verwaltungsgericht die Letztentscheidungskompetenz grundsätzlich bei der Verwaltungsbehörde und geht nicht völlig auf das Gericht über (zur Ausnahme einer Entscheidungs-»Reduktion auf Null« noch unten Rn. 131).

b) Ermessen

»Ermessensgebrauch ist dadurch gekennzeichnet, daß die dazu ermächtigte **124**
Behörde rechtmäßig auch zu einer anderen Entscheidung kommen könnte, wenn sie es wollte.«[8] Zwar muß die Behörde die von ihr gewählte Entscheidungsalternative gemäß § 39 I 3 VwVfG begründen und wird dazu den Entscheidungszweck sowie die Eignung, Erforderlichkeit und Proportionalität des zur Erreichung des Zwecks eingesetzten Mittels darlegen, jedoch ist das Verwaltungsermessen gerade dadurch gekennzeichnet, daß sich rechtsfehlerfrei auch die nichtgewählte Alternative, also ein anderer Verwaltungsakt, begründen ließe. Eine Ermessensermächtigung ist fast immer an bestimmten Formulierungen erkennbar: manchmal an der ausdrücklichen Verwendung des Begriffs Ermessen (so z. B. § 36 II VwVfG sowie die Generalklauseln der landesrechtlichen Polizei- und Ordnungsgesetze),[9] an Worten wie »kann« (z. B. § 45 I AuslG; § 31 I und II BauGB; § 15 I, II VersG), »ist befugt« oder »berechtigt« (z. B. § 17 II HandwO; § 10 II BSeuchenG) oder durch die Benennung von Entscheidungsalternativen (vgl. § 35 I, V GewO »oder«). Der Entscheidungsspielraum für die Behörde wird allgemein in § 40 VwVfG umschrieben, dies in deutlicher Anlehnung an § 114 VwVfG,[10] der

---

7 Zum Bestimmtheitsgebot bei Ermessensermächtigungen (V) BVerfGE 9, 137 (146 ff.); zu dem Problemfeld »unbestimmter Rechtsbegriff«, Ermessen, »Beurteilungsspielraum« – im Prüfungsrecht »Bewertungsspielraum« – (L) BVerfGE 84, 34 I (49 ff.).

8 (F) BVerwGE 62, 230 (241 – das Urteil wird hier nur wegen dieser zugespitzten Kennzeichnung des Verwaltungsermessens zitiert; seine sonstigen Einzelheiten sind für Studienzwecke wenig geeignet).

9 Dazu die Nachweise unten Rn. 191 Fn. 4.

10 Kritisch zu dieser Anlehnung (V) *Meyer/Borgs* § 40 Rn. 1. Ausführlicher und deutlicher ist insofern § 73 HLVwG: »(1) Die Behörde entscheidet, soweit Rechtsvorschriften nicht bestimmen, daß oder in welcher Weise sie tätig zu werden hat, im Rahmen der ihr erteilten Ermächtigung nach sachlichen Gesichtspunkten unter Abwägung der öffentlichen Belange und der Interessen des einzelnen über die von ihr zu treffenden Maßnahmen (pflichtmäßiges Ermessen).
(2) Die Maßnahme darf nicht zu einer Beeinträchtigung des einzelnen oder der Allgemeinheit führen, die zu dem beabsichtigten Erfolg in einem offenbaren Mißverhältnis steht.
(3) Die Behörde hat unter mehreren zulässigen und geeigneten Maßnahmen tunlichst diejenigen anzuwenden, die die Allgemeinheit und den einzelnen am wenigsten beeinträchtigen.«

die entsprechend eingeschränkte gerichtliche Ermessenskontrolle regelt. Gemäß § 114 VwGO prüft das Verwaltungsgericht, ob die von der Behörde gegebene Begründung Rechtsfehler aufweist. Ist die Begründung fehlerfrei, so bleibt es bei dem Verwaltungsakt auch dann, wenn die Richter selbst lieber die andere Alternative gewählt hätten;[11] ist die Begründung fehlerhaft, so spricht im Fall einer Verpflichtungsklage das Gericht nicht etwa die Verpflichtung aus, einen bestimmten Verwaltungsakt zu erlassen, sondern lediglich die Verpflichtung, den Kläger neu und fehlerfrei zu bescheiden (§ 113 V 2 VwGO – dazu noch unten Rn. 143).

c) »Beurteilungsspielraum«

125 aa) Aus der Verweisung in § 2 III Nr. 2 VwVfG auf § 40 VwVfG folgt, daß behördliche Leistungs-, Eignungs- und ähnliche Prüfungsbeurteilungen wie eine Ermessensentscheidung zu behandeln sind. Diese drei sachlich miteinander verwandten Fallgruppen waren schon vor Erlaß des VwVfG in der Rechtsprechung des BVerwG als Fälle eines »Beurteilungsspielraums« mit einer (der Ermessenskontrolle ähnlichen) eingeschränkten gerichtlichen Nachprüfbarkeit anerkannt;[12] mit ihrer Regelung in § 2 III Nr. 2 VwVfG sind sie jetzt dem Meinungsstreit völlig entzogen. Alle anderen richterrechtlich nach und nach herausgebildeten Fälle eines Beurteilungsspielraums sind jedoch nach wie vor mehr oder weniger umstritten, weniger im Fall der Indizierung jugendgefährdender Schriften durch die Bundesprüfstelle gemäß § 5 II GjS,[13] mehr bei »planungspolitisch-prognostischen« Verwaltungsentscheidungen vor allem im Bereich des Wirtschaftsverwaltungsrechts.[14] Der gegenwärtige Diskussionsstand läßt sich in drei Punkten zusammenfassen: (1) Allgemein anerkannt ist die Besonderheit von Prognoseentscheidungen: Sie sind auf ein Wahrscheinlichkeitsurteil über künftige Abläufe gegründet und deshalb in ihrem Inhalt von dem Zeitpunkt abhängig, in dem sie getroffen wurden. Bei nachträglicher Überprüfung (durch ein Gericht oder in einem Rechtsgutachten) sind sie nur auf diesen Zeitpunkt bezogen

---

11 (F) BVerwGE 29, 140 (142), beschreibt das folgendermaßen: »Das Ermessen der Verwaltungsbehörde wird sich letztlich darin erschöpfen, daß in Grenzfällen ihre Auffassung maßgebend ist und die Verwaltungsgerichte dann nicht die vertretbaren Ansichten der Verwaltungsbehörde korrigieren dürfen, weil sie sonst in das behördliche Ermessen eingreifen würden.«

12 Aus dieser frühen Rechtsprechung (V) BVerwGE 26, 65 (74). Der Begriff »Beurteilungsspielraum« geht zurück auf (V) *Bachof*, JZ 1955, 97 ff. = Wege zum Rechtsstaat, 1979, S. 154 ff.

13 (L) BVerwGE 39, 197 (203) – (F) BVerfGE 83, 130 I (148) konnte die Frage offen lassen; als weiteres Beispiel (V) BVerwGE 59, 213 (217): Eintragungsausschuß einer Architektenkammer.

14 (F) BVerwGE 62, 330 (337 f.); (V) E 64, 238 (242); vorher z. B. (V) BVerwGE DÖV 1979, 716 (717); anders im Ansatz, aber nicht im Ergebnis (F) BVerwG DÖV 1984, 557 (559); eine Gesamtübersicht in (L) *Maurer* § 7 Rn. 37–42.

(also »ex ante«, nicht »ex post« aus der späteren Einsicht des Gerichts oder Gutachtenverfassers) rekonstruierbar.[15] (2) Aus diesen Gründen wird in einigen Entscheidungen des BVerwG der Behörde ausdrücklich ein »Beurteilungsspielraum« eingeräumt.[16] (3) Grundsätzlich umstritten ist, ob das für alle Prognoseentscheidungen zu gelten hat.

bb) Bei genauerem Zusehen drehen sich die Positionen zu (2) und (3) um die **126**
verwaltungsrechtsdogmatische Zuordnung von **Prognoseentscheidungen** zum Begriff des »Beurteilungsspielraums«; unabhängig davon ist für die Nachprüfbarkeit einer Prognoseentscheidung jedoch die Position zu (1) maßgebend. Wegen ihrer Zeitpunktabhängigkeit kann die Prognoseentscheidung selbst nur unter Beschränkung auf den Zeitpunkt ihres Erlasses und die damals zur Verfügung stehenden Entscheidungsgrundlagen überprüft werden. War die Prognose fehlerfrei erstellt, so kann der darauf gegründete Verwaltungsakt auch dann nicht als damals schon rechtswidrig erklärt werden, wenn die Prognose mit damals nicht erkennbaren Fehlern behaftet war oder wenn die tatsächliche Entwicklung später anders verlaufen ist.[17] Im praktischen Ergebnis ihrer eingeschränkten Nachprüfbarkeit ist eine solche Prognoseentscheidung nicht anders zu behandeln als eine auf die Prüfungssituation bezogene Prüfungsentscheidung (§ 2 III Nr. 2 i. V. m. § 40 VwVfG).[18] Alles weitere ist ein Streit um Begriffe und Worte. Soweit in Teilen der Rechtsprechung und Literatur die Zuordnung solcher Prognoseentscheidungen zur Fallgruppe des Beurteilungsspielraums bestritten und sie stattdessen als »unbestimmte Rechtsbegriffe« bezeichnet werden, muß doch alsbald zwischen zwei Arten von »unbestimmten Rechtsbegriffen« unterschieden werden, denjenigen, die auf eine tatsächliche Ungewißheit und damit das Erfordernis einer Prognose verweisen, und den nur sprachlich unbestimmt gefaßten Normen.[19] Wer die Zuordnung anderer Entscheidungen als der in § 2 III Nr. 2 VwVfG aufgezählten zum Beurteilungsspielraum vermeiden will, muß immer noch die aus der Besonderheit von Prognoseentscheidungen folgende eingeschränkte Nachprüfbarkeit beachten und wird dann, wenn es um die Rechtmäßigkeit des Erlasses eines solchen

15 Dazu nochmals (F) BVerwG DÖV 1984, 557 (558f.); aus der Literatur (F) *Tettinger*, DVBl. 1982, 421ff. (423); *W. Schmidt*, NVwZ 1984, 545ff. (547).

16 Vgl. die Nachweise oben Fn. 14; zum Prognoseelement beamtenrechtlicher Eignungsentscheidungen (F) BVerwGE 61, 176 (186), 200 (204f.); (V) E 68, 109 (110); vgl. auch noch unten Fn. 18.

17 Die Parallelen zur Überprüfbarkeit von Prognosen der Gesetzgebungsorgane liegen auf der Hand; dazu schon oben Rn. 106 mit Fn. 10; weitere Parallelen werden sich bei der polizeirechtlichen »Anscheinsgefahr« ergeben; dazu unten Rn. 200.

18 Mit der Prüfung soll die künftige Eignung der Kandidaten ermittelt werden; dazu (V) *W. Schmidt*, Verwaltungsrecht Rn. 71–75, sowie die Nachweise oben Fn. 16.

19 Zu solchen Unterscheidungen (F) *Erichsen/Martens* § 10 Rn. 5; vgl. auch (F) *Maurer* § 7 Rn. 27, 28.

Verwaltungsakts geht, zum gleichen Nachprüfungsergebnis kommen wie beim Beurteilungsspielraum.[20]

d) Gefahrenabwehrermessen und Gefahrenabwehrprognosen; Koppelungsnormen

127 aa) Von **»Gefahr«** sprechen wir, wenn eine Sachlage oder ein Verhalten bei ungehindertem Ablauf mit Wahrscheinlichkeit ein (von der Rechtsordnung geschütztes, deshalb) Rechtsgut schädigen wird; staatliche Maßnahmen zur Verhinderung solcher Schäden dienen der **»Gefahrenabwehr«**. Im Verwaltungsrecht wird der Begriff Gefahrenabwehr in den polizei- und ordnungsrechtlichen Generalklauseln[21] verwendet.[22] Der Begriff »Gefahrenabwehr« ist aber nicht auf Verwaltungsmaßnahmen zu beschränken, sondern läßt sich schon bei der Gesetzgebung zum Schutz der Grundrechte beobachten, besonders deutlich in den Formeln der »Stufentheorie« zur Regelung der Berufswahl. »Gefahrenabwehr« ist insofern ein das gesamte Staats- und Verwaltungsrecht durchziehender Begriff.[23]

128 bb) Wenn die Gefahr für ein Rechtsgut von einem seinerseits rechtlich geschützten Verhalten ausgeht, muß zunächst der Zielkonflikt zwischen dem Schutz des gefährdeten und dem Eingriff in das gefährdende Rechtsgut vorläufig vorentschieden werden. Anschließend ist ein zur Gefahrenabwehr geeignetes Mittel zu suchen und bei mehreren gleichermaßen geeigneten das für den Eingriff mildeste Mittel auszuwählen. Abschließend ist die Verhältnismäßigkeit des Mitteleinsatzes (und damit des Eingriffs) zur Bedeutung des Schutzguts zu überprüfen und damit der eingangs vorentschiedene Zielkonflikt endgültig zu entscheiden.

Alle diese Überlegungen verlagern die eigentlich sachverhaltsbezogenen Entscheidungen in starkem Maße auf die zuständige Behörde, der dadurch ein entsprechender Ermessenspielraum eingeräumt wird, dessen Ausfüllung nach dem bekannten Muster einer Zweck-Mittel-Prüfung abläuft. Dabei enthalten die Feststellungen zu Eignung und Erforderlichkeit des Mittels in aller Regel Elemente einer Prognose. Voraussetzung für solche Ermessensüberlegungen zum »ob« (Entschließungsermessen zum Zielkonflikt) und »wie« der Gefahrenabwehr (Auswahlermessen bei gleich geeigneten und gleichermaßen einschneidenden Mitteln) ist die Annahme einer Gefahrensituation: Die Gefahrenabwehrermächtigung koppelt das Merkmal »Gefahr«

20 Anschaulich insoweit (F) BVerwG DÖV 1984, 557 (559 zu 4); dazu schon oben bei Fn. 14, 15.

21 Einzelnachweise unten Rn. 191 Fn. 4.

22 Namentlich die Generalklauseln nennen nicht selbst die Schutzgüter der Gefahrenabwehr, sondern verweisen mit Hilfe des Begriffs »öffentliche Sicherheit« auf andernorts geschützte Rechtsgüter; dazu im einzelnen noch unten Rn. 197.

23 Dazu teils schon oben Rn. 76, teils noch unten Rn. 191.

mit einer Ermessensermächtigung, ist also eine sogenannte **Koppelungsnorm**.[24] Schon in der Ausgangsannahme einer Gefahr ist unausweichlich eine Prognose enthalten: Die Gefahr ist ein typischer Prognosebegriff, die Annahme einer (künftigen!) Gefahr eine typische Prognoseentscheidung. Wenn dennoch die immer noch h. M. das Merkmal »Gefahr« als (gerichtlich uneingeschränkt nachprüfbaren) »unbestimmten Gesetzesbegriff« einordnet und diesen mit der Ermessensermächtigung koppelt,[25] so ergeben sich die dennoch unausweichlichen Einschränkungen der gerichtlichen (oder rechtsgutachtlichen) Nachprüfung auch hier aus einer »ex-ante«-Betrachtung, die auf den Zeitpunkt der Gefahrenabwehrentscheidung (zurück-) bezogen wird. Damit gehört auch die Arbeit mit dem Merkmal »Gefahr« der polizei- und ordnungsrechtlichen Generalklauseln in den Problemzusammenhang der Prognoseentscheidungen und liefert dafür praktisch ebenso häufige wie wichtige Beispiele (dazu allgemein schon oben Rn. 125–126 und im einzelnen noch unten Rn. 200). Unabhängig von der Stellungnahme in dieser dogmatischen Kontroverse muß die Prüfung einer Koppelungsnorm in zwei Schritten erfolgen: (1) Zunächst ist das ermessensauslösende Tatbestandsmerkmal (z. B. Gefahr) zu prüfen, dann (2) die Ermessensfrage des »ob« und »wie«.

e) Entscheidungsbildung und Fehlerkontrolle

aa) Die einzelnen Schritte einer Ermessensentscheidung lassen sich jetzt wie **129**
folgt zusammenfassen: Zunächst muß durch Auslegung der Rechtsgrundlage ermittelt werden, ob der Behörde für ihre Entscheidung ein Ermessensspielraum eröffnet ist. Ergeben sich dabei wegen zu großer Unbestimmtheit der Ermächtigung verfassungsrechtliche Bedenken, so sind diese vor der Normanwendung auf den konkreten Lebenssachverhalt zu prüfen. Erweist sich die Norm als verfassungsmäßig, so ist der Lebenssachverhalt unter die einzelnen Tatbestandsmerkmale der Norm zu subsumieren – in dieser Hinsicht gibt es keinen Unterschied zur Anwendung von Normen ohne Ermessensspielraum. Die eigentlichen Besonderheiten der Ermessensausübung und Ermessenskontrolle zeigen sich, wenn sachverhaltsbezogen zu prüfen ist, ob und wie die Behörde sich entscheiden kann. Bei der Prüfung eines Zielkonflikts zwischen dem Schutzgut der Ermessensnorm und dem Rechtsgut, das bei entsprechender Ermessensentscheidung der Behörde hinter dem Schutzgut zurücktreten müßte, kann eine Grundrechtsprüfung angebracht sein.

---

24 Dazu (V) *Erichsen/Martens* § 10 Rn. 24; *W. Schmidt*, Verwaltungsrecht Rn. 96, 111 (m. w. N.).

25 Praktisch wird das vor allem im Polizei- und Ordnungsrecht; dazu unten Rn. 200 (m. w. N.).

130 Ein Sonderproblem (auch im Rahmen der Grundrechtsprüfung) bildet hier die Gleichheitsbindung der Behörde. Zwei Fälle sind zu unterscheiden:

(1) Die Behörde hat in früheren vergleichbaren Fällen **rechtmäßig** jeweils die gleiche Ermessensentscheidung getroffen, z. B. Leistungen gewährt, auf die der Leistungsempfänger jeweils keinen Rechtsanspruch hatte.[26] Im nächsten Fall entscheidet sie anders (verweigert also die Leistung), ohne daß für die Änderung der bisherigen Praxis Gründe genannt werden oder erkennbar sind. In diesem Fall ist die spätere Entscheidung wegen Verletzung des Art. 3 I GG auch dann rechtswidrig, wenn sie ohne eine solche vorhergehende Praxis, also für sich allein genommen, rechtmäßig gewesen wäre. Zugleich liegt in dieser sogenannten »Selbstbindung der Verwaltung« ein Beispiel für die oft genannte und deshalb von den Studenten in ihrer praktischen Bedeutung gern überschätzte »Ermessensschrumpfung« (oder »Ermessensreduktion«) »auf Null«.[27] Die »Selbstbindung der Verwaltung« wird meist im Hinblick auf ermessensbindende Verwaltungsvorschriften erörtert (sogenannte Ermessensrichtlinien; dazu noch unten Rn. 180); als »Selbstbindung« nur aufgrund einzelner Verwaltungsakte, aus denen sich ein »System« ablesen läßt,[28] kommt sie seltener vor.

(2) Die Behörde hat ihr Ermessen bisher in mehreren gleichgelagerten Fällen **rechtswidrig** ausgeübt. Das begründet in einem späteren Fall jedoch keinen Anspruch auf eine »Gleichbehandlung im Unrecht«.[29] Auch diese Fallgruppe tritt im Zusammenhang mit (dann rechtswidrigen) Ermessensrichtlinien auf.[30] Auf der Grenze zwischen rechtmäßiger und rechtswidriger Ermessensausübung bewegen sich die Fälle, in denen eine Ordnungsbehörde es bisher unterlassen hat, gegen rechtswidrige Entwicklungen vorzugehen, und jetzt anders verfährt.

Beispiel: Eine Bauaufsichtsbehörde hat es bisher unterlassen, gegen ungenehmigte und auch gar nicht genehmigungsfähige Wochenendhäuser im Außenbereich (§ 35 BauGB) vorzugehen, und erläßt nun erstmals eine Abbruchverfügung.[31] Liegt darin eine grundsätzliche Änderung der bisherigen Praxis, so ist die Verfügung unstreitig rechtmäßig. Ergeht sie völlig planlos, so wird sie für rechtswidrig gehalten.[32]

---

26 (L) BVerwGE 55, 349 (352).

27 Zur »Ermessensschrumpfung auf Null« (F) *Schwerdtfeger* Rn. 156; BVerwG NVwZ 1988, 525 (526), und der Hinweis bei *Erichsen/Martens* § 10 Rn. 22 (nach Fn. 76).

28 Dazu nochmals (L) BVerwGE 55, 349 (352); als Beispiel für eine fehlerfrei herausgebildete Verwaltungspraxis (F) BVerwGE 31, 212 (214 f.); vgl. auch noch unten Rn. 181.

29 Dazu (F) *Erichsen/Martens* § 10 Rn. 22, oder *Maurer* § 24 Rn. 30.

30 Als Beispiel (L) BVerwGE 34, 278; (V) BadWürttVGH DVBl. 1972, 186 (mit Anm. *Götz*); zu den Ermessensrichtlinien im einzelnen noch unten Rn. 180.

31 Zur Abbruchverfügung im einzelnen unten Rn. 208.

32 Vgl. (F) *Erichsen/Martens* § 10 Rn. 20 mit Fn. 68 – mit der anschließend sehr entschieden vorgetragenen Stellungnahme gegen die Zulässigkeit einer »Gleichbehandlung im Unrecht« ist das m. E. allerdings kaum vereinbar.

bb) In der Verwaltungsrechtsdogmatik werden die Fehler bei der Auslegung einer Ermessensnorm als »Ermessensüberschreitung« und »Ermessensunterschreitung« unterschieden: »Überschreitung« (: die Behörde nimmt einen Ermessensspielraum in Anspruch, den die Rechtsgrundlage nicht hergibt) in Anlehnung an den Wortlaut des § 114 VwGO, »Unterschreitung« (: die Behörde hält sich irrtümlich für gebunden)[33] als Gegenstück zur »Überschreitung«. Fehler bei der Zweck-Mittel-Prüfung und Verstöße gegen die Gleichheitsbindung (Art. 3 I GG) werden »Ermessensfehlgebrauch« (oder »Ermessensmißbrauch«, Verstöße gegen Art. 3 I GG auch »Ermessenswillkür«) genannt. Daraus läßt sich zugleich eine wichtige Überlegung für den Argumentationsaufbau einer Ermessensprüfung belegen: Es wäre verfehlt, die Prüfung der Freiheitsrechte in einer Art Nachtrag an die schon weitgehend abgeschlossene Ermessensprüfung anzuhängen;[34] diese Prüfung gehört zunächst zur Entscheidung des Zielkonflikts und dann (je nach Sachverhalt) unter Umständen nochmals zur Prüfung der Proportionalität von Mittel und Zweck.[35] Die sog. Verhältnismäßigkeitsprüfung ist also **Bestandteil** der Ermessensprüfung und auch davon bei Ermessensfällen nicht abtrennbar. Für die Prüfung der Gleichheitsbindung aus Art. 3 I GG (als eines Falles von »Selbstbindung der Verwaltung«) ist zu unterscheiden: (1) Die Bindung an Ermessensrichtlinien im Rahmen des Art. 3 I GG ist wegen ihrer »anspruchsbegründenden Außenwirkung im Verhältnis der Verwaltung zum Bürger«[36] unabhängig von der verwaltungsrechtsdogmatischen Konstruktion dieser Bindungswirkung im einzelnen (dazu noch unten Rn. 180) ebenfalls von vornherein in die Prüfung der Ermessensgrenzen und der Zweck-Mittel-Prüfung einzubeziehen. (2) Nur die (seltenere) Bindung an eine Kette abweichender Einzelakte kann erst dann geprüft werden, wenn die später abweichende Ermessensentscheidung als für sich genommen fehlerfrei befunden worden ist und nur mit Rücksicht auf Art. 3 I GG doch korrigiert werden muß.[37] **131**

---

33 Als Beispiele (F) BVerwGE 48, 81 (84); NJW 1982, 1413 = DVBl. 1982, 304; dazu (V) *Osterloh*, JuS 1982, 785. Sprachlich nur wenig eleganter wird die »Ermessensunterschreitung« auch als »Ermessensnichtgebrauch« oder »Ermessensmangel« bezeichnet; zu diesen Begriffen (F) *Bull* Rn. 480, oder *Erichsen/Martens* § 10 Rn. 18, oder *Maurer* § 7 Rn. 20–22.

34 Insofern sind manche Lehrbuchaufzählungen mißverständlich; als Beispiel (F) *Maurer* § 7 Rn. 20–23; gleiches gilt für die Verhältnismäßigkeitsprüfung (dazu sogleich oben im Text).

35 Auch das BVerwG verfährt so; als Beispiel (F) BVerwGE 68, 101 (105).

36 Dazu nochmals (L) BVerwGE 34, 278 (280 – oben Fn. 30).

37 So wird in (L) BVerwGE 55, 349 (352 – vgl. oben Fn. 30, 32), zunächst festgestellt, daß die Ermessensentscheidung der Behörde für sich genommen fehlerfrei war; erst anschließend wird der Gleichheitsverstoß geprüft. Hingegen wird in (L) BVerwGE 34, 278 (280 – vgl. oben Fn. 34, 40), die Ermessensrichtlinie von vornherein in die Auslegung der Rechtsgrundlage für die Ermessensbetätigung einbezogen; zureichend begründete (und deshalb rechtmäßige) Abweichungen müssen schon an dieser Stelle erörtert werden.

132 cc) Die Ausfüllung eines Beurteilungsspielraums und ihre Kontrolle ähneln der Ermessensausübung und -kontrolle; dem entspricht die Verweisung auf § 40 VwVfG in § 2 III Nr. 2 VwVfG (dazu oben Rn. 125). Zu prüfen ist, ob die Behörde die »gesetzlichen Grenzen« ihres Beurteilungspielraums erkannt hat (das entspräche einer »Ermessensüberschreitung«), ob sie allgemeine Bewertungsregeln nicht beachtet hat (das entspricht den Anforderungen an die Eignungsprüfung im Rahmen einer umfassenderen Zweck-Mittel-Prüfung) und ob sie willkürlich entschieden hat (also in nicht begründbarer Weise von ihren eigenen rechtmäßig entwickelten Prüfungsmaßstäben abgewichen oder sonst von unsachlichen Motiven ausgegangen ist).[38] Der Schwerpunkt liegt auf der Maßstabsbildung für die Eignungsprüfung. Soweit andere Prognoseentscheidungen aus dem Begriff des Beurteilungsspielraums ausgegrenzt werden, gilt wegen der gebotenen ex-ante-Sicht[39] für ihr Prognose-Element und dessen Überprüfung nichts anderes (dazu oben Rn. 126).

f) Zur Überprüfung (und Ausfüllung) von Entscheidungsspielräumen im Rechtsgutachten

133 aa) Hat die Behörde einen Ermessensspielraum (oder einen Beurteilungsspielraum) ohne rechtliche Fehler ausgefüllt (eine Prognose aus der damaligen Entscheidungssituation fehlerfrei erstellt), so muß diese Entscheidung auch dann als rechtmäßig akzeptiert werden, wenn die Verwaltungsrichter oder d.Verf. eines Rechtsgutachtens die gegenteilige Entscheidung bevorzugen würden.[40] Häufig werden im Sachverhalt einer Aufgabe die Gründe für die gegenteilige Entscheidung als Rechtsmeinung eines Betroffenen mitgeteilt. Fast ebenso häufig lassen die Bearbeiter(innen) der Aufgabe sich dadurch verleiten, diese Alternative als allein rechtmäßig zu übernehmen und die Behördenentscheidung ohne weitere Prüfung (kurzschlüssig) als »deshalb« rechtswidrig auszugeben. Rechtswidrig ist die Behördenentscheidung aber nur, wenn sie selbst fehlerhaft ist, und nicht etwa schon dann, wenn es im Rahmen einer Ermessensermächtigung eine andere (ebenso rechtmäßige) Entscheidungsalternative gibt (zur fehlerfreien Prognose eine ebenso fehlerfrei vertretbare abweichende Einschätzung usw.). Lautet die Frage (wie meist), ob eine von der Behörde schon getroffene Ermessensentscheidung (oder eine Prognose, ein Eignungsurteil) rechtmäßig sei, so ist die Prüfung des Rechtsgutachtens ebenso eingeschränkt wie die des Verwaltungsgerichts

---

38 Zur Anknüpfung der Formeln zum Beurteilungsspielraum an das Kontrollprogramm bei Ermessensentscheidungen (L) BVerfGE 84, 34 I (54); als Beispiele (F) BVerfGE 39, 334 (354 – dazu in anderem Zusammenhang schon oben Rn. 101 bei Fn. 25); (F) BVerwGE 65, 303 (311 f.); (V) BVerwGE 68, 109 (110 – dazu oben Fn. 16).

39 Anschaulich auch insoweit (F) BVerwG DÖV 1984, 557 (559 zu 4 – vgl. oben Fn. 20).

40 Zur Sicht des VG nochmals das Zitat oben Fn. 11.

durch § 114 VwGO. Ist die Behördenentscheidung erst noch vorzuschlagen, so müssen bei Ermessensermächtigungen die unterschiedlichen je für sich fehlerfreien Entscheidungsalternativen herausgearbeitet werden; je nach Fragestellung kann dann mit zusätzlichen Überlegungen (die aber nicht mehr über die Rechtmäßigkeit entscheiden) eine Alternative empfohlen werden. Ist über einen Widerspruch zu entscheiden, muß ebenso verfahren werden: § 68 I 1 VwGO drückt das mit dem Nebeneinander von »Rechtmäßigkeit und Zweckmäßigkeit« aus, wobei »Zweckmäßigkeit« hier etwas anderes meint als das Zweck-Element im Rahmen einer Zweck-Mittel-Prüfung.[41]

bb) Eine andere Frage ist, ob außer dem ursprünglichen Verwaltungsakt auch **134**
dessen **spätere Aufrechterhaltung** zu überprüfen ist. Ein Beispiel liefert die Anfechtung eines auf Dauer wirkenden Verbots wie im Fall einer Gewerbeuntersagung gemäß § 35 I 1 GewO, wenn sich die tatsächlichen Voraussetzungen zugunsten des Anfechtungsklägers geändert haben (so daß dessen Unzuverlässigkeit nicht länger begründbar ist).
Die Feststellung der Zuverlässigkeit oder Unzuverlässigkeit eines Gewerbetreibenden ist eine typische Prognoseentscheidung.[42] Nach Änderung ihrer tatsächlichen Voraussetzungen geht es nicht um die Rechtmäßigkeit des ursprünglichen Verbots, sondern um die seiner Aufrechterhaltung (sogenannter **Verwaltungsakt mit Dauerwirkung**). Dementsprechend beschränkt sich der Anfechtungsantrag des Klägers nicht auf den Zeitpunkt des Verbotserlasses, sondern zielt zumindest auch auf den Zeitpunkt der Aufrechterhaltung trotz Wegfalls der Verbotsvoraussetzungen.[43] Ein weiteres Beispiel liefert die auf einer Gefahrenprognose beruhende Genehmigung zum Betrieb einer Anlage im Sinne der §§ 5, 6 BImSchG oder § 7 AtG und deren Anfechtung durch Dritte, die entgegen der Prognose der Genehmigungsbehörde eine unzulässige Gefährdung z. B. ihrer Gesundheit durch den Betrieb der Anlage behaupten (im einzelnen zu diesem Problemkreis noch unten Rn. 227). Diese Klage ist nicht auf den Zeitpunkt der Genehmigungserteilung beschränkt, sondern zielt auch, wenn nicht sogar im Schwerpunkt, gegen deren Aufrechterhaltung. Deshalb genügt für die Beurteilung der Rechtmäßigkeit nicht die Vertretbarkeit der Prognose im Zeitpunkt der Genehmigungserteilung; maßgebend ist vielmehr der Stand von Wissenschaft und Technik im Zeitpunkt der letzten mündlichen Verhandlung vor dem Verwaltungsgericht.[44] Die Überprüfung von Prognoseentscheidungen berührt sich in solchen Fällen jeweils mit der Frage, auf welchen Zeitpunkt

41 Dazu ausführlicher (V) *W. Schmidt*, Verwaltungsrecht Rn. 161; zum Vorverfahren noch unten Rn. 146.

42 (F) *Maurer* § 7 Rn. 29.

43 § 35 VI 1 GewO (i. d. F. 1974) und (L) BVerwGE 65, 1 (2 f.), fordern deshalb einen zusätzlichen Antrag schon an die Gewerbeaufsichtsbehörde. Zum »Verwaltungsakt mit Dauerwirkung« (V) *Maurer* § 10 Rn. 3, oder *W. Schmidt*, Verwaltungsrecht Rn. 283.

44 (F) *Bender*, NJW 1979, 1425 (1431) zu (F) BVerwG DVBl. 1972, 678 (680).

ein (zulässiger) Klageantrag im Verwaltungsprozeßrecht zielt: ob nur auf den Zeitpunkt des Erlasses des Verwaltungsakts oder auch den seiner späteren Aufrechterhaltung.

II. Verwaltungsprozeßrecht im Überblick

1. Der Lernstoff

135 a) Rechtsgrundlage des Verwaltungsprozeßrechts ist die VwGO als das Prozeßgesetz der allgemeinen Verwaltungsgerichtsbarkeit. Das Prozeßrecht der besonderen Verwaltungsgerichte, also der Finanz- und Sozialgerichtsbarkeit gehört zusammen mit dem materiellen (Steuer- und Sozial-)Recht nicht zum Pflichtfachstoff; es entspricht im übrigen weitgehend dem allgemeinen Verwaltungsprozeßrecht. Soweit Sonderzuweisungen im Sinne des § 40 I VwGO vor die ordentlichen Gerichte führen (dazu noch unten Rn. 140), gelten vereinzelt spezielle Regelungen in Anlehnung an entsprechende Regelungen der VwGO (vgl. §§ 23ff. EGGVG, §§ 223, 226 II BauGB), oder es gilt die ZPO mit der Folge, daß (zivil-)prozeßrechtliche Fragen eine ebenso geringe Rolle spielen wie in allgemein zivilrechtlichen Aufgaben.

b) Die VwGO normiert unterschiedlich strenge Sachentscheidungsvoraussetzungen (zu diesem Begriff allgemein schon oben Rn. 44) je nach Art des Verwaltungshandelns, um das gestritten wird. Strengere Sachentscheidungsvoraussetzungen (nämlich grundsätzlich ein seinerseits fristgebundenes, erfolgloses Vorverfahren und die Beachtung einer Klagefrist; §§ 68, 70, 74, 75 VwGO) gelten für alle auf einen Verwaltungsakt bezogenen Streitigkeiten mit der ebenso grundsätzlichen Ausnahme des (praktisch sehr seltenen) nichtigen Verwaltungsakts (§ 43 I, II 2 VwGO; § 44 VwVfG). Deshalb ist nach der Prüfung des Rechtswegs (§ 40 VwGO), die darüber entscheidet, ob die Streitigkeit überhaupt vor die allgemeinen Verwaltungsgerichte und damit in den Geltungsbereich der VwGO gehört, die Prüfung der Klage- oder Verfahrensart (§§ 42, 43, 47, 113 I 4 VwGO – im einzelnen noch unten Rn. 141) die nächstwichtige Weichenstellung jedes verwaltungsprozeßrechtlichen Gutachtens (und später: Urteils). Ob es überhaupt zu einem solchen Gutachtenteil kommt, hängt von der Aufgabenstellung ab; an welcher Stelle dieser Teil im Aufbau des Gesamtgutachtens steht, hängt auch hier an der Sachverhaltssituation und der Fragestellung (auch dazu allgemein schon oben Rn. 44).[1] Ist (auch) ein verwaltungsprozeßrechtliches Gutachten zu erstatten, so gilt es herauszufinden, welche Sachentscheidungsvorausset-

1 Die Beobachtung immer wiederkehrender Fehler in Übungs- und Examensarbeiten gibt Veranlassung, noch einmal auf diese einfachen Grundregeln hinzuweisen. Es ist ein törichter, aber offenbar unausrottbarer Irrtum, das öffentlichrechtliche Gutachten habe mit dem Abschnitt »I. Zulässigkeit der Klage« zu beginnen.

zungen nach Rechtsweg und Klage- oder Verfahrensart (sachverhaltsbezogen!) zu prüfen sind. Ganz sicher werden es jedenfalls in den öffentlichrechtlichen Übungen und im 1. Staatsexamen nie alle 12–15 Sachentscheidungsvoraussetzungen sein, die in der Lehrbuchliteratur (aus Gründen der systematischen Vollständigkeit, nicht etwa für ein konkretes Fallgutachten) aufgezählt werden.[2]

In aller Regel werden in solchen Aufgaben **keine** Rolle spielen: die Unterwerfung unter die deutsche Gerichtsbarkeit (vgl. §§ 18, 19 GVG); die örtliche, sachliche und instanzielle Zuständigkeit des Gerichts (§§ 45ff. VwGO), Prozeßfähigkeit, Prozeßvertretung und Beistand (§§ 62, 67 VwGO) der Verfahrensbeteiligten und (besonders beliebt) die Ordnungsmäßigkeit der Klageerhebung (§§ 81, 82 VwGO). Wer ohne Fallbezug und so erkennbar ganz gedankenlos dennoch alle diese Punkte herunterbetet, vergeudet nicht nur sein bißchen Kraft an der falschen Stelle, sondern offenbart als seine höchstpersönliche Eigenschaft das Hauptmerkmal schwacher Juristen: die Unfähigkeit, das Wesentliche zu erkennen.

Was hingegen je nach Klage- oder Verfahrensart immer (und je nach Sachverhalt knapper oder breiter) zu behandeln ist, wird im folgenden dargestellt und am Ende dieses Abschnitts noch einmal zusammengefaßt (Rn. 157). Von den allgemeinen Sachentscheidungsvoraussetzungen, die für jede Klage- oder Verfahrensart gelten, sollte jedenfalls in der vorbereitenden Lösungsskizze auf die Beteiligtenfähigkeit (§ 61 VwGO)[3] und auf das (ungeschriebene) Rechtsschutzbedürfnis (dazu unten Rn. 156) geachtet werden – ob in der Ausarbeitung des Gutachtens dazu etwas zu schreiben ist, hängt vom Sachverhalt ab (und wird eher die Ausnahme sein). Außerhalb der Sachentscheidungsvoraussetzungen kann von den für das Verwaltungsprozeßrecht geltenden Verfahrensgrundsätzen[4] wenigstens § 86 I VwGO zur Kenntnis genommen werden. Von den Rechtsmitteln kommt es in verwaltungsrechtlichen Aufgaben mit verwaltungsprozeßrechtlichem Aufgabenanteil gelegentlich auf die Revision an (dazu noch unten Rn. 157).

c) Hinweise für die Übungs- und Examensvorbereitung können nicht das Verwaltungsprozeßrecht insgesamt abdecken. Zur Auffindung von Vorschriften, die hier nicht genannt werden, ist es auch bei der VwGO zu empfehlen, sich mit dem Aufbau anhand der amtlichen Zwischenüberschriften (der 5 Teile und 17 Abschnitte) vertraut zu machen. Im folgenden werden vorab diejenigen Vorschriften genannt, deren Kenntnis (im Sinne eines »gewußt wo und wofür«) unabdingbar ist: aus dem

2 (F) *Schmitt Glaeser* Rn. 240, bringt es für die Anfechtungsklage auf 15 Punkte, *Schenke* allgemein auf 13, *Ule* § 31 I auf 14, *Stern*, S. 7, auf 13; *Schwerdtfeger* Rn. 7, folgt *Stern*, verkürzt aber auf 12. Schon ein erster Vergleich dieser unterschiedlichen Aufzählungen kann die (von manchen Studenten und Kandidaten zwiespältig aufgenommene) Einsicht vermitteln, wie wenig hier verbindlich ist und wieviel Gestaltungsspielraum für die jeweils anstehende Gutachtenarbeit bleibt. Wie wenig auch die sich allgemein gebenden Aufzählungen als ein überall brauchbares und dann erschöpfendes Aufbauschema gedacht sind, zeigt sich u.a. darin, daß ihnen durchweg das für die Feststellungsklagen unerläßliche Feststellungsinteresse fehlt (das würde die Übersichten um jeweils einen weiteren Punkt vermehren); vgl. dazu nochmals unten Rn. 157 Fn. 1.

3 Bei nichtrechtsfähigen Vereinigungen ist die Praxis zu § 61 Nr. 2 VwGO ähnlich großzügig wie im Verfassungsprozeßrecht zu Art. 19 III GG. Behörden sind zwar beteiligtenfähig, aber gemäß § 78 I VwGO nur ausnahmsweise (in NW) Klagegegner.

4 (V) *Schenke* Rn. 18–38, oder *Schmitt Glaeser* Rn. 537–557.

6. Abschnitt §§ 40, 42, 43, 44 a, 47; aus dem 7. Abschnitt §§ 58, 61, 63, 65; der 8. Abschnitt insgesamt (§§ 68–80 a); aus dem 10. Abschnitt §§ 113, 114, 121; der 11. Abschnitt = § 123; aus dem 13. Abschnitt §§ 132, 134, 137, 144, sowie aus den Schluß- und Übergangsbestimmungen §§ 173, 183, 184 (vgl. § 2) VwGO.

2. Der Rechtsweg zu den Verwaltungsgerichten, § 40 I VwGO

136 § 40 I VwGO nennt eine positiv (: öffentlichrechtliche Streitigkeit) und zwei negativ gefaßte Voraussetzungen (: **nicht**-verfassungsrechtlicher Art, **nicht** einem anderen Gericht zugewiesen), die in dieser Reihenfolge auf eine jeweils speziellere Prüfung hinauslaufen.[1]

a) Der Schwerpunkt der Auseinandersetzung mit der ersten dieser drei Einzelvoraussetzungen liegt auf dem Merkmal »**öffentlich**rechtlich« (aa – Rn. 137); gelegentlich wird an dieser Stelle aber auch schon gefragt, ob überhaupt eine (öffentlich-)»**rechtliche** Streitigkeit« vorliegt (bb – Rn. 138).

137 aa) Die öffentlichrechtliche Streitigkeit des § 40 I VwGO ist das Gegenstück zu den »bürgerlichen Rechtsstreitigkeiten« des § 13 GVG. Die Zuordnung des Streitgegenstands zum öffentlichen Recht ist nur in einer kleinen Zahl von Fällen (praktisch also nur ausnahmsweise) so zweifelhaft, daß sie eingehender begründet werden muß. Andererseits kann in den unproblematischen Fällen auf eine kurze (und dann entsprechend formelhafte) Kennzeichnung der Streitigkeit als »öffentlichrechtlich« nicht verzichtet werden, weil davon die Prüfung der weiteren Voraussetzungen des § 40 I VwGO abhängt und weil erst ein positives Prüfungsergebnis zu § 40 I VwGO den Weg für die Prüfung der weiteren Sachentscheidungsvoraussetzungen freigibt.
Ganz unproblematisch ist das Verwaltungshandeln durch Erlaß einer Rechtsverordnung oder Satzung einer öffentlichrechtlichen Körperschaft. Im praktischen Ergebnis unproblematisch ist auch die Zuordnung der Verwaltungsakte zum öffentlichen Recht: Zwar muß gemäß § 35 S. 1 VwVfG für die Annahme eines Verwaltungsakts geprüft werden, ob die Behörde »auf dem Gebiet des öffentlichen Rechts« gehandelt hat, doch gibt es hier (bei der Prüfung dieses materiellrechtlichen Merkmals als Seitenstück zu dem prozeßrechtlichen Merkmal des § 40 I VwGO) nur selten Zuordnungsprobleme. In den weitaus meisten Fällen läßt sich an der Rechtsgrundlage (wie

---

1 Mit der an der Entscheidungsökonomie des Verwaltungsrichters orientierten Umkehrung dieser Reihenfolge ist für das Gutachten nichts gewonnen; zu solchen Aufbauvarianten (F) *Ph. Kunig*, Jura 1990, 386ff. (387 Fn. 27). Bei verfassungsrechtlichen Streitigkeiten läßt sich deren öffentlichrechtliche Qualität rasch und formelhaft bejahen (vgl. noch unten Rn. 137); bei bestimmten Sonderzuweisungen wie der in § 40 II VwGO (oder auch Art. 34 S. 3 GG) ist das Merkmal »öffentlichrechtlich« (»öffentliches Amt«) seinerseits Tatbestandsvoraussetzung. Schon aus Sicherheitsgründen sollte es deshalb bei dem (oben im Text empfohlenen) sachlogischen Aufbau bleiben.

z. B. einer Vorschrift des Ausländerrechts, des Bau-oder Gewerbeaufsichtsrechts, des Versammlungsrechts) ablesen, daß nur Behörden solche einseitigen Einzelfallregelungen treffen dürfen und daß die Maßnahme deshalb »auf dem Gebiet des öffentlichen Rechts« liegt (– diese nahezu zirkelhafte Definition wird uns sogleich im Gewand einer »Theorie« zur Abgrenzung von öffentlichem Recht und Privatrecht wiederbegegnen). Taucht die Zuordnungsfrage zuerst bei § 40 I VwGO auf (also bei vorangestellter prozeßrechtlicher Prüfung, die dann gewöhnlich eine Zulässigkeitsprüfung ist), so wird man das Merkmal »öffentlichrechtlich« aus dieser Eigenart der Rechtsgrundlage für das umstrittene Behördenhandeln beantworten und die Behandlung der weiteren Verwaltungsaktsmerkmale bis zur Prüfung der Klageart zurückstellen (dazu sogleich näher Rn. 142); sind die Merkmale eines Verwaltungsakts (in einer vorangestellten materiellrechtlichen Prüfung) schon bejaht worden, so ist in der späteren Prüfung des § 40 I VwGO darauf zu verweisen.[2] Problematische Zuordnungsfälle sind hingegen solche Tätigkeiten und Abläufe, die im öffentlichen Recht und im Privatrecht gleichermaßen vorkommen: Verträge, tatsächliches Handeln, tatsächliche Abläufe, die hier einem Verwaltungsträger zuzurechnen sind (z. B. eine Immission öffentlichrechtlich als »Realakt« oder privatrechtlich gemäß § 906 BGB). Dieser Problembereich der staatlichen Verwaltung zwischen öffentlichem Recht und Privatrecht kann hier nur erst genannt, die dafür in Betracht kommenden Antworten müssen noch zurückgestellt werden (dazu im einzelnen unten Rn. 248 f.).

Die Praxis der Rechtsprechung hält sich mit den unproblematischen Fällen nicht weiter auf; bei den problematischen Fällen verfährt sie eher pragmatisch und nicht immer konsistent. Anders die Literatur: Sie arbeitet in allen Fällen (den problematischen wie den unproblematischen) mit sehr grundsätzlich angelegten »Theorien« zur Abgrenzung von öffentlichem Recht und Privatrecht schlechthin, von denen die stärker verbreiteten die unproblematischen Fälle zwar einigermaßen erklären, nicht aber die problematischen. Das kann an den zwei bis drei noch gängigen »Theorien« studiert werden; in der Reihenfolge, in der sie heute mehr oder weniger vertreten werden, sind es die »Zuordnungslehre« oder »Zuordnungs«-(oder »Sonderrechts«- oder »modifizierte Subjekts«-)»Theorie«, die »Subjektions«-(oder »Subordinations«-) »Theorie« und die »Interessentheorie«.[3] Die »Interessentheorie« schließt von der Zielsetzung (den von der Verwaltung verfolgten öffentlichen Interessen) auf die öffentlichrechtliche Qualität der dafür eingesetzten

2 Es sollte keiner Hervorhebung bedürfen, daß die Zuordnung zum öffentlichen Recht in solchen Fällen nur einheitlich erfolgen kann und daß die je nach Gutachtenaufbau erste Prüfung über das Ergebnis der zweiten mitentscheidet; vgl. auch noch unten Rn. 158.

3 In der verwaltungsprozeßrechtlichen Literatur taucht die »Interessentheorie« gewöhnlich nicht mehr oder nur am Rande auf; vgl. (F) *Stern*, S. 11 f.; *Schmitt Glaeser* Rn. 45 ff.; eher mißverständlich jetzt *Schenke* Rn. 99 ff.; *Ule* § 8 II bringt nur noch die »Zuordnungslehre« (unter dem Namen »Subjektstheorie«).

Mittel. Dagegen steht die unstreitige Zulässigkeit von »Verwaltungsprivatrecht«, für das seiner öffentlichen Zielsetzung wegen Bindungen bestehen (dazu schon oben Rn. 18), während für § 40 I VwGO die privatrechtliche Form den Ausschlag gibt. Die »Interessentheorie« kann deshalb im folgenden beiseite bleiben.[4] Die »Subjektionstheorie« knüpft an die Kompetenz der staatlichen Verwaltung zu einseitiger verbindlicher Entscheidung an und kann von diesem Ansatz her weder die öffentlichrechtlichen Verträge noch die Realakte erfassen; zudem lassen sich Über-Unterordnungs-Verhältnisse auch im Privatrecht (z.B. im Arbeitsrecht) nachweisen.[5] Die »Zuordnungslehre« greift auf die Rechtssätze zurück, auf die das zu prüfende Verwaltungshandeln sich gründet: öffentlichrechtlich sind ihr zufolge diejenigen Rechtssätze (und dementsprechend die darunter subsumierbaren Streitigkeiten), deren berechtigtes oder verpflichtetes Zuordnungssubjekt (deshalb auch »modifizierte Subjektstheorie«) ein Träger hoheitlicher Gewalt als solcher, d. h. in seiner Eigenschaft als Hoheitsträger ist. Das öffentliche Recht ist (diesem Ansatz zufolge) das Sonderrecht des Staates (deshalb auch »Sonderrechtstheorie«), das Privatrecht das Jedermannsrecht. An diesem Punkt wird erkennbar, daß die problematischen Fallgruppen, für die auch Privatrechtsnormen zur Verfügung stehen, sich ohne Zuhilfenahme weiterer Unterscheidungsmerkmale noch nicht dem öffentlichen Recht oder dem Privatrecht zuordnen lassen – darauf und auf die Begründung der »öffentlichrechtlichen Streitigkeiten« für § 40 I VwGO wird im Zusammenhang dieser Fallgruppe noch zurückzukommen sein (unten Rn. 248–250). Für diese unproblematischen Fälle (also namentlich das Handeln in der Form des Verwaltungsakts und dabei auch für die Begriffsbestimmung des Verwaltungsakts selbst) ist die »Zuordnungslehre« als der breitere Ansatz etwas besser geeignet als die »Subjektionstheorie«.[6] Scharfsinnigen Betrachtern kann allerdings die Zirkelhaftigkeit auch der »Zuordnungslehre« nicht entgehen, denn letztlich umschreibt sie nur die Übereinkunft, einseitig regelndes Handeln aufgrund bestimmter Rechtssätze als (nach Form und Inhalt und insoweit uneingeschränkt) öffentlichrechtlich zu bezeichnen. Zwar überwiegt sie inzwischen in jeweils leicht variierten und modifizierten Fassungen in der Literatur,[7] jedoch hat sie sich in der Rechtsprechung noch nicht durchsetzen können. Die Rechtsprechung benutzt vielmehr den oben beschriebenen »Theorie«-Bestand wie einen Steinbruch und entnimmt

---

4 Ausführlicher dazu – und zu den anderen Abgrenzungstheoremen – (V) *W. Schmidt*, Verwaltungsrecht Rn. 214, 242–244, 252. Zur Unbrauchbarkeit des Interessenkriteriums (V) BVerwGE 19, 308 (312); 41, 127 (130).

5 (F) *Schenke* Rn. 101.

6 Zur unterschwelligen Verwandtschaft beider Theorien (V) *W. Schmidt*, Verwaltungsrecht Rn. 243.

7 Das gilt für alle oben Fn. 3 angegebenen Nachweise und ebenso für die Verwaltungsrechtslehrbücher.

ihm von Fall zu Fall die passend erscheinenden Argumentationsversatzstücke.[8]
Für die Gutachtenarbeit kann nach alledem nur empfohlen werden, sich in den unproblematischen Fällen nicht in den Theorienstreit zu verlieren und möglichst wenig Raum und Energie (und damit Zeit) auf das Theorienreferat zu verwenden.[9] Meist genügt die formelhafte Bezugnahme auf die »Zuordnungslehre« (und dabei deren »Sonderrechts«-Element). Das mag wenig wissenschaftlich und deshalb eher anstößig klingen, aber die genannten »Theorien« täuschen ihrerseits mehr Wissenschaftlichkeit vor, als sie einzulösen vermögen. In den problematischen Fällen bedarf es ohnehin zusätzlicher Argumente (auch dazu noch unten Rn. 249).

bb) In Teilen der Ausbildungsliteratur wird im Rahmen des § 40 I VwGO **138**
geprüft, ob überhaupt eine »(öffentlich-)**rechtliche** Streitigkeit« vorliege.[10] Das betrifft die ihrerseits umstrittene Frage, ob es »gerichtsfreie« oder »justizfreie Hoheitsakte« gibt; genannt werden in diesem Zusammenhang Regierungsakte und Gnadenakte. Unübersichtlich ist dabei der Sammelbegriff »Regierungsakte«: Als Beispiele dienen die Beantwortung parlamentarischer Anfragen durch die Regierung, die Anordnung eines militärischen Bereitschaftsdienstes durch die Bundesregierung (§ 6 VI WPflG), aber auch Ordensverleihungen.[11] Die Rechtsprechung behandelt diese Fälle teils als Frage nach der Abgrenzung der verfassungsrechtlichen Streitigkeit von der (öffentlichrechtlichen) Streitigkeit nichtverfassungsrechtlicher Art, also an

8 Als Beispiel (F) BVerwGE 38, 281 (284), wo eine Kombination von Zuordnungs- und Interessenkriterium erkennbar wird; zu Stellungnahmen gegen das isolierte Interessenkriterium die Rechtsprechungsnachweise oben Fn. 4.

9 Dazu einige Beispiele: (1) Wenn eine Demonstration aufgelöst worden ist oder (2) ein Ausländer ausgewiesen werden soll, ist es unsinnig, über mehrere Seiten mit Hilfe der unterschiedlichen »Theorien« zu belegen, daß solche Maßnahmen der zuständigen Behörde auf der Grundlage von § 15 I VersG bzw. § 45 I AuslG dem öffentlichen Recht zuzuordnen sind. (3) Ebenso überflüssig ist der umständliche Nachweis, daß sich für einen Vertrag die Zuordnungsfrage weder mit der »Subjektionstheorie« noch mit der »Interessentheorie« entscheiden läßt. Wenn (4) die Nichtversetzungsentscheidung einer Privatschule angefochten wird, muß von vornherein geprüft werden, ob die Privatschule mit öffentlichrechtlichen Befugnissen (die denen einer staatlichen Schule gleichstehen) »beliehen« worden ist; es ist geradezu widersinnig, dieser Prüfung ein hochgelehrtes, aber freischwebendes, weil in keiner Weise fallbezogenes Referat sämtlicher gängiger Abgrenzungstheorien bis zurück zu *Ulpian* (»publicum ius est quod...«) vorzuschalten – sehr mißverständlich (F) *Achterberg*, Fälle und Lösungen (Allgemeines Verwaltungsrecht), 6. Aufl. 1986, S. 70ff.

10 (F) *Schmitt Glaeser* Rn. 38ff. (»Rechtsstreitigkeit«); dem folgt (F) *Frotscher*, Jura 1980, 1ff. (5: »rechtliche Streitigkeit«); im Ergebnis so auch (F) *Stern*, S. 55. *Schenke* Rn. 89ff. nennt von vornherein die in Betracht kommenden Fallgruppen, wobei jedenfalls die der sog. »besonderen Gewaltverhältnisse« besser erst zur Klageart oder Klagebefugnis erörtert werden (vgl. aaO Rn. 98).

11 (F) *Schmitt Glaeser* Rn. 40 nennt zusätzlich noch Maßnahmen gem. Art. 63; 64 I; 65 S. 1; 82; 110 II; 115 a GG.

anderer Stelle des § 40 I VwGO,[12] teils bei den Merkmalen eines Verwaltungsakts zu § 42 I VwGO,[13] teils bei der Prüfung der Klagebefugnis gemäß § 42 II VwGO.[14] Die Kommentare zur VwGO erörtern die Streitfrage durchweg zu § 42 I VwGO.[15] Diese Lösungen entsprechen jeweils der Systematik der VwGO. Demgegenüber setzt sich die Anknüpfung an das Teilmerkmal »(öffentlich-)rechtliche Streitigkeit« aus Gründen einer (m. E. nicht zwingenden) dogmatischen Auffassung vom System des Rechtsschutzes gegen die öffentliche Gewalt (vgl. Art. 19 IV GG) über die VwGO hinweg.[16] Dadurch werden Fragen, die nach der Fassung der VwGO an einer späteren Stelle (§ 40 I 1, 2. Alternative; 42 I, II VwGO) geprüft werden müßten, dort künstlich abgetrennt und in die von ihrem Wortlaut her dafür wenig geeignete Prüfung der »öffentlichrechtlichen Streitigkeit« gezogen. Ein solcher Aufbau ist deshalb nicht zu empfehlen.

139 b) Die (Negativ-)Voraussetzung einer Streitigkeit »nichtverfassungsrechtlicher Art« ist in den meisten Fällen unproblematisch und kann dann knapp und formelhaft abgehandelt werden. Allerdings ist die dafür gebräuchliche Formel in den wenigen problematischen Abgrenzungsfällen nur eingeschränkt brauchbar. Erforderlich sind deshalb die Kenntnis der Formel und der wenigen Fälle, auf die sie nicht paßt.

Für den Begriff der »verfassungsrechtlichen« Streitigkeit kann nicht einfach auf die Verfahrensarten des Verfassungsprozeßrechts verwiesen werden, also auf einen prozeßrechtlichen oder »formellen« Begriff, weil – von Wortlaut und Gesetzessystematik des § 40 I VwGO einmal abgesehen[17] – infolge des im Verfassungsprozeßrecht geltenden Enumerationsprinzips (dazu schon oben Rn. 39) verfassungsrechtliche Konflikte denkbar sind, für die kein verfassungsgerichtliches Verfahren vorgesehen ist und die wegen § 40 I VwGO auch nicht vor die Verwaltungsgerichte gehören; es bliebe allenfalls der subsidiäre Rechtsweg zu den ordentlichen Gerichten gemäß Art. 19 IV

---

12 So (F) HessVGH DVBl. 1968, 811 = DÖV 1968, 574: parlamentarische Erklärung der hessischen Landesregierung zu Art. 29 V GG.

13 (F) BVerwGE 15, 63 (64), zu einer Maßnahme gem. § 6 VI (damals § 6 VII) WPflG; OVG Lüneburg OVGE 17, 485: Ordensverleihung.

14 (F) OVG Münster DVBl. 1967, 51 (54): Beantwortung einer kleinen parlamentarischen Anfrage im Bundestag und Streit um deren Widerruf; vgl. auch noch unten Rn. 160 zum Gnadenakt.

15 Als Beispiele (F) *Kopp* Anhang § 42 Rn. 25–28, oder *Redeker/von Oertzen* § 42 Rn. 59–60.

16 Besonders deutlich (F) *Schmitt Glaeser* Rn. 37; *Kunig*, Jura 1990, 386.

17 Weniger überzeugend ist die Auslegung aus dem Wortlaut (:»verfassungsrechtlich«, nicht »nichtverfassungsrechtlich«), stärker die aus der Gesetzgebungssystematik: Die Beschränkung auf die Verfahrensarten des Verfassungsprozeßrechts würde schon von § 40 I 1 (3. Merkmal) erfaßt; § 40 I 1 (2. Merkmal) VwGO wäre damit überflüssig; dazu (F) *Schmitt Glaeser* Rn. 57.

GG, dessen Voraussetzungen hier gewöhnlich aber auch nicht erfüllt sind.[18] Deshalb fordern Rechtsprechung und Literatur zu § 40 I VwGO einen »materiellen« (oder »materiellrechtlichen«) Begriff der »verfassungsrechtlichen Streitigkeit«; abgehoben wird auf eine »materielles Verfassungsrechtsverhältnis«, das in zweierlei Hinsicht definiert wird: durch seinen Maßstab (Verfassungsrecht, hier genauer: Staatsrecht – vgl. oben Rn. 2) und durch seine Beteiligten, als die nur »am Verfassungsleben beteiligte Organe« (oder deren Teile) genannt werden;[19] im Ergebnis also die Beteiligten eines verfassungsgerichtlichen Organstreits und auch des Bundes-Länder-Streits (vgl. Art. 93 I Nr. 1, 3 GG). Die Schwächen dieser Formel ergeben sich daraus, daß einerseits nicht alle so definierten Rechtsverhältnisse zu verfassungsrechtlichen Streitigkeiten führen und daß die Formel andererseits den Bürger als an einem solchen Rechtsverhältnis Beteiligten nicht kennt. Während man sich an der letzgenannten Fallgruppe trotz der Ausgestaltung der hessischen Grundrechtsklage (die im Unterschied zur Verfassungsbeschwerde einen Antragsgegner kennt und gemäß § 46 III HessStGHG auch gegen ein oberstes Staatsorgan gerichtet werden kann) noch vorbeimogeln kann,[20] sind jene Fälle sehr viel schwieriger (und im Ergebnis nur unter Inkaufnahme von gedanklichen Brüchen) zu beurteilen, in denen ein Bürger gegen ein oberstes Staatsorgan (z.B. das Parlament oder den Parlamentspräsidenten) klagt und sich dafür auf die Verletzung von Verfassungsrecht beruft. Es sind zugleich die Problemfälle dieser Teilvoraussetzung des § 40 I VwGO.

(L) BVerwG NJW 1976, 637 (usw.)[21]: Ein Bürger richtet eine Petition (vgl. Art. 17 GG) an den Hessischen Landtag und fordert eine Richteranklage gemäß Art. 98 GG – das BVerwG kommt gleichwohl zur »Streitigkeit nichtverfassungsrechtlicher Art«.

(F) BVerfGE 27, 152 (157): Eine politische Partei bestreitet dem Bundestagspräsidenten die Rückforderung einer Wahlkampfkostenerstattung – das BVerfG sieht den Bundestagspräsidenten hier als Behörde (vgl. später (F) BVerwG NJW 1985, 2346).

Schließlich behandelt die Rechtsprechung die staatsvertraglichen Streitigkeiten zwischen Bundesländern (oder Bund und Land) als Streitigkeiten nichtverfassungsrechtlicher Art im Sinne des § 50 I Nr. 1 VwGO.[22] Aufgrund dieser insgesamt »mehr praktischen« Rechtsprechung läßt sich die öffentlichrechtliche Streitigkeit nichtverfassungsrechtlicher Art »nicht ganz

---

18 Als Beispiel (F) OVG Münster OVGE 29, 218, und dazu (V) *Menger*, VerwArch 66 (1975); 169ff. (172ff.): Ausgestaltung der Vorbereitung eines Volksbegehrens nach nordrhein-westfälischem Landesverfassungsrecht; vgl. allgemein auch (V) BVerfGE 13, 54 (96f.).

19 (L) BVerwG NJW 1976, 637 = JZ 1976, 239 = DÖV 1976, 315; *Schmitt Glaeser* Rn. 59.

20 Die h. M. verweist darauf, daß wegen der Subsidiarität der Verfassungsbeschwerde (oder einer Grundrechtsklage) der Verwaltungsrechtsweg nicht verschlossen ist – aber das betrifft eine ganz andere Frage als die Auslegung des § 40 I 1 VwGO.

21 Vgl. oben Fn. 19.

22 Als Beispiel (F) BVerwGE 60, 162 (172f.).

eindeutig abgrenzen«;[23] theoretisch ist sie in solchen Fällen »äußerst schwierig ... zu bestimmen«[24] – aber glücklicherweise ist die Zahl solcher Problemfälle sehr begrenzt.
Von der soeben erwähnten Auslegung des § 50 I Nr. 1 VwGO abgesehen (die zu dem im Umgang mit § 40 I 1 VwGO erforderlichen positiven Wissen gehört), läßt sich die Arbeit mit § 40 I 1 VwGO mit Hilfe von drei Fallgruppen vereinfachen: (1) Auf beiden Seiten des Rechtsstreits sind oberste Staatsorgane (oder Teile solcher Organe) beteiligt; (2) auf keiner Seite oder (3) auf nur einer Seite gibt es einen solchen Beteiligten. Die beiden ersten Fallgrupen lassen sich mit jeder Definition der »verfassungsrechtlichen Streitigkeit« (positiv bzw. negativ) kurz zuordnen. Im Hinblick auf die allein (leicht) problematische dritte Fallgruppe ist die ausführlichere Doppelformel des BVerwG besser geeignet als die in Teilen der Literatur gängige, auf eine positive Begriffsbestimmung verkürzte Formel (von den »Streitigkeiten zwischen am Verfassungsleben unmittelbar beteiligten Rechtsträgern«);[25] dem BVerwG zufolge »gehören zu den verfassungsrechtlichen Streitigkeiten, die von der Rechtswegzuweisung des § 40 Abs. 1 Satz 1 VwGO ausgenommen sind, nur solche Prozesse, die die Rechtsbeziehungen von Verfassungsorganen zueinander betreffen, nicht hingegen Streitigkeiten zwischen dem Bürger und dem Staat, selbst wenn ein Verfassungsorgan daran beteiligt ist.«[26]
Aber gerade im Hinblick auf diese mehr pragmatische als theoretisch gebildete dritte Fallgruppe und auch auf die von keiner der gängigen Formeln klar erfaßbare Ausnahme des § 50 I Nr. 1 VwGO lohnt für die Arbeit mit § 40 I 1 VwGO kein über solche formelhafte Zuordnungen hinausgehender theoretischer Aufwand.

140 c) Das dritte der in § 40 I 1 VwGO genannten Merkmale setzt die Kenntnis der für das Pflichtfachstudium einschlägigen bundesgesetzlichen Sonderzuweisungen voraus. Es sind schon im GG selbst (also mit Verfassungsrang!) Art. 14 III 4; 34 S. 3 GG; aus dem sonstigen Pflichtfachstoff in erster Linie §§ 23ff. EGGVG,[27] §§ 217ff. BauGB und §§ 62 I 1, 68 OWiG für die Anfechtung von Bußgeldbescheiden. In allen diesen Fällen geht es um Verweisungen an die ordentlichen Gerichte.[28] § 40 I 1 VwGO betrifft Sonderzuweisungen außerhalb der VwGO; in der VwGO selbst sind in § 40 II 1 VwGO einige (früher nicht ausdrücklich geregelte, deshalb) »Traditionszuweisungen« an die ordentlichen Gerichte legalisiert worden (zu den Einzel-

---

23 So (V) BVerwGE 24, 272 (279).
24 Vgl. (V) *Menger* (oben Fn. 18), S. 174.
25 (F) *Kopp*, § 40 VwGO Rn. 32.
26 (F) BVerwGE 51, 69 (71).
27 Als Rechtsprechungsbeispiel (F) BVerfGE 47, 255, und dazu (V) *Amelung*, JZ 1975, 526f.; *Naumann*, DÖV 1975, 278f.
28 Streitigkeiten vor den Finanz- und Sozialgerichten liegen außerhalb des Pflichtfachstoffs.

fällen aus der Sicht des materiellen Rechts noch unten Rn. 244, 258, 261, 273); die Rückausnahmen des § 40 II 2 VwGO zielen u. a. auf § 126 I, II BRRG; § 48 VI VwVfG. Ist keine Zuweisung an ein anderes Gericht gegeben (um eben dies zu erkennen und behaupten zu können, bedarf es der positivrechtlichen Kenntnisse), so genügt im Gutachten eine kurze Feststellung dieses Befundes.

3. Klage- und Verfahrensarten (Überblick)

Die Klage- und Verfahrensarten der VwGO richten sich nach der Art des **141**
umstrittenen Verwaltungshandelns (einschließlich der Verantwortung für die Rechtsfolgen tatsächlicher Abläufe). Für die direkte Normenkontrolle von autonomen Satzungen und Rechtsverordnungen gibt es den Antrag gemäß § 47 VwGO. Bei einzelfallbezogenen Streitigkeiten ist zu unterscheiden, ob um einen Verwaltungsakt gestritten wird oder nicht. Bei Verwaltungsakten kommen in erster Linie die Anfechtungs- oder die Verpflichtungsklage (§ 42 I VwGO) in Betracht und dann je nach Fallgestaltung unterschiedliche Feststellungsklagen, meist (und subsidiär) als sogenannte Fortsetzungsfeststellungsklagen (§ 113 I 4 VwGO, zum Teil in entsprechender Anwendung), selten (und dann wahlweise) als Klage auf Feststellung der Nichtigkeit eines Verwaltungsakts (§ 43 I, II 2 VwGO). In allen übrigen Fällen (also bei Realakten, öffentlichrechtlichen Verträgen und anderen öffentlichrechtlichen Rechtsverhältnissen) gibt es primär die allgemeine Leistungsklage (vgl. §§ 43 II 1; 113 IV VwGO) und subsidiär die allgemeine Feststellungsklage (§ 43 I, II 1 VwGO). Eine gewisse verfahrensrechtliche Selbständigkeit haben – unbeschadet ihrer grundsätzlichen Abhängigkeit von einem Hauptsacheverfahren – die Anträge an ein Verwaltungsgericht auf Gewährung einstweiligen Rechtsschutzes: in Anfechtungsstreitigkeiten aus § 80 V VwGO, in allen anderen Fällen aus § 123 VwGO (zum »Gericht der Hauptsache« § 123 II VwGO).[1]

4. Verwaltungsaktsbezogene Streitigkeiten (Arten und besondere Sachentscheidungsvoraussetzungen)

a) Anfechtungs- und Verpflichtungsklage (§ 42 I VwGO)

aa) Anfechtungs- und Verpflichtungsklage unterscheiden sich nach dem **142**
Klageziel: Aufhebung des Verwaltungsakts (Anfechtung), Verurteilung zum Erlaß eines abgelehnten (sogenannte »Weigerungs«- oder »Versagungsgegenklage« als Hauptfallgruppe der Verpflichtungsklagen) oder unterlassenen Verwaltungsakts (»Untätigkeitsklage«); bei Klagen auf eine Ermessensentscheidung ist streitig, ob die Verpflichtungsklage zur Bescheidungsklage

1 Zum »Gericht der Hauptsache« i. S. § 80 V VwGO (V) BVerwGE 39, 229 (230).

abzuschwächen ist (dazu Rn. 143). Die Statthaftigkeit jeder dieser Klagearten setzt einen Verwaltungsakt voraus. Bei Verpflichtungsklagen sind die Merkmale des begehrten Verwaltungsakts zu prüfen, nicht etwa im Fall der »Weigerungsgegenklage« die des Ablehnungsbescheids. Zwar ist auch der Ablehnungsbescheid ein Verwaltungsakt, jedoch ist ein zusätzlicher Aufhebungsantrag nicht erforderlich, sondern im Verpflichtungsantrag mitenthalten;[2] es ist also nur die Verpflichtungsklage zu prüfen, nicht auch eine gesonderte Anfechtungsklage. Das beruht auf dem das ganze Prozeßrecht (nicht nur das Verwaltungsprozeßrecht) durchziehenden Gedanken, daß zur Entlastung der Gerichte und ihrer Verfahren von mehreren nebeneinander konstruierbaren Rechtsschutzbegehren nur der einfachere Weg zulässig ist; dieses Rechtsschutzbedürfnis ist hier zur Klärung des Verhältnisses von Anfechtungs- und Verpflichtungsklage schon zur Statthaftigkeit der Klageart zu prüfen und geht in dieser Teilprüfung auf (zu seiner selbständigen Prüfung als allgemeine Sachentscheidungsvoraussetzung noch unten Rn. 156). Ebenso ist es in zwei weiteren Fällen: (1) der Anfechtung von Widerrufs- und Rücknahmebescheiden (§§ 48, 49 VwVfG) – hier genügt die Anfechtungsklage[3] – und (2) der »isolierten Anfechtungsklage«, mit der ein Kläger sich auf die Anfechtung des Ablehnungsbescheids beschränkt. Als überwiegendes Ergebnis einer nicht immer ganz deutlichen Rechtsprechung und einer im Verhältnis zur praktischen Bedeutung der Frage schon fast unangemessen breiten Diskussion in der Literatur läßt sich zusammenfassen: In aller Regel wird für die isolierte Anfechtungsklage das Rechtsschutzbedürfnis fehlen; ausnahmsweise wird sie für zulässig gehalten, wenn der Kläger im Zeitpunkt der Klageerhebung kein Interesse an dem ursprünglich begehrten und ihm versagten Verwaltungsakt hat, wohl aber an der Aufhebung des ablehnenden Bescheids.

Beispiel[4]: Dem Kläger ist eine von ihm beantragte Exportgenehmigung (wie er meint: rechtswidrig) verweigert worden. Wegen einer Veränderung der Konjunkturlage hat er zur Zeit zwar kein Interesse an dem ursprünglich geplanten Geschäft, wohl aber an der Aufhebung des Ablehnungsbescheids, um bei veränderter wirtschaftlicher Situation den Antrag mit mehr Aussicht auf Erfolg stellen zu können.

143 bb) Wer einen ihn begünstigenden Verwaltungsakt beantragt, dessen Erlaß im Ermessen der Behörde steht, hat zwar einen Anspruch auf fehlerfreie Ermessensausübung (Bescheidungsanspruch), in aller Regel aber nicht auf eine bestimmte Ermessensentscheidung. Dementsprechend führt seine Verpflichtungsklage regelmäßig nur zu einem abgeschwächten Verpflichtungsurteil, dem sogenannten Bescheidungsurteil (§ 113 V 2 VwGO); im übrigen wird

2 (F) BVerwGE 25, 357 (358); 51, 15 (23); *Stern*, S. 64f.; *Kopp* § 42 VwGO Rn. 21; zu einer Ausnahme (F) HessVGH RsprHessVG 1969, 49.

3 Bei erfolgreicher Anfechtung eines rechtswidrigen Rücknahme- oder Widerrufsbescheids wird fingiert, daß der ursprüngliche Verwaltungsakt »wiederauflebt«, genauer: als nicht zurückgenommen (oder widerrufen) gilt; (F) *Maurer* § 11 Rn. 20.

4 Im Anschluß an (F) *Stern*, S. 65; aus der Rechtsprechung (V) BVerwGE 38, 99 (103).

die Klage abgewiesen. Umstritten ist, ob der Kläger zur Vermeidung einer solchen teilweisen Klageabweisung von vornherein eine (in der VwGO nicht ausdrücklich geregelte, aber aus § 113 V 2 VwGO ableitbare) Bescheidungsklage erheben kann (die auf einen Ausspruch im Sinne von § 113 V 2 VwGO gerichtet ist) oder ob er immer eine uneingeschränkte Verpflichtungsklage erheben muß. Wenn der Kläger zur Begründung seiner Klage nicht mehr vorträgt als den Anspruch auf fehlerfreie Ermessensausübung, ist die Abschwächung der Verpflichtungsklage zur Bescheidungsklage ebenso unschädlich wie die uneingeschränkte Verpflichtungsklage in den Fällen, in denen der Kläger meint, seinen Anspruch auf die berühmte »Ermessensreduktion auf Null« begründen zu können. Die Klagearten sind die prozeßrechtliche Spiegelung materiellrechtlicher Ansprüche; deshalb kann der (unstreitige) Bescheidungsanspruch auch zu einer Bescheidungsklage führen.[5]

b) Klagebefugnis (§ 42 II VwGO)

aa) Mit § 42 II VwGO soll verhindert werden, daß irgendjemand (aus dem **144**
Volke = »quivis ex populo«, deshalb: mit einer »Popularklage«) ohne eigene rechtliche Beziehung zu dem Streitgegenstand die Verwaltungsgerichte anruft. Dementsprechend genügt später zur Begründetheit der Klage nicht, daß der Verwaltungsakt (oder seine Ablehnung oder Unterlassung) rechtswidrig ist; der Kläger muß »dadurch auch in seinen Rechten verletzt« sein – dieser Wechselbezug von § 42 II und 113 I 1, V 1 VwGO muß auch im Gutachten stets beachtet, prozeßrechtliche und Sachprüfung müssen insoweit aufeinander abgestimmt werden. Unstreitig ist die Formulierung des § 42 II VwGO mißglückt. Wollte man (dem Wortlaut gemäß) vom Kläger fordern, **positiv** anzugeben, in welcher Weise er »in seinen Rechten verletzt« worden ist, so würde der Sachstreit in die prozeßrechtliche Prüfung (die Begründetheitsprüfung in die Zulässigkeitsprüfung) vorgezogen. Deshalb hat die Rechtsprechung (mit allgemeiner Zustimmung der Literatur) die positiven Forderungen des Gesetzeswortlauts ins **Negative** umformuliert: »Eine Klage ist nur dann **un**zulässig, wenn offensichtlich und eindeutig nach keiner Betrachtungsweise die vom Kläger behaupteten Rechte bestehen oder ihm zustehen können«.[1] Für die Arbeit mit § 42 II VwGO genügt die Kenntnis (und Anwendung) dieser Formel; eine Auseinandersetzung mit den älteren, zeitlich vor dieser Rechtsprechung diskutierten »Theorien« ist durchweg entbehrlich.[2]

---

5 So das BVerwG und die überwiegende übrige Rechtsprechung gegen die Oberverwaltungsgerichte von NW und Rheinland-Pfalz; (F) BVerwGE 48, 237 (238); 80, 270 (272); (F) *Kopp* § 42 VwGO Rn. 5; *Schenke* Rn. 264, 299; für die Gegenmeinung (F) *Stern*, S. 208 f.; *Schwerdtfeger* Rn. 163; oder *Schmitt Glaeser* Rn. 302.

1 (L) BVerwGE 44, 1 (3).

2 Am meisten genannt werden die »Möglichkeits«- und die »Schlüssigkeitstheorie«; vgl. (F) *Schmitt Glaeser* Rn. 154 f.; *Schwerdtfeger* Rn. 187–193. Diese »Theorien« sind – von ihrer

bb) Die Anwendung des § 42 II VwGO auf einen konkreten Fall bleibt bei der Anfechtungsklage des Adressaten (vgl. § 13 I Nr. 2 VwVfG) eines belastenden Verwaltungsakts weitgehend leerformelhaft (1). Etwas mehr muß bei Verpflichtungsklagen gesagt werden (2). Die eigentlich problematischen Fälle sind die Anfechtungsklagen von Drittbetroffenen (3).

(1) Ein rechtswidriges Gebot oder Verbot braucht niemand hinzunehmen. Ob es rechtswidrig ist, entscheidet sich erst in der Begründetheitsprüfung. Für die Zulässigkeitsprüfung kann (kurz!) auf das Recht des Verwaltungsaktsadressaten hingewiesen werden, dessen Verletzung noch zu prüfen ist. Manchmal wird das ein Grundrecht sein, z.B. Art. 14 I 1 GG. Zwar wird empfohlen, auf die allgemeine Handlungsfreiheit als Schutz gegen staatliche Eingriffe, also auf Art. 2 I GG in seiner verfahrensrechtlichen Funktion als Eingriffsfreiheit zu verweisen,[3] jedoch ist, wenn irgend angängig, die Bezugnahme auf das speziellere Recht vorzuziehen, das später Maßstab der Begründetheitsprüfung wird.

(2) Bei Verpflichtungsklagen muß zu § 42 II VwGO die Rechtsgrundlage genannt werden, aufgrund deren die Behörde den Verwaltungsakt zugunsten des Antragstellers und Klägers erlassen soll; es muß gleichsam eine Anspruchsgrundlage zugunsten des Antragstellers und Klägers bestehen. Bei einer Weigerungsgegenklage muß die Klagebefugnis deshalb auf den Verwaltungsakt bezogen werden, der beantragt worden ist, und nicht etwa auf den ablehnenden Bescheid.[4] Die »Anspruchsgrundlage« muß dem Kläger »zustehen können« (s.o.).

145 (3) Die Unterscheidung zwischen Adressaten und Drittbetroffenen eines Verwaltungsakts ist in §§ 13 I Nr. 2, II 2; 41 I 1; 43 I 1; 50 VwVfG, 80 a VwGO geregelt. In der Verwaltungsrechtsdogmatik wird sie gewöhnlich unter dem Stichwort »Verwaltungsakt mit Drittwirkung« thematisiert. Ein Verwal-

---

Überlebtheit einmal abgesehen – entweder sprachlich mißverständlich formuliert (die oben bei Fn. 1 zitierte und allgemein akzeptierte Formel entspräche einer »Unmöglichkeitstheorie«) oder (wie die Schlüssigkeitstheorie) im Verwaltungsprozeß schon von ihrem Ansatz her problematisch. Die Schlüssigkeitsprüfung ist für den Zivilprozeß entwickelt worden: dort ist eine Klage unschlüssig, wenn sie schon nach dem eigenen Vorbringen des Klägers abzuweisen ist; die Verteidigung ist unschlüssig, wenn der Klage schon nach dem eigenen Vorbringen des Beklagten stattzugeben ist (– auch hier wird also zweckmäßigerweise negativ formuliert). Im Verwaltungsprozeß kann es wegen § 86 I VwGO zu einer echten Schlüssigkeitsprüfung nicht kommen; dazu (V) *Schmitt Glaeser* Rn. 154, oder *Kopp* Rn. 22 vor § 40 VwGO. Außerdem werden in Universitätsübungen und im Referendarexamen in aller Regel unstreitige Sachverhalte zugrundegelegt, die eine vollständige Schlüssigkeitsprüfung (aus der Sicht der konträr Beteiligten) nicht ermöglichen.

3 (F) *Schwerdtfeger* Rn. 52, zu Art. 2 I GG als Eingriffsfreiheit oben Rn. 94.

4 So kam es schon zur Statthaftigkeit der Klageart auf den beantragten Verwaltungsakt an und nicht auf den ablehnenden Bescheid, dazu oben Rn. 142.

tungsakt kann zugleich seinen Adressaten und weitere Dritte belasten wie z.B. die Ausweisungsverfügung den Ausländer und seine Familienangehörigen (vgl. § 45 II Nr. 2 AuslG). Stärker verbreitet sind die Fälle, in denen der Verwaltungsakt seinen Adressaten begünstigt und zugleich einen Dritten belastet wie z.B. die Baugenehmigung einen oder mehrere Nachbarn.[5] Hier wird jetzt in § 50 VwVfG, § 80 a II VwGO für den Dritten die Anfechtungsklage als statthaft vorausgesetzt.[6] Zur Klagebefugnis des Dritten muß stets angegeben werden, in welchem ihm zustehenden Recht er durch den Verwaltungsakt verletzt sein könnte. Gerade hier kommt es darauf an, offensichtliche Popularklagen von vornherein als unzulässig auszusondern; dementsprechend müssen hier sachverhaltsbezogene Ausführungen zu der zugunsten des Dritten bestehenden Schutznorm gemacht werden.[7]

c) Vorverfahren (§§ 68ff. VwGO)

aa) Vor Anfechtungs- und Verpflichtungsklagen muß gemäß § 68 I 1, II **146**
VwGO[1] in der Regel (zu den Ausnahmen § 68 I 2; 75 VwGO) ein Vorverfahren durchgeführt werden. Es beginnt mit einem fristgebundenen Widerspruch. Für das weitere Verfahren ist grundsätzlich zwischen der Ausgangsbehörde (§ 70 I 1 VwGO) und der Widerspruchsbehörde (§ 73 I 1, 2 Nr. 1 VwGO) zu unterscheiden; ausnahmsweise sind beide Behörden identisch (§ 73 I 2 Nr. 2, 3 VwGO). Wird dem Widerspruch abgeholfen und durch diese Änderung der Ausgangsentscheidung kein Dritter[2] belastet (§ 71 VwGO), so ergeben sich hier keine weiteren Probleme; diese entstehen nur durch einen für den Widerspruchsführer oder einen Dritten nachteiligen Widerspruchs- (oder Abhilfe-)bescheid.

Das Vorverfahren ist ein Verwaltungsverfahren, das sich in seiner Zielsetzung (Entscheidungskontrolle) zwar von dem Verwaltungsverfahren der Entscheidungsvorbereitung (vgl. § 9 VwVfG) unterscheidet, für das gemäß § 79

---

5 Eine Übersicht über die Fallgruppen des »Verwaltungsakts mit Drittwirkung« noch unten Rn. 254 (255–257).

6 Das entspricht der Rechtsprechung; zur baurechtlichen Nachbarklage hier schon (V) BVerwGE 22, 129, und noch unten Rn. 207.

7 Die Schutznorm wirkt im Ergebnis also wie eine Anspruchsgrundlage zugunsten des Dritten gegen den Adressaten; deshalb nahm die Rechtsprechung anfangs eine Verpflichtungsklage an; dazu nochmals (V) BVerwGE 22, 129 (131f.), sowie unten Rn. 207.

1 Eine Parallelregelung enthält § 24 II EGGVG für die Justizverwaltungsakte. In beamtenrechtlichen Streitigkeiten muß gemäß § 126 III BRRG immer ein Vorverfahren durchgeführt werden (zu beiden Vorschriften schon oben Rn. 140). Zur teilweisen Anwendbarkeit der §§ 68ff. VwGO auch für »Fortsetzungsfeststellungsklagen« unten Rn. 149 (zu bb).

2 Z.B. der Bauherr auf den Widerspruch des Nachbarn oder umgekehrt (– eine auf Einwendungen des Nachbarn zunächst versagte Baugenehmigung wird auf den Widerspruch des Antragstellers hin doch erteilt). Der Dritte ist gemäß §§ 79, 28 VwVfG vor Erlaß der Abhilfeentscheidung zu hören; (F) *Weides*, Verwaltungsverfahren und Widerspruchsverfahren, 3. Aufl. 1993, S. 230.

VwVfG aber ergänzend (also subsidiär hinter den § 68ff. VwGO) die Vorschriften des VwVfG gelten, z.B. §§ 17–19, 45 I Nr. 2 VwVfG. Es dient der Nachprüfung von Rechtmäßigkeit **und Zweckmäßigkeit** des Verwaltungsakts, ist also nicht auf die Korrektur rechtlicher Fehler beschränkt, sondern ermöglicht auch eine andere Ausfüllung von Entscheidungsspielräumen, namentlich also die **Änderung von Ermessensentscheidungen aus anderen als Rechtsgründen** (vgl. schon oben Rn. 133). Voraussetzung dafür ist, daß auch die Widerspruchsbehörde selbst zuständig ist, die Ermessensentscheidung zu erlassen (oder den »Beurteilungsspielraum« selbst auszufüllen);[3] das ist sie, wenn sie nicht auf die Rechtsaufsicht beschränkt, sondern zugleich Fachaufsichtsbehörde ist (zu dieser Unterscheidung schon oben Rn. 38 Fn. 23). Grenzen einer solchen Ermessensänderung ergeben sich aus den Vertrauensschutzregelungen der §§ 48, 49 VwVfG. Die gleichen Voraussetzungen und Grenzen (Entscheidungskompetenz der Widerspruchsbehörde; Vertrauensschutz aus §§ 48, 49 VwVfG) gelten nach inzwischen überwiegender Aufassung ganz allgemein für die Schlechterstellung des Widerspruchsführers (die sogenannte reformatio in peius).

Beispiel (F) BVerwGE 51, 310 (313f.)[4]: Die auf einen Gebäudeteil beschränkte Abbruchverfügung der Ausgangsbehörde wird durch die Widerspruchsbehörde auf das gesamte Gebäude ausgedehnt.

Hat ein Drittbetroffener (z.B. ein Nachbar gegen eine Baugenehmigung) Widerspruch eingelegt, so entfällt der Vertrauensschutz des Verwaltungsaktsadressaten (also des Inhabers der Baugenehmigung) gemäß § 50 VwVfG. Die Widerspruchsbehörde ist jetzt aber auf Aufhebungsgründe beschränkt, die sich aus Schutznormen zugunsten des Dritten ergeben; sie darf in diesem Widerspruchsverfahren den Verwaltungsakt nicht wegen anderer Rechtsfehler aufheben.[5]
Die §§ 48, 49 VwVfG bilden auch die Rechtsgrundlage für die Befugnis der Behörde, über einen verspäteten Widerspruch (des Verwaltungsaktsadressaten[6] oder Dritten[7]) sachlich zu entscheiden und dadurch für eine anschließende Verwaltungsklage das Hindernis der Fristversäumung auszuräumen. Die Entscheidung, so zu verfahren, liegt grundsätzlich im Ermessen der Behörde; Ausnahmen können sich aus § 60 VwGO oder im Rahmen der §§ 79, 51 VwVfG ergeben.

---

3 Als Beispiele für den »Beurteilungsspielraum« (F) BVerwGE 57, 130 (145, 147); (L) BVerfGE 84, 34 I (52ff.).

4 Das Urteil stammt aus der Zeit vor Geltung der § 48, 49 VwVfG und enthält Formulierungen, die auch einen geringeren Vertrauensschutz als rechtmäßig erscheinen lassen; (V) *Weides* (Fn. 2), S. 294 (300 m. w. N. in Fn. 56f.), oder *Schmitt Glaeser* Rn. 211ff.; aus der Rechtsprechung (F) BVerwGE 65, 313 (319); anders z. B. (F) *Kopp*, § 68 VwGO Rn. 10.

5 (F) BVerwG DÖV 1969, 142 (143). Das entspricht dem Grundgedanken der §§ 42 II; 113 I 1 VwGO.

6 (F) *Schwerdtfeger* Rn. 34. Die Frage ist umstritten; (F) *Schmitt Glaeser* Rn. 193; *Schenke* Rn. 679–682.

7 (L) BVerwGE 78, 85.

bb) Je nach Sachverhalt einer Übungs- oder Examensaufgabe kann die Lösung auf die Prüfung der Erfolgsaussichten eines Widerspruchs hinauslaufen. Bei Ermessensentscheidungen können Ermessensfehler, namentlich Begründungsfehler, durch den Widerspruchsbescheid geheilt werden (§§ 39 I 3; 45 I Nr. 2, II VwVfG). Da gemäß § 79 I Nr. 1 VwGO der Ausgangsbescheid in der Gestalt, die er durch den Widerspruchsbescheid gefunden hat, Klagegegenstand wird, ist in solchen Fällen die im Rahmen des gängigen Klageprüfungsschemas beliebte Unterstellung, ein Vorverfahren habe stattgefunden, fehlerhaft;[8] in den anderen Fällen ist sie lebensfremd: Ein Rechtsanwalt wird einen Ratsuchenden zunächst über Erfordernis, Ablauf und Aussichten eines Vorverfahrens unterrichten und nicht gleich von einer Verwaltungsklage reden. Die Prüfung der Zulässigkeit bereitet denjenigen, die das Ziel des Vorverfahrens verstanden haben, keine besonderen Schwierigkeiten. Mit Ausnahme der Widerspruchsbefugnis verläuft sie parallel zum Grundaufbau für die prozeßrechtliche Prüfung von Anfechtungs- und Verpflichtungsklagen. Auszugehen ist von § 68 VwGO,[9] jedoch führt diese Vorschrift alsbald auf § 40 I VwGO zurück, denn das Vorverfahren der VwGO setzt den **Rechtsweg zu den Verwaltungsgerichten** voraus. § 68 I 1, II VwGO veranlaßt sodann die Prüfung, ob ein **Verwaltungsakt als Voraussetzung einer Anfechtungs- oder Weigerungsgegenklage** gegeben ist; das entspricht der Prüfung der Klageart. Liegen keine Ausnahmen gemäß § 68 I 2 VwGO vor, so folgt jetzt – äußerlich parallel zur Klagebefugnis des § 42 II VwGO, aber ohne daß diese Vorschrift Rechtsgrundlage der Prüfung ist! – die Prüfung der **Widerspruchsbefugnis**. Weil ein Widerspruch auch auf die Unzweckmäßigkeit des Verwaltungsakts oder seiner Ablehnung gestützt werden kann (nicht nur auf die Unrechtmäßigkeit!), muß der Widerspruchsführer **nicht** die **Verletzung** eigener Rechte geltend machen, sondern nur die **Betroffenheit in seinen Rechten**;[10] die Auslegungsformel zu § 42 II VwGO (oben Rn. 144) kann dafür verwendet werden, wenn im übrigen der Unterschied zwischen Rechtsverletzung im Sinne des § 42 II VwGO und der Rechtsbetroffenheit im Sinne des § 68 VwGO deutlich gemacht wird. Falls der Sachverhalt Daten hergibt, ist noch die Widerspruchsfrist des § 70 VwGO zu prüfen. Was zu den Aussichten des Widerspruchs in der Sache (also zur Begründetheit des Widerspruchs) zu untersuchen ist, hängt von der Fragestellung der Aufgabe ab. Bei dem einer Weigerungsgegenklage vorgelagerten Widerspruch können ohnehin nur die Rechtsaussichten geprüft werden, aber auch in Anfechtungsstreitigkeiten wird es – schon wegen der begrenzten Sachverhaltsdarstellung – meist nur um die Frage der Rechtmäßigkeit oder Rechtswidrigkeit des Verwaltungsakts gehen. **147**

8 Dazu eindringlich (V) *Schwerdtfeger* Rn. 776.

9 Zum *späteren* Einbau des § 79 VwVfG in diese Prüfung (V) *Schmitt Glaeser* Rn. 186; ein fast zu ausführliches Schema bei (F) *Schenke* Rn. 649.

10 (F) *Kopp* § 69 VwGO Rn. 6; oder *Weides* (Fn. 2), S. 280f.

d) Klagefrist (§ 74 VwGO)

148 Sie sollte (wie schon die Widerspruchsfrist des § 70 VwGO – dazu soeben Rn. 147) nur geprüft werden, wenn der Sachverhalt der Aufgabe entsprechende Daten angibt. Im Zusamenhang mit § 74 VwGO ist gegebenenfalls (das heißt auch hier: je nach Sachverhalt) an §§ 58 II; 73 III VwGO und an § 60 VwGO zu denken.

e) Die »Fortsetzungsfeststellungsklagen« (vgl. § 113 I 4 VwGO)

149 aa) Ein Verwaltungsakt kann zurückgenommen oder widerrufen werden; er kann sich durch Zeitablauf oder auf andere Weise erledigen (vgl. § 43 II VwVfG). Dann gibt es nichts mehr anzufechten; es läßt sich nur noch feststellen, daß der Verwaltungsakt rechtswidrig (oder rechtmäßig) gewesen ist. Diese Situation kann während eines anhängigen Anfechtungsprozesses eintreten, aber auch schon davor. Ausdrücklich geregelt ist nur der erstgenannte Fall: gemäß § 113 I 4 VwGO kann die Anfechtungsklage auf Antrag als Feststellungsklage fortgesetzt werden (»wenn ...« – dazu sogleich Rn. 150); in Rechtsprechung und Literatur hat sich dafür der Begriff »Fortsetzungsfeststellungsklage« durchgesetzt.
Auf den (praktisch sehr häufigen) Fall der Erledigung vor Klageerhebung wird § 113 I 4 VwGO entsprechend angewendet; auch diese nachträgliche Feststellungsklage wird (sprachlich widersinnig) meist »Fortsetzungsfeststellungsklage« genannt (obwohl keine andere Klage »fortgesetzt« wird).[1] Auch der Anlaß, einen Verwaltungsakt zu beantragen (und diesen Antrag mit der Verpflichtungsklage weiterzuverfolgen), kann sich (vor der gerichtlichen Entscheidung oder schon vor Klageerhebung) erledigen. Diese (praktisch eher seltenen[2]) Fälle sind überhaupt nicht geregelt; auch auf sie wird § 113 I 4 VwGO entsprechend angewendet.

bb) Die »Fortsetzungsfeststellungsklagen« treten an die Stelle einer Anfechtungs-oder Verpflichtungsklage. Deshalb wird für ihre Zulässigkeit inzwischen die gleiche Klagebefugnis (§ 42 II VwGO) gefordert, wie sie für die Anfechtungs- oder Verpflichtungsklage darzulegen gewesen wäre.[3] Ob auch ein fristgerecht eingeleitetes Vorverfahren (§§ 68, 70 VwGO) zu den Sachentscheidungsvoraussetzungen der »Fortsetzungsfeststellungsklage« gehört, hängt vom Zeitpunkt der Erledigung des Verwaltungsakts ab. Nur wenn dieser Zeitpunkt nach Ablauf der Widerspruchsfrist liegt, ist ein Vorverfahren erforderlich.[4]

---

1 Abweichende Vorschläge zur Terminologie bei (V) *Schmitt Glaeser* Rn. 352; vgl. auch (V) *W. Schmidt*, Verwaltungsrecht Rn. 158 Fn. 12.
2 Als Beispiel (F) BVerwGE 52, 313 (316 m. N.).
3 (F) *Schmitt Glaeser* Rn. 353; *Schenke* Rn. 362.
4 (F) BVerwGE 26, 161 (167); (F) *Schmitt Glaeser* Rn. 362.

cc) Eine besondere Sachentscheidungsvoraussetzung der »Fortsetzungsfeststellungsklage« (wie jeder Feststellungsklage; vgl. § 43 I VwGO) ist gemäß § 113 I 4 VwGO das **Feststellungsinteresse**. Unterschieden werden das »materielle Feststellungsinteresse« an einem Anspruch auf Schadensersatz oder Entschädigung – dies aber nur, wenn sich der Verwaltungsakt **nach** Klageerhebung erledigt hat,[5] das »ideelle Feststellungsinteresse« (dann zielt die Feststellungsklage auf Rehabilitierung des Klägers) und das Feststellungsinteresse aus einer Wiederholungsgefahr. Diese unterschiedlichen Interessen können einzeln und kombiniert auftreten.[6] **150**

5. Besonderheiten der allgemeinen Leistungsklage (vgl. §§ 43 II 1; 113 III VwGO)

aa) Die allgemeine Leistungsklage ist in der VwGO nicht gesondert (wie z.B. Anfechtungs- und Verpflichtungsklage in §§ 42, 68 ff.) geregelt, wird aber in einer Reihe von Vorschriften vorausgesetzt; dabei genügt inzwischen der Hinweis auf §§ 43 II 2; 113 IV VwGO (die ohnehin auch in anderem Zusammenhang immer wieder vorkommen; vgl. außerdem §§ 111, 169 II, 170 VwGO). Sie ist auf Leistungen gerichtet, die nicht im Erlaß eines Verwaltungsakts bestehen. Zu achten ist (1) auf diese Begrenzung des Streitgegenstands, weil bei verwaltungsaktsbezogenen Streitigkeiten mit Vorverfahren und Klagefrist (§§ 68 ff., 74 VwGO) zusätzliche (besondere) Sachentscheidungsvoraussetzungen gelten, die bei der allgemeinen Leistungsklage entfallen,[1] sowie (2) auf die entsprechende Anwendung des § 42 II VwGO.[2] **151**

bb) Als (allgemeine) Leistungsansprüche, die nicht auf den Erlaß eines Verwaltungsakts zielen, kommen in Betracht Ansprüche aus öffentlichrechtlichen Verträgen und anderweitig begründete Ansprüche auf ein öffentlichrechtlich qualifiziertes Handeln oder Unterlassen (also einen Realakt; z.B. den Widerruf einer ehrverletzenden Behauptung im Rahmen eines »Folgenbeseitigungsanspruchs« – dazu noch unten Rn. 269–271). Deliktisch begründete Ansprüche auf Schadensersatz in Geld gehören

---

5 (F) BVerwGE 81, 226.

6 Als Beispiel für eine Wiederholungsgefahr (F) BadWürttVGH DVBl. 1974, 201, für ein Rehabilitationsinteresse (F) BVerwGE 49, 36 (39).

1 Deshalb wird auch von einer Subsidiarität der allgemeinen Leistungsklage hinter der Verpflichtungsklage (die im Verhältnis zur allgemeinen Leistungsklage eine »besondere Leistungsklage« ist) gesprochen; (V) *Schmitt Glaeser* Rn. 373.

2 Überwiegende (und m.E. plausible) Meinung in Rechtsprechung und Literatur; (F) BVerwGE 36, 192 (199); im Ergebnis ebenso (ohne Nennung des § 42 II VwGO) BVerwGE 54, 29 (35); (F) *Schmitt Glaeser* Rn. 387; a.A. (F) *Kopp* § 42 VwGO Rn. 38. Der Argumentationsaufwand zu § 42 II VwGO analog entspricht hier dem bei einer Verpflichtungsklage (oben Rn. 144).

wegen Art. 34 S. 3 GG oder § 40 II VwGO vor die ordentlichen Gerichte.[3]
Bei öffentlichrechtlich begründeten Ansprüchen von Bürgern auf staatliche Geldleistungen entscheidet die zuständige Behörde über den Antrag auf Geldleistung meist durch einen Verwaltungsakt, durch den die Geldleistung für den Einzelfall festgesetzt wird; gegen einen ablehnenden Bescheid ist dann nur die Verpflichtungsklage, nicht die allgemeine Leistungsklage statthaft.[4] Der Anspruch eines Verwaltungsträgers gegen einen Bürger auf Geld wird meist durch einen Verwaltungsakt, den sogenannten Leistungsbescheid festgesetzt, der einen Vollstreckungstitel darstellt und deshalb eine Leistungsklage erübrigt.[5]
Umstritten sind insoweit Auskunftsansprüche eines Bürgers gegen eine Behörde (meist innerhalb eines Verwaltungsverfahrens gemäß § 25 S. 2 VwVfG): Vereinzelt hat das BVerwG zwar in einem Einzelfall die Entscheidung einer Verfassungsschutzbehörde über Erteilung oder Verweigerung einer Auskunft als Verwaltungsakt (mit der Folge einer Verpflichtungsklage und deren besonderen Sachentscheidungsvoraussetzungen der §§ 68ff., 74 VwGO) angesehen,[6] doch kann das nicht für Auskünfte aller Art verallgemeinert werden.[7]

6. Besonderheiten der allgemeinen Feststellungsklage (§ 43 VwGO)

152 Jede Gerichtsentscheidung zur Sache enthält als Minimum Festellungen über die Rechtsbeziehungen zwischen den Beteiligten, also darüber, ob und welche Art Rechtsverhältnis zwischen ihnen (oder zwischen einer Person und einer Sache) besteht. Soweit der Kläger diese Feststellung nicht schon mit einer (in ihrem Ziel und der Wirkung der auf sie ergehenden Entscheidung) weiterreichenden (allgemeinen oder besonderen) Leistungsklage oder Gestaltungsklage (namentlich einer Anfechtungsklage) oder einer insoweit ebenfalls spezielleren »Fortsetzungsfestellungsklage« erreichen kann, bleibt ihm die gemäß § 43 II 1 VwGO[1] deshalb grundsätzlich subsidiäre allgemeine

3 Hingegen fällt der soeben erwähnte »Folgenbeseitigungsanspruch«, weil nach h. M. kein Schadensersatzanspruch, nicht unter § 40 II 1 VwGO; dazu unten Rn. 269; zu Art. 34 S. 3 GG, § 40 II VwGO schon oben Rn. 140.

4 Beispiele liefert vor allem das Sozialhilferecht; zu den unterschiedlichen Formen der Vergabe einer Subvention (nur verlorene Zuschüsse werden durch Verwaltungsakt festgesetzt) noch unten Rn. 246. Gegenausnahmen sind die Beamtenbezüge.

5 Aus der neueren Rechtsprechung (F) BVerwGE 59, 13 (19); zum Vorbehalt des Gesetzes in diesem Zusammenhang (V) *Schwerdtfeger*, Rn. 66. Ansprüche aus einem öffentlichrechtlichen Vertrag dürfen nicht im Wege des Leistungsbescheids durchgesetzt werden; (L) BVerwGE 50, 171 (174f.). Zur Vollstreckung von Verwaltungsakten noch unten Rn. 171.

6 (F) BVerwGE 31, 301 (306f.).

7 Zum Streitstand (F) *Schenke* Rn. 202; *Stern*, S. 70 mit Fn. 73; vgl. auch noch unten Rn. 180 Fn. 11.

1 Zum Begriff der »Gestaltungsklage« in § 43 II 1 VwGO (V) *Schenke* Rn. 366, 370ff.

Feststellungsklage. Nicht subsidiär ist gemäß § 43 II 2 VwGO die Klage auf Feststellung der Nichtigkeit eines Verwaltungsakts (die inzwischen so selten ist wie die Fälle des § 44 VwVfG), weil dem Kläger das Risiko abgenommen werden soll, ob der Verwaltungsakt vom Verwaltungsgericht[2] in der Begründetheitsprüfung als nichtig behandelt wird.[3] Praktisch wird es bei der allgemeinen Feststellungsklage (nach Prüfung des § 40 I VwGO) deshalb meist auf folgende drei Punkte ankommen: Rechtsverhältnis, Subsidiarität, besonderes Feststellungsinteresse. Ein Rechtsverhältnis liegt vor, wenn sich aus der Anwendung von Rechtssätzen auf einen Sachverhalt rechtliche Beziehungen zwischen mehreren Personen oder zwischen Person und Sache ergeben.[4] Das besondere Feststellungsinteresse gibt (wie schon bei den »Fortsetzungsfeststellungsklagen«, oben Rn. 150) den letzten Ausschlag über die Zulässigkeit der allgemeinen Feststellungsklage; auch hier genügt ein »materielles« (also wirtschaftliches) oder »ideelles« Interesse.[5]

7. Die direkte Normenkontrolle durch das Oberverwaltungsgericht (§ 47 VwGO)

Im Rahmen der Gerichtsbarkeit des OVG, also des Rechtswegs gemäß § 40 I **153**
VwGO, ist dieses Normenkontrollverfahren seit 1976 in allen Bundesländern gemäß § 47 I Nr. 1 VwGO gegen bauplanungsrechtliche Satzungen (meist Bebauungspläne; § 10 BauGB) und die entsprechenden Rechtsverordnungen in Berlin, Bremen und Hamburg eröffnet, aufgrund zusätzlicher landesgesetzlicher Ausführungsregelungen zur VwGO in Baden-Württemberg, Bayern, Brandenburg, Bremen, Hessen, Niedersachsen, Rheinland-Pfalz, Sachsen-Anhalt, Schleswig-Holstein und Thüringen[1] gegen alle autonomen Satzungen und Rechtsverordnungen, nicht jedoch gegen Verwaltungsvorschriften. Besonders zu beachten sind die Antragsbefugnis (§ 47 II), und die Subsidiarität hinter landesverfassungsgerichtlichen Normenkontrollverfahren (§ 47 III); alle anderen Sachentscheidungsvoraussetzungen

---

2 Die Nichtigkeit eines Verwaltungsakts könnte auch von einem ordentlichen Gericht (im Rahmen der Prüfung einer Vorfrage) festgestellt werden; zur Aufhebung eines zunächst wirksamen Verwaltungsakts bedarf das Gericht jedoch einer Sonderzuweisung wie z. B. in §§ 217, 226 II, III BauGB. Der nichtige Verwaltungsakt bedurfte nach h. M. einer Regelung neben dem Rechtsverhältnis, weil ein Verwaltungsakt kein Rechtsverhältnis ist, sondern es nur begründet, ändert oder beendet; (V) *Schmitt Glaeser* Rn. 334.

3 (V) *Schmitt Glaeser* Rn. 339. Zur Randfrage, ob § 42 II VwGO auch Voraussetzung der Klage auf Feststellung der Nichtigkeit eines Verwaltungsakts ist, (V) BVerwG NJW 1982, 2205 = DÖV 1982, 411; kritisch dazu (V) *W. Laubinger*, VerwArch 82 (1991), 459 ff. (491 f.).

4 Vgl. die Definitionen bei *Schenke* Rn. 378, oder *Schmitt Glaeser* Rn. 328, oder *Stern*, S. 87; als (Teil-)Beispiel (F) BVerwGE 50, 11 (19).

5 (F) *Stern*, S. 142, oder *Schmitt Glaeser* Rn. 341.

1 (F) *Schenke* Rn. 876; zur Unterscheidung von direkter und indirekter Normenkontrolle (V) *W. Schmidt* , Verwaltungsrecht Rn. 166.

und Verfahrenseigenarten lassen sich im Bedarfsfall aus den übrigen Regelungen des § 47 VwGO entnehmen (der deshalb, wenn einschlägig, insgesamt gelesen werden sollte). Zur Antragsbefugnis (§ 47 II) ist bei natürlichen oder juristischen Personen theoretisch umstritten, ob ein rechtlicher »Nachteil« erforderlich ist, oder ob ein wirtschaftlicher »Nachteil« genügt; praktisch geworden ist das bisher nur bei Bebauungsplänen, und hier hat das BVerwG einen eleganten Ausweg gefunden.[2] Die Auswirkungen einer erfolgreichen Normenkontrolle auf frühere Vollzugsakte regelt § 47 VI i. V. m. § 183 VwGO (vgl. als Parallele aus dem Verfassungsprozeßrecht § 79 BVerfGG).
Die Vorbehaltsklausel des § 47 III VwGO kann nur in den Ländern Bayern, Bremen, Hamburg und Hessen praktisch werden und betrifft dort den Verwerfungsvorbehalt des Landesverfassungsgerichts (VerfGH, StGH) für Rechtsverordnungen, soweit es um deren Vereinbarkeit mit der jeweiligen Landesverfassung geht. Diese Eingrenzung des Anwendungsbereichs ergibt sich aus folgendem: Einen Nachprüfungsvorbehalt i. S. des § 47 III VwGO, der also auch Rechtssätze mit Rang unterhalb des Gesetzes einbezieht, gibt es nur gem. Art. 98 S. 4 BayVerf[3], Art. 142 BremVerf, Art. 64 II HambVerf und Art. 132, 133 HessVerf. Er betrifft jeweils nur die Vereinbarkeit von Rechtsverordnungen[4] mit der Landesverfassung; eine ausschließliche Prüfungszuständigkeit des Landesverfassungsgerichts am Maßstab einfacher Landesgesetze gibt es derzeit in keinem Bundesland, ebensowenig einen Nachprüfungsvorbehalt für Satzungen. In Bremen, Hamburg und Hessen ist hier jeweils ein Verfahren der konkreten Normenkontrolle vorgesehen (vgl. Art. 100 I GG und dazu oben Rn. 47). Aus § 47 III VwGO folgt, daß es auch im Verfahren gem. § 47 I (Nr. 1 oder Nr. 2)[5] dabei bleibt, daß also insoweit die Verwerfungsbefugnis des OVG (bzw. VGH) endet. Das wiederum kann erst im Rahmen der Begründetheit des Normenkontrollantrags geprüft werden. Darauf, ob auch der Antragsteller (etwa im Wege einer Grundrechtsklage wie gem. Art. 131 III HessVerf) die Überprüfung durch das Landesverfassungsgericht beantragen kann, kommt es nicht mehr an, weil das von ihm angerufene Gericht auch unabhängig von einer solchen »konkreten« anderen Überprüfungsmöglichkeit das Normenkontrollverfahren des § 47 I VwGO insoweit aussetzen und das Landesverfassungsgericht anrufen muß.[6]

---

2 (L) BVerwGE 59, 87; zur abweichenden Rechtslage bei Behörden (V) BVerwGE 81, 307 (309 f.).

3 Str.; vgl. (F) *Kopp* § 47 Rn. 40 (m. N.).

4 Das wird z. T. auf Rechtsverordnungen der Landesregierung oder eines Landesministers begrenzt; vgl. (F) HessStGH ESVGH 20, 217 (222); 21, 1 (12 ff.); 30, 1 (7).

5 Für § 47 I Nr. 1 VwGO wird das vereinzelt bestritten; dazu (V) *Birk*, DVBl. 1978, 161 (m. N.). In Hamburg kommt mangels einer Ausführungsregelung zu § 47 I Nr. 2 VwGO nur § 47 I Nr. 1 VwGO in Betracht.

6 Die zu dem Vorläufer des § 47 III VwGO, der sehr viel weiter gefaßten Vorbehaltsklausel des § 47 S. 1 VwGO (1960) entwickelte Unterscheidung zwischen einer »konkreten« (durch diesen Antragsteller) und einer »abstrakten« Möglichkeit (auch für andere), das

8. Vorläufiger Rechtsschutz (insbesondere §§ 80, 80 a, 123 VwGO)

a) Möglichkeiten eines vorläufigen Rechtsschutzes regeln die §§ 47 VII, 80, 80 a, 123 VwGO.[1] § 47 VII VwGO ist an § 32 BVerfGG angelehnt, stellt schärfere Anforderungen als die nur sprachlich parallele »einstweilige Anordnung« des § 123 VwGO[2] und bleibt für die folgende Darstellung beiseite. Die Gabelung der §§ 80, 80 a, 123 VwGO richtet sich nach der Klageart (§123 V VwGO) und führt zu unterschiedlichen Rechtsschutzformen und -verfahren. Widerspruch und Anfechtungsklage haben gemäß § 80 I VwGO grundsätzlich aufschiebende Wirkung; Ausnahmen und Rückausnahmen ergeben sich aus §§ 80 II–V, 80 a VwGO (dabei kann es nachträglich gemäß §§ 80 V, 80 a VwGO zu einem Antrag an das Gericht der Hauptsache kommen). Für alle Leistungs- und Feststellungsklagen bedarf es gemäß § 123 VwGO von vornherein des Antrags auf Erlaß einer einstweiligen Anordnung durch das Gericht der Hauptsache. Die Ausnahmen von der aufschiebenden Wirkung des § 80 I VwGO ergeben sich teils aus Tatbeständen der VwGO selbst (§ 80 II Nr. 1, 2 VwGO), teils aus anderen Bundesgesetzen (§ 80 II Nr. 3 VwGO; als Beispiel § 72 I AuslG), teils (und hier ist gewöhnlich der Anknüpfungspunkt für praktische Streitfragen) aus einer zusätzlich (nämlich aus dem besonderen Interesse an der Vollziehbarkeit) begründungsbedürftigen Anordnung der sofortigen Vollziehbarkeit (§ 80 II Nr. 4, III VwGO).[3] Während also die Regelautomatik des § 80 I VwGO nur mit zusätzlichen Gründen überwunden werden kann, bedarf es bei § 123 VwGO schon für den erstmaligen vorläufigen Rechtsschutz besonderer Gründe. 154

b) § 123 I VwGO unterscheidet die »Sicherungsanordnung« (S. 1: »Verwirklichung eines Rechts«) und die »Regelungsanordnung« (S. 2: »Regelung ... in bezug auf ein ... Rechtsverhältnis«); beide Anordnungsarten sind jedoch weder theoretisch noch praktisch scharf abgrenzbar[4] und deshalb je nach Sachverhalt einsetzbar. Dabei deutet § 123 I 1 VwGO stärker auf die Verwirklichung eines Leistungsanspruchs, während die Voraussetzungen des § 123 I 2 VwGO leichter zu erfüllen sein dürften. Zurückhaltung ist bei Ansprüchen auf fehlerfreie Ermessensausübung (bzw. die fehlerfreie Ausfüllung

LVerfG anzurufen, hat sich deshalb mit § 47 III VwGO erledigt, wird aber in der Literatur immer noch mitgeschleppt; vgl. (V) *Kopp* § 47 VwGO Rn. 45 (m.N.) oder *Schenke* Rn. 919). Den Ausschlag geben konnte das bisher nur in Hamburg und Bremen, wo es für den Antragsteller eine solche andere Anrufungsmöglichkeit nicht gibt.

1 Üblicherweise wird der in der VwGO nicht ausdrücklich verwendete Begriff »vorläufiger Rechtsschutz« als Oberbegriff für § 80 VwGO und die »einstweiligen Anordnungen« der §§ 47 VII, 123 VwGO gebraucht. »Vorläufig« bedeutet soviel wie »vor der Entscheidung in der Hauptsache«, »einstweilig«: ohne Vorwegnahme der Entscheidung in der Hauptsache.

2 Rechtsprechung und Literatur beziehen sich dementsprechend auf die Rechtsprechung des BVerfG zu § 32 BVerfGG; (V) BayVGH DVBl. 1978, 113 (114); OVG Lüneburg DVBl. 1979, 194 (195); *Schmitt Glaeser* Rn. 451.

3 (F) HessVGH DÖV 1983, 386.

4 Dazu (F) *Stern*, S. 113, oder *Schmitt Glaeser* Rn. 317; (V) *Grunsky*, JuS 1977, 220.

eines »Beurteilungsspielraums«) geboten, doch ist auch hier vorläufiger Rechtsschutz nicht von vornherein ausgeschlossen.[5]

Wichtig für die heutige Praxis der einstweiligen Anordnung ist die gemäß § 123 III VwGO in entsprechender Anwendung des § 920 ZPO herausgebildete Unterscheidung zwischen dem **Anordnungsanspruch**, der sich aus dem »Recht des Antragstellers« oder dem »Rechtsverhältnis« ergibt und den »Rechten« der §§ 42 II, 113 V 1 VwGO im Hauptsacheverfahren entspricht, und dem **Anordnungsgrund** der »Gefahr« bzw. der »wesentlichen Nachteile« (usw.) des § 123 I (1, 2) VwGO. Anordnungsanspruch und Anordnungsgrund sind für die Zulässigkeit und die Begründetheit[6] zu prüfen; die unterschiedliche Prüfungsintensität entspricht der von Klagebefugnis und Rechtswegverletzung im Hauptsacheverfahren. Ein Antrag gemäß § 123 I VwGO ist schon dann unzulässig, wenn (wie entsprechend zu § 42 II VwGO) dem Antragsteller offensichtlich und eindeutig nach keiner Betrachtungsweise der behauptete Anordnungsanspruch zustehen kann; schon als Zulässigkeitsvoraussetzungen sind Anordnungsanspruch und Anordnungsgrund glaubhaft zu machen. Über die Begründetheit entscheidet die Interessenabwägung zum Anordnungsgrund.

155 c) Die Verfahrensvoraussetzungen des vorläufigen Rechtsschutzes lehnen sich an die jeweilige Klageart des Verfahrens der Hauptsache an und beziehen dann die Besonderheiten des § 80 oder 123 VwGO ein. Für § 80 VwGO sind dementsprechend die Sachentscheidungsvoraussetzungen eines Widerspruchs (dazu oben Rn. 147) oder einer Anfechtungsklage und je nach Sachverhalt die zusätzlichen Verfahrensvoraussetzungen des § 80 II–V VwGO zu prüfen; dabei verläuft die eine – praktisch wichtigere – Kette über § 80 II Nr. 4 i. V. m. III; IV, V VwGO, die andere über § 80 II Nr. 1–3; IV, V VwGO. In allen anderen Fällen (wenn also in der Hauptsache nicht die Aufhebung eines Verwaltungsakts begehrt wird) sind die Antragsvoraussetzungen des § 123 VwGO zu prüfen: auch hier (1) zunächst die Voraussetzungen des § 40 I 1 VwGO, weil andernfalls § 123 VwGO nicht anwendbar ist. Dann muß (2) die Klageart im Verfahren der Hauptsache mit Blick darauf geprüft werden, daß keine Anfechtungsklage in Betracht kommt (§ 123 V VwGO). Jetzt erst schließt sich (3 ff.) je nach Fallgestaltung die Subsumtion unter § 123 I (S. 1 oder 2) an (s. o. b) zu Anordnungsanspruch und Anordnungsgrund). Dabei ist jeweils zu beachten, ob nicht die Rechte des Antragstellers auf andere, einfachere Weise geschützt werden können, ob also nicht etwa das Rechtsschutzbedürfnis fehlt.[7]

---

5 Rechtsprechungsbeispiele (F) HessVGH DÖV 1974, 750 (Versetzungsentscheidung); DÖV 1976, 829 Nr. 271 (Aufenthaltsduldung); aus der Literatur (F) *Kopp* § 123 VwGO Rn. 12, oder *Schenke* Rn. 1038.

6 (F) *Schenke* Rn. 1032 erörtert sie nur für die Begründetheit.

7 Rechtsprechungsbeispiel (F) BadWürttVGH DVBl. 1978, 274 = JZ 1978, 27 f.

9. Das Rechtsschutzbedürfnis als allgemeine Sachentscheidungsvoraussetzung

Das allgemeine Rechtsschutzbedürfnis ist eine meist ungeschriebene,[1] theoretisch im Grundsatz unbestrittene, in seiner praktischen Bedeutung jedoch oft überschätzte (allgemeine, d.h. für alle Klage- oder Verfahrensarten geltende) Sachentscheidungsvoraussetzung. Zur Vermeidung verbreiteter Mißverständnisse ist es zunächst von seinen besonderen Ausprägungen zu unterscheiden, die in besonderen Sachentscheidungsvoraussetzungen der einzelnen Klage- und Antragsarten zum Ausdruck kommen, wie z.B. der Klagebefugnis (§ 42 II VwGO) und dem Feststellungsinteresse bei allen Feststellungsklagen, aber auch in der Abgrenzung z.B. der Anfechtungs- von der Verpflichtungsklage. Der Grundgedanke jeder Art Ausprägung von Rechtsschutzbedürfnis wird negativ formuliert: Das Rechtsschutzbedürfnis fehlt, wenn das Klageziel auf anderem Wege einfacher und schneller erreicht werden kann[2] (– aufmerksame Beobachter werden die Verhältnismäßigkeit des Mittels wiedererkennen). Als eigenständige Sachentscheidungsvoraussetzung verweist das allgemeine Rechtsschutzbedürfnis auf andere (einfachere, schnellere) Rechtsschutzmöglichkeiten außerhalb eines Verwaltungsprozesses (denn die Möglichkeiten innerhalb eines Verwaltungsprozesses finden sich im Zusammenhang mit anderen, besonderen Sachentscheidungsvoraussetzungen). Daraus erklären sich die Beispiele, in denen das allgemeine Rechtsschutzbedürfnis in Zweifel gezogen werden kann: ein Zivilprozeß (z.B. ein Schadensersatzprozeß) statt einer Anfechtungsklage,[3] die Ausnutzung einer Vollstreckbarkeitserklärung gemäß § 61 VwVfG statt einer Leistungsklage, der Erlaß eines Leistungsbescheids statt einer Leistungsklage.[4] Als Ergebnis der bisherigen Rechtsprechungspraxis läßt sich zusammenfassen: Im Regelfall wird das Rechtsschutzbedürfnis bejaht, nur in Ausnahmefällen wird es verneint (mit der Folge, daß die Klage unzulässig ist). Als Hinweis für den Gutachtenaufbau läßt sich anfügen: Wenn dem Sachverhalt zufolge keine anderweitigen Rechtsschutzmöglichkeiten oder Durchsetzungsmöglichkeiten gegeben sind, die zum gleichen Ziel führen würden wie die Verwaltungsklage, ist das Rechtsschutzbedürfnis nicht gesondert zu prüfen. Leere Formeln ohne Sachverhaltsbezug (etwa: »IX. Auch das Rechtsschutzbedürfnis ist gegeben«) tragen zur Lösung der Aufgabe nichts bei und wecken nur den Verdacht, daß da etwas nicht verstanden worden ist. **156**

1 Als geschriebene Ausprägung § 44 a VwGO und dazu unten Rn. 168.

2 (F) *Stern*, S. 137.

3 Als frühes Rechtsprechungsbeispiel (F) BVerwGE 10, 148 (150f.); für die Überschneidung mit dem Feststellungsinteresse nochmals (L) BVerwGE 81, 226 (228), dazu oben Rn. 150 mit Fn. 6.

4 Als Beispiel § 48 II 8 VwVfG; als Gegenbeispiel (L) BVerwGE 50, 171; vgl. auch schon oben Rn. 151.

10. Zusammenfassung und Ergänzungen zum Gutachtenaufbau

157 a) Wenn es für ein Gutachten auf die Zulässigkeit einer Verwaltungsklage (eines Widerspruchs, eines Antrags an das Gericht gemäß §§ 80 V, 80 a III oder § 123 VwGO) ankommt (– das wird oft so sein, muß es aber nicht!), sind immer (und in dieser Reihenfolge) zu prüfen: der Rechtsweg gemäß § 40 I VwGO (in aller Regel kurz und formelhaft; aber um das zu können, muß man einiges mehr wissen) und die Statthaftigkeit der Klage- oder Verfahrensart. Je nach dem Ergebnis zu diesem zweiten Punkt gabeln sich die besonderen Sachentscheidungsvoraussetzungen. Weitere allgemeine Sachentscheidungsvoraussetzungen (z. B. das soeben Rn. 156 behandelte allgemeine Rechtsschutzbedürfnis oder die Beteiligtenfähigkeit gemäß § 61 VwGO) sind – wie nicht oft genug gesagt werden kann – nur zu prüfen, wenn der Sachverhalt der Aufgabe dazu Veranlassung gibt. Ihre in manchen Übersichten[1] zu findende Einschaltung zwischen der Prüfung der Klage- oder Verfahrensart und deren besonderen Sachentscheidungsvoraussetzungen ist weder zwingend noch zu empfehlen, denn sie zerreißt nur unnötig den sachlichen Zusammenhang zwischen dem Teilergebnis zur Klage- oder Verfahrensart und den daraus folgenden besonderen Sachentscheidungsvoraussetzungen (wie z. B. dem Feststellungsinteresse als besonderer Ausprägung des Rechtsschutzbedürfnisses, das insoweit eine selbständige Prüfung unter dem Stichwort »Rechtsschutzbedürfnis« erübrigt).[2] Vielmehr kann die konkrete Reihenfolge auch davon abhängig gemacht werden, ob und gegebenenfalls an welcher Sachentscheidungsvoraussetzung die Zulässigkeit der Klage oder des Antrags scheitert; diesen Punkt wird man nicht unnötig nach vorn rücken.

b) Einen Hinweis verdienen die Aufbaubesonderheiten bei der Prüfung einer Revision. Die Revision muß ihrerseits statthaft, zulässig und begründet sein; Zulässigkeit und Begründetheit der Ausgangsklage sind jedoch Teil der Begründetheit der Revision und von deren Zulässigkeit zu unterscheiden.[3]

c) Prozeßrechtlicher und materiellrechtlicher Teil des Gutachtens müssen inhaltlich aufeinander abgestimmt sein (– namentlich aus diesem Grund muß eine Lösungsskizze der Reinschrift vorangehen). Fehler gibt es in Gestalt von

---

1 Wie wenig solche Übersichten (wie z. B. die von *Stern* oder *Schwerdtfeger*, vgl. oben Rn. 135 Fn. 2) als erschöpfende Aufbauempfehlung gedacht sind, läßt sich daran ablesen, daß sie das für das Feststellungsverfahren so wichtige Feststellungsinteresse nicht mit aufführen mit der Folge, daß Studenten, die solche Vorlagen mißverstehen, diesen Punkt prompt übersehen.

2 Zum Feststellungsinteresse die vorige Fn. 1 sowie oben Rn. 150, 152.

3 (F) *Kopp*, Rn. 59–63 vor § 124 VwGO (allgemein zur Begründetheit von Rechtsmitteln).

inhaltlichen Widersprüchen bei Wiederholungen[4] und Lücken. Die Gefahr von Lücken besteht z.B. bei der allzu schematischen Prüfung der Klagebefugnis bei Verpflichtungsklagen oder bei Anfechtungsklagen von Drittbetroffenen: hier muß auch zu § 42 II VwGO die Rechtsgrundlage für den Anspruch des Klägers oder die Schutznorm zugunsten des Dritten genannt werden, um die sich im übrigen die materiellrechtliche Prüfung dreht.

III. Der Verwaltungsakt zwischen Verwaltungsverfahrens- und Verwaltungsprozeßrecht

Das VwVfG enthält in seinem III. Teil zahlreiche Regeln, die sich zuvor als **158**
allgemeine Grundsätze des Verwaltungsrechts herausgebildet hatten.[1] Nach wie vor stehen sie in enger Wechselwirkung zum Verwaltungsprozeßrecht,[2] so daß es nahe liegt, ihre Darstellung hier anzuschließen. Da andererseits das VwVfG wegen seiner inhaltlichen Beschränkung auf Fragen, für die dem Bund eine Gesetzgebungskompetenz zusteht, Organisationsrecht weder regelt noch in seinen Einzelheiten voraussetzt, ist dieser Teil des Verwaltungsrechts noch nicht von einer näheren Beschäftigung mit Fragen der Verwaltungsorganisation abhängig; in deren Rahmen werden weitere Einzelheiten folgen.

1. Begriffsmerkmale und Abgrenzungsfragen

a) Von den sechs in § 35 S. 1 VwVfG normierten Merkmalen des Verwaltungsakts lassen sich zwei auf die Generalklausel des § 40 I 1 (1. Alternative) VwGO beziehen, drei auf die Klage- oder Verfahrensart, und das letzte Merkmal (»unmittelbare Rechtswirkung nach außen«) entscheidet über die Möglichkeit verwaltungsgerichtlichen Rechtsschutzes überhaupt. Die Merkmale (1) **»Behörde«** (im Unterschied zu Privatpersonen[3] und der privatrechtlich organisierten Verwaltung) und (2) **»auf dem Gebiet des öffentlichen Rechts«** (im Unterschied zu privatrechtlichem Handeln von Behörden) stellen über die Verwaltungsorganisation und die rechtliche Zuordnung ihrer Tätigkeit die Weiche in die »öffentlichrechtliche Streitigkeit« des § 40 I 1 VwGO (und umgekehrt; dazu schon oben Rn. 137 mit Fn. 2). Wenn keine einseitige (3) **»Verfügung, Entscheidung oder andere hoheitliche Maßnahme«** gegeben ist, sondern ein zweiseitiger öffent-

---

4 Als Beispiel des Merkmals »öffentlichrechtlich« (»auf dem Gebiet des öffentlichen Rechts«) in § 40 I 1 VwGO, §§ 35 S. 1; 54 S. 1 VwVfG; vgl. schon oben Rn. 137.

1 (V) *Ossenbühl*, in: Erichsen/Martens § 7 Rn. 92.

2 Zur Rechtslage vor dem VwVfG (V) BVerwGE 34, 248 (250f.); *Meyer/Borgs* § 35 Rn. 1.

3 »Beliehene« handeln in dieser ihrer Eigenschaft als Behörden, nicht als Privatpersonen; dazu oben Rn. 7.

lichrechtlicher Vertrag, oder zwar eine »Maßnahme«, aber ohne (4) **»Regelungs«-**Element (also ein Realakt; dazu schon oben Rn. 14, 15), kommen statt der Anfechtungs- oder Verpflichtungsklage (oder einer der »Fortsetzungsfeststellungsklagen«) nur noch die allgemeine Leistungsklage oder subsidiär die allgemeine Feststellungsklage in Betracht. Wenn zwar einseitig etwas geregelt wird, aber nicht ein (5) **»Einzelfall«** (und zwar auch nicht in der Sonderform der Allgemeinverfügung des § 35 S. 2 VwVfG; dazu sogleich Rn. 162), sondern durch Rechtssatz, so kann immer noch ein Normenkontrollverfahren gemäß § 47 VwGO in Betracht kommen. Die (6) »auf unmittelbare Rechtswirkung **nach außen** gerichtet(e)« Regelung unterscheidet sich von innerbehördlichen oder sonst innerorganisatorischen Weisungen, gegen die mangels einer Wirkung auf Rechte einzelner (»nach außen«) kein gerichtlicher Rechtsschutz eröffnet ist.

159 b) An den Merkmalen des Verwaltungsakts kann sich somit entscheiden, ob überhaupt (verwaltungs-)gerichtlicher Rechtsschutz zulässig ist,[4] aber auch welche Art Rechtsschutz, ob im Wege einer verwaltungsaktsbezogenen oder einer anderen Klageart. Diese Abgrenzungsfragen betreffen vor allem drei Fälle bzw. Fallgruppen: Petitionen (aa), Gnadenakte (bb) und Regierungsakte (cc). Im späteren Zusammenhang ist noch auf Organisationsakte und organisationsinterne Akte einzugehen (dazu unten Rn. 175).

aa) Bei Petitionen geht es nur um das »wie« des Verwaltungsrechtsschutzes und dabei um das Merkmal »Regelung«. Die mit einer »Bitte oder Beschwerde« im Sinne des Art. 17 GG angegangene Stelle kann nur im Rahmen ihrer sonstigen Zuständigkeit entscheiden. Ein ablehnender Petitionsbescheid ist deshalb keine (Neu-)»Regelung« der Sache und damit kein Verwaltungsakt, sondern fällt unter den Sammelbegriff Realakt. Er löst auch dann keine verfassungsrechtliche Streitigkeit aus, wenn die Petition an das Parlament gerichtet wird. Vielmehr kann der Anspruch auf eine ordnungsgemäße Behandlung einer Petition durch allgemeine Leistungsklage verfolgt werden[5] und richtet sich auf ein dreifach gestuftes Verfahren: (1) Entgegennahme, (2) sachliche Prüfung, (3) Bescheidung, wie die Petition erledigt wurde.

160 bb) Der Widerruf eines (»positiven«) Gnadenakts ist unstreitig ein anfechtbarer Justizverwaltungsakt (§§ 23 ff. EGGVG!).[6] Umstritten ist, ob die Ablehnung eines Gnadengesuchs (der »negative Gnadenakt«) anfechtbar ist. Auch

4 Zu einer anderen Konstruktion dieser Teilfrage oben Rn. 138 mit Fn. 11–14.
5 (L) BVerwG NJW 1976, 637 (usw. – vgl. schon oben Rn. 139 Fn. 19); (F) OVG Berlin DVBl. 1976, 261; dazu (V) *H. Weber*, Rechtsprechung zum Verfassungsrecht (Die Grundrechte II), 1977, S. 160 ff.; *Stern*, S. 67, oder *Schmitt Glaeser* Rn. 20.
6 (F) BVerfGE 30, 108 (111); das Urteil (F) BVerwG DVBl. 1982, 1147, betrifft einen beamtenrechtlichen Sonderfall.

insoweit wird jedoch ein Justizverwaltungsakt angenommen, auf den nach einer Mindermeinung in keinem Fall ein Rechtsanspruch bestehen kann, so daß es an der Klagebefugnis gemäß § 24 I EGGVG (vgl. § 42 II VwGO) fehlt, während die inzwischen wohl überwiegende Meinung die Klage für zulässig hält und erst im Rahmen der Begründetheit prüft, ob ein Anspruch (jedenfalls auf fehlerfreie Bescheidung; § 28 II 2 EGGVG) aufgrund einer Rechtsvorschrift[7] oder aufgrund von Art. 3 I GG bestehen kann. Eine mit Stimmengleichheit ergangene ältere Entscheidung des BVerfG, die in der fehlenden gerichtlichen Überprüfbarkeit keine Verletzung des Art. 19 IV GG sah (vgl. § 15 II 4 BVerfGG!), hindert wegen ihrer begrenzten Bindungswirkung die davon abweichende spätere Rechtsprechung nicht.[8]

cc) Bei Regierungsakten kommt es darauf an, ob sie überhaupt schon etwas regeln,[9] ob die Regelung »unmittelbare Rechtswirkung« außerhalb der Regierungsorganisation hat (daran werden viele Fälle scheitern)[10] oder ob (wenn die Merkmale des § 35 S. 1 VwVfG zu bejahen sind) ein Anspruch auf einen solchen Verwaltungsakt besteht.[11] **161**

c) Das in § 35 S. 1 VwVfG geregelte Merkmal »Einzelfall« wird in § 35 S. 2 VwVfG für die »Allgemeinverfügung« in einem Fall (1. Alternative des § 35 S. 2) erläutert und für zwei weitere Fälle (2. und 3. Alternative) erweitert. Die »an einen nach allgemeinen Merkmalen bestimmten oder bestimmbaren Personenkreis« gerichtete »Sammelverfügung« des § 35 S. 2 (1. Alternative) erfüllt alle Merkmale einer (konkret-individuellen) Einzelfallregelung des § 35 S. 1 VwVfG; ein oft genanntes Beispiel ist die über Lautsprecher gegebene polizeiliche Räumungsverfügung an alle Personen, die sich in einem einsturzgefährdeten Haus aufhalten. Die beiden anderen Alternativen des § 35 S. 2 VwVfG betreffen die öffentlichen Sachen, und zwar zunächst deren Entstehung, (Eigenschafts-)Änderung oder Beendigung (2. Alternative; Hauptbeispiele sind die Widmung, Umstufung und Einziehung öffentlicher Straßen – dazu im einzelnen noch unten Rn. 233) und dann ihre Benutzung (3. Alternative; Hauptbeispiele sind die öffentlichen Verkehrszeichen[12] im **162**

7 Vgl. z.B. § 17 BayGnadenordnung vom 2.7.1974 (GVBl. S. 400); §§ 15, 16 HessGnadenordnung vom 3.12.1974 (GVBl. I S. 587), zuletzt geändert am 15.5.1991 (GVBl. I S. 185); §§ 17, 18 NWGnadenordnung vom 26.11.1975 (GVNW 1976, S. 16); §§ 17, 21 RhPfGnadenordnung vom 22.3.1976 (Justizblatt S. 117).

8 (V) BVerfGE 25, 352 (354, 357); (L) BVerwGE 49, 221 (223f.); (V) BVerfGE 45, 187 (243, m.w.N.).

9 Dazu das Beispiel oben Rn. 138 Fn. 14.

10 Dazu die Beispiele bei *Schmitt Glaeser* Rn. 40.

11 Darin liegt die Parallele von Gnadenakten und Ordensverleihungen; (F) *Ule* Anhang § 32 VII 3; jedoch dürfte ein Bescheidungsanspruch hinsichtlich einer verweigerten Ordensverleihung schwieriger zu begründen sein.

12 (L) BVerwGE 59, 221 (224ff.) – zwar für einen Fall vor der Geltung des VwVfG entschieden, aber ganz überwiegend auch auf § 35 S. 2 VwVfG bezogen; (F) *Maurer* § 9

Unterschied zur Verkehrsregelung durch eine Ampel oder Handzeichen eines Polizeibeamten, die jeweils »Sammelverfügungen« im Sinne der 1. Alternative sind). § 35 S. 2 (3. Alternative) wird auch auf die Benutzung von Sachgesamtheiten, insbesondere öffentlichrechtlicher Anstalten wie z. B. einer Badeanstalt oder Bibliothek ausgedehnt,[13] jedoch können sich insoweit Schwierigkeiten wegen des Rechtssatzvorbehalts – meist in Gestalt eines Satzungsvorbehalts – ergeben (dazu noch unten Rn. 176, 183).

2. Nebenbestimmungen zum Verwaltungsakt (§ 36 VwVfG)

163 § 36 II VwVfG unterteilt fünf Arten von Nebenbestimmungen in zwei Gruppen. Obwohl die dafür maßgebenden Unterschiede für die im folgenden darzustellende Rechtsschutzproblematik unerheblich sind, sollten sie doch zum besseren Verständnis der Gesetzessystematik kurz zur Kenntnis genommen werden. Die erste Gruppe (§ 36 II Nr. 1–3 VwVfG) umfaßt mit Befristung, Bedingung und Widerrufsvorbehalt (einem Unterfall der auflösenden Bedingung)[1] solche Nebenbestimmungen, die (als zusätzliche Belastung) einem im übrigen begünstigenden oder belastenden Verwaltungsakt beigefügt werden können, für sich allein aber in keinem Fall bestehen können.[2] Die zweite Gruppe (§ 36 II Nr. 4 und 5 VwVfG) besteht aus der Auflage und dem praktisch seltenen Auflagenvorbehalt. Diese Nebenbestimmungen kommen nur bei begünstigenden Hauptregelungen in Betracht; der Regelungsgehalt einer Auflage ist in manchen Fällen auch für sich allein als belastender Verwaltungsakt denkbar.[3]

In der Diskussion (und zwar einer auf den ersten Blick schwer überschaubaren Dauerdiskussion)[4] sind nur solche Nebenbestimmungen, die einer »Vergünstigung« (vgl. nochmals § 36 II Nr. 1, 2, 4 VwVfG) beigefügt werden; die weitaus meisten Fälle betreffen Auflagen. Die materiellrechtliche Frage ist jeweils, ob bei Rechtswidrigkeit der Nebenbestimmung die begünstigende Hauptregelung für sich allein bestehen bleiben darf. Das umstrittene Dauerthema ist, in welcher Rechtsschutzform das zu überprüfen ist, ob durch eine selbständige Anfechtung der Nebenbestimmung (meist einer Auflage)[5] oder durch eine Verpflichtungsklage, die auf eine unbelastete

---

Rn. 36, oder *Erichsen/Martens* § 11 II 6 b Rn. 49, oder *Meyer/Borgs* § 35 Rn. 74; (V) *W. Schmidt*, Verwaltungsrecht Rn. 268 (dort jeweils m. w. N.).

13 (F) *Maurer* § 9 Rn. 34, oder *Meyer/Borgs*, aaO (Fn. 12).

1 (F) *Maurer* § 12 Rn. 7. Einen Widerrufsvorbehalt kraft Gesetzes regelt § 49 II Nr. 2 VwVfG.

2 Dazu (V) *Meyer/Borgs* § 36 Rn. 2.

3 Dazu aus den oben im Text noch folgenden Beispielen hier schon (F) BVerwG NVwZ 1984, 366.

4 Zum Diskussionsstand (F) *Maurer* § 12 Rn. 22–24; früher z. B. *Osterloh*, JuS 1984, 978 (zu BVerwG NVwZ 1984, 366).

5 Als Ausnahmebeispiel (F) BVerwGE 60, 269 (271, 274, 276): befristete Aufnahme eines Krankenhauses in einen Krankenhausbedarfsplan. Das BVerwG läßt offen, ob es sich um

Vergünstigung gerichtet ist. Die Rechtsprechungsbeispiele betreffen drei Bereiche: (1) Ausländeraufenthaltserlaubnisse, (2) Baugenehmigungen und (3) Genehmigungen zur Änderung einer Wohngrundstücksnutzung. Dazu einige **Beispiele**:

Ausländerrecht: (F) BVerwGE 56, 254 (256): Aufenthaltserlaubnis mit der Auflage, keine selbständige Erwerbstätigkeit auszuüben (vgl. jetzt § 14 II AuslG).

Baugenehmigungen: (F) BadWürtt VGH BRS 28 Nr. 113: Statt des beantragten Satteldachs wird ein Flachdach genehmigt.

(F) BVerwG NVwZ 1984, 366: Die Erweiterung einer Werkshalle wird mit der Auflage genehmigt, aus Gründen des Brandschutzes eine in unmittelbarer Nähe verlaufende Ölpipeline zu ummanteln.

Grundstücksnutzung: (F) BVerwGE 55, 135 (136); 65, 139 (140f.): Abbruchgenehmigung bzw. Zweckentfremdungsgenehmigung gegen »Abstandszahlung« zur Förderung des sozialen Wohnungsbaus.

Gemäß § 36 III VwVfG muß die Verbindung von Hauptregelung und Nebenbestimmung in einem Verwaltungsakt auf einer einheitlichen Ermessensausübung beruhen.[6] Das hindert nicht die materiellrechtliche Wertung der Nebenbestimmungen als für sich genommen rechtswidrig; insoweit handelt es sich um die Teilbarkeit eines einheitlich erlassenen Verwaltungsakts, wie sie z.B. in §§ 44 IV, 48 I, 49 I VwVfG vorausgesetzt wird. Die Teilbarkeit des Verwaltungsakts besagt aber weder, daß die begünstigende Hauptregelung – wenn für sich allein genommen fehlerfrei – auch für sich allein bestehen muß, noch daß die materiellrechtliche Teilbarkeit notwendig auch (prozeßrechtlich) die selbständige Anfechtbarkeit der Nebenbestimmung nach sich zieht.[7] Die Einheitlichkeit der Ermessensausübung gemäß § 36 III VwVfG zwingt bei Rechtswidrigkeit der Nebenbestimmung in der Regel zu einer erneuten Ermessensausübung auch hinsichtlich der begünstigenden Hauptregelung. Das spricht für den Weg der Verpflichtungsklage mit anschließendem Bescheidungsurteil, wobei die Abhängigkeit der Hauptregelung von der Auflage erst und nur im Rahmen der Begründetheit dieser Verpflichtungsklage zu prüfen ist. In einigen Entscheidungen hat das BVerwG diesen Weg gewiesen.[8] In anderen Entscheidungen hat das BVerwG die selbständige Anfechtbarkeit der Auflage postuliert, eine rechtswidrige Auflage jedoch nicht aufgehoben, sondern die Sache zur Neu-

---

eine Befristung oder eine auflösende Bedingung handelt, und bejaht die selbständige Anfechtbarkeit.

6 So im Ergebnis auch schon vor der Geltung des VwVfG die Rechtsprechung, z.B. (F) BVerwGE 65, 139 (141). Bei der Auflage spricht jetzt § 49 II Nr. 2 VwVfG zusätzlich für diese inhaltliche Abhängigkeit der Hauptregelung (auch dazu BVerwG, aaO).

7 So aber (mißverständlich bis kurzschlüssig) ein Teil der Literatur; dazu (F) *Osterloh*, JuS 1984, 978.

8 So insbesondere (F) BVerwGE 55, 135 (wo S. 138 die selbständige Anfechtung der Auflage als »isolierte Anfechtungsklage« bezeichnet wird – zu deren grundsätzlicher Unzulässigkeit oben Rn. 142).

überprüfung der einheitlichen Ermessensausübung an die Vorinstanz zurückverwiesen.[9] Diese unterschiedliche Rechtsprechung[10] wird als »unsicher und schwankend« eingeschätzt, die Literatur als »schwer durchschaubar«.[11]
Die Bearbeiter entsprechender Aufgaben sollten sich in den hier skizzierten Grundlinien der Diskussion auskennen; mangels klarer Vorgaben in der Rechtsprechung und der Literatur müssen sie selbständig Position beziehen und können dabei noch folgendes berücksichtigen: Die Anfechtung nur der Auflage bewirkt, daß der rechtliche Verwaltungsakt und damit die Vergünstigung in Bestandskraft erwächst, die von der zuständigen Behörde nur unter den Voraussetzungen des § 49 II Nr. 2 VwVfG durchbrochen werden kann. Das wiederum wird gegenstandslos, wenn der Begünstigte den Verwaltungsakt (z. B. eine Abbruchgenehmigung) insoweit schon ausgenutzt hat – dann gibt es nichts mehr zu widerrufen. Kennzeichnenderweise hat das BVerwG gerade in einem solchen Fall die selbständige Anfechtung der Auflage als unzulässig bezeichnet und auf den Weg der Verpflichtungsklage verwiesen.[12] Dieser Weg erscheint mir durchgängig besser geeignet. Wird stattdessen die isolierte Anfechtung der Auflage bevorzugt, so ist im Ergebnis unerheblich, ob die Auflage als Teil eines einheitlichen Verwaltungsakts (Teilanfechtung) oder als selbständiger Verwaltungsakt[13] angefochten wird. Die Möglichkeit der Teilanfechtung ist in der VwGO nicht ausdrücklich geregelt, sie wird – unabhängig vom Streit um die Teilanfechtung von Auflagen – aus § 113 I 1 VwGO (also der Möglichkeit der Teil**aufhebung**; vgl. »soweit ...«) in

9 Von den oben genannten Beispielen hier (F) BVerwGE 65, 139.

10 In seiner früheren Rechtsprechung hat der 4. Senat des BVerwG, von dem die meisten dieser Entscheidungen stammen, die nicht selbständig anfechtbare Auflage als »modifizierende Auflage« bezeichnet und damit eine Erfindung seines damaligen Richters Weyreuther übernommen, der sich später auch selbst zu dieser Erfindung bekannt hat; (V) *Weyreuther*, DVBl. 1984, 365 ff.; als oft zitiertes Beispiel (V) BVerwG DÖV 1974, 380. Wann eine »modifizierende«, wann eine selbständig anfechtbare Auflage vorliegen soll, ist schwer auszumachen, denn jede Auflage modifiziert die Vergünstigung, mit der sie verbunden wird – nur ist die »modifizierende Auflage« gerade nicht so ausnahmslos gemeint. (V) *Erichsen/Martens* § 13 Rn. 8 halten die Rechtsfigur für »irreführend und entbehrlich«; im Ergebnis stimme ich dem zu. (V) *Maurer* § 12 Rn. 16 bestreitet, daß es sich in solchen Fällen überhaupt um eine Auflage handele; jedoch ist mit seiner Umformulierung in eine »modifizierte Genehmigung« dem Problem nicht beizukommen.

11 (F) *Osterloh*, JuS 1984, 978 Fn. 1.

12 (F) BVerwGE 55, 135 (138); in (F) BVerwGE 65, 139 (141), werden diese Grenzen des § 49 II Nr. 2 VwVfG übersehen. Die praktische Bedeutung dieses verwaltungsrechtsdogmatisch eingekleideten Streits läßt sich in solchen Fällen auf die Frage bringen, ob und in welchem Ausmaß Baulöwen mit den Behörden umspringen dürfen und dabei durch prozeßrechtliche Hilfskonstruktionen zusätzlich abgesichert werden (sollen).

13 Für einen selbständigen Verwaltungsakt z. B. (F) *Maurer* § 12 Rn. 9. Darüber sollte § 36 III VwVfG nicht übersehen werden!

Verbindung mit der Dispositionsmaxime abgeleitet.[14] Wer für den Rechtsschutz gegen Auflagen sich der (allerdings in der dann erforderlichen Grenzziehung etwas undeutlichen) Meinung anschließt, je nach Sachverhalt entweder die Anfechtungsklage (gegen die Auflage) oder die Verpflichtungsklage (gerichtet auf eine unbelastete Vergünstigung) für statthaft zu halten, muß die für diese Abgrenzung maßgebende Intensität der inhaltlichen Verflechtung von Haupt- und Nebenregelungen[15] schon zur Statthaftigkeit der Klageart (also gegebenenfalls in der Zulässigkeitsprüfung) erörtern. Das gilt nur wenig abgeschwächt auch bei der durchgängigen (also ausnahmslosen) Entscheidung für die Anfechtungsklage, denn hier muß ebenfalls die grundsätzliche Abtrennbarkeit der Auflage von ihrer Hauptregelung schon zur Statthaftigkeit der Klageart dargetan werden. Nur die durchgängige Entscheidung für eine Verpflichtungsklage vermeidet diese Schwierigkeit und rückt die materiellrechtliche Prüfung des Wechselbezugs von Hauptregelung und Nebenbestimmung dorthin, wo sie hingehört: in die Begründetheitsprüfung.[16]

3. Wirksamkeit und Korrektur von Verwaltungsakten

a) Die Regelung der Fehler eines Verwaltungsakts bewegt sich zwischen den **164**
Extremen der offenbaren Unrichtigkeit (sie kann gemäß § 42 VwVfG jederzeit berichtigt werden; der Verwaltungsakt ist von vornherein rechtmäßig) und dem offenkundig schwerwiegenden Fehler (er macht gemäß § 44 VwVfG den Verwaltungsakt unwirksam = nichtig). Dazwischen liegt der infolge seiner rechtlichen Fehlerhaftigkeit rechtswidrige, aber zunächst wirksame Verwaltungsakt. Er kann mit Widerspruch und Verwaltungsklage angegriffen und dann vom Gericht aufgehoben, aber auch unabhängig davon von der Behörde selbst (unter den Voraussetzungen des § 48 VwVfG) zurückgenommen werden. Ausnahmsweise wird er durch Heilung (§ 45 VwVfG) oder Umdeutung (§ 47 VwVfG) rechtmäßig. Ganz ausnahmsweise schneidet § 46 VwVfG bei bestimmten Verfahrensfehlern den Rechtsschutz völlig ab; § 44 a VwGO schiebt ihn bei anderen Verfahrensfehlern bis zur Überprüfung des Verwaltungsakts hinaus, der am Ende des fehlerhaften Verfahrens erlassen wird. In den Fällen der §§ 45–47 VwVfG sind verwaltungsgerichtliche Klagen zulässig, aber unbegründet. Im Fall des § 44 a VwGO ist die Klage (oder z. B. ein Antrag gemäß § 123 VwGO) unzulässig.

14 (V) OVG Lüneburg DVBl. 1972, 584; *Schmitt Glaeser* Rn. 142; zum Streitstand (F) *Kopp* § 42 VwGO Rn. 17, 18; für eine Teilanfechtung bei Nebenbestimmungen z. B. (F) *Maurer* § 12 Rn. 25.

15 Der Versuch einer solchen Grenzziehung ist mit dem Streit um die »modifizierende Auflage« verbunden; dazu oben Fn. 10.

16 Dazu nochmals (V) *Osterloh*, JuS 1984, 978 (a. E.).

165 b) § 44 II VwVfG regelt, welche Fehler immer zur Nichtigkeit führen (Positivkatalog); § 44 III VwVfG nennt im Gegenzug die Fehler, die das nie zur Folge haben (Negativkatalog). Wenn keiner der Tatbestände des § 44 II oder III VwVfG erfüllt ist, greift die Generalklausel des § 44 I VwVfG ein. § 44 I VwVfG wird sehr restriktiv interpretiert, so daß es dafür kaum praktische Beispiele gibt; der damit verwandte absolute Nichtigkeitsgrund des § 44 II Nr. 6 VwVfG ist (in sehr umstrittener Weise) auf dem Umweg über § 33 a II Nr. 2 GewO praktisch geworden.[1] Insbesondere im Hinblick auf die aus solchen Generalklauseln resultierende Rechtsunsicherheit verzichtet § 43 II 2 VwGO für die Klage auf Feststellung der Nichtigkeit (denn ein rechtlich unwirksamer Verwaltungsakt kann nicht aufgehoben und deshalb auch nicht angefochten werden) auf die regelmäßige Subsidiarität der Feststellungsklage.

166 c) Durch Heilung (§ 45 VwVfG) oder Umdeutung (§ 47 VwVfG) wird der ursprünglich rechtswidrige Verwaltungsakt rechtmäßig. Praktische Bedeutung haben vor allem die Heilungsgründe des § 45 I Nr. 2 und 3, II VwVfG.[2] Die Heilung durch ein »Nachschieben von Gründen« ist gegenüber der früheren Rechtsprechung, die insoweit nicht mehr verwendbar ist, zeitlich eingegrenzt worden. Auf eine undeutliche, in der Entstehungsgeschichte beider Rechtsfiguren begründeten Weise überschneiden sich die Heilung durch ein »Nachschieben von Gründen« und durch Umdeutung. Soweit die Umdeutung in der Auswechslung der ursprünglich gegebenen Begründung besteht, ist sie wegen dieser Überschneidung ebenfalls durch § 45 II VwVfG zeitlich begrenzt.[3] Als Umdeutung ist vom BVerwG die Auswechslung auch der Bezeichnung und Rechtsgrundlage eines Verwaltungsakts gewertet worden.[4]

167 d) § 46 VwVfG schneidet bei gebundenen Verwaltungsakten, für deren Erlaß die Behörde weder einen Ermessens- noch einen Beurteilungsspielraum hat, den Rechtsschutz gegen Verfahrens- und Formfehler sowie bei Verstößen gegen die örtliche Zuständigkeit endgültig ab. Die praktische Folge ist, daß ein Verwaltungsverfahren wegen eines solchen Fehlers nicht wiederholt zu werden braucht, obwohl der Verwaltungsakt rechtswidrig ist und bleibt. Deshalb ist umstritten, ob das auch bei der sogenannten »Ermessensreduktion

1 Zur restriktiven Interpretation des § 44 I VwVfG (V) BVerwG NJW 1985, 2658 (2659) = DVBl. 1985, 624; zu § 44 II Nr. 6 VwVfG zuletzt (F) BVerwGE 84, 314 (»Peep-Show«) und dazu noch unten Rn. 198 mit Fn. 9.

2 Beispiele (F) BVerwGE 66, 111 und 184; 85, 163.

3 So im Ergebnis wohl auch (F) *Meyer/Borgs* § 47 Rn. 3; zur Vorgeschichte und heutigen Überschneidung der §§ 45 I Nr. 2, II; 47 VwVfG (V) *W. Schmidt*, Verwaltungsrecht Rn. 172.

4 (F) BVerwGE 62, 300 (306).

auf Null« gilt.[5] Ebenfalls umstritten ist, ob der Verwaltungsakt wegen eines Fehlers im Sinne des § 46 VwVfG rücknehmbar ist, ob also § 48 VwVfG gilt. Von seinem Wortlaut her nimmt § 46 VwVfG nur dem Betroffenen den Anspruch auf Aufhebung, nicht aber der Behörde die Befugnis zur Rücknahme. Andererseits ist schwer vorstellbar, wie die Behörde einen Verwaltungsakt, zu dessen Erlaß sie verpflichtet ist, soll zurücknehmen dürfen.[6] Schließlich ist streitig, ob Schadensersatzansprüche durch § 46 VwVfG ausgeschlossen werden. Sieht man auf die Rechtsfolge des § 46 VwVfG selbst (keine Verfahrenswiederholung bei vorhersehbar gleichem Ergebnis), so ist nicht einleuchtend, warum ein Schadensersatz in Geld für Aufwendungen die dem Betroffenen durch einen Zuständigkeits- oder Verfahrens- oder auch Formfehler der Behörde entstanden sind, durch extensive Auslegung des § 46 VwVfG entfallen soll.[7]

e) Auch § 44 a VwGO betrifft (und verkürzt) den Rechtsschutz gegen **168** Verfahrensfehler. Die h.M. wendet § 44 a VwGO auf alle Klagearten und auch auf den Antrag gemäß § 123 VwGO an. Für das Verständnis dieser Vorschrift muß zunächst ihr Verhältnis zu § 46 VwVfG geklärt werden. Bei § 46 VwVfG wird der Verwaltungsakt, der zum Abschluß eines Verwaltungsverfahrens erlassen worden ist, (u.a.) wegen eines Fehlers in diesem Verwaltungsverfahren angegriffen; die Klage ist zulässig, aber unter den Voraussetzungen des § 46 VwVfG unbegründet. Demgegenüber betrifft § 44 a VwGO den Rechtsschutz gegen solche Verfahrensfehler schon vor Erlaß des Verwaltungsakts und verschiebt ihn (in dem umstrittenen Bereich seiner Anwendbarkeit, dazu sogleich) in den gerichtlichen Streit um die Rechtmäßigkeit des Verwaltungsakts, der erst noch zu erlassen ist. Bis dahin ist die Klage unzulässig; § 44 a VwGO wird in diesem Zusammenhang als Anwendungsfall des allgemeinen Rechtsschutzbedürfnisses gesehen. In dem späteren Verwaltungsrechtsstreit kommt es wieder auf § 46 VwVfG an; deshalb sind jetzt nur solche Verfahrensfehler beachtlich, die einer Ermessensentscheidung oder Ausfüllung eines Beurteilungsspielraums vorausgegangen sind.
Außer Streit ist die Anwendbarkeit des § 44 a VwGO nur bei verfahrensleitenden Zwischenentscheidungen, gegen die eine Anfechtungsklage in Betracht käme (also z.B. bei Terminbestimmungen); diese Fälle haben jedoch praktisch so gut wie keine Bedeutung. Umstritten ist die Anwendbarkeit des § 44 a VwGO hingegen bei Fehlern in der Entscheidung über die Verfahrensanträge, für die eine Verpflichtungsklage oder – was praktisch näher liegt – ein Antrag gemäß § 123 VwGO in Betracht kommt.
Die bisher praktisch gewordenen Fälle drehen sich um Anträge auf Akten-

5 (F) *Meyer/Borgs* § 46 Rn. 27 (m.w.N.).
6 Dazu (F) *Meyer/Borgs* § 46 Rn. 12 einerseits; *Kopp* § 46 VwVfG Rn. 8; *Skouris*, NJW 1980, 1721 ff. (mit Fn. 14, 15) andererseits.
7 Anders, aber im Ergebnis widersprüchlich (F) *Kopp* § 46 VwVfG Rn. 9.

einsicht gemäß § 29 VwVfG, wobei als »Rechtsbehelf« im Sinne des § 44 a S. 1 VwGO meist ein Antrag gemäß § 123 VwGO umstritten war.[8] Für die Beschränkung des § 44 a VwGO nur auf Anfechtungsstreitigkeiten sprechen (1) dessen Wortlaut (»Rechtsbehelf **gegen** behördliche Verfahrenshandlungen«), (2) der systematische Zusammenhang zwischen dem Regeltatbestand des § 44 a S. 1 VwGO und dem Ausnahmetatbestand des § 44 a S. 2 VwGO, der sich noch deutlicher als der Regeltatbestand auf Anfechtungsstreitigkeiten bezieht, (3) die Gesetzesmaterialien sowie (4) Sinn und Zweck der Vorschrift vor dem Hintergrund einer Grundrechtsverwirklichung durch Verfahren (dazu oben Rn. 114) und (5) des Grundrechtsschutzes aus Art. 19 IV GG.[9]

169 f) Voraussetzungen und Folgen der Rücknahme eines rechtswidrigen oder des Widerrufs eines rechtmäßigen Verwaltungsakts sind in §§ 48, 49 VwVfG sehr detailliert geregelt und dort bei Bedarf nachzulesen. Problematisch sind jeweils begünstigende Verwaltungsakte; insoweit enthält § 48 I 2 VwVfG eine Legaldefinition. Für den Widerruf von Subventionsbescheiden enthält § 44 a BHO eine Sonderregelung zu §§ 48, 49 VwVfG.[10]

170 g) Sind die Rechtsbehelfsfristen (§§ 70, 74 VwGO) abgelaufen (und ist auch kein Fall des § 60 VwGO gegeben) oder sind Vorverfahren und Verwaltungsklage erfolglos geblieben, so ist der Verwaltungsakt unanfechtbar. Das bedeutet einerseits, daß dann auch gegen einen rechtswidrigen Verwaltungsakt nicht mehr mit einem Rechtsbehelf vorgegangen werden, andererseits, daß die Behörde in der Regel nicht zu einem neuen Verwaltungsakt gezwungen werden kann, der zugleich den früheren Verwaltungsakt aufhebt oder doch zugunsten des (Adressaten oder Dritt-)Betroffenen abändert. Die Behörde kann den Verwaltungsakt zwar unter den Voraussetzungen des § 48 VwVfG zurücknehmen, muß das aber nicht. Von dieser Regel normiert § 51 I VwVfG eine Reihe von Ausnahmetatbeständen, die dem Betroffenen den Anspruch auf ein neues Verfahren zur Überprüfung des von ihm als rechtswidrig behaupteten Verwaltungsakts geben.[11] Außerhalb der Tatbestände des § 51 I VwVfG kann der Betroffene zwar einen Antrag auf Rücknahme des Verwaltungsakts stellen (das bestätigt die Verweisung in § 51 V VwVfG), aber

8 Dazu im einzelnen (F) *W. Schmidt*, JuS 1982, 745 ff., oder *Hill*, Jura 1985, 61 ff.

9 (V) BT-Dr. 7/910, S. 97 f.; für eine restriktive Auslegung aus den oben im Text genannten Gründen auch (F) *Meyer/Borgs* § 97 Rn. 16 ff.; *Schenke* Rn. 568; zur notwendigen Berücksichtigung des Art. 19 IV GG mit insoweit restriktiver Tendenz (V) BVerfG NJW 1991, 415.

10 Dazu noch unten Rn. 246 bei Fn. 4.

11 Es wird also nicht das frühere Verfahren »wiederaufgegriffen«; (V) *Meyer/Borgs* § 51 Rn. 2. Es handelt sich auch nicht um ein Widerspruchsverfahren (wie im Fall der §§ 70 II, 60 VwGO), sondern das neue Verfahren endet mit einem Bescheid, gegen den unter den Voraussetzungen des § 68 VwGO erneut der Widerspruch gegeben ist.

insoweit kein neues Verfahren erzwingen. Zum Verständnis dieser unterschiedlichen Regelungen ist der Ablauf eines Verfahrens mit dem Ziel eines neuen Sachbescheids kurz zu skizzieren.
Wird ein Antrag auf erneute Sachprüfung gestellt, so ist zwischen der Entscheidung über die Neueröffnung des Verfahrens und dem Sachbescheid (am Ende der erneuten Sachprüfung) zu unterscheiden; der neue Sachbescheid wird im Hinblick auf den ersten (erneut zur Überprüfung gestellten) Verwaltungsakt »Zweitbescheid« genannt. Diese Unterscheidung zwischen Verfahrensentscheidung und Sachbescheid (»Zweitbescheid«) tritt jedoch nur dann nach außen, wenn die Behörde die Verfahrenseröffnung ablehnt (andernfalls wird in der Folge nur noch um den »Zweitbescheid« gestritten). Der negative Verfahrensbescheid ist seinerseits in jedem Fall ein rechtsbehelfsfähiger Verwaltungsakt.[12] Für die Aussichten der dagegen gerichteten Verpflichtungsklage (auf Neubescheidung im Sinne des § 51 I VwVfG bzw. auf Rücknahme des Verwaltungsakts in einem neuen Verfahren[13]) kommt es darauf an, ob die Voraussetzungen des § 51 (I–III) VwVfG vorliegen. Nur wenn dies der Fall ist, kann ein »Zweitbescheid« (der notwendig einen positiven Verfahrensbescheid einschließt)[14] erzwungen werden.[15] Liegen sie nicht vor (und ist auch kein Fall einer – hier eng zu verstehenden – Selbstbindung gemäß Art. 3 I GG gegeben),[16] so ist die Klage zwar zulässig, aber unbegründet.

4. Vollstreckung von Verwaltungsakten (Verwaltungsvollstreckung)

a) Ein Verwaltungsakt, der ein Gebot oder Verbot enthält (ein sogenannter **171**
befehlender Verwaltungsakt), ist unter den in den Verwaltungsvollstreckungsgesetzen des Bundes und der Länder[1] geregelten Voraussetzungen ein

12 Soweit er heute noch »wiederholende Verfügung« genannt wird, ist zu beachten, daß seine verfahrensrechtliche Komponente immer rechtsbehelfsfähig ist, seine sachliche nur nach Maßgabe des § 51 (I–III) VwVfG; dazu außer den folgenden Ausführungen oben im Text (V) *Maurer* § 11 Rn. 56, oder *W. Schmidt*, Verwaltungsrecht Rn. 282.

13 Dazu (F) *Erichsen/Martens* § 19 Rn. 23.

14 Die ablehnende Verfahrensentscheidung wird – wie bei der Weigerungsgegenklage allgemein – nicht zum Gegenstand einer selbständigen Anfechtungsklage, sondern allenfalls eines klarstellenden Zusatzantrags; dazu oben Rn. 142.

15 Ohne Einschränkung erzwungen werden kann ein positiver Verfahrensbescheid. Die Sachentscheidung hängt davon ab, ob die Behörde noch einen Ermessens- oder Beurteilungsspielraum hat; (F) BVerwG NJW 1982, 2204 (2205) = DÖV 1982, 856 (858); zum Sonderfall eines rechtskräftigen früheren Gerichtsurteils (F) BVerwGE 82, 273 (275).

16 Dazu (F) *Maurer* § 11 Rn. 65, oder *W. Martens*, Jura 1979, 83ff. (86ff.); (V) BVerwG NJW 1981, 2595; VG Berlin NJW 1981, 2595; aus der älteren Rechtsprechung (V) BVerwGE 44, 333 (335f.).

1 Weitere landesrechtliche Regelungen finden sich in den Polizei- und Ordnungsgesetzen der Länder Bayern (Art. 53ff. BayPAG), Brandenburg (§§ 53ff. BbgVGPolG), Hessen (§§ 47ff. HSOG), Mecklenburg-Vorpommern (§§ 79ff. MVSOG), Nieder-

Vollstreckungstitel. Anders als bei vertraglichen Vereinbarungen oder allgemein im privaten Rechtsverkehr bedarf es keiner vorherigen Leistungsklage (vgl. schon oben Rn. 151). Der folgende Überblick orientiert sich am BVwVG, dessen Grundmuster mit nur geringfügigen Abweichungen in den landesrechtlichen Regelungen wiederkehren.[2]

Leicht unterschiedliche Voraussetzungen und Abläufe gelten für die Vollstreckung wegen Geldforderungen und für die Erzwingung von Handlungen (mit Ausnahme einer Geldleistung) oder Duldung oder Unterlassungen. Der Verwaltungsakt, durch den der Schuldner zu einer Geldleistung aufgefordert wird, heißt Leistungsbescheid. Die Vollstreckungsvoraussetzungen sind aus § 3 BVwVG ablesbar; auf weitere Einzelheiten kommt es für das Pflichtfachstudium kaum jemals an. Etwas mehr sollte man über die Erzwingung von (anderen) Handlungen, Duldungen oder Unterlassungen wissen. Hier setzt die Verwaltungsvollstreckung regelmäßig einen unanfechtbaren oder doch vollziehbaren Verwaltungsakt (im Unterschied zu späteren Vollstreckungsakten Grundverfügung genannt) sowie ein dreitaktiges Verfahren voraus, das aus den Verfahrensschritten Androhung, Festsetzung und Ausführung besteht (vgl. §§ 6 I; 13–15 BVwVG). In Eilfällen kann unter der Voraussetzung namentlich einer drohenden Gefahr ein sofortiger Vollzug (durch »unmittelbare Ausführung«) angeordnet werden (vgl. § 6 II BVwVG).[3] Zwangsmittel sind gemäß § 9 BVwVG die Ersatzvornahme, das Zwangsgeld und der unmittelbare Zwang;[4] § 9 II BVwVG hebt die Anforderungen der Verhältnismäßigkeit von Mittel und Zweck noch einmal besonders hervor. Von besonderem Interesse ist die Ersatzvornahme zur Durchsetzung vertretbarer Handlungen. Wird – wie gemäß § 10 BVwVG – »ein anderer« (Dritter) mit der Vornahme der Handlung auf Kosten des Pflichtigen beauftragt,[5] so kommt es hinsichtlich der Vollstreckungskosten

---

sachsen (§§ 42ff. NdsSOG), Nordrhein-Westfalen (§§ 50ff. NWPolG), Rheinland-Pfalz (§§ 50ff. RhPfPOG), Saarland (§§ 44ff. SaarlPolG), Sachsen-Anhalt (§§ 53ff. SachsAnhSOG), Schleswig-Holstein (§§ 228ff. SHLVwG), Thüringen (§§ 51ff. ThürPAG). In Baden-Württemberg (§ 49 I BadWürttPolG), Bremen (§ 40 I BremPolG), Berlin, Hamburg und Sachsen (§ 30 I SächsPolG) enthalten die Polizei- und Ordnungsgesetze keine entsprechenden Regelungen; vielmehr wird hier auf das jeweilige VwVG verwiesen.

2 Als ausführlichere Darstellungen für Studienzwecke (F) *Bull* § 17, oder *Erichsen/Martens* § 20, oder *Maurer* § 20, oder *Schwerdtfeger* Rn. 128–136.

3 Die Rechtmäßigkeit des Sofortvollzugs wird gewöhnlich in dem Streit um seine Kosten geprüft; als landesrechtliches Beispiel (F) OVG Münster DÖV 1978, 59; vgl. auch noch unten c).

4 Vgl. die besonderen Gesetze des Bundes (Sartorius I 115 und 117).

5 Landesrechtliche Regelungen sehen auch die »Selbstvornahme« vor; vgl. *Maurer* § 20 Rn. 14, 18, sowie § 25 BadWürttVwVG; Art. 55 I BayPAG; § 55 I BbgVGPolG, § 19 I BbgVwVG; § 15 BremVwVG; § 49 I HSOG, § 74 I HessVwVG; § 14 HambVwVG; § 89 I MVSOG; § 44 NdsSOG; § 52 I NWPolG, § 59 I NWVwVG; § 52 RhPfPOG; § 46 I SaarlPolG, § 21 SaarlVwVG; § 24 I SächsVwVG; § 55 I SachsAnhSOG; § 53 I ThürPAG; § 238 SHLVwG.

zu privatrechtlichen Beziehungen zwischen der Behörde und dem Dritten und öffentlichrechtlichen Beziehungen zwischen der Behörde und dem Pflichtigen, während zwischen dem Pflichtigen und dem Dritten insoweit keine Rechtsbeziehungen entstehen. Das Vollstreckungsverfahren setzt sich jetzt in der Beitreibung der Kosten der Ersatzvornahme (aufgrund eines neuen Leistungsbescheids) fort.

b) Für Rechtsschutzfragen ist auf die unterschiedlichen Rechtsbeziehungen sowie auf den Unterschied zwischen der Grundverfügung, die vollstreckt wird, und späteren Vollstreckungsakten zu achten, die (wie die Androhung eines Zwangsmittels gemäß § 18 I BVwVG) unabhängig von der Grundverfügung mit Rechtsbehelfen angegriffen werden können. Ist die Grundverfügung (z.B. eine bauordnungsrechtliche Abbruchverfügung) unanfechtbar, so kann der Betroffene nur noch die Rechtswidrigkeit einer Vollstreckungsmaßnahme geltend machen, jedoch nicht mehr die Rechtswidrigkeit der Grundverfügung. Das gilt auch für das Verhältnis zwischen der im Wege der Ersatzvornahme durchgesetzten Grundverfügung und dem späteren Leistungsbescheid wegen der Kosten der Ersatzvornahme.

c) Einige landesrechtliche Polizei- und Ordnungsgesetze regeln in verwirrender Doppelung neben dem **Sofortvollzug** (in Eilfällen ohne vorausgegangene Grundverfügung) zusätzlich im Rahmen der Adressaten- oder Störervorschriften die Möglichkeit einer **unmittelbaren Ausführung** durch die Gefahrenabwehrbehörde oder einen beauftragten Dritten (wenn der Zweck der Maßnahme durch Inanspruchnahme des eigentlich verantwortlichen Störers nicht oder nicht rechtzeitig erreicht werden kann).[6] Der Sofortvollzug kommt aus dem (allgemeinen) Verwaltungsvollstreckungsrecht, die unmittelbare Ausführung aus dem (preußischen) Polizeirecht; beide Figuren erfüllen dieselbe Funktion. Deshalb lassen sich die meisten praktischen Fälle beiden Vorschriften zuordnen. Zur Vermeidung solcher Unklarheiten wird vorgeschlagen, den Sofortvollzug von dem Regelungszusammenhang »Zwang« her nur dort einzusetzen, wo es um die Brechung eines (auch mutmaßlich) entgegenstehenden Willens geht. Für die unmittelbare Ausführung bleiben danach Fälle wie z.B. die (polizeiliche) Rettung eines um sein Leben kämpfenden Ertrinkenden.[7]

IV. Verwaltungsorganisation

1. Einige Grundbegriffe und ihr Stellenwert

a) Die Aufgaben der staatlichen Verwaltung werden von unterschiedlichen 172
Verwaltungsträgern und ihren Behörden erfüllt. Was es an Verwaltungsträgern gibt sowie die Unterscheidung von Verwaltungsträger und Behörde läßt sich aus § 1 VwVfG ablesen (dazu schon oben Rn. 6, 119), die Unterschei-

6 Vgl. Art. 9 I, 53 II BayPAG; §§ 8 I, 47 II HSOG; §§ 9, 53 II SachsAnhSOG; §§ 174 I, 196 SHLVwG.

7 Dazu (L) *Schenke*, in: Steiner II Rn. 200, oder *Götz* Rn. 299.

dung von Verwaltungsträger und Behörde auch aus § 78 I Nr. 1 VwGO. Die Verwaltung durch Behörden des Bundes oder eines Landes (vom Minister als oberster Behörde über Mittelbehörden bis hinunter zu den unteren Behörden vor Ort)[1] wird noch verbreitet als »unmittelbare Staatsverwaltung« bezeichnet, die Verwaltung durch (andere) juristische Personen des öffentlichen Rechts als »mittelbare Staatsverwaltung«.[2] Diese Begriffe haben jedoch nur eine beschreibende Funktion; sie geben keine Antwort auf Fragen der Zuständigkeitsverteilung zwischen unterschiedlichen Verwaltungsträgern und ihren Behörden (– es genügt somit die Kenntnis der Terminologie; weiteres Kopfzerbrechen über diese tendenziell selbstverwaltungsfeindliche Begrifflichkeit führt nur in die Irre).

b) Zuständigkeitsfragen können sich in dreierlei Hinsicht ergeben: (1) zwischen unterschiedlichen Verwaltungsträgern, (2) innerhalb eines Verwaltungsträgers als Frage nach der zuständigen Behörde oder (namentlich bei Selbstverwaltungsträgern) dem zuständigen Organ und (3) im Verhältnis von Verwaltung als vollziehender Gewalt und Vollzugsadressat (also im Verhältnis von Verwaltung und Bürger).[3] Im Verhältnis zum Bürger kommt es im Verwaltungsverfahren und für die Begründetheitsprüfung einer Verwaltungsklage auf die zuständige Behörde an, für das Verwaltungsprozeßrecht grundsätzlich (§ 78 I Nr. 1 VwGO) und für das Deliktsrecht (vgl. Art. 34 S. 1 GG) auch auf den Verwaltungsträger. Vor allem auf Behörden bezieht sich die Unterscheidung nach sachlicher, örtlicher und instanzieller Zuständigkeit (dazu schon oben Rn. 119).

173 c) Bei einem mehrstufigen Behördenaufbau hat die nächsthöhere Behörde gegenüber der ihr nachgeordneten Behörde ein grundsätzlich uneingeschränktes Weisungsrecht. Zwar wird auch insoweit von Aufsicht gesprochen,[4] jedoch gibt es ein verselbständigtes Aufsichtsrecht mit Vorschriften über die Aufsichtsorganisation, das Aufsichtsverfahren und die Aufsichtsmittel nur durch die Staatsaufsicht über Selbstverwaltungsträger, besonders ausgeprägt im Kommunalrecht (dazu noch unten Rn. 187). Selbstverwaltungsträger sind in aller Regel als (mitgliedschaftlich verfaßte) Körperschaf-

---

1 Ausführlicher (F) *Bull* Rn. 225ff., oder *Maurer* § 22 Rn. 14ff., 42, oder *Rudolf*, in: Erichsen/Martens § 57 Rn. 11ff.

2 In der neueren Lehrbuchliteratur aber mit guten Gründen nur noch mit Vorbehalten: (F) *Bull* Rn. 202, 222; *Maurer* § 23 Rn. 1; *Rudolf*, in: Erichsen/Martens § 56 Rn. 7; *Wolff/Bachof* § 74 II c.

3 Zur Terminologie: Neben dem Begriff »Zuständigkeit« wird auch der Begriff »Kompetenz« gebraucht, teils bedeutungsgleich – so (F) *Rudolf*, in: Erichsen/Martens § 56 Rn. 44, teils im Verhältnis von engerem und weiterem Begriff (»Kompetenz« als Gegenstand der »Zuständigkeit«) – so (F) *Wolff/Bachof* II § 72 I c 1; vgl. auch (F) *Bull* Rn. 170. Einfacher und unschädlich ist es, nur von »Zuständigkeit« zu sprechen; so z.B. (F) *Maurer* § 21 Rn. 44ff.

4 Z.B. von (F) *Maurer* § 22 Rn. 34–36.

ten des öffentlichen Rechts organisiert; das gilt auch entgegen ihrer Bezeichnung für die Sozialleistungsträger (z.B. Bundesversicherungsanstalt für Angestellte, Landesversicherungsanstalten).[5]

d) Die Errichtung, Änderung oder Auflösung von Verwaltungsträgern be- **174** ruht auf unterschiedlichen Rechtssätzen: für Bund, Länder, Gemeinden und Kreise in den Grundstrukturen unmittelbar auf Verfassungsrecht, das durch Gesetzes- und Verordnungs- oder Satzungsrecht ergänzt wird. Auch die Errichtung (usw.) einer anderen juristischen Person des öffentlichen Rechts bedarf der Grundlage in einem Rechtssatz, in der Regel einem Gesetz, dies insbesondere bei juristischen Personen mit Eingriffsbefugnissen, z.B. Zwangsverbänden (wie etwa Kammern oder der Studentenschaft als Körperschaft des öffentlichen Rechts).[6] Nur kleine Reste organisatorischer Gestaltungsmacht werden nicht in Rechtssatzform ausgeübt und bedürfen nach allgemeiner Ansicht keiner solchen Grundlage. Diese Reste einer »Organisationsgewalt«[7] finden sich im Staatsrecht bei der Bildung einer Bundes- oder Landesregierung (soweit nicht die Verfassung bestimmte Minister nennt und dadurch die Errichtung der entsprechenden Ministerien vorschreibt)[8] und im Verwaltungsrecht als begrenztes Wahlrecht zwischen öffentlichrechtlicher oder privatrechtlicher Ausgestaltung einer Leistungsorganisation, anschließend, bei Wahl der Organisationsform einer nichtrechtsfähigen öffentlichrechtlichen Anstalt, als Wahlrecht zwischen öffentlichrechtlicher oder privatrechtlicher Nutzungsform (das allerdings ist inzwischen streitig, dazu noch unten Rn. 243–245).

e) Der Rechtssatzvorbehalt für die Errichtung, Änderung oder Auflösung **175** einer Organsiationseinheit des Verwaltungsrechts wird praktisch, wenn gegen einen solchen »Organisationsakt« ein Verwaltungsgericht angerufen wird. Kann die Auswirkung auf Rechte des Klägers nicht ausgeschlossen werden, so führt die Sachprüfung unweigerlich auf die Frage nach der Rechtsgrundlage für den Organisationsakt zurück. Das wird sich vor allem dort zuspitzen, wo die Verwaltungsorganisation aus geschichtlichen Gründen bislang nur unzureichend gesetzlich geregelt war (oder noch ist). Deshalb

5 Dazu (V) *Ruland*, in: von Münch/Schmidt-Aßmann 7 Rn. 223.

6 Dazu allgemein (V) *Maurer* § 21 Rn. 65f.

7 Häufig wird auch die auf Rechtssätzen beruhende Befugnis zur Errichtung (usw.) von Verwaltungsträgern als »Organisationsgewalt« bezeichnet. Dann ist von diesem weiteren Begriff gleichwohl der problematische Bereich einer eigenständigen »Organisationsgewalt« zu unterscheiden; dazu (F) *Wolff/Bachof* II § 78 I a; *Rudolf*, in: Erichsen/Martens § 56 Rn. 1; (V) *W. Schmidt*, Verwaltungsrecht Rn. 123; ohne ausdrückliche Differenzierung (F) *Maurer* § 21 Rn. 57ff.

8 Für die anderen Ministerien findet sich ein Minimum an Rechtsgrundlage in Haushaltsgesetz und Haushaltsplan; (V) *Wolff/Bachof* II § 68 II c, IV; zur »Organisationsgewalt« der Bundesregierung (des Bundeskanzlers) auch (V) *Hesse* Rn. 653ff., oder *Maunz/Zippelius* § 34 IV 3.

stammen die meisten zur Problematik von Organisationsakten genannten Beispielen aus dem Recht der Schulverwaltung, wo sie mit den Fragen der Verrechtlichung des Schulverhältnisses zusammenhängen; z. B. die Schließung einer Schule einerseits, der Abbruch eines Schulversuchs andererseits.[9] Sobald hier dem einzelfallbezogenen Organisationsakt Rechtswirkung gegenüber dem Kläger (= »unmittelbare Rechtswirkung nach außen«), also Verwaltungsaktsqualität zugesprochen wird, muß das Verwaltungsgericht die Frage nach der Rechtsgrundlage stellen und beantworten.

176 f) Auf die äußere Errichtung (oder Änderung) einer Organisation folgt deren innere Ordnung. Die dabei in Betracht kommenden Regelungen können nach fünf unterschiedlichen Arten von Adressaten unterschieden und anschließend nach ihren Gegenständen zu drei unterschiedlichen Problemgruppen zusammengefaßt werden.

Adressaten solcher Regelungen können sein: (1) die in der Organisation tätigen »Amtswalter« (dazu oben Rn. 119), also Angehörige des öffentlichen Dienstes, vereinfacht gesagt: das Vollzugspersonal, aber auch (2) Mitglieder von Ausschüssen oder sonst vergleichbaren Kollegialorganen, die nicht Angehörige des öffentlichen Dienstes (sondern Laien oder Fachvertreter oder nur Interessenvertreter) sind; (3) Vollzugsbetroffene, die faktisch wie rechtlich »außerhalb« der Organisation stehen im Unterschied zu (4) solchen Vollzugsbetroffenen, die in mehr oder minder intensiver Weise in die Organisation eingegliedert sind (am intensivsten in geschlossenen Krankenanstalten oder im Strafvollzug, weniger intensiv als Schüler in einer Schule) oder schließlich (5) Benutzer einer öffentlichen Einrichtung, z. B. einer öffentlichen Bibliothek. Die Regelungen der Fallgruppen (3)-(5) richten sich zugleich an das Vollzugspersonal der Fallgruppe (1), werden aber nur unter dem Aspekt der Adressaten (3)-(5) problematisch. Gegenstand der Regelung ist in den Fällen (1) und (2) das innere Organisations- und Verfahrensrecht, im Fall (3) die Fortschreibung der zu vollziehenden Rechtsgrundlage durch Richtlinien (Auslegungs-, Ermessens- oder – aber praktisch seltener -Beurteilungsrichtlinien) im Rang unterhalb von Gesetzen, Rechtsverordnungen oder Satzungen, im Fall (4) eine (Anstalts-)Betriebsordnung und im Fall (5) eine (Anstalts-)Benutzungsordnung.

Für das organisationsinterne (Organisations- und Verfahrens-)Recht sowie für die (Anstalts-)Betriebs- und Benutzungsordnungen gibt es inzwischen mehr oder minder ausgebaute Regelungen in Form von Gesetzen, Rechtsverordnungen oder Satzungen; im übrigen ist umstritten, ob ein Rechtssatzvorbehalt zum weiteren Ausbau solcher Rechtsgrundlagen zwingt. Die Geschäftsverteilung innerhalb einer Organisation [Adressatengruppe (1)]

9 (F) BVerwGE 18, 40 (41 f.); bestätigt u. a. in (F) BVerwG NJW 1978, 2211 = DVBl. 1978, 640; weitere Beispiele und Nachweise bei (F) *Erichsen/Martens* § 11 Rn. 38, oder *Maurer* § 21 Rn. 67 f., oder *W. Schmidt*, Verwaltungsrecht Rn. 267.

findet sich in den Zuständigkeitsregelungen der einzelnen Fachgesetze (z. B. als Zuständigkeitsregelung für unterschiedliche Polizei- und Ordnungsbehörden in den entsprechenden Landesgesetzen); im übrigen ist außer Streit, daß Zuständigkeitsregelungen mit Wirkung auf Dritte wie schon die Errichtung (usw.) der Organisation unter Rechtssatzvorbehalt stehen und daß nur für den Rest eine »innere Organisationsgewalt« anerkannt werden kann.[10] Für die Geschäftsordnung von Ausschüssen [Adressatengruppe (2)] finden sich jetzt subsidiäre Regelungen in §§ 88–93 VwVfG.[11] Die Anstaltsbetriebsordnungen waren Gegenstand der Verrechtlichungsprozesse im Strafvollzugs- und Schulrecht (dazu oben Rn. 110); immerhin bleiben auch hier noch kleinere Rechtsprobleme. Für die »Anstaltsbenutzungsordnungen« ist streitig, ob sie unter Satzungsvorbehalt stehen oder ob (wie bisher üblich) Verwaltungsvorschriften ausreichen oder ob sich das Problem inzwischen durch § 35 S. 2 (3. Alternative) VwVfG erledigt hat (dazu schon oben Rn. 162). Die Vollzugsrichtlinien sind unstreitig nur unter den gleichen Voraussetzungen und in den gleichen Grenzen zulässig wie der Auslegungsspielraum (in Gestalt eines »unbestimmten Rechtsbegriffs«) oder Ermessens- oder Beurteilungsspielraum, den sie (teilweise) ausfüllen; umstritten sind jedoch die einem Rechtssatz vergleichbare (nicht rechtssatzgleiche!) Wirkung solcher Richtlinien und die daraus zu ziehenden Folgerungen z. B. für ihre Veröffentlichung. Damit werden die drei Problemgruppen erkennbar, auf die noch ausführlicher zurückzukommen ist; die (Anstalts-)Betriebs- und Benutzungsordnungen und die Rechtswirkung von Vollzugsrichtlinien.

g) Vereinzelt werden in der neueren Literatur Vorschriften, die an Organe oder Amtswalter einer Verwaltungsorganisation gerichtet sind, als »Innenrecht« von solchen Vorschriften unterschieden, die sich (als »Außenrecht«) an rechtsfähige Adressaten (einschließlich anderer Verwaltungsträger) richten.[12] Wie schon das Beispiel einer Zuständigkeitsregel zeigt, läßt sich diese Unterscheidung nicht trennscharf durchführen.[13] Wenn zum »Innenrecht« alle Arten von Regelungen gerechnet werden, also vom Verfassungsrecht über Gesetze, Rechtsverordnungen und Satzungen bis zu den Verwaltungsvorschriften,[14] bleibt die Unterscheidung von »Außen«- und »Innenrecht« ohne Folgen für die eigentlichen Probleme des Rechtssatzvorbehalts für (Anstalts-)Betriebs- und Benutzungsordnungen und für die Rechtswirkung von Vollzugsrichtlinien. Hinzu kommt der verwirrende Doppelcharakter zahlreicher Organisations- und Verfahrensvorschriften als »Außen«- **und** »Innenrecht«. Aus diesen Gründen lassen sich einheitliche Aussagen weder zum »Innen«- noch zum »Außenrecht« treffen. Wird hingegen um einer solchen Einheitlichkeit willen der Begriff »Innenrecht« auf den Problembereich der Verwaltungsvorschriften verengt,[15] so ent- **177**

10 Dazu (V) *Wolff/Bachof* II § 78 III b; *Maurer* § 21 Rn. 66.
11 Dazu (V) *Meyer/Borgs* § 88 Rn. 1–4, 8, 16, 21, 25, 27.
12 (F) *Maurer* § 21 Rn. 4, 26.
13 (F) *Maurer* § 21 Rn. 27.
14 So (F) *Maurer* § 21 Rn. 27.
15 Wie in der sonst diesem Begriffspaar sehr zurückhaltend gegenüberstehenden Darstellung bei (F) *Bull* Rn. 365.

steht die Gefahr von Begriffsvertauschungen und Zirkelschlüssen (: »Weil nur ›Innenrecht‹, den Rechtssätzen des ›Außenrechts‹ nicht vergleichbar«). Aus allen diesen Gründen wird empfohlen, auf das Begriffspaar »Außen«-und »Innenrecht« ganz zu verzichten.[16]

178 h) Vollzugsrichtlinien wenden sich zunächst an das Vollzugspersonal und setzen sich dann in die Vollzugsakte gegenüber den Vollzugsadressaten fort. Diese und weitere Aspekte der Verwaltungsvorschriften bilden einen Problemzusammenhang der noch zu behandelnden Fragen, die ihren Ausgang vom Organisationsrecht nehmen. Einen weiteren Zusammenhang bilden die Verteilung der Verwaltungskompetenzen zwischen Bund, Ländern und Gemeinden und dabei sich ergebende Rechtsschutz- und Verfahrensfragen. Da die dienstliche Weisungsgewalt höherer gegenüber nachgeordneten Behörden und die Befugnis zum Erlaß von Verwaltungsvorschriften auch in das Bund-Länder-Verhältnis und in das Verhältnis eines Landes zu seinen Gemeinden und Kreisen hineinspielt,[17] sind die Fragen der dienstlichen Weisungsgewalt und der Verwaltungsvorschriften zunächst zu klären.

2. Fragen der Weisungsgewalt gegenüber Amtswaltern

179 a) Fragen der Weisungsgewalt gegenüber Amtswaltern betreffen zwar den gesamten öffentlichen Dienst (Beamte, Angestellte und Arbeiter im öffentlichen Dienst), werden im Verwaltungsrecht herkömmlich aber nur auf der Grundlage des Beamtenrechts erörtert. Das Recht des öffentlichen Dienstes (mit dem Beamtenrecht) gehört grundsätzlich nicht zum Pflichtfachstoff.[1] Einige wenige Fragen des Beamtenrechts reichen in jeweils anderen Zusammenhängen (wie die dienstliche Weisungsgewalt bei den Verwaltungsvorschriften) in den Pflichtfachstoff hinein, können dort aber ohne Kenntnis der sonstigen verfassungsrechtlichen und gesetzlichen Einzelregelungen des Beamtenrechts (vgl. Art. 33 IV, V GG), des BRRG sowie der Beamtengesetze des Bundes und der Länder verstanden werden.[2]

---

16 Dem entsprechen die Darstellungen bei (F) *Ossenbühl*, in: Erichsen/Martens § 7 Rn. 30, 41; *Wolff/Bachof* II § 71 IV a, b.

17 Zum Bund-Länder-Verhältnis Art. 84 II; 85 II, III; 86 S. 1 GG; zu den kommunalrechtlichen Auftragsangelegenheiten noch unten Rn. 187.

1 Der je nach Zusammenhang unterschiedlich weit zu interpretierende Begriff des öffentlichen Dienstes kann allerdings im Staatsrecht wegen Art. 33 IV, V GG eine Rolle spielen; zu seinen unterschiedlichen Bedeutungen neben den Kommentierungen zu Art. 33 GG z. B. (V) *Köpp*, in: Steiner III Rn. 3.

2 Außer Fragen der Weisungsgewalt kommen im Pflichtfachstoff sonst noch vor: die Formalien der Beamtenernennung (§ 9 BRRG) als Voraussetzung für die Beamteneigenschaft bei der beamtenrechtlichen Eigenhaftung aus § 839 BGB (dazu unten Rn. 264), die Rechtswegregelung des § 126 BRRG sowie die beamtenrechtliche Konkurrentenklage als Sonderfall des Rechtsschutzes gegen einen »Verwaltungsakt mit Drittwirkung« (dazu noch unten Rn. 257).

b) Die Weisungsgewalt betrifft die dienstlichen Anordnungen oder Weisungen der Vorgesetzten gegenüber den ihnen nachgeordneten Beamten (§§ 37, 38 BRRG). Davon zu unterscheiden sind die beamtenrechtlichen Entscheidungen über persönliche Angelegenheiten der Beamten (§ 3 II BBG und entsprechende Vorschriften der Landesbeamtengesetze).[3] Die Grenzen der dienstlichen Weisungsgebundenheit ergeben sich aus § 38 II BRRG (§ 56 II BBG usw.), dem sogenannten Remonstrationsverfahren.[4] Eine beamtenrechtliche Entscheidung über persönliche Angelegenheiten ist z.B. die Versetzung (§ 18 BRRG usw.). Davon ist die sogenannte Umsetzung zu unterscheiden, gegen die vom BVerwG ein (umstrittener) Rechtsschutz auf Umwegen propagiert worden ist.[5]

c) Ausdrückliche dienstliche Weisungen an einen bestimmten Amtswalter für einen bestimmten Einzelfall sind praktisch selten (– das Phänomen des vorauseilenden Gehorsams steht auf einem anderen Blatt). Meist ergehen Weisungen in der Form allgemeiner (an alle zuständigen Amtswalter gerichteten) Verwaltungsvorschriften. Die Bezeichnungen sind unterschiedlich: ministerielle Verwaltungsvorschriften heißen meist Erlasse, aber auch (z.B. im Steuerrecht) Richtlinien, sonst auch Verfügungen, Dienstanweisungen oder Anordnungen.[6] Sie binden den Amtswalter wie alle Weisungen seiner Vorgesetzten. Problematisch und umstritten ist hingegen die Wirkung auf Vollzugsadressaten, denen gegenüber nicht nur ein Gesetz (und vielleicht noch das Gesetz ergänzende Rechtsverordnungen), sondern auch (und z.B. im Subventionsrecht sogar nahezu allein[7]) eine Verwaltungsvorschrift angewendet wird. Das Problem stellt sich vor allem bei Vollzugsrichtlinien, am stärksten bei den Ermessensrichtlinien. Diese liefern die meisten Beispiele für die folgende Darstellung; die nächstwichtige Beispielsgruppe wird von den Auslegungsrichtlinien gebildet.

3. Vollzugsrichtlinien (Verwaltungsvorschriften I) und Vollzugsmaximen; Computerprogramme

a) In ihrer abstrakt-generellen Tatbestandsfassung und ihrer praktischen Be- **180**
deutung für den Verwaltungsalltag sind namentlich die Ermessens- und Auslegungsrichtlinien einer Rechtsverordnung zum Verwechseln ähnlich, zumal wenn sie (wie bei Rechtsverordnungen und Ministerialerlassen einiger Bundesländer) im selben Verkündungsorgan (z.B. einem Staatsanzeiger)

3 Diese Unterscheidung findet sich, weil sie mehr als nur eine Rahmenregelung enthält, nicht im BRRG.

4 Zur Rechtslage für Angestellte (und Arbeiter) des öffentlichen Dienstes (V) *Köpp*, in: Steiner III Rn. 22ff., oder *Kunig*, in: von Münch/Schmidt-Aßmann 6 Rn. 183ff.

5 (L) BVerwGE 60, 144 (149f.); dazu (F) *Maurer* § 9 Rn. 28, oder *Erichsen/Martens* § 11 Rn. 37; (V) *W. Schmidt*, Verwaltungsrecht Rn. 125, 226 (m.w.N.).

6 (F) *Ossenbühl*, in: Erichsen/Martens § 7 Rn. 31.

7 Dazu hier schon (F) BVerwGE 58, 45 (51), und dazu unten Rn. 246.

nebeneinander abgedruckt werden.[1] Dennoch unterscheiden sich Rechtsverordnungen und Vollzugsrichtlinien hinsichtlich ihrer Bindungswirkung, ihren Wirksamkeits- (oder Entstehungs-)voraussetzungen und des gegen sie gegebenen Rechtsschutzes fast durchweg. Ausschlaggebend für die Wirksamkeitsvoraussetzungen und den Rechtsschutz ist dabei jeweils die unterschiedliche Bindungswirkung.

Unstreitig binden Vollzugsrichtlinien nicht strikt wie eine Rechtsverordnung, sondern flexibel im Rahmen des allgemeinen Gleichheitssatzes (Art. 3 I GG). Aus zureichenden Gründen kann im einzelnen von der Richtlinie abgewichen werden, ohne daß diese zuvor geändert werden müßte[2] (– eine Rechtsverordnung hingegen müßte zuvor von der zuständigen Stelle und in dem vorgeschriebenen Rechtssetzungsverfahren geändert werden). Streitig ist, ob diese »Selbstbindung der Verwaltung« im Rahmen des Art. 3 I GG schon aufgrund der Richtlinie eintritt oder erst aufgrund einer der Richtlinie entsprechenden Verwaltungspraxis (oder Verwaltungsübung). Überwiegend wird angenommen, Vollzugsrichtlinien seien lediglich Indizien für eine entsprechende Verwaltungspraxis; dies liefere den Maßstab, nicht die Richtlinie.[3] Eine solche Konstruktion führt zu praktischen wie zu verwaltungsrechtsdogmatischen Schwierigkeiten. Praktisch schwierig zu beantworten ist, ab wann eine Verwaltungspraxis angenommen werden kann. Verwaltungsrechtsdogmatisch müßte eine Konstruktion, die den Maßstab für die Gleichheitsbindung in der Praxis (nicht in der Richtlinie) sieht, allen weiteren Diskussionen um die Wirksamkeitsvoraussetzungen der Richtlinie und die Fragen ihrer Veröffentlichung den Boden entziehen – solche Diskussionen werden jedoch durchaus ernsthaft weitergeführt.[4]

---

1 Vgl. § 1 HessG über die Verkündung von Rechtsverordnungen, Organisationsanordnungen und Anstaltsordnungen vom 2.11.1971 (GVBl. I S. 258). Aus dieser Veröffentlichungsmöglichkeit ergibt sich jedoch noch keine Veröffentlichungspflicht; zu diesem Problem noch oben im Text bei Fn. 7 ff. Vgl. als Beispiele für Regelungen in anderen Bundesländern BadWürtt Gesetz über die Verkündung von Rechtsverordnungen vom 11.4.1983 (GVBl. S. 131); BayBekanntmachung über die amtliche Veröffentlichung von Rechts- und Verwaltungsvorschriften der Staatsregierung und der Staatsministerien vom 13.6.1977 (GVBl. S. 250); BerlG über die Verkündung von Gesetzen und Rechtsverordnungen vom 29.1.1953 (GVBl. S. 106); BremG über die Verkündung von Rechtsverordnungen und anderen Vorschriften vom 15.12.1964 (GVBl. S. 197); HambG über die Verkündung von Rechtsverordnungen vom 28.3.1955 (BL I 114-a); NdsG über die Verkündung, den Zeitpunkt des Inkrafttretens und die Aufhebung von Verordnungen vom 23.4.1955 (GVBl. S. 80); Art. 71 II NWVerf.; RhPf Gesetz über die Verkündung von Rechtsverordnungen, Zuständigkeitsanordnungen und Anstaltsordnungen vom 3.12.1973 (GVBl. S. 315); SHG über die Verkündung von Rechtsverordnungen vom 31.3.1950 (GVBl. S. 136); Thür. Gesetz über die Verkündung von Rechtsverordnungen und Organisationsanordnungen vom 30.1.1991 (GVBl. S. 2).

2 (F) BVerwG DÖV 1979, 793.

3 (F) *Maurer* § 24 Rn. 21–23, oder *Ossenbühl*, in: Erichsen/Martens § 7 (m. N. in Fn. 108, 108 a); grundsätzlicher zu dieser Problematik (V) *Bull* Rn. 374–376 a.

4 Dazu einstweilen (F) *Maurer* § 24 Rn. 32–36, oder *Ossenbühl*, in: Erichsen/Martens § 7 Rn. 55–57, sowie die folgenden Nachweise.

Die Wirksamkeitsvoraussetzungen einer Richtlinie lassen sich wiederum am deutlichsten im Vergleich mit denen einer Rechtsverordnung herausarbeiten. Dabei geht es jeweils um die Erfordernisse einer ausdrücklichen Ermächtigung im Gesetz und einer Veröffentlichung sowie um die Einhaltung eines gesetzlich vorgegebenen Regelungsspielraums. Bei diesen drei Voraussetzungen unterscheiden sich Richtlinie und Rechtsverordnung in den beiden ersten und stimmen in der dritten überein. Die Unterschiede ergeben sich aus der schwächeren Bindungswirkung der Richtlinie (ihrem fehlenden Vorrang vor abweichenden Einzelfallentscheidungen); die Übereinstimmung folgt nicht aus dieser Eigenart der Richtlinie, sondern aus der Verschärfung des Parlamentsvorbehalts auch für Landesrechtsverordnungen. Für Bundesrechtsverordnungen ist ein solcher Parlamentsvorbehalt schon in Art. 80 I 2 GG vorgesehen; für Landesrechtsverordnungen hat das BVerfG entsprechende Anforderungen aus den Verfassungsgrundsätzen des Rechtsstaats und der Demokratie abgeleitet, die sich im Ergebnis mit den Anforderungen an eine Eingriffsermächtigung für den Einzelfall decken.[5] Soweit deshalb ein »unbestimmter Gesetzesbegriff« oder eine Ermessensermächtigung (oder die Einräumung eines »Beurteilungspielraums«) verfassungsrechtlich unbedenklich sind, kann die zuständige Behörde die Norm sowohl im Einzelfall anwenden wie den Vollzug insgesamt durch eine Richtlinie steuern.[6] Für die Steuerung durch eine Rechtsverordnung bedarf sie wegen der Vorrangwirkung der Rechtsverordnung einer ausdrücklichen Ermächtigung. Für Richtlinien bedarf es einer solchen ausdrücklichen Ermächtigung nicht; für sie genügt die Bezugnahme auf eine Ermessensermächtigung, einen »unbestimmten Gesetzesbegriff« (einen »Beurteilungsspielraum«). Zur Entstehung ihrer Vorrangwirkung muß eine Rechtsverordnung verkündet werden und unterscheidet sich insoweit grundsätzlich nicht von einem Gesetz (vgl. Art. 82 I GG). Eine Vollzugsrichtlinie hat keinen solchen Vorrang vor zureichend begründeten abweichenden Einzelfallentscheidungen und bedarf aus solchen Gründen zu ihrer Entstehung (als »Gültigkeitsvoraussetzung«) noch keiner Veröffentlichung.[7] Eine andere Frage ist, ob nicht aus anderen Gründen eine Veröffentlichungspflicht besteht (dafür mehren sich die Stimmen) und ob (als zusätzlicher Streitpunkt) dieser Veröffentlichungspflicht der erlassenden Behörde ein Rechtsanspruch zumindest der von der Richtlinie in ihren Rechten Betroffenen auf Auskunft über den Inhalt bisher unveröffentlichter Richtlinien entspricht.

Beispiel: Ein auf Ausländersachen spezialisierter Rechtsanwalt erfährt von einem unveröffentlichten Ausländererlaß und bittet das Landesinnenministerium um einen

5 Dazu (F) *Maurer* § 13 Rn. 12f., sowie oben Rn. 107–109.
6 Dazu am Beispiel des ausländerbehördlichen Ermessens (F) BVerwGE 66, 268 (270).
7 Das ist in der Literatur umstritten; wie hier (F) *Maurer* § 24 Rn. 36; (V) *Scheuing* VVDStRL 40 (1982), 153ff. (159); anders (F) *Ossenbühl*, in: Erichsen/Martens § 7 Rn. 57 (dort jeweils auch zum folgenden).

Abdruck gegen Rechnung; außerdem bittet er um Auskunft, ob es noch andere unveröffentlichte Erlasse dieser Art gebe.[8]

Die Veröffentlichungspflicht ergibt sich nach verbreiteter Ansicht wegen der aus der Vollzugsrichtlinie für die Rechte und (z.B. als Anspruch auf fehlerfreie Ermessensausübung) rechtlich geschützten Chancen der späteren Vollzugsadressaten aus dem Rechtsstaatsgebot.[9] Sie liegt übrigens auch im Interesse der Behörde, weil die Betroffenen so ihre Rechtsaussichten besser einschätzen können und in aussichtslosen Fällen vielleicht gar nicht erst an die Behörde herantreten.[10] Gerichtlich durchsetzbar ist ein Auskunftsanspruch innerhalb anhängiger Verwaltungsverfahren auf der Grundlage von § 25 oder § 29 VwVfG. Außerhalb eines Verwaltungsverfahrens steht jede Art von Auskunftserteilung nach h.M. zwar grundsätzlich im Ermessen der Behörde, doch muß die Behörde ihre ablehnende Entscheidung (wie jede Ermessensentscheidung) begründen (können) – rechtsstaatlich vertretbare Gründe für die Geheimhaltung von Vollzugsrichtlinien dürften sich jedoch kaum finden lassen. Eine prozeßrechtliche Hürde kann noch in den Anforderungen des § 42 II VwGO[11] bestehen. Bei späteren Vollzugsadressaten (z.B. den von einem Ausländererlaß betroffenen Ausländern) dürfte sie leicht zu nehmen sein; bei Rechtsanwälten kommt das Recht auf eine ungehinderte Berufsausübung (Art. 12 I GG) in Betracht, denn zum Beruf des Anwalts gehört die möglichst umfassende Beratung von Mandanten schon vor der Einleitung eines Verfahrens.[12]

Der Rechtsschutz gegen Vollzugsrichtlinien ergibt sich im übrigen aus Anlaß ihrer Anwendung. Weil keine Vorrangwirkung zu beseitigen ist, sind Vollzugsrichtlinien nicht Gegenstand einer (abstrakten) Normenkontrolle gemäß § 47 I Nr. 2 VwGO.

Keines dieser Einzelergebnisse (zu den Wirksamkeitsvoraussetzungen, der Veröffentlichungspflicht und dem gerichtlichen Rechtsschutz) ließ sich aus der undifferenzierten Behauptung ableiten, Vollzugsrichtlinien (oder allgemeiner: Verwaltungsvorschriften) seien »keine Rechtsnormen«.[13] Maßgebend war jeweils die Eigenart der Vollzugsrichtlinie als abstrakt-generelle Regelung ohne Vorrang vor zureichend begründeten Abweichungen im

---

8 Das Beispiel ist (F) BVerwGE 61, 15 und 40, nachgebildet; vgl. auch (V) OVG Berlin DÖV 1976, 53 (die Vorentscheidung zu BVerwGE 61, 15).

9 (F) *Maurer* § 24 Rn. 36 (m.w.N.); (V) OVG Berlin, aaO Fn. 8; zur »anspruchsbegründenden Außenwirkung« von Verwaltungsvorschriften (L) BVerwGE 34, 278 (280).

10 Dazu der halbherzige, weil folgenlose Ansatz in (F) BVerwGE 61, 40 (42).

11 – bei allgemeinen Leistungsklagen analog (dazu oben Rn. 151). Die Klageart ist umstritten: zwar ist die Auskunft selbst unstreitig ein Realakt, doch könnte in der Entscheidung über die Auskunftserteilung, zumindest in einer ablehnenden Entscheidung, ein (den Einzelfall regelnder) Verwaltungsakt gesehen werden; (F) *Meyer/Borgs* § 35 Rn. 38, 40 (m.w.N.); zu alledem schon oben Rn. 151 bei Fn. 7.

12 Anders (F) BVerwGE 61, 15 (18), 40 (41); zuletzt bestätigt in (F) BVerwGE 69, 278 (279).

13 Gegen diesen Fehlschluß z.B. (F) *Ossenbühl*, in: Erichsen/Martens, § 7 Rn. 41.

Einzelfall. Mit dieser Maßgabe einer Bindung nur im Rahmen des Art. 3 I GG können die Vollzugsrichtlinien einem erweiterten Rechtssatzbegriff zugeordnet werden – aber, wie gesagt: als Folge differenzierender Einzeluntersuchungen, nicht als deren Prämisse.

b) In ihrer Entstehung und äußeren Form anders, aber in der Wirkung gleich **181**
ist die »Selbstbindung der Verwaltung« im Rahmen des Art. 3 I GG, wenn die Begründung eines Verwaltungsakts (und dabei das Regelungselement des Verwaltungsakts) über den konkret entschiedenen Einzelfall hinausreicht und für andere vergleichbare Fälle herangezogen werden kann. Parallel zur (von vornherein abstrakt-generell gefaßten) Vollzugsrichtlinie kann dann von einer Vollzugsmaxime gesprochen werden. Die Bindungswirkung der Vollzugsmaxime entspricht der begrenzten Rechtssatzwirkung von Vollzugsrichtlinien.[14] Die herkömmliche Verwaltungsrechtsdogmatik vermeidet die Querverbindung zu einem erweiterten Rechtssatzbegriff und spricht nur von »Selbstbindung der Verwaltung«, wobei sich dann mit aller Schärfe die Problematik des »ersten Falls« stellt.[15] Durch eine Veröffentlichung unter Wahrung des Persönlichkeitsschutzes und des Datenschutzes der Betroffenen, also in verallgemeinerter Form, wird die Vollzugsmaxime zur Vollzugsrichtlinie.

c) Computerprogramme für automatisierte Verwaltungsakte (§§ 37 IV; 39 II **182**
Nr. 3 VwVfG) sind Verwaltungsvorschriften in der Ausprägung von Vollzugsrichtlinien[16]: abstrakt-generell gefaßt, aber bei zureichenden Gründen kein Hindernis für eine abweichende Entscheidung unter Umgehung der Maschine. Die Kompetenzgrenze für den Einsatz von Computern bei der Herstellung von Verwaltungsakten entspricht wie bei den Vollzugsrichtlinien der Kompetenzgrenze für den Erlaß entsprechender Einzelfallentscheidungen.

4. Anstaltsbetriebsordnungen und Anstaltsbenutzungsordnungen (Verwaltungsvorschriften II)

a) Die öffentlichrechtliche Anstalt, also eine sachlich und personell verselb- **183**
ständigte Verwaltungsorganisation, die »einem besonderen öffentlichen Zweck dauernd zu dienen bestimmt« ist,[1] wird infolge dieser Abstraktions-

14 Dazu (V) *W. Schmidt*, Verwaltungsrecht Rn. 22, 129.

15 Dazu im Rahmen der herkömmlichen Konstruktion (F) *Maurer* § 24 Rn. 22 (und dazu schon oben Rn. 180 bei Fn. 3).

16 Ebenso (F) *Badura*, in: Erichsen/Martens § 41 Rn. 13 mit Fn. 22; zu §§ 37 IV; 39 II Nr. 3 (28 II Nr. 4) VwVfG (F) *Maurer* § 18 Rn. 6–7; als Rechtsprechungsbeispiel – noch vor Geltung der VwVfG – (V) BVerwGE 40, 212 (216).

1 Diese Anstaltsdefinition geht auf (V) *O. Mayer*, Deutsches Verwaltungsrecht II, 3. Aufl. 1924, S. 268, zurück und wird so auch heute noch durchweg angeführt; (F) *Maurer* § 23

höhe ihrer Merkmale als verwaltungsrechtlicher Allzweckbegriff eingesetzt: staatliche Verwaltung ist immer auf einen »besonderen öffentlichen Zweck« ausgerichtet und bedarf dazu sächlicher Mittel und der als Verwalter eingesetzten Personen. Für die hier interessierenden Anstaltsregelungen und die Frage, wieweit sie als Verwaltungsvorschriften ergehen dürfen und sich dabei von den Vollzugsrichtlinien (oben Rn. 180) unterscheiden, geht es um Anstaltsbenutzer entweder im Alltagsverständnis dieses Wortes (also z. B. die Benutzer einer öffentlichen Bibliothek oder eines kommunalen Schwimmbads) und die Benutzungsregelung für solche grundsätzlich allgemein zugänglichen öffentlichen Einrichtungen, oder um Menschen, die auf kürzere oder längere Zeit in einen anstaltlich organisierten Betrieb eingegliedert sind (z. B. als Schüler in einer Schule, als Kranke in einer geschlossenen Krankenanstalt, als Strafgefangene in einer Strafvollzugsanstalt) und dann um die rechtlichen Anforderungen an die Anstaltsbetriebsordnung. Schon bei den Schülern mag es mühsam sein, sie als Anstaltsbenutzer zu sehen; spätestens die Zurechnung der Strafgefangenen zu den Anstaltsbenutzern wirkt – vorsichtig gesagt – etwas künstlich, wird aber auch nach der Preisgabe der ursprünglich alle diese Benutzer (einschließlich der Bibliotheksbenutzer) verbindenden begrifflichen Klammer »Anstaltsgewalt« wegen des nach wie vor beschränkten Arsenals öffentlichrechtlicher Organisationsformen beibehalten.[2] Es ist noch nicht gelungen, den ursprünglich im Gegensatz zur Körperschaft (Mitglieder) gebildeten Begriff der öffentlichrechtlichen Anstalt (Benutzer) trennscharf in neue Begriffe zu zerlegen; die dabei auftauchenden Übergänge und Überschneidungen zeigen sich am deutlichsten beim Schulverhältnis, das teils auf einer Schulpflicht beruht, teils auf freiwilligem Besuch weiterführender Schulen, und immer auf eine anstaltliche Leistungsorganisation angewiesen ist. Die bisher behandelten und im folgenden weiter zu erörternden öffentlichrechtlichen Anstalten sind in aller Regel nichtrechtsfähig. Ihr Träger ist bei Schule und Strafvollzug[3] meist das Land, so daß die Frage nach der Betriebsordnung darauf hinausläuft, ob sie von dem Anstaltsträger außer durch Rechtsverordnung (aufgrund einer gesetzlichen Ermächtigung und in deren Grenzen) auch durch Verwaltungsvorschrift geregelt werden darf. Träger der allgemein zugänglichen öffentlichen Einrichtungen ist gewöhnlich eine Gemeinde oder ein Kreis, so daß hier die Frage ist, welche Regelungsmöglichkeit es außer durch Satzung gibt. Das Recht dieser öffentlichen Einrichtungen überschneidet sich zugleich mit

Rn. 46, oder *Salzwedel*, in: Erichsen/Martens § 43 Fn. 1, oder *Wolff/Bachof/Stober* II § 98 Rn. 1; zum Anstaltsbegriff schon oben Rn. 6.

2 (F) *Wolff/Bachof/Stober* II § 98 Rn. 31–33; § 99 Rn. 26–30; verdeckt – durch die Bezugnahme auf (L) BVerfGE 33, 1 (Strafvollzugsverhältnis) – (F) *Ossenbühl*, in: Erichsen/Martens § 7 Rn. 61 mit Fn. 127; zur »Anstaltsgewalt« noch unten Rn. 184.

3 Dies sind in der Folge die eigentlichen Problemgruppen; zu den Rechtsverhältnissen von Kranken in geschlossenen Krankenanstalten die Freiheitsentziehungsgesetze des Bundes (Sartorius I 617) und der Länder.

dem Recht der öffentlichen Sachen;[4] auch darin zeigt sich eine Besonderheit im Vergleich mit dem durch einen (Anstalts-)Betrieb und entsprechende Betriebsordnungen gekennzeichneten Anstaltsverhältnis.

b) Neben den nichtrechtsfähigen stehen die rechtsfähigen Anstalten. Meist verwalten sie Geld oder andere knappe Güter (bis hin zu Konzessionen) wie z.B. die öffentlichen Sparkassen, einige öffentliche Versicherungsanstalten, die Studentenwerke, die Filmförderungsanstalt, die Bundesanstalt für den Güterfernverkehr (§ 53GüKG).[5] Das hat mit den Fragen von Anstaltsbetrieb und Anstaltsnutzung in dem eben beschriebenen Sinn nichts zu tun. Soweit es hier ebenfalls Fragen der Befugnis zum Erlaß von Verwaltungsvorschriften gibt, entsprechen sie denen der Vollzugsrichtlinien (oben Rn. 180).

c) Unterschiede zwischen der Eingliederung in einen Anstaltsbetrieb und der allgemein zugänglichen Nutzung öffentlicher Einrichtungen zeigen sich bei der Reichweite des Rechtssatzvorbehalts, namentlich des Parlamentsvorbehalts und dementsprechend bei dem verbleibenden Spielraum für Regelungen durch den Anstaltsträger in der Form von Verwaltungsvorschriften. Das Schul- und mehr noch das Strafvollzugsverhältnis greifen erheblich in die Freiheitsrechte (der Strafgefangenen; der Schüler und auch ihrer Eltern) ein und waren deshalb Gegenstand von Verrechtlichungsprozessen (oben Rn. 110), die für Anstaltsbetriebsordnungen in der Form von Verwaltungsvorschriften nur wenig Raum lassen, nämlich so viel, wie die Gesetze und Rechtsverordnungen an »unbestimmten Rechtsbegriffen« und Ermessensermächtigungen und »Beurteilungsspielräumen« enthalten dürfen – insoweit besteht kein grundsätzlicher Unterschied zur Problematik der Vollzugsrichtlinien.[6] Der Ausweg über die Allgemeinverfügung des § 35 S. 2 (3. Alternative) VwVfG ist hier versperrt, weil es sich nicht um die Benutzung einer Sache (»durch die Allgemeinheit«) handelt. Anders steht es mit den öffentlichen Einrichtungen: sie werden der Leistungsverwaltung zugerechnet und stehen nach noch überwiegender Meinung unter einem nur schwach ausgeprägten Rechtssatzvorbehalt.[7] Auch aus diesem Grunde wird dem Anstaltsträger hier (wie bei der Erbringung öffentlicher Leistungen auch in anderen Zusammenhängen) ein Wahlrecht für die Ausgestaltung des Rechtsverhält-

---

4 Dazu einstweilen (F) *Salzwedel*, in: Erichsen/Martens §§ 43, 48 I, und noch unten Rn. 234.

5 Dazu (F) *Maurer* § 23 Rn. 48, oder *Wolff/Bachof*/Stober II § 98 Rn. 19.

6 Nicht durchgesetzt hat sich die früher – vor (L) BVerfGE 33, 1 (Strafvollzugsverhältnis) und der Rechtsprechung zum Parlamentsvorbehalt im Schulrecht – in der Literatur vereinzelt vorgeschlagene Figur einer »Sonderverordnung«, die auf der Grundlage einer eigenständigen, also gesetzesfreien Rechtsetzungsgewalt der Verwaltung neben Rechtsverordnung und Satzung treten sollte; dagegen (V) *Bull* Rn. 948, oder *Maurer* § 8 Rn. 31, tendenziell auch *Ossenbühl*, in: Erichsen/Martens § 7 V. Mit der BVerfG-Rechtsprechung zum Parlamentsvorbehalt hat sich dieser Vorschlag erledigt.

7 Dazu am Beispiel des Subventionsrechts noch unten Rn. 246.

nisses zu den Anstaltsbenutzern zugebilligt: das Nutzungsverhältnis kann öffentlichrechtlich oder privatrechtlich geordnet werden. Bei öffentlichrechtlicher Nutzung sind Verträge wegen § 57 VwVfG selten. Es bleibt die Regelung durch öffentlichrechtliche Satzung oder (nach verbreiteter Ansicht)[8] durch Allgemeinverfügung gemäß § 35 S. 2 (3. Alternative) VwVfG, also durch Verwaltungsakt. Über § 35 S. 2 VwVfG lassen sich diejenigen Problemfälle elegant lösen, in denen die Deutung der Benutzungsordnung als Satzung daran scheitert, daß nicht die für die Satzungsgebung zuständige Stelle in dem vorgeschriebenen Verfahren (z. B. die Gemeindevertretung aufgrund der Gemeindeordnung) die Regelung erlassen hat.

d) Soweit Anstaltsbetriebsordnungen (und, je nach Einstellung zur Lösung über § 35 S. 3 VwVfG, auch Anstaltsbenutzungsordnungen) noch als Verwaltungsvorschriften in Betracht kommen, unterscheiden sie sich von den Vollzugsrichtlinien in weiteren zentralen Punkten. Da Verhaltenspflichten (jedenfalls in einer rechtsstaatlichen Ordnung) nicht ohne vorherige Kenntnis der Pflichtenregelung entstehen können, ist die Veröffentlichung Wirksamkeitsvoraussetzung der Anstaltsordnung. Die Bindungswirkung dieser Art von Verwaltungsvorschriften kann nicht erst durch ihre Anwendung in der Praxis vermittelt werden (wie es überwiegend für die Vollzugsrichtlinien behauptet wird), sondern beruht auf der Verwaltungsvorschrift selbst. Ohnehin sind diese Vorschriften primär an die Anstaltsbenutzer (i. w. S.) gerichtet. Auch die Flexibilität für Abweichungen im Einzelfall (im Rahmen des Art. 3 I GG) wird aus allen diesen Gründen meist geringer sein als bei den Vollzugsrichtlinien.

184 e) Verwaltungsrechtsdogmatische Folgerungen betreffen die für das Anstaltsrecht kennzeichnenden Begriffe »Anstaltsgewalt« und »besonderes Gewaltverhältnis«. In der älteren Verwaltungsrechtslehre[9] wurden die unterschiedlichen Anstaltsverhältnisse einerseits und das Beamten- (und Soldaten-) Verhältnis andererseits als »besondere Gewaltverhältnisse« zusammengefaßt, denen das »allgemeine Gewaltverhältnis« gegenübergestellt wurde. Nur für das »allgemeine Gewaltverhältnis« galt der Vorbehalt des Gesetzes. Grundlage für Regelungen eines »besonderen Gewaltverhältnisses« (die keine Rechtsnormen waren!)[10] war entweder die »Anstaltsgewalt« oder (für Beamte und damit zugleich Grundlage aller Vollzugsrichtlinien) die »Dienstgewalt«. Damit ist heute nichts mehr anzufangen. Eine »Anstaltsgewalt« als eigenständige Regelungsgrundlage gibt es nicht (mehr).[11] Die »besonderen Gewaltverhält-

8 Dazu oben Rn. 162 (mit Fn. 13).

9 Für sie steht der schon (oben Fn. 1) zitierte *O. Mayer*.

10 Vgl. die Nachwirkungen in (F) BVerwGE 61, 15 (18), und dazu oben Rn. 180 Fn. 8; zum früheren Verständnis solcher »rechtsfreien Innenräume« der Staatsgewalt (V) *W. Schmidt*, Verwaltungsrecht Rn. 264.

11 Dazu (F) *Maurer* § 23 Rn. 54 (und auch oben Fn. 6).

nisse« sind zu Sonderrechtsverhältnissen geworden; dabei beschreibt der Wortbestandteil »Sonder-« die Eingliederung in einen Dienst- oder Anstaltsbetrieb;[12] für die Nutzung öffentlicher Einrichtungen bedarf es auch dieses Begriffs nicht mehr. Vereinzelt ist in neuerer Zeit versucht worden, zur Beschreibung eines Dienst- oder Anstaltsbetriebs den alten Begriff »besonderes Gewaltverhältnis« als nur verwaltungsrechtlichen (also nicht auch verfassungsrechtlichen!) Begriff wiederzubeleben.[13] Dagegen spricht jedoch zweierlei: Wegen der ständigen Abgrenzungserfordernisse des vorbehaltsunterworfenen vom vorbehaltsfreien Regelungsspielraum und der Grundrechtsabhängigkeit solcher Grenzziehungen lassen sich Verwaltungsrecht und Verfassungsrecht hier nicht trennen, läßt sich ein nur verwaltungsrechtlicher Begriff des »besonderen Gewaltverhältnisses« nicht durchhalten. Außerdem ist der Begriff des »besonderen Gewaltverhältnisses« so sehr mit den Inhalten eines überwundenen Verfassungsrechtsverständnisses belastet, daß seine Verwendung ständiger Zusatzerklärungen zur Abwendung von unbeabsichtigten Mißverständnissen bedürfte. Deshalb wird empfohlen, auf diesen Begriff – in Übereinstimmung mit der neueren Rechtsprechung des BVerfG und der ihm folgenden übrigen Rechtsprechung und Literatur – ganz zu verzichten.[14]

5. Die Verteilung der Verwaltungskompetenzen zwischen Bund und Ländern

Verfassungsrechtliche Grundlagen sind im Schwerpunkt Art. 30, 83–91 a, **185**
108 GG. Zum Lernstoff gehören die Grundmuster der Kompetenzverteilung (a) und des Organisationsaufbaus der Bundesverwaltung (b) sowie die Einwirkungsmöglichkeiten des Bundes auf die Landesverwaltung (c).

a) Grundsätzlich wird die Verwaltung von Bund und Ländern getrennt geführt und getrennt (als je eigene Angelegenheit) verantwortet (Trennprinzip). Ausnahmen sind insoweit die Finanzverwaltung (Art. 108 GG) und die Gemeinschaftsaufgaben des Art. 91 a GG. Die Verwaltungszuständigkeiten folgen nicht den Gesetzgebungszuständigkeiten; vielmehr führen grundsätzlich die Länder die Bundesgesetze in eigener Verantwortung (»als eigene Angelegenheit«) aus (Art. 83 GG). Eine Einschränkung bedeutet insoweit die Bundesauftragsverwaltung (Art. 85 GG, obligatorisch aufgrund Art. 90 II; 108 III GG, fakultativ in den Fällen der Art. 87 c; 87 d II; 89 II 3 GG).

12 Soweit dabei gelegentlich nach Grund- und Betriebsverhältnis unterschieden wird, paßt das allenfalls noch auf das Beamtenverhältnis; (V) *W. Schmidt*, Verwaltungsrecht Rn. 266 (m. w. N.).

13 So von (V) *Ronellenfitsch*, DÖV 1984, 781 ff.; dem folgt in der Tendenz (V) *von Münch*, in: Erichsen/Martens § 3 Rn. 63; anders aber *Bull* Rn. 862, und tendenziell auch *Ossenbühl*, in: Erichsen/Martens § 7 Rn. 60–62.

14 Wie hier (V) *Bull* Rn. 862, oder *Maurer* § 8 Rn. 26 ff.

Die Bundeseigenverwaltung ist als Ausnahme in Art. 86–87 b GG geregelt. Trotz des Übergewichts des Bundes bei der Gesetzgebung haben die Länder deshalb ein gewisses Übergewicht bei der Verwaltung. Für den Landesbereich folgen daraus drei Arten von Verwaltung: (1) die Ausführung von Landesgesetzen und alle anderen Verwaltungsaufgaben, die nicht ausdrücklich vom Bund zugewiesen sind, Art. 30 GG; (2) die Ausführung von Bundesgesetzen als eigene Angelegenheit, Art. 83 GG, und (3) die Bundesauftragsverwaltung, Art. 85 GG.

b) Im Bereich der »unmittelbaren« Landesverwaltung (dazu oben Rn. 172) gibt es allgemeine Verwaltungsbehörden (auf die auch in Bundesgesetzen verwiesen wird; vgl. z. B. § 20 III AuslG) und Sonderbehörden (z. B. Forstbehörden). Im Bereich der Bundeseigenverwaltung gibt es nur Sonderverwaltungsbehörden. Im Regelfall hat der Bund nur Behörden der Oberstufe ohne eigenen Verwaltungsunterbau; Ausnahmen sind in Art. 87 I 1 und III 2; 87 b GG vorgesehen (dabei sind die Einzelheiten des Art. 87 III 2 GG zwar theoretisch umstritten, bisher aber ohne praktische Bedeutung). Die in Art. 87 III 1 GG genannten Bundesoberbehörden (z. B. das Bundeskartellamt in Berlin, das Kraftfahrt-Bundesamt in Flensburg, das Statistische Bundesamt in Wiesbaden) sind von den obersten Bundesbehörden (der Bundesregierung und ihren Ministerien) organisatorisch getrennt und haben keinen Verwaltungsunterbau.[1] Zu den »Zentralstellen« des Art. 87 I 2 GG gehören das Bundeskriminalamt, das Bundesamt für Verfassungsschutz und der Bundesnachrichtendienst; in der Literatur werden sie teilweise den Bundesoberbehörden zugerechnet (str.).[2]

c) Der Bund kann auf Verwaltungsorganisation und Verwaltungsverfahren der Bundesländer oder die Verwaltungstätigkeit eines bestimmten Landes nur einwirken, soweit die Länder Bundesgesetze ausführen. Die Regelung von Verwaltungsorganisation und Verfahren sind grundsätzlich Sache der Länder; Ausnahmen bedürfen der Zustimmung des Bundesrates (Art. 84 I; 85 I GG). Einwirkungen auf die Verwaltungstätigkeit erfolgen im Wege der Aufsicht. Dabei ist der Bund in den (Regel-)Fällen, in denen das Land das Bundesgesetz als eigene Angelegenheit ausführt, grundsätzlich auf Maßnahmen der Rechtsaufsicht beschränkt (Art. 84 III–V GG). Die den früheren deutschen Bundesstaatsverfassungen (dazu oben Rn. 28) unbekannte und vom Kommunalrecht inspirierte Bundesauftragsverwaltung kennt auch die Fachaufsicht; dabei ist umstritten, wie weit die Befugnis des Bundes zu Einzelweisungen geht.[3]

1 (V) BVerfGE 14, 197 (210 f.).

2 So von (F) *Maurer* § 22 Rn. 41; vgl. aber auch (V) *B. Becker*, VerwArch 69 (1978), 149 ff. (155 f., 180).

3 Dazu (F) BVerfGE 81, 310 II (331 ff.); 84, 25 II (31 ff.); (V) *von Mangoldt/Klein*, Art. 85 Anm. IV 2 b) bb); zur Unterscheidung von Rechts- und Fachaufsicht oben Rn. 38 Fn. 23.

6. Der verfassungsrechtliche Rahmen des Kommunalrechts

a) Eine kommunale Selbstverwaltung kennen alle Flächenstaaten und das Land **186** Bremen, das aus zwei Gemeinden, den Städten Bremen und Bremerhaven besteht.[1] Die Einzelheiten der Kommunalorganisation sind von Land zu Land so sehr verschieden, daß hier ohne das zusätzliche Studium des landesspezifischen Kommunalrechts nicht auszukommen, im Gegenteil soweit möglich von diesem auszugehen ist.[2] Einige länderübergeifende Grundbegriffe des kommunalen Organisationsrechts (einschließlich der kommunalen Aufgaben) lassen sich jedoch auch schon aus Art. 28 I 2, II GG ableiten. In den Flächenstaaten ist die kommunale Selbstverwaltungsgarantie auch in den Landesverfassungen gewährleistet, zum Teil noch stärker als in Art. 28 I 2, II GG.[3] Obwohl es sich bei diesen verfassungsrechtlichen Gewährleistungen dem BVerfG und der ganz überwiegenden Meinung zufolge nicht um Grundrechte handelt,[4] so daß eine (Weiter-)Geltung über Art. 142 GG nicht in Betracht kommt, werden diese Landesverfassungsnormen nicht durch Art. 31 GG »gebrochen« (so setzt z.B. § 91 S. 2 BVerfGG die Geltung entsprechender landesverfassungsrechtlicher Normen voraus).[5] Neben dem jeweils landesspezifischen kommunalen Organisationsrecht, für das Art. 28 I 2, II GG nur einen Rahmen absteckt, hat das Kommunalrecht einen weiteren Schwerpunkt im Recht der kommunalen Leistungsverwaltung (vor allem durch die Bereitstellung »öffentlicher Einrichtungen«); hier hat die höchstrichterliche Rechtsprechung (heute des BVerwG und des BGH) eine starke Vereinheitlichung im Rahmen des Allgemeinen Verwaltungsrechts bewirkt,[6] während das Kommunalrecht herkömmlicherweise zum Besonderen Verwaltungsrecht gerechnet wird.

b) Art. 28 I 2 GG unterscheidet Gemeinden und Kreise, Art. 28 II GG Gemeinden und Gemeindeverbände. Damit sind jeweils nur Gebietskörperschaften gemeint,[7] so daß es sich bei den Gemeindeverbänden des Art. 28 II 2 GG im Schwerpunkt ebenfalls um Landkreise handelt.[8] Von solchen Gebietskörperschaften sind z.B. die Zweckverbände[9] zu unterscheiden, deren

---

1 Das Kommunalrecht ist in allen Ländern mit Ausnahme von Hamburg Teil des Pflichtfachstoffs; in Hamburg sind die Grundzüge des Kommunalrechts Teil einer Wahlfachgruppe (vgl. § 5 III Nr. 5 b HambJAO).

2 Übergreifende Gemeinsamkeiten werden dargestellt: ausführlicher von (F) *Schmidt-Aßmann*, in: von Münch/Schmidt-Aßmann; *Seewald*, in: Steiner I; knapper von (F) *von Mutius*, Jura 1981, 126ff.

3 Einzelnachweise bei (F) *Schmidt-Aßmann* (Fn. 2) 1 Rn. 31.

4 (L) BVerfGE 50, 50.

5 (F) BVerfGE 52, 95 (110f.), hat in einem Verfahren gem. Art. 99 GG eine entsprechende landesverfassungsrechtliche Vorschrift ohne weiteres angewendet.

6 Dazu schon oben Rn. 183 und noch unten Rn. 243–245 (insbes. Rn. 244).

7 Auch dazu (F) BVerfGE 52, 95 (112); zum Begriff »Gebietskörperschaft« schon oben Rn. 6.

8 (V) *Schmidt-Aßman* (Fn. 2), 1 Rn. 150.

9 Eine ausführliche Darstellung bei (F) *Seewald*, in: Steiner I Rn. 334–338 (m.N.).

Mitglieder in der Regel andere Gebietskörperschaften (Gemeinden, Kreise) sind, nicht aber die Bürger selbst.[10]

187 c) Gemeinden und Kreise (die im folgenden für die Gemeindeverbände des Art. 28 II GG stehen) haben das Recht der Selbstverwaltung; den Gemeinden ist in Art. 28 II 1 GG »Allzuständigkeit« (für »alle Angelegenheiten der örtlichen Gemeinschaft im Rahmen der Gesetze«) gewährleistet, den Kreisen zwar nicht Allzuständigkeit (die nur einmal vergeben werden kann), wohl aber im Rahmen ihres gesetzlichen Aufgabenbereichs wie den Gemeinden die Eigenverantwortlichkeit.[11] Aus diesem Verhältnis von Art. 28 II 1 zu 2 GG wurde bisher ein verfassungsunmittelbarer Vorrang der gemeindlichen Selbstverwaltungsaufgaben und eine nur subsidiäre Selbstverwaltungskompetenz der Kreise abgeleitet. Dieses undifferenzierte Regel-Ausnahme-Verhältnis hat das BVerwG zugunsten einer Differenzierung nach dem besser geeigneten (Selbstverwaltungs-)Mittel relativiert.[12]
Den in Art. 28 II GG vorausgesetzten Selbstverwaltungsaufgaben stehen die Auftragsangelegenheiten[13] gegenüber, die (mangels Vereinheitlichung in Art. 28 II GG) in den einzelnen Bundesländern unterschiedlich ausgestaltet sind. Als länderübergreifende Gemeinsamkeit läßt sich jedoch feststellen: Im Selbstverwaltungsbereich unterliegen Gemeinden und Kreise nur der Rechtsaufsicht, in Auftragsangelegenheiten auch einer (teils unbeschränkt, teils eingeschränkt ausgestalteten) Fachaufsicht.[14] Selbstverwaltungsaufgaben können freiwillige Aufgaben (wie die Unterhaltung der meisten öffentlichen Einrichtungen, z.B. Freibäder, Sportplätze) oder Pflichtaufgaben (z.B. die Bauleitplanung, die Feuerwehr) sein. Die Aufsichtsmittel entsprechen teilweise (namentlich bei der Ersatzvornahme) den Zwangsmitteln der Verwaltungsvollstreckung (dazu oben Rn. 171) und den Mitteln der präventiven Gefahrenabwehr durch Genehmigungsvorbehalt (z.B. §§ 6; 11 BauGB) oder Anzeigenvorbehalt.

188 d) Für die innere Kommunalorganisation (das Kommunalverfassungsrecht) beschränkt sich Art. 28 I 2 GG auf das parlamentarisch[15] gewählte Vertretungsorgan. Ihm steht ein von Land zu Land unterschiedlich ausgestaltetes Vollzugsorgan gegenüber, durchweg ein Spitzenbeamter (Bürgermeister,

---

10 Eine Zwischenform zwischen kreisähnlicher Gebietskörperschaft und Zweckverband ist der Umlandverband Frankfurt; (V) §§ 1–3, 5, 6, 9, 12 HessG über den Umlandverband Frankfurt vom 11.9.1974 (GVBl. I S. 427).

11 (V) BVerfGE 21, 117 (128f.).

12 (L) BVerwGE 67, 321 (324f.); kritisch dazu (F) BVerfGE 79, 127 II (152); (V) *Schmidt-Aßmann* (Fn. 2), 1 Rn. 138, sowie – besonders kritisch und in den Nachweisen in jeder Hinsicht erschöpfend – (V) *Blümel*, VerwArch 75 (1984), 197ff., 297ff.

13 Im Unterschied zur »Selbstverwaltung« gelegentlich auch »Fremdverwaltung« genannt; dazu (V) *Schmidt-Aßmann* (Fn. 2), 1 Rn. 38 (m.N.).

14 Dazu (F) *Maurer* § 23 Rn. 15–17.

15 Dazu (V) *Maurer* § 23 Rn. 7.

Landrat, Oberstadt- bzw. Oberkreisdirektor), der teils zusammen mit (haupt- und ehrenamtlichen) Beigeordneten ein Kollegialorgan (Magistrat, Kreisausschuß) bildet, teils den Beigeordneten vorgesetzt ist.[16]

7. Verwaltungsgerichtlicher Rechtsschutz innerhalb der Verwaltungsorganisation

a) Drei Ausgangssituationen sind von ihren Beteiligten her zu unterscheiden: **189**
(1) öffentlichrechtliche Streitigkeiten nichtverfassungsrechtlicher Art zwischen jeweils rechtsfähigen Verwaltungsträgern, (2) zwischen Behörden desselben Verwaltungsträgers und (3) zwischen Organen einer Selbstverwaltungskörperschaft (oder einer öffentlichrechtlichen Rundfunkanstalt). Die erste Fallgruppe ist nicht anders zu beurteilen als sonst verwaltungsgerichtliche Streitigkeiten zwischen Bürger und staatlicher Verwaltung; einen besonderen Begriff gibt es dafür nicht. Die zweite Fallgruppe betrifft den grundsätzlich unzulässigen Insichprozeß und ist im Rahmen der Klagebefugnis (§ 42 II VwGO) zu prüfen. Bei der dritten Fallgruppe handelt es sich um den verwaltungsrechtlichen Organstreit. Problematisch ist hier vor allem die Klageart; Schwierigkeiten können sich auch bei der Beteiligtenfähigkeit ergeben (§ 61 VwGO).

b) Eine verwaltungsgerichtliche Streitigkeit zwischen Behörden desselben Verwaltungsträgers (Insichprozeß) scheitert grundsätzlich, aber nicht ausnahmslos an der Klagebefugnis. Die Ausnahmen müssen entsprechend dem Vorbehalt des § 42 II VwGO (»soweit ... «) gesetzlich geregelt sein; ein Beispiel liefert § 35 II WPflG.[1] In der Begründetheitsprüfung genügt die objektive Rechtswidrigkeit des angefochtenen Verwaltungsakts (bzw. seiner Ablehnung oder Unterlassung)[2]; die Verletzung eigener Rechte der klagenden Behörde wäre auch kaum nachzuweisen – das entspricht im übrigen nur dem Korrespondenzverhältnis von § 42 II und § 113 I 1, IV 1 VwGO.

c) Vom Insichprozeß zu unterscheiden[3] ist der verwaltungsrechtliche Organstreit; er dient der gerichtlichen Verteidigung der rechtlichen Selbständigkeit eines Selbstverwaltungsorgans in seiner Auseinandersetzung mit anderen Selbstverwaltungsorganen desselben Selbstverwaltungsträgers. Die Bezeichnung als verwaltungsrechtlicher Organstreit betont die Parallele zum verfassungsrechtlichen Organstreit (Art. 94 I Nr. 1 GG). Als Beispiel wird meist der kommunalrechtliche Organstreit genannt (mißverständlich auch als

16 Übersichten z. B. bei (F) *Maurer* § 23 Rn. 9, 10.

1 Rechtsprechungsbeispiele (V) BVerwGE 45, 207 (209 ff.), einerseits; OVG Rheinland-Pfalz DÖV 1970, 351, andererseits.

2 (F) *Schmitt Glaeser* Rn. 172.

3 Dazu (V) *Löwer*, VerwArch 68 (1977), 327 ff. (333); in der Tendenz anders (V) BVerwGE 45, 207 (209 f.).

»Kommunalverfassungsstreitigkeit« bezeichnet – mißverständlich, weil es sich um eine öffentlichrechtliche Streitigkeit **nicht**verfassungsrechtlicher Art handelt); weitere Beispiele liefern das Universitäts- und das Rundfunkrecht.[4] Die Diskussion kreist um die geeignete Klageart. Unstreitig passen Anfechtungs- oder Verpflichtungsklage nicht in allen Einzelheiten, und auch das Rechtsverhältnis des § 43 I VwGO ist nicht einfach zu begründen. Wie wenig die VwGO ursprünglich für solche Streitigkeiten gedacht war, zeigt auch § 61 VwGO; diese Vorschrift muß ebenfalls erst im Wege der Auslegung passend gemacht werden (dabei werden Kollegialorgane unter § 61 Nr. 2 VwGO gebracht). Die Parallele zum verfassungsrechtlichen Organstreit spricht im Zweifel für die Feststellungsklage (vgl. §§ 13 Nr. 5; 67 BVerfGG). Soweit eine Klage eigener Art (oder »sui generis«) konstruiert wird, sind die Anlehnungen an eine der in der VwGO geregelten Klagearten unverkennbar.[5] Deshalb kann der Bedarf für eine solche Konstruktion bezweifelt und die Anpassung einer der vorhandenen Klagearten an die Besonderheiten des verwaltungsrechtlichen Organstreits empfohlen werden.[6] Zwar mögen sich beide Konstruktionen (Benutzung einer der in der VwGO normierten Klagearten, im Zweifel der allgemeinen Feststellungsklage, oder Klage sui generis in Anlehnung an die Klagearten der VwGO) von unterschiedlichen Seiten her im Ergebnis treffen, doch ist die unmittelbare Anknüpfung an eine der Klagearten der VwGO näher am Gesetz.

8. Amtshilfe

190 Amtshilfe ist von einer Behörde anderen Behörden auf deren Ersuchen zu leisten, wenn zwischen den Behörden kein Weisungsverhältnis besteht und wenn die Hilfeleistung der ersuchten Behörde nicht schon als eigene Aufgabe obliegt (§ 4 VwVfG). Den verfassungsrechtlichen Rahmen liefert Art. 35 I GG; die dort neben der Amtshilfe erwähnte Rechtshilfe besteht in einer spezifisch richterlichen Tätigkeit (z. B. einer eidlichen Zeugenvernehmung) auf Ersuchen eines Gerichts oder einer Behörde. Art. 35 I GG ermächtigt selbst nicht zu bestimmten Amtshilfeersuchen oder Beistandsleistungen.[1] Sehr viel detaillierter, aber immer noch aufgabenneutral werden die verfahrensrechtlichen Voraussetzungen und Grenzen der Amtshilfe in §§ 4–8, 30 VwVfG geregelt.[2] Das VwVfG steckt den Rahmen ab, der durch aufgabenspezifische Ermächtigungsnormen (z. B. §§ 96, 161 S. 1 StPO) ausgefüllt und

---

4 Rechtsprechungsbeispiele (F) OVG Berlin DÖV 1975, 571 (Gruppenuniversität); VG Hamburg DVBl. 1980, 491 (Rundfunk).

5 (F) *Stern*, S. 91 ff., oder *Schmitt Glaeser* Rn. 385, 397 (jeweils m. w. N.).

6 (F) *Kopp* § 43 VwGO Rn. 10; *Redeker/von Oertzen* § 43 Rn. 13 f. (beide jeweils m. w. N.); als neueres Rechtsprechungsbeispiel (F) OVG Rheinland-Pfalz DVBl. 1985, 177 (178).

1 Dazu – noch vor dem VwVfG – BVerwGE 38, 336 (340); 50, 301 (310).

2 Die Geltung des § 30 VwVfG für §§ 4–8 VwVfG ist umstritten; wie hier (V) *Meyer/Borgs* § 30 Rn. 15 f. (m. w. N.).

durch bereichsspezifische Schutznormen (z. B. § 35 SGB I; § 30 AO) weiter eingegrenzt wird.
Amtshilfe durch die Erteilung von Auskünften wird inzwischen verbreitet Informationshilfe genannt.[3] Ganz allgemein problematisch ist hier die Ermittlung und Übermittlung personenbezogener Informationen, die unter einem grundrechtlichen und inzwischen zunehmend auch einfachrechtlichen Geheimnisschutz stehen.[4] Die Informationshilfe sprengt die einzelfallbezogene Amtshilfe auf Ersuchen, wenn die Informationen bei der beistandsleistenden Behörde auf einem Datenträger gespeichert sind und von der Beistand in Anspruch nehmenden Behörde über Terminal im on-line-Anschluß jederzeit abgerufen werden können. Die Diskussion ist noch im Fluß, doch sollte wenigstens die Fragestellung bekannt sein.

V. Polizei- und Ordnungsrecht (Verwaltungsrecht der Gefahrenabwehr)

1. Länderübergreifende Gemeinsamkeiten, landesrechtliche Unterschiede (Überblick)

a) Das Begriffspaar »Polizei- und Ordnungsrecht« ist auf **unterschiedliche Ermächtigungsgrundlagen** (Befugnisnormen) **und Behörden** bezogen, die alle auf das **gemeinsame Ziel** »Gefahrenabwehr« ausgerichtet sind.[1] In der Behördenorganisation liegen die stärksten landesrechtlichen Unterschiede;[2] die Befugnisnormen sind teils bundesgesetzlich (und damit einheitlich) geregelt z. B. im Ausländerrecht, Versammlungsrecht, Gewerbe- und Gaststättenrecht), teils landesgesetzlich unterschiedlich, wenngleich nicht ganz so unterschiedlich wie die Behördenorganisation (fachspezifisch z. B. im Bauordnungsrecht, allgemein in zudem ganz unterschiedlich überschriebe- **191**

3 Dafür (V) *W. Schmidt*, ZRP 1979, 185 ff.; *ders.*, Verwaltungsrecht Rn. 133 (dort jeweils auch zum folgenden).

4 Als Beispiel für den Grundrechtsschutz aus Art. 2 I; 1 I GG in einem Fall von Rechtshilfe (V) BVerfGE 27, 344 (352 – Scheidungsakten); dazu allgemein schon oben Rn. 93 (bei Fn. 6).

1 Die Lehrbuchtitel oder Kapitelüberschriften knüpfen meist an das Begriffspaar »Polizei- und Ordnungsrecht« an; nur ausnahmsweise gehen sie von dem Ziel »Gefahrenabwehr« aus, so insbes. *Drews/Wacke/Vogel/Martens*, 9. Aufl. 1986.

2 In der Vorbereitung auf Übung und Examen ist es hier deshalb zweckmäßiger, von dem jeweiligen Landesrecht auszugehen und die landesrechtsvergleichenden Übersichten der länderübergreifend angelegten Lehrbücher nur ergänzend einzubeziehen. Die gem. Art. 87 I 2 GG errichteten Sonderpolizeibehörden des Bundes (darunter der Bundesgrenzschutz) liegen hinsichtlich ihrer Organisation am Rande des Pflichtfachinteresses; ein kurzer Überblick bei (V) *Friauf*, in: von Münch/Schmidt-Aßmann, 2 Rn. 17; jeweils immer ausführlicher (V) *Schenke*, in: Steiner II Rn. 143–149, oder *B. Becker*, DVBl. 1977, 945 ff., oder *Drews/Wacke/Vogel/Martens* (Fn. 1), § 5.

nen Polizeigesetzen[3]). Im Polizei- und Ordnungsrecht wird im Hinblick auf den Vorbehalt des Gesetzes für Eingriffe in Freiheitsrechte zwischen Aufgaben- und Befugnisnorm unterschieden, und zwar auch dann, wenn beides – wie vereinzelt heute noch – in derselben (polizeirechtlichen) Generalklausel zusammengefaßt ist.[4] Aufgabe der Polizei ist, von der Allgemeinheit oder dem einzelnen Gefahren abzuwehren, durch die die öffentliche Sicherheit oder Ordnung[5] bedroht wird (Gefahrenabwehr); wie und unter welchen Voraussetzungen das im einzelnen zu geschehen hat, ergibt sich aus der Befugnisnorm.

Der Begriff »Gefahrenabwehr« wird meist im Zusammenhang mit den Aufgaben und Befugnissen der Gefahrenabwehrbehörden (= Polizei- und Ordnungsbehörden) gebraucht, reicht aber über das (herkömmlich insoweit Besondere) Verwaltungsrecht in das Staatsrecht hinüber. Dort findet er sich im Zusammenhang mit der Diskussion vor allem des Zielkonflikts; die Gefahr für ein Schutzgut wird dann durch die gesetzliche Beschränkung des Freiheitsrechts abgewehrt (dazu z. B. oben Rn. 76, 128). Gerade die polizeilichen Befugnisnormen müssen den Begründungsanforderungen an ein freiheitsbeschränkendes Gesetz entsprechen.

192 b) Das Recht der Gefahrenabwehr kennt **unterschiedliche Abwehrtechniken**, wobei die einzelfallbezogene Gefahrenabwehrmaßnahme (meist ein Verwaltungsakt, der dann **Polizeiverfügung** oder **Ordnungsverfügung** genannt wird) nur eine unter mehreren ist. Zur Gefahrenabwehr durch die dafür zuständige Behörde muß es nicht erst kommen, wenn einzelne oder die Allgemeinheit konkret gefährdet sind. Bestimmte Freiheitsbetätigungen sind erfahrungsgemäß mit typischen Gefahren für die Rechte anderer oder die Allgemeinheit verbunden, so daß es sinnvoll sein kann, das beabsichtigte Handeln vor der Ausführung behördlich zu überprüfen und dann erst freizugeben. Das geschieht im Wege des (gesetzlichen) **Verbots mit** (behördlichem) **Erlaubnisvorbehalt**. Herkömmliche Beispiele liefern das Bauordnungsrecht sowie das Gewerbe- und das Gaststättenrecht (aber auch Fahrerlaubnis und Kraftfahrzeugzulassung gemäß §§ 1; 2 StVG). Zuständig sind jeweils besondere Behörden der Gefahrenabwehr, die in einschlägigen Bundesgesetzen vorausgesetzt werden (vgl. § 29 BauGB: »Bauaufsichtsbe-

3 Vgl. § 1 BadWürttPolG; Art. 11 I BayPAG; § 17 I BerlASOG; § 12 I BbgVGPolG; § 10 I BremPolG; § 3 HambSOG; § 11 HSOG; § 13 MVSOG; § 11 NdsSOG; § 8 I NWPolG; § 9 I RhPfPOG; § 8 I SaarlPolG; § 1 I SächsPolG; § 13 SachsAnhSOG; § 174 SHLVwG; § 12 I ThürPAG.

4 Dazu (V) *Schenke*, in: Steiner II Rn. 16, oder *Wolff/Bachof* III § 125 Rn. 2, oder – besonders klar und ausführlich – *Götz*, Allgemeines Polizei- und Ordnungsrecht, 11. Auflage 1993, Rn. 139–142; zum Vorbehalt des Gesetzes noch sogleich oben im Text am Ende von Rn. 191.

5 Der polizeiliche Schutz der »öffentlichen Ordnung« ist umstritten und fehlt jetzt in § 1 BremPolG; § 1 NWPolG; § 1 II SaarlPolG; § 168 SHLVwG sowie im AEPolG; dazu noch unten Rn. 198.

hörde«[6]; § 30 I 1 GewO, § 30 GastG: »zuständige Behörde«) und deren Ausgestaltung den Ländern überlassen bleibt (vgl. die ausdrückliche Verweisung in § 28 LadSchlG). Das Erlaubnisverfahren ist nur wenig formalisiert.[7] Für andere Freiheitsbetätigungen kann statt einer Erlaubnispflicht eine **Anzeigepflicht** vorgesehen sein, die der zuständigen Behörde noch vor Ausführung des Vorhabens ermöglicht, dessen rechtliche Unbedenklichkeit insbesondere unter dem Aspekt der Gefahrenabwehr zu prüfen und erforderlichenfalls rechtzeitig mit einem Verbot (oder einer Auflage) einzuschreiten. Die Zurücknahme der vorbeugenden Gefahrenabwehr auf die Anzeigepflicht kann in dem besonderen Rang des derart (immer noch) eingeschränkten Freiheitsrechts begründet sein; ein auch praktisch wichtiges Beispiel sind §§ 14, 15 VersG für das Demonstrationsrecht. Die Anzeigepflicht kann sich aber auch im Verhältnis zur Erlaubnispflicht aus einem geringeren Maß an typischer Gefährdung erklären; Beispiele liefert insoweit noch das Gewerberecht; es kennt alle drei Fallgruppen (erlaubnispflichtige, anzeigepflichtige und anzeigefreie Vorhaben) nebeneinander. Dabei ist der Betrieb eines Gewerbes grundsätzlich (erlaubnis- oder anzeige-)frei (§ 1 GewO: Grundsatz der Gewerbefreiheit; vgl. daneben §§ 14, 30, 33 a, 33 b GewO).

c) Neben Polizeiverfügung und (Verbot mit) Erlaubnis(vorbehalt) tritt als **193** dritte Rechtsform des polizei- und ordnungsbehördlichen Handelns die Rechtsverordnung, als Polizei- und ordnungsbehördliche Verordnung, in neuerer Zeit auch Gefahrenabwehrverordnung genannt.[8] Sie dient der Bekämpfung typischer Gefahren; im Fall ihres Vollzugs kann die konkrete Gefahr fehlen, ohne daß der auf die Verordnung gegründete Verwaltungsakt dadurch rechtswidrig würde.[9] Das kann durch Begründungsanforderungen an die in dieser Form der Gefahrenabwehr enthaltene (abstrakte) Gefahrenprognose ausgeglichen werden: Eine nicht aus einer typischen Gefahrensituation begründbare Verordnung ist dann nichtig und macht die auf sie gegründete Verfügung fehlerhaft.[10] Ebenfalls nichtig ist eine Verordnung, die nicht den an sie gestellten landesrechtlichen Formvorschriften

6 Zu den dort vorgesehenen (bauplanungsrechtlichen) Ausnahmebewilligungen und Befreiungen noch unten Rn. 206; die bauordnungsrechtlichen Ausnahmebewilligungen und Befreiungen fallen – wie das Bauordnungsrecht insgesamt – in die Gesetzgebungskompetenz der Länder; dazu noch unten Rn. 210.

7 Für besonders umweltbelastende oder -gefährdende Anlagen sind besondere förmliche Anlagengenehmigungsverfahren vorgeschrieben; dazu noch unten Rn. 221–230.

8 So in § 10 BadWürttPolG; § 48 BremPolG; § 59 SaarlPolG; § 9 SächsPolG; »Gefahrenabwehrverordnung« in §§ 71 ff. HSOG; §§ 26 ff. RhPfPOG; §§ 93 ff. SachsAnhSOG.

9 Ein oft genanntes Beispiel ist (F) BVerwG NJW 1970, 1890 = DÖV 1970, 713. Die dort zu findende Unterscheidung zwischen »abstrakter« und »konkreter« Gefahr sollte in ihrer rechtsdogmatischen Bedeutung nicht überschätzt werden: letztlich dienen die meisten Eingriffsgesetze der Abwehr »abstrakt« umschriebener Gefahren.

10 Als Beispiel (F) BadWürtt VGH NJW 1984, 507 (509), ebenso (F) *Friauf*, in: von Münch/Schmidt-Aßmann, 2, Rn. 190

entspricht.[11] Bestehen keine solchen Formvorschriften, so kann es infolge daraus resultierender Undeutlichkeiten zu Abgrenzungsschwierigkeiten zwischen Verordnung und Verfügung (namentlich in der Form der echten Allgemeinverfügung, § 35 S. 2, 1. Alternative VwVfG)[12] mit Folgen für das jeweilige Rechtsschutzverfahren (§§ 42, 68 oder § 47 I Nr. 2 VwGO) kommen.

194 d) Die **Rechtsgrundlagen** des Polizei- und Ordnungsrechts finden sich teils in fachspezifischen Gesetzen (dem Ordnungsrecht z.B. der GewO, landesrechtlich z.B. in den Bauordnungsgesetzen) oder in den allgemeinen Polizeigesetzen der Länder.[13] Verbote mit Erlaubnisvorbehalt oder Anzeigepflichten sind grundsätzlich fachspezifisch geregelt. Ermächtigungen für Polizeiverfügungen und Polizeiverordnungen gibt es in beiden Arten von Gesetzen. Namentlich bei Polizeiverfügungen ist darauf zu achten, ob ihre Voraussetzungen in einer Spezialermächtigung geregelt sind oder ob sie nur auf die jeweilige Generalklausel gestützt werden können. Die allgemeinen Polizeigesetze enthalten neben der Generalklausel spezielle Ermächtigungen für sogenannte Standardmaßnahmen, z.B. die Feststellung von Personalien (sogenannte Sistierung), die Vorladung, die Platzverweisung, die Ingewahrsamnahme von Personen, die Durchsuchung von Personen oder Sachen oder Wohnungen, die Sicherstellung und Beschlagnahme und neuerdings auch für die Informationsverarbeitung.[14] Für die unterschiedlichen Befugnisnormen gilt ein abgestuftes System jeweils subsidiärer Anwendbarkeit, das ohne Schwierigkeiten aus den allgemeinen methodischen Regeln über das Verhältnis spezieller zu allgemeinen Vorschriften ableitbar ist: fachgesetzliche Ermächtigungen (z.B. § 10 BSeuchenG) gehen den allgemeinen Polizeigesetzen vor; innerhalb des jeweiligen Gesetzes geht eine Spezialermächtigung der Generalermächtigung vor. Ist die Fachbehörde am rechtzeitigen Eingreifen verhindert oder ist keine spezielle Behörde für die Gefahrenabwehr zuständig, so ist (subsidiär) die allgemeine Polizeibehörde eingriffsbefugt.

195 e) Über diese Grobstruktur der Zuständigkeitsverteilung hinaus lassen sich nur wenige länderübergreifende Gemeinsamkeiten der Polizeiorganisation ausmachen. Durchweg ist »Polizei« im Verhältnis zu anderen Gefahrenab-

---

11 Zu solchen Formvorschriften vgl. § 12 BadWürttPolG; § 53 BremPolG; § 78 HSOG; § 36 RhPfPOG; § 62 SaarlPolG; § 11 SächsPolG; §§ 97 SachsAnhSOG; vgl. auch § 21 MVSOG sowie § 36 NdsSOG.

12 Dazu *Schenke*, in: Steiner II Rn. 213–215.

13 Vgl. die Nachweise oben Fn. 3.

14 Vgl. §§ 19ff., 37ff. BadWürttPolG; Art. 30ff., Art. 37ff. BayPAG; §§ 24ff., §§ 42ff. BerlASOG; §§ 33–49 BbgVGPolG; §§ 27–36 BremPolG; §§ 13ff., 20ff. HSOG; §§ 25–49 MVSOG; §§ 9–33 NWPolG; §§ 25 a-g RhPfPOG; §§ 25–40 SaarlPolG; §§ 15–33 SachsAnhSOG; §§ 178–198 SHLVwG; §§ 31–47 ThürPAG; (V) *Schenke*, in: Steiner II Rn. 70; *Götz*, NVwZ 1990, 725ff.

wehrbehörden heute der engere Begriff. Von ihrer (so eben in Rn. 194 erwähnten) subsidiären Zuständigkeit zur Bekämpfung akuter (»unmittelbar bevorstehender«) Gefahren abgesehen, sind ihr durchweg nur noch die Bekämpfung von Straftaten und die Verkehrsüberwachung vorbehalten. Dem entspricht die Gliederung der Vollzugspolizei in die Schutzpolizei, Kriminalpolizei, Wasserschutzpolizei und Bereitschaftspolizei.[15] Auch zur Polizeiorganisation ist die Arbeit für Übung und Examen – wie schon zur Kommunalorganisation (dazu oben Rn. 186) – zunächst am jeweiligen Landesrecht auszurichten.

f) Hingegen stimmen die materiellrechtlichen Grundbegriffe »Gefahr«, »öf- **196**
fentliche Sicherheit (und Ordnung)«, »Störer« teils aufgrund paralleler Regelungen, teils aufgrund des Richterrechts der Verwaltungsgerichte länderübergreifend weitgehend überein. Sie entsprechen den Tatbestandsvoraussetzungen, zu wessen Schutz wann gegen wen eingegriffen werden darf, und haben ihre eigentliche Bedeutung für die Generalermächtigungen. Die Spezialermächtigungen typisieren eine Gefahrensituation und kommen deshalb meist ohne ein besonderes Gefahrenmerkmal aus; sie konkretisieren das Schutzgut und aus dem Zusammenhang von Schutzgut und dessen typischer Gefährdung auch den Störer. Hingegen geben die Generalermächtigungen selbst nur die Gefahrenstufe an, bei der eingegriffen werden darf. Für das Schutzgut enthalten sie Verweisungsbegriffe, die auf Regelungen außerhalb des Polizeigesetzes verweisen. Meist wird für die polizeiliche Gefahr ein Dritter verantwortlich sein (der »Störer«), an den die Polizei- oder Ordnungsbehörde sich alsbald oder doch später wegen der Kosten (namentlich für eine Ersatzvornahme – dazu oben Rn. 171) halten wird. Die Störermerkmale werden, weil im einzelnen zu umfangreich für die Generalermächtigung, in einem jeweils gesonderten Vorschriftenkomplex innerhalb des allgemeinen Polizeigesetzes geregelt, müssen aber bei der Anwendung der Generalermächtigung (was von Anfängern gelegentlich übersehen wird) in aller Regel einbezogen werden. Für den Gutachtenaufbau (oder die Begründung einer Polizeiverfügung oder einer gerichtlichen Entscheidung) bedeutet das: die vollständige Eingriffsermächtigung besteht aus der Generalermächtigung zusammen mit der Schutzgutregelung außerhalb des Polizeigesetzes und meist noch der Störerregelung im Polizeigesetz.

15 Vgl. (F) *Friauf*, in: von Münch/Schmidt-Aßmann, 2 Rn. 159, oder *Schenke*, in: Steiner II Rn. 152; sowie § 70 BadWürttPolG, 2. DVO zum BadWürttPolG vom 8.10.1986; § 70 BremPolG; §§ 1 ff. HessPolOrgVO; §§ 1 ff. NWPOG; § 3 SHPOG.

2. Die Verweisungsbegriffe »öffentliche Sicherheit« und »öffentliche Ordnung«

197 Praktisch wichtig, rechtlich vorrangig zu prüfen und dabei nur in Randfragen umstritten ist der Verweisungsbegriff »öffentliche Sicherheit« (a). Aus verfassungsrechtlichen Gründen grundsätzlich umstritten, aber praktisch von geringer Bedeutung ist der Begriff »öffentliche Ordnung« (b).

a) Unter »öffentlicher Sicherheit« versteht man traditionell die Unversehrtheit der Individualgüter Leben, Gesundheit, Ehre, Freiheit und Vermögen der Bürger einerseits, sowie der kollektiven Rechtsgüter »Bestand des Staates und seiner Einrichtungen« andererseits. Damit wird auf Rechtsnormen zum Schutz individueller oder kollektiver Rechtsgüter außerhalb des betreffenden allgemeinen Polizeigesetzes verwiesen.[1] Gefahrenabwehrmaßnahmen setzen, wie sich aus dem Merkmal **»öffentliche Sicherheit«** ergibt, immer ein besonderes **öffentliches Interesse** voraus. Das führt zu Einschränkungen beim polizeilichen Schutz privater Rechte einzelner Bürger. Grundsätzlich sind hier die ordentlichen (Zivil-)Gerichte anzurufen; diese Subsidiarität polizeilicher Maßnahmen zum Schutz privater Rechte ist in den meisten allgemeinen Polizeigesetzen ausdrücklich geregelt.[2] Ein öffentliches Interesse an polizeilichem Rechtsschutz aufgrund der Generalklausel besteht, wenn entweder Rechtsgüter einer unbestimmten Vielzahl von Personen gefährdet sind oder wenn bestimmte Einzelpersonen so bedroht sind wie jede andere Person an dieser Stelle, so daß die konkrete Individualität der bedrohten Person hinter der generellen Bedrohung zurücktritt. Der einzelne hat einen – gegebenenfalls mit der Verpflichtungsklage (meist als Bescheidungsklage) einklagbaren Anspruch auf fehlerfreie Ausübung des behördlichen Entschließungsermessens; bei hoher Intensität der Gefährdung oder Störung (zu dieser Unterscheidung sogleich Rn. 199) kann der Ermessensspielraum insoweit (bis »auf Null«) schrumpfen.[3]

---

1 Am Rande eines Scheinproblems bewegen sich die Fragen, ob damit auch die Rechtsordnung insgesamt »ein Bestandteil der öffentlichen Sicherheit« sei – so die Fragestellung bei (V) *Drews/Wacke/Vogel/Martens*, S. 236 – oder ob sich aus dem Schutz von Gemeinschaftsgütern »der Schutz der gesamten Rechtsordnung« ergebe – so (V) *Schenke*, in: Steiner II Rn. 23. Mit solchen Schlagworten dürfen nicht die Grenzen polizeilicher Zuständigkeit (insbes. das Subsidiaritätsprinzip) überspielt werden; zu praktischen Folgen an einem Rechtsprechungsbeispiel (V) *W. Schmidt*, NVwZ 1985, 167ff. (168, 170); allgemein (L) *Friauf*, in: von Münch/Schmidt-Aßmann, 2 Rn. 38.

2 Vgl. § 2 II BadWürttPolG; Art. 2 II BayPAG; § 1 IV BerlASOG; § 1 II BbgVGPolG; § 1 II BremPolG; § 1 III HSOG; § 1 II MVSOG; § 1 III NdsSOG; § 1 II NWPolG; § 1 III RhPfPVG; § 1 III SaarlPolG; § 2 II SächsPolG; § 1 II SachsAnhSOG; § 2 II ThürPAG.

3 Heute unstreitig; dazu (F) *Friauf*, in: von Münch/Schmidt-Aßmann, 2 Rn. 63ff., oder *Schenke*, in: Steiner II Rn. 45f. Ausgangspunkt war (V) BVerwGE 11, 95 (96f.); bestätigt z.B. in (V) BVerwGE 37, 112 (113).

b) Unter »öffentlicher Ordnung« wird traditionell (und in zum Teil erkennbar älterer Sprache) die Gesamtheit jener Regelungen verstanden, deren Befolgung nach den jeweils herrschenden sozialen und ethischen Anschauungen als unentbehrliche Voraussetzungen für ein gedeihliches Miteinanderleben der innerhalb eines bestimmten Gebiets wohnenden Menschen angesehen wird.[4] Im Unterschied zur »öffentlichen Sicherheit« verweist das Merkmal »öffentliche Ordnung« auf ungeschriebene gesellschaftliche Regeln, also auf Sozialnormen, **nicht** auf **Rechtsnormen**. Daran, an der fehlenden Rechtssatzqualität, entzündet sich der Grundsatzstreit. Gegen die Beibehaltung der Eingriffsvoraussetzung »Schutz der öffentlichen Ordnung« wird auf die demokratische Verfassungsordnung des GG verwiesen: In einer solchen Verfassungsordnung ist die Umsetzung gesellschaftlicher Wertvorstellungen zwingend durchsetzbares Recht an genau vorgeschriebene Rechtsetzungsverfahren gebunden, die nicht durch polizeiliche ad-hoc-Entscheidungen ersetzt werden können und gerade dann, wenn es sich um »Wertvorstellungen« einer »überwiegenden Mehrheit der Bevölkerung« handelt, auch gar nicht ersetzt zu werden brauchen.[5] Einige Landesgesetze haben dementsprechend diese Eingriffsvoraussetzung ersatzlos gestrichen. Die Lehrbücher halten jedoch überwiegend an ihr fest.[6] Auch die Rechtsprechung zieht sie offenbar noch nicht grundsätzlich in Zweifel.[7] Praktisch geworden ist sie in neuerer Zeit nicht als Merkmal einer allgemeinen polizeilichen Generalklausel, sondern als Erlaubnisversagungsgrund in § 60 a I 3 GewO.[8] Benachbart ist die Verweisung auf die »guten Sitten« in § 33 a II Nr. 2 GewO.[9] 198

3. Gefahr und Störung; unterschiedliche Gefahrenstufen; Prognoseprobleme

a) »Gefahr« besteht, wenn ein künftiger Schaden »hinreichend wahrscheinlich«[1] ist. Wenn der Schaden schon eingetreten ist, handelt es sich polizeirechtlich um eine »Störung« (der »öffentlichen Sicherheit«). Sie wird durch eine repressive (im Unterschied zur präventiven) Maßnahme beseitigt, wenn ein besonderes öffentliches Interesse dafür gegeben ist; für den Schutz pri- 199

4 (F) *Friauf*, in: von Münch/Schmidt-Aßmann, 2 Rn. 39, oder *Schenke*, in: Steiner II Rn. 25; jeweils m. N. zur Herkunft dieser Formel aus dem preußischen Polizeirecht.

5 In diesem Sinn (V) *H. Hill*, DVBl. 1985, 88–96 (m. w. N.).

6 Zuletzt (F) *Schenke*, in: Steiner II Rn. 27; im Ergebnis ebenso (aber nur mit Andeutungen zu dieser Streitfrage) *Friauf*, in: von Münch/Schmidt-Aßmann, 2 Rn. 42f.; anders (F) *Götz* Rn. 95–98; vgl. im übrigen die Nachw. oben Rn. 191 Fn. 5.

7 (F) BVerwGE 68, 213 (219f.).

8 (F) BayVGH NVwZ 1984, 254.

9 Zuletzt (F) BVerwGE 84, 314, und dazu (V) *T. Discher*, Jura 1991, 642–649.

1 Zu dieser Standarddefinition der »einfachen« Gefahr (F) BVerwG NJW 1970, 1890 (1892) = DÖV 1970, 714 (714) – zu diesem Urteil schon oben Rn. 193 mit Fn. 9 – sowie sogleich Rn. 200; zum Gefahrenbegriff allgemein auch schon oben Rn. 128.

vater Rechte gilt hier verschärft, was schon (oben Rn. 197) zur Gefahrenabwehr gesagt wurde. Die Voraussetzungen polizeilichen Eingreifens werden namentlich dann erfüllt sein, wenn die zu beseitigende Störung zugleich eine Quelle künftiger Schäden ist; dann gehen (repressive) Störungsbeseitigung und (präventive) Gefahrenabwehr ineinander über. Deshalb wird die Störungsbeseitigung in den meisten Generalermächtigungen nicht ausdrücklich erwähnt,[2] aber dennoch unstreitig von der Gefahrenabwehrermächtigung mitumfaßt.

b) Die Polizei- und Ordnungsgesetze, aber auch andere auf Gefahrenabwehr zielende Normen verwenden unterschiedlich abgestufte Gefahrenbegriffe, die unterschiedlich hohe Anforderungen an die Wahrscheinlichkeit des Schadenseintritts stellen. Ist nur von »Gefahr« die Rede, so wird eine hinreichende Wahrscheinlichkeit verlangt. Oft enthält das Merkmal »Gefahr« aber noch einen qualifizierenden Zusatz, der in die sachverhaltsbezogene Auslegungsarbeit einbezogen werden muß. So bezeichnet eine »unmittelbare« Gefährdung (wie in § 15 I VersG) die besondere zeitliche Nähe des Schadenseintritts. Bei »Gefahr im Verzug« (vgl. § 44 II 2 StVO, aber auch Art. 13 II GG) geht es um unaufschiebbare Maßnahmen, die eine Zuständigkeitsverschiebung begründen können. Eine »gemeine Gefahr« (vgl. Art. 13 III GG) besteht nur für eine Vielzahl von Personen oder erhebliche Sachwerte.[3]

200 c) Das Wahrscheinlichkeitsurteil ist (unstreitig und unbestreitbar) eine Prognose, das Merkmal »Gefahr« somit ein Prognosebegriff. Die Nachprüfung, ob die Prognose rechtmäßig war, muß deshalb auf den Zeitpunkt der polizeilichen Maßnahme bezogen, also aus der Perspektive »ex ante« beurteilt werden.[4] Diese noch etwas theoretisch anmutende Feststellung gewinnt praktische Bedeutung, wenn sich nachträglich herausstellt, daß der Schaden nicht eintreten konnte (weil keinerlei Gefahr bestand) oder nicht eingetreten wäre (weil die tatsächliche Entwicklung unvorhergesehen oder unvorhersehbar einen anderen Verlauf nahm). Die Rechtmäßigkeit oder Rechtswidrigkeit der Prognose (und damit des auf sie gegründeten Eingriffs!) wird danach beurteilt, ob die Behörde (z. B. ein auf sich allein gestellter Polizeibe-

2 Anders im Zusammenhang mit dem Störerbegriff; dazu noch unten Rn. 201 Fn. 1. Die Störungsbeseitigung wird erwähnt in § 1 II BadWürttPolG; § 3 I HambSOG; § 1 I SächsPolG; vgl. auch § 176 SHLVwG.

3 Zu diesen und weiteren Normbeispielen (F) *Schenke*, in: Steiner II Rn. 34, oder *Wolff/Bachof* III § 125 Rn. 28–31, sowie (V) BVerwGE 45, 51 (57f.): Ingewahrsamnahme des Studenten Dutschke; zu Art. 13 II, III GG auch (F) BVerwGE 47, 31 (36ff.) und dazu schon oben Rn. 65. Weitgehende Einigkeit besteht inzwischen, daß die früher beliebte Konstruktion einer »latenten Gefahr« mit dem polizeilichen Gefahrenbegriff nichts zu tun hat und vielmehr ein Störerproblem ist; dazu unten Rn. 202 mit Fn. 8.

4 (F) *Friauf*, in: von Münch/Schmidt-Aßmann, 2 Rn. 52, oder *Schenke*, in: Steiner II Rn. 37; als Rechtsprechungsbeispiel oft genannt (F) BVerwGE 49, 36 (43 – Schah-Besuch).

amter in einer für ihn schwer überschaubaren Situation) die ihr zugänglichen Erkenntnisquellen sachgemäß ausgeschöpft hat oder nicht. Die Ergebnisse werden in der Verwaltungsrechtsdogmatik auf die (sprachlich leicht mißverständlichen) Begriffe »Scheingefahr« (oder »Putativgefahr«), »Anscheinsgefahr« und »Gefahrenverdacht« gebracht. Hat die Behörde den Sachverhalt fehlerhaft (und zwar auch angesichts des Zeitdrucks der Entscheidungssituation immer noch unzulänglich) ermittelt, so spricht man von »Scheingefahr«; die dagegen ergriffenen »Abwehrmaßnahmen« sind nach einhelliger Auffassung rechtswidrig. Begründen hingegen die äußeren Umstände für die Behörde den Anschein einer Gefahr, die in Wirklichkeit gar nicht besteht, muß aber angesichts der auf dem Spiel stehenden Rechtsgüter sofort eine Gefahrenabwehrentscheidung getroffen werden, so ist diese rechtmäßig.[5] Der »Gefahrenverdacht« ist schon ex ante erkennbar ein minderer Fall der Gefahr, der nach dem Grundsatz der Verhältnismäßigkeit nur Gefahrerforschungsmaßnahmen rechtfertigt. Auch ein Gefahrenverdacht kann sich im Nachhinein (ex post) als Anscheinsverdacht herausstellen.[6] Ausschlaggebend sind die Erkenntnismöglichkeiten des Entscheiders.[7] Vermeidbare Irrtümer machen die Maßnahme rechtswidrig.

---

5 Ein immer wieder genanntes Beispiel ist der für eine Spielfilmaufnahme gestellte Raubüberfall bei verdeckter Kamera und ohne Hinweisschild außerhalb der gestellten Szene; dazu zuletzt (V) *Schenke*, in: Steiner II Rn. 38; vorher z.B. (V) *W. Schmidt*, Verwaltungsrecht Rn. 273 (dort auch zum folgenden).

6 Ein neueres Beispiel mit entschädigungsrechtlichen Folgeproblemen ist der Verdacht, Kälber seien mit verbotenen Hormonpräparaten gemästet worden. Wird dem durch Schlachtung und Untersuchung einiger Tiere nachgegangen, so führt das zu der Frage, ob der Viehmäster als Eigentümer der Kälber im Fall der Anscheinsgefahr oder des nicht bestätigten Gefahrenverdachts als Anscheinsstörer oder als Nichtstörer (und dann Notstandsadressat des Eingriffs) zu behandeln ist. Dazu läßt sich als Ergebnis einer zum Teil noch streitig geführten Diskussion festhalten, daß Anscheinsstörer nur ist, wer durch sein Verhalten oder durch den ihm zurechenbaren Zustand des Tiers oder der Sache schon ex ante die Annahme einer Gefahr (oder den Gefahrenverdacht) begründet hat. Im Fall der Verantwortlichkeit für den Zustand von Tieren oder Sachen (statt für das Verhalten von Personen) wird eine solche Annahme sich nur ausnahmsweise begründen lassen (etwa durch die Umstände des Eigentumserwerbs) – wenn nicht, ist der Eigentümer Nichtstörer und als Notstandsadressat entschädigungsberechtigt; vgl. (F) BGHZ 117, 303 = LM NRW OBG Nr. 17 (mit Anm. *W. Schmidt*).

7 In dem soeben (Fn. 5) genannten Beispiel also die eines zufällig vorbeikommenden Polizeibeamten. Im Ergebnis ist man sich zwar weitgehend einig, doch wird die Ergebnisbegründung gelegentlich durch die Redeweise von einem »objektiv zu erwartenden Geschehen« verdunkelt, das ganz allgemein den Gefahrenbegriff kennzeichnet; zu solchen Schwierigkeiten (V) *Friauf*, in: von Münch/Schmidt-Aßmann, 2 Rn. 53; gegen diese Sicht- und Redeweise z.B. (V) *W. Schmidt*, Verwaltungsrecht Rn. 272 (m.N.); *ders.*, Urteilsanmerkung zu BGH LM NRW OBG Nr. 17. Daß aus der Sicht ex post weder die »Anscheinsgefahr« noch die »Scheingefahr« wirklich gefährliche Situationen beschreiben, lohnt heute keine ausführliche Erörterung mehr.

4. In Anspruch zu nehmende Personen (Störer und Notstandsadressaten)

201 Die Rechtsgrundlage findet sich gewöhnlich (nur) im allgemeinen Polizeigesetz; sie hat jedoch auch für spezialgesetzlich geregelte Materien und deren Generalklauseln Bedeutung (vor allem für das Versammlungsrecht in § 15 VersG). Neben den eigentlichen »Störern«[1] (bei denen zwischen Verhaltens- und Zustandsstörern unterschieden wird) können unter erschwerten Voraussetzungen und nur ausnahmsweise auch andere Personen (die sogenannten Notstandsadressaten) in Anspruch genommen werden.

a) Die Verhaltensverantwortlichkeit trifft den Verursacher durch eigenes Verhalten, aber auch den Aufsichtspflichtigen für nichtgeschäftsfähige Personen und den Geschäftsherrn für Verrichtungsgehilfen. Die Verantwortlichkeit für den Zustand einer Sache (Zustandsverantwortlichkeit) trifft den Eigentümer und daneben den Inhaber der tatsächlichen Gewalt; sie knüpft also an die rechtliche und die tatsächliche Sachherrschaft gleichermaßen an. Verhaltens- und Zustandsverantwortlichkeit können in derselben Person begründet sein (»Doppelstörer«), z. B. wenn jemand seinen Pkw schrottreif gefahren hat und das Fahrzeug jetzt den Verkehr behindert. Bei mehreren Verantwortlichen für dieselbe Gefahr hat die Behörde ein Auswahlermessen. Dies hat sich primär an einer schnellen und wirksamen Gefahrenabwehr zu orientieren (Eignung und Erforderlichkeit des Mittels). Im übrigen lassen sich keine schematisch anwendbaren Ermessensregeln aufstellen.[2]

b) Schon der gesetzliche Tatbestand der Verhaltensverantwortlichkeit verweist auf denjenigen, der die Störung oder Gefahr »verursacht« hat. Aber auch bei einer Sache kann gefragt werden, ob ihr Zustand »Ursache« der polizeirechtlichen Verantwortlichkeit des Eigentümers oder Besitzers ist.[3] Probleme der Kausalitätszurechnung sind auch aus anderen Rechtsgebieten (dem Strafrecht, dem zivilrechtlichen Deliktsrecht) bekannt. Der polizeirechtliche Verursacherbegriff weicht (unbeschadet unterschiedlich akzentuierter Lösungsvorschläge) von den in den anderen Rechtsgebieten überwiegend vertretenen Verursacherbegriffen ab. Die Äquivalenz- oder condicio-

---

1 Die polizeirechtlichen Begriffe »Störer« und »Störung« (dazu oben Rn. 199) sind nicht strikt aufeinander bezogen: Gerade auch diejenigen, die nur erst für eine Gefahr verantwortlich sind, also noch keine »Störung« verursacht haben, werden »Störer« genannt.

2 So im Ergebnis auch (V) *Friauf*, in: von Münch/Schmidt-Aßmann, 2 Rn. 98f., oder *Schenke*, in: Steiner II Rn. 100; zur privatrechtlichen Ausgleichspflicht unter mehreren Störern (V) BGH NJW 1981, 2457 = DÖV 1981, 843.

3 (F) *Friauf*, in: von Münch/Schmidt-Aßmann, 2 Rn. 73–80, 90, 92, oder *Schenke*, in: Steiner II Rn. 88–91, 95; zu Fragen der Zustandsverantwortlichkeit (F) *Wolff/Bachof* III § 127 Rn. 15f., sowie noch unten Rn. 202 zum »latenten Störer«.

sine-qua-non-Formel[4] kann auch hier nur einer Vorauswahl dienen und umschreibt einen noch viel zu weiten Kreis. Die Adäquanzformel[5] wird nach inzwischen ganz überwiegender (und m. E. zutreffender) Meinung den Besonderheiten der polizei- und ordnungsrechtlichen Gefahrenabwehr nicht gerecht; diese Gefahrenabwehr muß vielmehr auch auf ganz atypische (inadäquate) Gefahrensituationen reagieren. Die stattdessen im Polizeirecht weitverbreitete »Theorie der unmittelbaren Verursachung« verlagert (wie bei der Verwendung des Allzweckmerkmals »unmittelbar« auch sonst gewöhnlich) das Problem in die Frage, wann denn nun eine Verursachung als »unmittelbar« zu bewerten ist, und hat dafür außer zirkelhaften Umformulierungen keine Antwort anzubieten. Für die praktisch weitaus meisten Fälle besser geeignet ist das Abgrenzungsmerkmal der rechtswidrigen Verursachung: Danach löst nur ein rechtswidriges Verhalten oder der rechtswidrige Zustand einer Sache die polizeirechtliche Verantwortlichkeit aus. Wessen Sache in einem rechtlich einwandfreien Zustand ist (bei Grundstücken auch hinsichtlich der Umgebung, dazu sogleich noch Rn. 202) oder wer sich rechtmäßig verhält, ist nicht Störer[6] und kann allenfalls als Notstandsadressat in Anspruch genommen werden (dazu Rn. 204).

c) Verursachungsprobleme grundsätzlicher Art werden für zwei Fallgruppen **202**
diskutiert: den »Zweckveranlasser« und den »latenten Störer«. Der »Zweckveranlasser« bezeichnet seit langem eine Grenzfrage der Verhaltensverantwortlichkeit. Der »latente Störer« wurde früher als Sonderfall der polizeilichen Gefahr (»latente Gefahr«) erörtert und ist erst in neuerer Zeit als Störerproblem erkannt worden; meist geht es um Zustandsverantwortlichkeit. Letztlich handelt es sich auch hier jeweils um die Rechtmäßigkeit des Verhaltens oder des Zustands der Sache. Ein älteres Beispiel der »Zweckveranlassung« ist die reißerische Schaufensterwerbung, die zu Behinderungen des angrenzenden Straßenverkehrs führt. Praktisch wichtiger ist das neuere Beispiel des Verhältnisses von legaler und friedlicher Demonstration zur gewalttätigen Gegendemonstration.[7] Ein älteres Beispiel für den »latenten (Zustands-)Störer« ist die Grundstücksmauer (oder Hecke), die bei zunehmendem (oder neu geführtem) Straßenverkehr zum Sichthindernis für Kraftfahrer wird. Etwas neuer und in unterschiedlichen Fallvarianten von den Gerichten entschieden wor-

4 Sie läuft bekanntlich auf die Frage hinaus, ob das Verhalten hinweggedacht (in der Variante des Unterlassens: ob die gebotene Handlung hinzugedacht) werden kann, ohne daß die Gefahr entfiele (wörtlich übersetzt bedeuten die vier lateinischen Worte: Bedingung, ohne welche nicht). Jede so ermittelte Bedingung gilt als gleichwertig oder »äquivalent«.

5 Als adäquat gelten diejenigen Ereignisse, deren Eintritt nach einer allgemeinen Lebenserfahrung (nicht nur der individuellen Lebenserfahrung des Schädigers) vorhersehbar war.

6 Dazu (V) *Schenke*, in: Steiner II Rn. 90.

7 (F) BayVGH DVBl. 1979, 737 (738) = DÖV 1979, 569; zur Pflicht, sich bei Eingriffen in das Demonstrationsrecht zurückzuhalten, (V) BayVGH NJW 1984, 2116, und dazu (V) *Brodersen*, JuS 1984, 979.

den ist die Beispielsgruppe der Schweinemästerbetriebe am Stadtrand, die wegen der von ihnen ausgehenden Geruchsbelästigungen zum Störer für die heranrückenden Wohnhäuser werden. Noch vordergründig ist der Streit, ob es um den Zustand des Betriebsgrundstücks oder das Verhalten des Schweinemästers geht. Der Kern ist beidemale die Frage einer sich den verändernden Umweltbedingungen anpassenden Sozialbindung entweder der Eigentumsnutzung oder der beruflichen Betätigung (dazu oben Rn. 75). Die Fall-Lösung wird dementsprechend nur strikt auf die **gegenwärtige** Situation bezogen möglich, nicht aber schematisch verallgemeinerungsfähig sein.[8]

203 d) Hinter dem Stichwort »Polizeipflicht von Hoheitsträgern« (das insgesamt von stärker theoretischem als praktischem Interesse ist) verbergen sich zwei Teilfragen: (1) Unstreitig müssen auch Hoheitsträger die rechtlichen Anforderungen zum Schutz der öffentlichen Sicherheit beachten. (2) Streitig ist hingegen, in welchen Fällen Polizei- und Ordnungsbehörden gegen einen (materiell polizeipflichtigen) Hoheitsträger ebenso vorgehen können wie gegen andere Störer. Nach allgemeiner Ansicht dürfen Gefahrenabwehrmaßnahmen den in Anspruch genommenen Hoheitsträger nicht in der rechtmäßigen Ausübung seiner öffentlichrechtlichen Befugnisse hindern;[9] umstritten ist, ob das auch für verwaltungsprivatrechtliche Tätigkeiten gilt.[10]

204 e) Kann ein Störer nicht oder nicht rechtzeitig zur Gefahrenabwehr (oder Störungsbeseitigung) herangezogen werden und kann die Gefahr (oder Störung) auch nicht von der Gefahrenabwehrbehörde selbst oder durch einen von ihr Beauftragten beseitigt werden, so dürfen unter den Voraussetzungen einer strengen Zweck-Mittel-Prüfung mit besonderem Gewicht auf der Frage der Zumutbarkeit (Proportionalität) auch andere Personen (»Nichtstörer« oder »Notstandspflichtige« oder »Notstandsadressaten«) in Anspruch genommen werden. Die so in Anspruch genommenen Nichtstörer haben einen Entschädigungsanspruch.[11] Ein älteres Beispiel ist die Brandbekämpfung vom Grundstück des Nachbarn aus, ein neueres die Auflösung einer

8 Deshalb sollten die unterschiedlichen Einzellösungen in Rechtsprechung und Literatur nicht zu sehr verallgemeinert werden. Zur »latenten« Gefahr (oder Störung) ist die Diskussion erkennbar im Umbruch; vgl. (F) *Friauf*, in: von Münch/Schmidt-Aßmann, 2 Rn. 94–97, oder *Schenke*, in: Steiner II Rn. 35, 96; ferner (V) *von Mutius*, Jura 1983, 298ff. (306); *Pietzcker*, DVBl. 1984, 457ff. (461, 463f.).

9 Dazu früh, grundsätzlich und für den entschiedenen Fall folgenlos (V) BVerwGE 29, 52 (59); als praktisches Beispiel (F) HessVGH NJW 1980, 305 (307); aus der Literatur (F) *Friauf*, in: von Münch/Schmidt-Aßmann, 2 Rn. 101–105.

10 Dafür (F) *Wolff/Bachof* III § 127 Rn. 29; (F) *Schenke*, in: Steiner II Rn. 85; *von Mutius*, Jura 1983, 302.

11 § 55 BadWürttPolG; Art. 70 BayPAG; § 59 BerlASOG; § 69 BbgVGPolG; § 56 BremPolG; § 10 III HambSOG; § 72 MVSOG; § 58 NdsSOG; § 67 NWPolG i.V.m. §§ 39ff. NWOBG; § 68 RhPfPOG; § 68 SaarlPolG; § 35 SächsPolG; § 69 SachsAnh SOG; § 221 SHLVwG; § 68 ThürPAG.

legalen und friedlichen Versammlung wegen der von gewalttätigen Gegendemonstranten ausgehenden Gefahren.[12]

5. Erlaubnis, Ausnahmebewilligung und Befreiung am Beispiel des Baugenehmigungsverfahrens; der Schutz Drittbetroffener

a) Bei der nur vorbeugenden Gefahrenabwehr durch ein Verbot mit Erlaub- **205**
nisvorbehalt prüft die Behörde, ob das Vorhaben (z. B. ein Bauvorhaben) mit den dafür geltenden Rechtsvorschriften übereinstimmt. Ist das der Fall, so hat der Antragsteller einen Rechtsanspruch auf Erteilung der Erlaubnis (im Beispielsfall: der Baugenehmigung); die Behörde hat insoweit keinen Ermessensspielraum. Die Erlaubnis stellt die materiellrechtliche Unbedenklichkeit fest (feststellender Teil mit dem Charakter einer Unbedenklichkeitsbescheinigung) und gibt zugleich das Vorhaben zur Verwirklichung frei (verfügender Teil).[1] Der feststellende Teil kann auf entsprechenden Antrag (Voranfrage) zu einem Vorbescheid (im Baurecht mit der Wirkung einer Bebauungsgenehmigung) verselbständigt werden.[2] Wird das Vorhaben ohne Erlaubnis verwirklicht (z. B. ein genehmigungspflichtiges Bauvorhaben ohne Baugenehmigung errichtet), so ist es »formell rechtswidrig«. Zusätzlich »materiell rechtswidrig« ist ein solcher »Schwarzbau« nur, wenn er außerdem einem Bebauungsplan oder dem materiellen Bauordnungsrecht widerspricht (zu den dagegen jeweils zulässigen Sanktionen unten Rn. 208).

b) Demgegenüber ist in den Fällen einer Ausnahmebewilligung oder Befrei- **206**
ung das beantragte Vorhaben grundsätzlich verboten (repressives Verbot mit Ausnahme- oder Befreiungsvorbehalt). So lange es nicht ausnahmsweise (eben durch Ausnahmebewilligung oder Befreiung) erlaubt wird, bleibt es auch »materiell rechtswidrig«. Die Gefahrenabwehr ist hier sehr viel stärker in das gesetzliche Verbot vorverlagert. Die Unterscheidung von Ausnahmevorbehalt und Befreiung spiegelt das Verhältnis von Spezialermächtigung und Generalklausel. Sie findet sich z. B. im Baurecht und kann länderübergreifend am Bauleitplanungsrecht des § 31 I und II BauGB studiert werden.[3] Die

---

12 (F) OVG Saarlouis DÖV 1973, 863 (864) für eine Versammlung in geschlossen Räumen; vgl. nochmals (F) BayVGH DVBl. 1979, 737 (o. Fn. 7), sowie aus der älteren Rechtsprechung (V) OVG Saarlouis DÖV 1970, 53, und dazu (V) *Schmidt-Jortzig*, JuS 1970, 507ff.

1 Dazu am Beispiel der Baugenehmigung (F) BVerwGE 48, 242 (245); bestätigt in (F) BVerwGE 68, 241 (dazu sogleich mit Fn. 2 sowie noch unten Rn. 206 mit Fn. 7).

2 Auch dazu (F) BVerwGE 48, 242 (245); 68, 241 (243). Praktisch wichtiger ist allerdings ein Vorbescheid, der sich auf die Erteilung einer Ausnahmebewilligung oder einer Befreiung erstreckt (dazu sogleich Rn. 206). Seine besondere Bedeutung hat der Vorbescheid im förmlichen Anlagengenehmigungsverfahren; hier schon § 9 BImSchG; § 7 a AtG.

3 Beispiele von Befreiungsvorbehalten außerhalb des Baurechts liefert § 16 VersG in Verbindung mit den Bannmeilengesetzen des Bundes und der Länder oder § 23 LadenschlußG.

Ausnahmebewilligung ist im einzelnen tatbestandsmäßig (also in Gestalt einer Spezialermächtigung) vorgesehen (gemäß § 31 I BauGB in einem Bebauungsplan; im Bauordnungsrecht der Länder z. B. in Grenzabstandsvorschriften). Sind die tatbestandlichen Voraussetzungen erfüllt, so steht die Erteilung der Ausnahmebewilligung immer noch im Ermessen der zuständigen (Bauaufsichts-)Behörde. Die Befreiung (manchmal auch noch »Dispens« genannt) beruht auf einer Generalklausel; die auf Befreiungserteilung zielende Ermessensausübung ist an eine strenge Zweck-Mittel-Prüfung mit besonderem Gewicht auf der Entscheidung des Zielkonflikts gebunden. Zusätzlich erschwert werden die Erteilung einer Ausnahmebewilligung oder Befreiung durch die Rechte Dritter (z. B. Nachbarn, die aufgrund der landesrechtlichen Baugenehmigungsverfahrensregelung oder gemäß § 13 I Nr. 4, II VwVfG die Stellung von Verfahrensbeteiligten erlangen), im Fall der §§ 31, 36 BauGB durch die Bindung an das Einvernehmen der in ihrer Planungshoheit betroffenen Gemeinde (sogenannter mehrstufiger Verwaltungsakt).[4] Dabei wird die Ausnahmebewilligung gewöhnlich mit der Baugenehmigung selbst verbunden; die Befreiung wird aus Gründen der Rechtsklarheit als besonderer Verwaltungsakt (beantragt und) erlassen.[5] Hier, im Zusammenhang mit einer Ausnahmebewilligung oder einer Befreiung, hat ein Vorbescheid als vorweggenommener Teil der späteren Baugenehmigung[6] seine besondere praktische Bedeutung; ist er bestandskräftig geworden, so kann die in ihm enthaltene Teilregelung in einem (Vorverfahren oder Klage-)Verfahren gegen die spätere Baugenehmigung nicht mehr angegriffen werden.[7]

207 c) Baugenehmigungen mit (bauordnungs- oder bauplanungsrechtlichen) Ausnahmebewilligungen und Befreiungsbescheiden sind in der Praxis die Hauptbeispiele baurechtlicher »Verwaltungsakte mit Drittwirkung« (oben Rn. 145) und ihrer prozeßrechtlichen Fortsetzung in der Nachbarklage. Zwar kann ein Nachbar sich auch gegen eine einfache Baugenehmigung (in Gestalt einer gebundenen Erlaubnis) wenden, bei deren Erteilung die Behörde keinerlei Ermessensspielraum hatte; gestritten werden kann dann nur noch um Fehler bei der Auslegung einer nachbarschützenden Norm. Praktisch wichtiger sind aber die bauaufsichtsrechtlichen Ermessensentscheidungen, hier also Ausnahmebewilligung und Befreiung.

Die nachbarschützende Norm ist entweder dem Bauordnungsrecht oder dem Bauplanungsrecht zu entnehmen, bei Existenz einer einfachrechtlichen

4 Einzelheiten bei (V) *Maurer* § 9 Rn. 30, oder *W. Schmidt*, Verwaltungsrecht Rn. 138 (jeweils m. w. N.).

5 (F) *Oldiges*, in: Steiner II Rn. 170.

6 Der Vorbescheid ist also mehr als eine (gem. § 38 VwVfG erlassene) Zusage, später einen Verwaltungsakt dieses Inhalts zu erlassen.

7 Vgl. auch in diesem Zusammenhang (F) BVerwGE 68, 241 (245); ferner (F) BVerwG DVBl. 1989, 673.

Schutznorm nicht unmittelbar aus Art. 14 I 1 GG.[8] Die bauplanungsrechtliche Brücke bildet § 31 BauGB;[9] im einzelnen kommt es entweder auf den Bebauungsplan oder (im Rahmen der §§ 34; 35 BauGB – dazu noch unten Rn. 220) auf die konkrete Nachbarschaftssituation an. Aus dem Bauordnungsrecht werden durchgängig – also für alle Landesbauordnungen – die Vorschriften über den seitlichen Grenzabstand (den sogenannten Bauwich) als nachbarschützend angesehen; im übrigen ist die Rechtslage von einer unübersichtlichen Kasuistik der Obergerichte bestimmt.[10]
Soweit die Landesbauordnung eine Anhörung (und damit Verfahrensbeteiligung) des Nachbarn vorsieht, ist gesetzlich klargestellt, daß der Verwaltungsakt auch ihm gegenüber ergeht. In den anderen Fällen richtet sich die Verfahrensbeteiligung nach § 13 I Nr. 4, II 2 VwVfG; dafür bedarf es einer nachbarschützenden Norm. In jedem Fall muß die nachbarschützende Norm für die Klagebefugnis als Sachentscheidungsvoraussetzung einer Anfechtungsklage[11] herausgearbeitet werden (dazu oben Rn. 145). Ob eine solche Norm rechtswidrig angewendet und dadurch der Nachbar in seinen Rechten verletzt wurde, entscheidet sich erst in der Begründetheitsprüfung (§ 113 I 1 VwGO); bei Ermessensnormen kommt es darauf an, ob der angefochtene Verwaltungsakt ermessensfehlerhaft ist.

6. Unterschiedliche Rechtsfolgen präventiver und repressiver Gefahrenabwehrregelungen am Beispiel der baurechtlichen Abbruchverfügung

a) Abbruchverfügung wird der Verwaltungsakt genannt, der die Beseitigung **208**
eines (zumindest auch) materiell rechtswidrigen Bauwerks anordnet. Die Abbruchverfügung ist von dem bauplanungsrechtlichen (entschädigungspflichtigen) Abbruchgebot des § 179 BauGB gegen ein bisher rechtmäßiges Bauwerk und von der Abbruchgenehmigung auf Antrag des Eigentümers (einem Unterfall der Baugenehmigung) zu unterscheiden. Die Rechtsgrundlage der Abbruchverfügung ergibt sich aus der Bauordnung des jeweiligen Landes, meist aus einer Spezialermächtigung,[1] sonst aus der bauordnungsrechtlichen Generalklausel. Drei Fallvarianten sind zu unterscheiden:

(1) Ist das Bauwerk **nur formell** rechtswidrig, hat also der Eigentümer einen Anspruch auf die (nachträgliche) Baugenehmigung, so kommt eine Ab-

8 (F) BVerwGE 89, 69 (78).
9 Als Rechtsprechungsbeispiel (F) BVerwG DVBl. 1983, 348.
10 Länderübergreifende Nachweise z. B. bei (F) *Wolff/Bachof* III § 136 Rn. 49; zur Grundsatzproblematik nochmals unten Rn. 227.
11 Klargestellt in (V) BVerwGE 22, 129; dazu schon oben Rn. 145 mit Fn. 7; zur Problematik der Widerspruchsfrist (F) BVerwGE 78, 85.
1 § 64 BadWürttBauO; Art. 82 BayBauO; § 70 BerlBauO; § 102 BremBauO; § 76 HamBauO; § 178 HBO; § 89 I Nr. 2 NdsBauO; § 78 RhPfBauO; § 77 SaarlBauO; § 77 SächsBauO; § 77 SachsAnhBauO; § 76 SHBauO.

bruchverfügung, weil unverhältnismäßig, nicht in Betracht. Ist das Bauwerk nur erst begonnen, so kann, solange die Baugenehmigung noch nicht erteilt ist, seine Stillegung angeordnet werden. Im übrigen bleibt nur ein Bußgeldbescheid aufgrund entsprechender Vorschriften der landesrechtlichen Bauordnung. Ist der Schwarzbau zwar im Zeitpunkt der Abbruchverfügung auch materiell rechtswidrig, war er aber zum Zeitpunkt seiner Errichtung (oder danach vorübergehend) materiell rechtmäßig, so wird man zur Begründung eines Bestandsschutzes als Mindestzeitraum materiell legaler Nutzung den eines durchschnittlichen Baugenehmigungsverfahrens voraussetzen müssen[2] – nur so läßt sich die Benachteiligung rechtstreuer Bauherren in Grenzen halten und nur so wird die rechtsstaatliche Praxis gegenüber »nur formell rechtswidrigen« Bauten nicht allzu deutlich zur Einladung zum Schwarzbau.

(2) Meist geht es um Schwarzbauten, für die der Eigentümer eine Ausnahmebewilligung oder Befreiung benötigt hätte, die also von vornherein **formell und materiell** rechtswidrig waren und es immer noch sind. Hätte in einem solchen Fall die Behörde die Erteilung der (in ihrem Ermessen stehenden!) Ausnahmebewilligung oder Befreiung ablehnen können, so kann sie jetzt den Abbruch verfügen – sie ist also nicht verpflichtet, durch eine nachträgliche Legalisierung des Schwarzbaus um jeden rechtlichen Preis die Abbruchverfügung zu vermeiden.[3]

(3) Ist das Bauwerk fehlerhaft genehmigt worden, also **nur materiell** rechtswidrig, so muß zunächst die Baugenehmigung zurückgenommen (und damit die formelle Legalität des Bauwerks beseitigt) werden; erst dann kann die Abbruchverfügung ergehen.

209 b) Ist die Abbruchverfügung bestandskräftig geworden (durch erfolglose Erschöpfung aller Rechtsbehelfe oder durch Versäumung der Rechtsbehelfsfrist) und wechselt dann der Eigentümer, so gilt die Abbruchverfügung nach ausdrücklicher Regelung in einigen Bundesländern[4] auch gegen den Rechtsnachfolger. Nach einer neueren, aber weiterhin umstrittenen Meinung soll das auch dann gelten, wenn eine ausdrückliche Regelung fehlt.[5]

---

2 Vgl. (V) BVerwG BRS 33 Nr. 37; 35 Nr. 206.

3 (V) *J. Martens*, JuS 1975, 75 (m. N.).

4 Art. 82 S. 3 BayBauO; § 61 VIII HBO; § 89 II 3 NdsBauO; § 78 S. 3 RhPfBauO; § 77 III SaarlBauO.

5 Vgl. (F) *Krebs*, in: von Münch/Schmidt-Aßmann, 4 Rn. 227 einerseits, *Schenke*, in: Steiner II Rn. 102 f. andererseits. Die Frage wird gelegentlich (wie bei *Schenke*, aaO) sehr grundsätzlich als Rechtsnachfolge in die polizeirechtliche Veranwortlichkeit, also bei den Störern insgesamt (dazu oben Rn. 201) abgehandelt; sie wird aber meist im Zusammenhang mit einer Abbruchverfügung praktisch.

VI. Recht der Bauleitplanung

1. Querverbindungen von Bauplanungs- und Bauordnungsrecht; die Rechtsgrundlagen und ihr Stellenwert für den Pflichtfachstoff

Im bauaufsichtlichen Genehmigungsverfahren wird das Bauvorhaben in zweierlei Hinsicht überprüft: (bauplanungsrechtlich) auf seine Zulässigkeit in seiner Umgebung und (materiell bauordnungsrechtlich) auf seine technische und bauästhetische Ausführung. Bauplanungsrechtliche Grundlage sollte im Regelfall ein Bebauungsplan sein. Fehlt er (wie in der Praxis und dementsprechend in Übungs- oder Examensaufgaben nicht selten), so wird über die bauplanungsrechtliche Zulässigkeit des Vorhabens in der Baugenehmigung (oder durch ihre Verweigerung) entschieden. Welche Anforderungen an einen Bebauungsplan zu stellen sind und unter welchen Voraussetzungen auch ohne Bebauungsplan ein Vorhaben planungsrechtlich zulässig ist, regelt das BauGB (dazu einstweilen §§ 29, 30, 34–36 BauGB). Das Bauordnungsrecht (einschließlich Organisation und Verfahren der Bauaufsicht) ist in den Bauordnungen der Länder geregelt. Die Aufteilung der Gesetzgebungskompetenzen beruht auf der Bundeskompetenz für das Bodenrecht (Art. 74 Nr. 18 GG).[1] Die Aufstellung eines Bebauungsplans gehört zu den Selbstverwaltungsangelegenheiten der örtlichen Gemeinschaft (Art. 28 II 1 GG)[2] und fällt deshalb in die Zuständigkeit der Gemeinde (§§ 1 III; 10 BauGB). Kommt es in einer Übungs- oder Examensaufgabe auf die Zulässigkeit eines (beantragten) Bauvorhabens oder (schon errichteten) Bauwerks an, so sind drei unterschiedliche Rechtsgrundlagen zu berücksichtigen: das Bundesrecht des BauGB,[3] die Bauordnung des betreffenden Landes und (soweit vorhanden) der kommunale Bebauungsplan. Ein Bebauungsplan wird jedoch für solche Aufgaben nicht zur Verfügung gestellt werden können; an seine Stelle treten die entsprechenden Angaben des Aufgabensachverhalts. Das materielle Bauordnungsrecht kann im Bedarfsfall (= je nach den Erfordernissen der Aufgabe) aus der betreffenden Landesbauordnung abgelesen werden. Zum Lernstoff gehören Grundkenntnisse des Bauaufsichtsrechts (die zugleich das Anschauungsmaterial für Teile des Polizei- und Ordnungsrechts liefern; dazu oben Rn. 205–208) und der Bauleitplanung, daraus wiederum Kenntnisse von den unterschiedlichen Bauleitplänen, dem Planungsverfahren, einigen Maßnahmen zu seiner Sicherung und der baupla- **210**

1 Zum historischen Hintergrund (V) *Stich*, DVBl. 1984, 905ff. (908); aus der Rechtsprechung (V) BVerfGE 65, 283 (288f.).

2 (V) BVerfGE 56, 298 (312f.), läßt das dahingestellt.

3 Gelegentlich ergänzt durch die BNVO; vgl. § 2 V BauGB. Das BauGB von 1986 ist, vereinfacht gesagt, die Neufassung des BBauG von 1960 und des StädtebauförderungsG von 1971. Rechtsprechung und Literatur aus der Zeit vor dem BauGB, für Studienzwecke vor allem zum BBauG, kann deshalb zu vielen Fragen noch einbezogen werden.

nungsrechtlichen Zulässigkeit von Bauvorhaben oder Bauwerken mit oder ohne Bebauungsplan (im Kern §§ 1–12, 14–19, 24, 29–36 BauGB).

2. Die Bauleitpläne

211 a) Das BauGB unterscheidet zwischen dem Flächennutzungsplan und dem Bebauungsplan. Der Flächennutzungsplan soll den Bebauungsplan vorbereiten (vgl. §§ 1 II; 8 II–IV BauGB, und dazu sogleich Rn. 213). Rechtlich verbindliche Grundlage für die Zulässigkeit eines Bauvorhabens oder Bauwerks ist nur der Bebauungsplan, aber auch nur dann, wenn er »allein oder gemeinsam mit sonstigen baurechtlichen Vorschriften mindestens Festsetzungen über die Art und das Maß der baulichen Nutzung, die überbaubaren Grundstücksflächen und die örtlichen Verkehrsflächen enthält« (§§1 II; 30 I BauGB); fehlt ein solcher »qualifizierter« Bebauungsplan,[4] so gelten die §§ 34, 35 BauGB (dazu noch unten Rn. 216–220).

b) Die Zuständigkeit für den Erlaß von Flächennutzungsplan und Bebauungsplan und der äußere Ablauf des Planungsverfahrens stimmen überein: Sie werden grundsätzlich von der Gemeinde erlassen (zu Ausnahmen vgl. §§ 203, 205 BauGB), bedürfen der Genehmigung der höheren Verwaltungsbehörde (§§ 6 I; 11 BauGB) und sind ortsüblich bekanntzumachen (§§ 6 V; 12 BauGB). Die Unterschiede zeigen sich erst bei der Wirkung, den Möglichkeiten einer gerichtlichen Kontrolle und bei Entscheidungen im unbeplanten Bereich (dazu hier schon §§ 34 I 1; 35 III BauGB).
Die unterschiedlichen Rechtswirkungen zeigen sich am deutlichsten beim Bebauungsplan: Er ist als kommunale Satzung ein Rechtssatz[5] mit Rang unter dem Gesetz (hier insbesondere dem BauGB; vgl. § 1 V BauGB), aber (»verbindlichem«!) Vorrang vor abweichenden Einzelfallentscheidungen über die Zulässigkeit von Vorhaben, wenn nicht eine Ausnahmebewilligung oder Befreiung erteilt worden ist (§§ 1 II; 10; 29–31 BauGB). Für den Flächennutzungsplan gilt das alles nicht. Allerdings enthält das BauGB für ihn keine derart klaren Aussagen; seine Besonderheit läßt sich nur indirekt erschließen. Seine Vorbereitungswirkung für den späteren Bebauungsplan ist schwach ausgeprägt und nahezu jederzeit überwindbar (dazu sogleich Rn. 213). Ebenso schwach ist seine Bindungswirkung für andere Planungsträger (§ 7 BauGB). Für einen Bürger (z.B. als Antragsteller im Baugenehmigungsverfahren) begründet er keine Rechte; das gilt auch für den Umweg über Schadensersatz- oder Entschädigungsforderungen wegen Planabweichung;[6] allenfalls gegen einen Antragsteller kann einmal ge-

---

4 Zur Unterscheidung von »qualifiziertem« und »einfachem« Bebauungsplan (F) *Krebs*, in: von Münch/Schmidt-Aßmann 4 Rn. 83, 125, oder *Oldiges*, in: Steiner IV Rn. 159.

5 Zur Besonderheit von Plänen im Vergleich mit anderen baurechtlichen Vorschriften (V) BVerwGE 50, 114 (119f.); bestätigt in E 65, 131 (137f.).

6 (F) BGH DVBl. 1978, 378 (379).

mäß § 35 III BauGB auf einen Flächennutzungsplan Bezug genommen werden.

c) Die Einordnung des Flächennutzungsplans in die übliche Systematik verwaltungsrechtlicher Handlungsformen ist dementsprechend schwierig, sollte in ihrer praktischen Bedeutung aber auch nicht überschätzt werden. Nur negative Ausgrenzungen sind außer Streit: Mangels allgemeiner Verbindlichkeit ist der Flächennutzungsplan kein Rechtssatz, mangels Regelungswirkung »nach außen« auch kein Verwaltungsakt, infolge seiner eingeschränkten verwaltungsinternen Regelungsfunktion aber auch kein Realakt. Also bliebe nur die Verwaltungsvorschrift, aber auch sie paßt nicht mit ihren sonst anerkannten Voraussetzungen und Rechtswirkungen: Der Flächennutzungsplan dient nicht (wie sonstige Verwaltungsvorschriften) der Ausführung eines auf den Einzelfall anwendbaren Rechtssatzes, sondern dessen Vorbereitung; eine »Selbstbindung der Verwaltung« im Rahmen des Art. 3 I GG (dazu oben Rn. 180) würde dem Flächennutzungsplan die eingeschränkte Rechtswirkung geben, die gerade nicht gewollt ist, und kommt deshalb nicht in Betracht. Wer einer positiven Einordnung nicht ganz ausweichen will,[7] muß auf die Verlegenheitslösung einer hoheitlichen Maßnahme eigener Art zurückgreifen.[8]

3. Die (Bauleit-)Planung als Vorgang und ihre gerichtliche Kontrolle

a) Für die Bauleitplanung ist (wie für jede rechtlich relevante Planung) **212**
zwischen der Planung als (verfahrensrechtlich strukturiertem) Vorgang und dem Plan als Produkt oder (Entscheidungs-)Ergebnis dieses Vorgangs zu unterscheiden.[9] Die Planung zielt auf einen Ausgleich der vom Plan betroffenen öffentlichen und privaten Interessen; dieser Interessenausgleich wird vom BVerwG in Anlehnung an § 1 VI BauGB als »Abwägung« bezeichnet (Planungsvorgang und Planungsergebnis dementsprechend auch als »Abwägungsvorgang« und »Abwägungsergebnis«).[10] Planung ohne Gestaltungsfreiheit wäre ein Widerspruch in sich.[11] Zwar vermeidet das BVerwG in seiner neueren Rechtsprechung den Begriff »Planungsermessen« und spricht stattdessen von »planerischer Gestaltungsfreiheit«, jedoch entsprechen die inhaltlichen Anforderungen an die Planung Schritt für Schritt den schon bekannten Anforderungen an die Ermessensausübung:[12] (1) Es muß überhaupt eine (sachgerechte) Abwägung stattfinden – ihr Fehlen entspricht der »Ermessensunterschreitung«; (2) in die Abwägung müssen alle von der Planung betroffenen Interessen »eingestellt« werden – das entspricht den

7 Wie z. B. (F) *Oldiges*, in: Steiner II Rn. 54.
8 So folgerichtig z. B. (F) *Maurer* § 16 Rn. 24 (m. N.); *Krebs*, in: von Münch/Schmidt-Aßmann, 4 Rn. 81; zur Nichtanwendbarkeit des § 47 VwGO (F) BVerwG DVBl. 1990, 1352.
9 Dazu grundsätzlich (V) BVerwGE 45, 309 (312 f.); vgl. jetzt § 214 III 2 BauGB.
10 Für diese ständige Rechtsprechung z. B. (F) BVerwGE 64, 33 (35).
11 (V) BVerwGE 34, 301 (304), dort auch zum folgenden.
12 Zum folgenden (L) BVerwGE 47, 144 (146 – Parkflächen für Hagenbecks Tierpark).

allgemeinen Anforderungen an die Sachverhaltsaufklärung vor Eintritt in die Entscheidung eines Interessenkonflikts;[13] (3) die Bedeutung der betroffenen Interessen muß erkannt worden sein – das entspricht den Anforderungen an die Entscheidung des Zielkonflikts im Rahmen einer Zweck-Mittel-Prüfung; und schließlich muß (4) der Interessenausgleich verhältnismäßig sein – das entspricht den weiteren Anforderungen an die Eignung und Erforderlichkeit der Planungsmittel und an die Proportionalität von Mittel und Zweck. Die für die Zweck-Mittel-Entscheidung maßgebenden Überlegungen müssen dem Bebauungsplan in einer Begründung beigefügt werden (§ 9 VIII BauGB). Das Fehlen einer Begründung macht den Bebauungsplan rechtswidrig und damit nichtig. Die Unvollständigkeit der Begründung ist gemäß § 214 I Nr. 2 BauGB unbeachtlich; jedoch waren schon die Vorläufervorschriften der §§ 214, 215 BauGB (§§ 155 a, 155 b BBauG) hinsichtlich ihrer Verfassungsmäßigkeit ganz grundsätzlich umstritten.[14] Wird die Vorschrift bei zugleich restriktiver Auslegung als noch verfassungsmäßig hingenommen,[15] so bleibt fraglich (und ist dementsprechend ebenfalls umstritten), ob auf den Fall einer völlig fehlenden Begründung (die dann nicht mehr nur »unvollständig« genannt werden kann) § 214 I Nr. 2 BauGB anwendbar ist.[16]

213 b) Für den Regelfall ist gemäß § 8 II 1 BauGB die Bauleitplanung zweistufig: der Bebauungsplan ist aus dem Flächennutzungsplan zu entwickeln. Diese Regel wird von drei Ausnahmen durchbrochen: einer ausschließlich inhaltlichen (§ 8 II 2 BauGB: ein Flächennutzungsplan ist »nicht erforderlich«), einer ausschließlich verfahrensrechtlichen (§ 8 III BauGB: das sogenannte »Parallelverfahren«, für das keinerlei inhaltliche Anforderungen bestehen) und einer gemischt inhaltlich-verfahrensrechtlichen (§ 8 IV BauGB: ein »vorzeitiger Bebauungsplan« aus dringenden Gründen) – diese Ausnahmeregelungen haben 1979, neunzehn Jahre nach dem Erlaß des BBauG, eine langjährige gesetzeswidrige Praxis nachträglich gutgeheißen und für die Zukunft legalisiert. § 214 II BauGB (als § 155 b I 1 Nr. 5, 8 BBauG mit derselben »Beschleunigungsnovelle« 1979 eingeführt) rundet das Bild ab. Angesichts dieser Rechtslage scheint es müßig, die Grundsatzanforderung des § 8 II 1 BauGB für die Praxis handhabbar zu machen und anzugeben, was es heißen kann, den Bebauungsplan aus dem Flächennutzungsplan »zu entwickeln«. Zudem ist bei Klagen gegen die Zulässigkeit eines Vorhabens (weil der Bebauungsplan für den Kläger insoweit ungünstiger ist als der Flächen-

---

13 In der Praxis finden sich hier die meisten der rechtlich nachprüfbaren Fehler; (V) *Weyreuther*, DÖV 1983, 575ff. (577). In Übungs- und Examensaufgaben ist auf entsprechende Sachverhaltshinweise zu achten.

14 (F) *Krebs*, in: von Münch/Schmidt-Aßmann, 4 Rn. 119 (m. w. N.).

15 So (F) BVerwGE 64, 33 (dazu schon oben Fn. 10) zu § 155 b II 2 BBauG.

16 (F) BGH DVBl. 1982, 352, konnte das für § 155 a I BBauG dahingestellt sein lassen; vgl. noch unten Rn. 214 Fn. 20.

nutzungsplan es war)[17] oder auf Entschädigung (weil z. B. durch die Ausweisung einer geplanten Bundesstraße in einem Flächennutzungsplan bereits eine grundstückswertmindernde Vorwirkung eingetreten sei)[18] zu bedenken, daß eine allzu enge rechtliche Bindung des Bebauungsplans an die »Grundzüge« des Flächennutzungsplans (vgl. § 5 I BauGB) dem Flächennutzungsplan Rechtswirkungen verschaffen würde, die in anderem Zusammenhang ganz grundsätzlich bestritten werden (dazu schon oben Rn. 211).

c) Umfassend gerichtlich überprüfbar ist nur der Bebauungsplan, und zwar entweder direkt gemäß § 47 I Nr. 1 VwGO[19] oder indirekt, wenn eine einzelfallbezogene Maßnahme an einem Bebauungsplan gemessen werden muß und dabei dieser selbst zunächst auf seine Gesetz- (und Verfassungs-) mäßigkeit zu überprüfen ist. Soweit gemäß § 217 BauGB die ordentlichen Gerichte zuständig sind, orientieren diese sich in ihren Anforderungen an die Wirksamkeit von Bebauungsplänen weitgehend an der Verwaltungsrechtsprechung.[20] Für die ordentlichen Gerichte gilt hier ebenso wie für die Verwaltungsgerichte das Amtsermittlungsprinzip (§ 86 I 1 VwGO; § 221 II BauGB). In der Verwaltungsrechtsprechung gab es dazu Tendenzen, »zumindest nach einem gewissen Zeitablauf Bebauungspläne nicht ohne Not an Erfordernissen des verfahrensfehlerfreien Zustandekommens scheitern zu lassen« und deshalb nicht »von sich aus und gleichsam ungefragt in eine Suche nach Fehlern in der Vor- und Entstehungsgeschichte eines Bebauungsplans einzutreten«.[21] Die Beschleunigungsnovelle von 1979 hat das mit §§ 155 a, 155 b BBauG (inzwischen §§ 214, 215 BauGB) in einem Maße bestätigt, das auch dem BVerwG zu Bedenken Anlaß gegeben hat.[22] 214

4. Bürgerbeteiligung, sichernde Maßnahmen

a) Die Bürgerbeteiligung gemäß § 3 BauGB hat sich in der Praxis als wenig wirksam erwiesen. Durch den Abbau des Verwaltungsrechtsschutzes in §§ 214, 215 BauGB ist sie zusätzlich entwertet worden. 215

b) Der Sicherung der Bauleitplanung dienen die in §§ 14–28 BauGB vorgesehenen Instrumente. Zu achten ist auf die Wirkungen einer Veränderungssperre und die Zurückstellung von Baugesuchen sowie auf die »Rechtsnatur« der Ausübung des gemeindlichen Vorkaufsrechts.[23] Die Zurückstellung von

17 Rechtsprechungsbeispiele bei (F) *Menger*, VerwArch 71 (1980), 87ff.; vgl. auch (F) *Krebs*, in: von Münch/Schmidt-Aßmann, 2 Rn. 80 (zum Beispiel des »Bauerwartungslandes«).
18 (F) BGH DVBl. 1978, 378 (dazu schon oben Rn. 211 mit Fn. 6).
19 Hier gibt es allenfalls das Problem der Antragsbefugnis, vgl. schon oben Rn. 153 mit Fn. 2 zu (L) BVerwGE 59, 87.
20 (F) BGHZ 66, 322 (325); DVBl. 1982, 352 (dazu schon oben Rn. 212 Fn. 16).
21 (F) BVerwG DVBl. 1980, 230 (232).
22 Dazu nochmals (F) BVerwGE 64, 33 (35), und dazu schon oben Rn. 212 mit Fn. 10.
23 Dazu (F) HessVGH NVwZ 1983, 556 = JZ 1984, 99.

Baugesuchen (§ 15 BauGB) betrifft nur die »formelle (Il-)Legalität« des Bauvorhabens (dazu oben Rn. 205). Die Veränderungssperre hingegen betrifft auch die »materielle Legalität«. Beide (Veränderungssperre und Zurückstellung von Baugesuchen) sind zeitlich befristet und führen nach Ablauf der gesetzlichen Höchstfrist zu Entschädigungsansprüchen (§§ 14, 17, 18 BauGB). Eine rechtswidrige Handhabung dieser Instrumente wirft angesichts der neueren Rechtsprechung des BVerfG zur Enteignung und ihren verfassungsrechtlich noch zulässigen richterrechtlichen Ergänzungskonstruktionen (hier: dem »enteignungsgleichen Eingriff«) schwierige entschädigungsrechtliche Fragen auf.[24]

5. Die Zulässigkeit von Bauvorhaben oder Bauwerken im unbeplanten Bereich

216 a) Gibt es (noch) keinen oder keinen gültigen (weil nur einen rechtlich fehlerhaften und deshalb – unbeschadet der Einschränkungen aus §§ 214, 215 BauGB – nichtigen) Bebauungsplan, so richtet sich die Zulässigkeit eines Bauvorhabens oder eines schon vorhandenen Bauwerks (z. B. die materielle Rechtmäßigkeit eines Schwarzbaus) nach § 34, 35 BauGB. Die heutige Länge beider Vorschriften resultiert aus den Baurechtsnovellen von 1976 und 1979, die im Schwerpunkt das zu der ursprünglich (1960) sehr viel knapperen Fassung[1] entwickelte umfangreiche Richterrecht des (4. Senats des) BVerwG teils übernahmen, teils modifizierten. Dies zu wissen ist wichtig für die richtige Einschätzung der älteren Rechtsprechung und Literatur, die durch die Gesetzesänderungen in vielen Einzelheiten teils inhaltlich relativiert, teils überholt worden sind. Im übrigen ist es für die Arbeit mit §§ 34, 35 BauGB wichtig, die Gesetzessystematik zu erfassen, und zwar die innere Systematik der einzelnen Vorschriften ebenso wie ihr Verhältnis zueinander und zu § 30 BauGB. Für die Vorbereitung auf Klausuren und mündliche Prüfung genügt das schon nahezu; darüber hinaus ist nur noch wenig positives Wissen erforderlich. Für eine Hausarbeit oder ein Referat kann nur die Empfehlung wiederholt werden, nicht in der älteren Rechtsprechung und Literatur zu ertrinken.

---

24 Für die frühere Rechtsprechung (F) BGHZ 73, 161; zur Grundsatzproblematik heute unten Rn. 272.

1 Zur Veranschaulichung und zum Vergleich: § 34 BBauG wuchs von ursprünglich 49 Worten auf 271 (1976) und schließlich 404 Worte. Die ursprüngliche Fassung entsprach im Kern dem heutigen § 34 I BauGB, der 1979 aber nicht nur von 49 auf 84 Worte angeschwollen war, sondern zugleich auch in seinen Anforderungen an die Zulässigkeit von Vorhaben verschärft wurde; dazu (F) BVerwGE 55, 369 (381). § 35 BBauG bestand 1960 aus nur drei Absätzen, die sinngemäß den heutigen § 35 I–III BauGB entsprachen. Davon blieb nur Abs. 2 unverändert; Abs. 1 wurde um die heutige Nr. 2 erweitert, Abs. 3 S. 1 um weitere Beispiele öffentlicher Belange.

b) Der Weg führt von §§ 29, 30 zu § 34 und gegebenenfalls dann erst zu § 35 BauGB. Er läßt sich auf folgende Fragen bringen: (1) Geht es um die Zulässigkeit eines Vorhabens im Sinne § 29 BauGB, oder doch eines schon vorhandenen Bauwerks? (2) Wenn ja: Gilt ein qualifizierter Bebauungsplan im Sinne § 30 BauGB? (3) Wenn insoweit nein: Handelt es sich um (a) einen im Zusammenhang bebauten (b) Ortsteil? Wenn ja, ist § 34 BauGB anwendbar, wenn nein, § 35 BauGB.
Das Fehlen eines qualifizierten Bebauungsplans ist also die gemeinsame negative Voraussetzung der §§ 34, 35 BauGB.[2] § 34 BauGB enthält zusätzlich zwei positiv gefaßte Teilvoraussetzungen, § 35 BauGB als zweite Negativvoraussetzung, daß § 34 BauGB nicht gilt (»Außenbereich«, wenn nicht im Zusammenhang bebauter Ortsteil). Das BauGB kennt nur den Begriff »Außenbereich« und umschreibt den in der Literatur sogenannten »Innenbereich« des § 34 BauGB mit den soeben erwähnten positiven, einander ergänzenden (insofern kumulierten) Merkmalen.[3]

c) Für die Arbeit mit § 34 BauGB sind die unscheinbaren Worte »sich ... einfügt« besonders wichtig. Dieses Merkmal wird in § 34 I BauGB näher konkretisiert und durch die Verweisung auf die BNVO in § 34 II BauGB weiter eingeschränkt;[4] eine zusätzliche Bedeutung hat es für den Nachbarschutz (dazu unten Rn. 220). Die Rechtsprechung des (4. Senats des) BVerwG hat aus dem (in Verbindung mit den anderen Merkmalen planersetzenden)[5] Merkmal »sich ... einfügt« ein »Gebot der Rücksichtnahme« entwickelt. Das erscheint auf einen ersten Blick als vernünftige Ausgleichsformel, hat sich aber zunehmend zu einem »Irrgarten des Richterrechts«[6] entwickelt – für eine notwendig konzentrierte Vorbereitung auf Übung und Examen kann die Beschäftigung mit den Einzelheiten dieser Kasuistik deshalb nicht empfohlen werden. **217**

d) Von der dem § 35 BauGB vorausliegenden Grundregel, daß der Außenbereich von jeder Bebauung freizuhalten ist (weshalb für ihn ebenso grundsätzlich keine Bauleitpläne zu erstellen sind), normiert § 35 in seinen ersten **218**

2 Insofern ist die heutige Fassung des § 34 I BauGB klarer als die des § 34 I BBauG.

3 Zur Auslegung dieser Merkmale (F) BVerwGE 31, 20 (21), 22 (26f.), und dazu schon oben Rn. 123 Fn. 6. Ein VG würde in Zweifelsfällen einen Ortstermin ansetzen. In Universitätsübungen und Examen muß (und wird) der Aufgabensachverhalt die erforderlichen Angaben enthalten.

4 (F) BVerwGE 68, 207 (208f.).

5 Zur Funktion des § 34 BauGB als »Planersatz« schon (V) BVerwGE 32, 173 (176), und dazu noch unten Rn. 220 Fn. 14.

6 So (V) *Breuer*, DVBl. 1982, 1065ff., und dazu als Gegenäußerung des Erfinders dieser Konstruktion (V) *Weyreuther*, DÖV 1983, 575 (584); zur Kritik auch (V) *Peine*, DÖV 1984, 963ff.; zur Anknüpfung des »Gebots der Rücksichtnahme« an das Merkmal »sich ... einfügt« (F) BVerwG DVBl. 1981, 928 (929), sowie noch unten Rn. 220 mit Fn. 15.

beiden Absätzen zwei Ausnahmen: (1) durch die (planähnliche) Zuweisung teils einzeln aufgezählter (§ 35 I Nr. 1–4, 6) teils generalklauselartig umschriebener (§ 35 I Nr. 5) und dadurch »privilegierter« Vorhaben, und (2) durch eine als Generalklausel formulierte Ausnahmeermächtigung für den Einzelfall (§ 35 II). Bei den in § 35 I Nr. 1–4, 6 BauGB aufgezählten privilegierten Vorhaben wird angenommen, daß der Antragsteller (oder Eigentümer) bei Vorliegen der beiden Grundvoraussetzungen des § 35 I (keine entgegenstehenden öffentlichen Belange,[7] Sicherung der ausreichenden Erschließung) einen Anspruch auf Genehmigung habe. Das gilt jedoch nicht für den Fall des § 35 I Nr. 5 BauGB, weil andernfalls jede Steigerung der Umweltbelastung, die das Vorhaben für die geschlossene Ortslage unerträglich macht, allein um dieser Steigerung willen eine privilegierte Zulässigkeit im Außenbereich ergäbe.[8] In § 35 IV BauGB ist eine vom BVerwG ursprünglich mangels einer gesetzlichen Grundlage unmittelbar aus Art. 14 I 1 GG entwickelte Rechtsprechung zum Bestandsschutz teils übernommen, teils modifiziert worden. Für einen weitergehenden Bestandsschutz unmittelbar aus Art. 14 I 1 GG ist kein Raum – § 35 IV (ebenso wie § 34 III) BauGB konkretisiert insoweit Inhalt und Schranken des Grundeigentums (Art. 14 I 2 GG).[9]

219 e) §§ 34, 35 BauGB sind dann nicht anwendbar, »wenn der Umfang des Vorhabens eine spezifisch planerische und für das Ergebnis auch gleichsam amtlich einstehende Planung erfordert«.[10] Bei gleichem Ergebnis unterscheiden sich die Anknüpfungspunkte: im Außenbereich (§ 35 BauGB) steht das Planungserfordernis als »öffentlicher Belang« dem Vorhaben entgegen; in einem im Zusammenhang bebauten Ortsteil »fügt« das planungsbedürftige Vorhaben sich nicht »ein«.[11]

220 f) Über die Zulässigkeit eines Vorhabens im unbeplanten Bereich wird im Baugenehmigungsverfahren entschieden; dabei handelt es sich gemäß § 36 BauGB (wie schon in den Fällen des § 31 BauGB) um einen »mehrstufigen Verwaltungsakt« mit den gleichen Rechtsschutzfolgen für die wegen ihrer Planungshoheit beteiligte Gemeinde[12] und für den Antragsteller im Verhält-

---

7 Der Katalog des § 35 III BauGB ist, wie sich aus dem Wort »insbesondere« ergibt, nur beispielhaft und nicht abschließend. Das BVerwG versteht seine Konstruktion eines »Gebots der Rücksichtnahme« bei § 35 BauGB als ungeschriebenen (entgegenstehenden) »öffentlichen Belang«; zu einem weiteren in § 35 III BauGB nicht genannten »öffentlichen Belang« sogleich Rn. 219.

8 (F) BVerwGE 48, 109 (112), damals noch zu § 35 I Nr. 4 BBauG.

9 Dazu (L) BVerwGE 85, 289 (294); (V) *Krebs*, in: von Münch/Schmidt-Aßmann, 2 Rn. 141.

10 So (F) BVerwGE 67, 33 (37), im Anschluß an (V) BVerwGE 41, 227 (236f.).

11 (F) BVerwGE 55, 369 (387 – zu diesem Urteil schon oben Rn. 216 Fn. 1); 68, 352 (358), 360 (369); ferner die Nachw. oben Fn. 10.

12 Als Rechtsprechungsbeispiel (F) HessVGH DÖV 1985, 35.

nis zur Gemeinde (dazu oben Rn. 206). Besonderer Aufmerksamkeit bedürfen jedoch die Fragen des Nachbarschutzes. Als Ergebnis läßt sich zusammenfassen: Die planersetzenden Vorschriften des § 34 BauGB und die planähnlichen Vorschriften des § 35 BauGB können je nach konkreter Nachbarsituation nachbarschützende Wirkung haben und begründen so in jedem Fall zunächst einmal die Klagebefugnis (§ 42 II VwGO) des (oder der) klagenden Nachbarn (dazu allgemein oben Rn. 207). Außer Streit ist das für § 35 BauGB: die Eigentümer privilegierter baulicher Anlagen i.S. § 35 I BauGB genießen Nachbarschutz, die Eigentümer anderer baulicher Anlagen (i.S. § 35 II BauGB) nicht.[13] Zu § 34 BauGB hat sich die Rechtsprechung des BVerwG – in allerdings etwas undeutlicher Weise – geändert. Zunächst verneinte das BVerwG eine nachbarschützende Wirkung des § 34 BauGB in dessen Ausgangsfassung wegen deren (dafür) zu großer Unbestimmtheit und gewährte stattdessen Nachbarschutz unmittelbar aus Art. 14 I GG.[14] Später sprach das Gericht dem von ihm in § 34 BauGB hineinkonstruierten Gebot der Rücksichtnahme »in bestimmten Fällen nachbarschützende Wirkung« zu. Mit dieser Verlagerung des Nachbarschutzes in § 34 BauGB (und dort insbesondere in das Merkmal »sich ... einfügt«) erübrigt sich für das BVerwG der Rückgriff auf Art. 14 I GG.[15] Diese Konstruktion kann inzwischen verallgemeinert werden. Da der »Planersatz« des § 34 BauGB jeweils erst situationsbezogen ermittelt werden muß, hängt die nachbarschützende Wirkung des § 34 BauGB immer (also unabhängig von ihrer Verquickung mit dem Gebot der Rücksichtnahme) von der konkreten Bebauungssituation ab, besteht also ohnehin nur »in bestimmten Fällen« (– so wie ja auch nicht jede Einzelfestlegung eines qualifizierten Bebauungsplans nachbarschützende Wirkung hat). Deshalb empfiehlt sich für die Zukunft, ohne Umwege von einer nachbarschützenden Wirkung des § 34 BauGB auszugehen, die (wie bei § 35 I BauGB) jedenfalls die Klagebefugnis (§ 42 II VwGO) begründet und in der Sache (also gegebenenfalls der »Begründetheitsprüfung«) von der konkreten Nachbarschaftssituation abhängt.

---

13 (F) BVerwGE 52, 122 (126–130); 67, 334 (337): als Beispiel für einen Schutz von »außen« nach »innen« – und zugleich als Variante eines Schweinemäster-Falls – (F) BVerwG NJW 1983, 2460 = DVBl. 1983, 349.

14 (V) BVerwGE 32, 173 (175, 178) – als Anknüpfung in § 34 BBauG standen damals nur die Worte »nach der vorhandenen Bebauung und Erschließung unbedenklich« zur Verfügung (vgl. oben Rn. 216 Fn. 1).

15 (F) BVerwG NJW 1981, 1973; DVBl. 1981, 928; DVBl. 1986, 187 (188); BVerwGE 67, 334 (337); dazu die Klarstellung bei (V) *Schlichter*, DVBl. 1984, 875ff. (876); zurückhaltender (F) *Oldiges*, in: Steiner II Rn. 223–225; ferner die Nachw. oben Rn. 217 Fn. 6.

VII. Förmliche Anlagengenehmigungs- und Planfeststellungsverfahren

1. Die Rechtsgrundlagen und rechtsdogmatischen Schwerpunkte

221 Das VwVfG stellt in seinem V. Teil die Modelle für zwei stärker formalisierte Verfahren zur Verfügung: das »förmliche Verwaltungsverfahren« und das Planfeststellungsverfahren. Beide Verfahrensarten gehören über das Stichwort »Verwaltungsverfahrensrecht« zum Pflichtfachstoff. Ein Modell mit Lückenfüllungsfunktion sind die §§ 72–78 VwVfG für das Planfeststellungsverfahren. Sie bilden zugleich eine Art Allgemeinen Teil der bisher in zahlreichen Einzelgesetzen geregelten Planfeststellungsverfahren (heute z. B. in § 17 BFStrG und den parallelen Regelungen der Landesstraßengesetze). Primär gelten diese speziellen Regelungen; §§ 73–78 VwVfG gelten subsidiär. Im Unterschied dazu ist das »förmliche Verwaltungsverfahren« der §§ 63–71 VwVfG bisher weitgehend Modell geblieben.[1] Während das Planfeststellungsverfahren aufgrund einer weit ins 19. Jahrhundert zurückreichenden Gesetzgebungstradition schon längst vor dem VwVfG einigermaßen klare begriffliche Konturen gewonnen hatte, ist das »förmliche Verwaltungsverfahren« ein bisher eher undeutlicher Sammelbegriff für Verwaltungsverfahren mit formalisierter Einleitung, zwingend vorgeschriebener mündlicher Verhandlung und einem ebenfalls förmlichen Abschluß durch schriftlichen Verwaltungsakt. Von den fachspezifischen Regelungen haben hier inzwischen die (erst mit dem BImSchG von 1974 endgültig aus der GewO herausgelösten) Genehmigungsverfahren für umweltbelastende und umweltgefährdende Großanlagen besondere Bedeutung erlangt (vgl. §§ 4ff. BImSchG, §§ 7, 7 a AtG i. V. m. AtVfV). Daneben werden so unterschiedliche Verfahren wie die gemäß §§ 104ff. BauGB, §§ 8ff. GjS oder § 19 WPflG zu einer weiteren Sammelgruppe innerhalb der »förmlichen Verwaltungsverfahren« zusammengefaßt.[2] Auf keines dieser Verfahren sind die §§ 63–71 VwVfG auch nur ergänzend anwendbar (§ 63 I VwVfG). Im folgenden werden entsprechend ihrer praktischen Bedeutung die straßenrechtlichen Planfeststellungsverfahren und die Anlagengenehmigungsverfahren des BImSchG und des AtG herausgegriffen; aus dem VwVfG haben die §§ 72–78 VwVfG entsprechend ihrer subsidiären Geltung ein stärkeres Gewicht als die §§ 63–71 VwVfG. Dabei läßt sich das Grundmuster eines Planfeststellungsverfahrens anhand der §§ 72–78 VwVfG lernen; sie ersparen insoweit ein Kurzlehrbuch. Für die Lösung eines praktischen Falls muß aber auch hier immer von den Fachgesetzen ausgegangen werden. Für die Anla-

1 Eine Ausnahme sind §§ 36, 105 BBergG vom 13.8.1980 (BGBl. I S. 1310).

2 In der rechtspolitischen Diskussion vor Erlaß des VwVfG gab es nur diese Verfahren und noch nicht die des AtG oder BImSchG; vgl. (V) Musterentwurf eines VwVfG (1963); 1964, S. 76f., 207.

gengenehmigungsverfahren des BImSchG und des AtG (mit AtVfV) ist ausschließlich von den speziellen Regelungen auszugehen.
Für beide Verfahrensarten kommt es darauf an, die Gemeinsamkeiten und Unterschiede zu erkennen.[3] Beide Verfahrensarten, also auch die Planfeststellungsverfahren, sind »förmliche Verwaltungsverfahren«;[4] die Begrifflichkeit des VwVfG ist insoweit mißverständlich und wird deshalb im folgenden durch die Unterscheidung von Planfeststellungsverfahren und (förmlichen) Anlagengenehmigungsverfahren ersetzt. Beiden Verfahrensarten gemeinsam ist ihre praktische Entwicklung zu Massenverfahren. Die darauf zielenden §§ 17–19 VwVfG gelten gemäß § 1 I VwVfG subsidiär auch für die Anlagengenehmigungsverfahren, soweit diese nicht besonders geregelt sind (vgl. § 10 VIII BImSchG, § 7 IV 3 AtG i. V. m. § 17 AtVfV); für Planfeststellungsverfahren werden schon die allgemeinen Vorschriften in §§ 72 II; 73 VI 4, 5; 74 V VwVfG modifiziert. Mitbedingt durch die unterschiedlichen Entwicklungslinien, die zu den Planfeststellungsverfahren (rechtsverbindliche Planung des Raumbedarfs von Verkehrswegen) und den Anlagengenehmigungsverfahren (Gefahrenabwehr durch Erlaubnisverfahren für besonders umweltgefährdende oder -belastende Anlagen) geführt haben, unterscheiden sich der Verfahrensaufbau, die Teil- und Abschlußentscheidungen, die Regelungen über die Verfahrensbeteiligung und über den Ausschluß von Einwendungen (die sogenannte Präklusion).

2. Planfeststellungsverfahren und Planfeststellungsbeschluß

a) Das Planfeststellungsverfahren des Bundesfernstraßenrechts ist ein mehr- **222**
stufiges Verwaltungsverfahren. Vor Einleitung des eigentlichen Planfeststellungsverfahrens bedarf eine Bundesfernstraße der Bestimmung ihrer Linienführung durch den Bundesminister für Verkehr gemäß § 16 BFStrG.[5] Die

3 Aus der Lehrbuchliteratur ist ein solcher Überblick, der zugleich der Zielsetzung des VwVfG und einem Verständnis umweltrechtlicher Fragen aus der Perspektive des Verwaltungsverfahrens- und Verwaltungsprozeßrechts dient, nur schwer zu gewinnen. Dort sind die Einzelfragen über die Darstellungen des Allgemeinen und verschiedene Gegenstände des Besonderen Verwaltungsrechts verstreut; vgl. vorerst (F) *Badura*, in: Erichsen/Martens, §§ 37 III, 42, oder *Bull* Rn. 543–547, oder *Maurer* § 19 Rn. 4, 5, 7, 7 a, bzw. *Badura*, in: von Münch/Schmidt-Aßmann, 3 Rn. 91–108, oder *Breuer*, ebendort, 5 Rn. 192–194, 232, oder *Salzwedel*, ebendort, 8 Rn. 55–63, oder *Steiner* II Rn. 54–78, sowie die Nachw. der folgenden Fn.

4 Das ist außer Streit; (V) *Meyer/Borgs* § 63 Rn. 2 (m. N.). Das Gegenstück zu den Verfahren des V. Teils ist das allgemeine Verwaltungsverfahren (dazu schon oben Rn. 120), das aber mit der Regelung der Bevollmächtigung im Massenverfahren (§§ 17–19 VwVfG) Vorschriften vorwegnimmt, die in erster Linie auf die Verfahren des V. Teils passen, dort aber wieder modifiziert werden (vgl. §§ 63 II, 69 II, III; 72 II, 73 VI, 74 V VwVfG). Im übrigen bewirkt jede verbindliche Verfahrensregelung eine Verfahrensformalisierung – deshalb spricht *Meyer*, aaO, leicht ironisch von förmlichen und »superförmlichen« Verfahren.

5 Ausführlich (V) *Steiner* in Steiner V Rn. 53 ff.

Entscheidung des Bundesministers für Verkehr gemäß § 16 BFStrG ist dem BVerwG zufolge »kein Verwaltungsakt, sondern ein im verwaltungsgerichtlichen Verfahren als solcher nicht anfechtbarer behördeninterner Vorgang«.[6]

223 b) Das Planfeststellungsverfahren verdrängt alle anderen Zuständigkeiten, Verfahren und Entscheidungen für das Planungsvorhaben; es gilt der Grundsatz: eine (= die Planfeststellungs-)Behörde, ein (= das Planfeststellungs-) Verfahren, eine Entscheidung (= Planfeststellungsbeschluß). Die »Verdrängungswirkung« des Planfeststellungsbeschlusses (§ 75 I 1 VwVfG) wird meist »Konzentrationswirkung« (oder »Ersetzungswirkung«) genannt.[7] Der Planfeststellungsbeschluß gestaltet alle öffentlichrechtlichen Beziehungen zwischen dem Träger des Vorhabens und den durch den Plan Betroffenen: »Gestaltungswirkung« (§ 9 I 2 LuftVG; § 18 b I 2 BFStrG; § 75 I 2 VwVfG).

3. Genehmigung, Vorbescheid und Teilgenehmigung in den Anlagengenehmigungsverfahren

224 a) Die Genehmigung gem. § 13 BImSchG hat eine eingeschränkte »Konzentrationswirkung« (aber keine Gestaltungswirkung). Im übrigen unterscheiden sich Anlagengenehmigungen grundsätzlich nicht von anderen Genehmigungen.

225 b) Wegen des Umfangs der jeweils geplanten Anlagen haben in den Anlagengenehmigungsverfahren Vorbescheid und Teilgenehmigung eine erhebliche praktische Bedeutung erlangt (vgl. §§ 8, 9 BImSchG; §§ 7 IV, 7 a AtG, §§ 18 ff. AtVfV). Im Planfeststellungsverfahren hat die abschnittsweise Planfeststellung im Rahmen umfassenderer Planungsmaßnahmen eine äußerliche Ähnlichkeit mit einer Teilgenehmigung, jedoch wirft sie weniger rechtliche als planungspolitische Probleme auf;[8] einen Vorbescheid gibt es hier nicht. Vorbescheid und Teilgenehmigung spielen vor allem beim Bau von Kernkraftwerken eine große Rolle. Sie wurden zunächst ohne klare gesetzliche Grundlage in Anlehnung an die Praxis zu §§ 16 ff. GewO für zulässig erklärt und erst nachträglich ausdrücklich gesetzlich abgesichert. Von Anfang an wurden sie unter dem »Situationsvorbehalt« der »gleichbleibenden Sach- und Rechtslage« erteilt.[9]

---

6 Als Beispiel (F) BVerwGE 62, 342; dazu (V) *Steinberg*, NVwZ 1983, 209 ff.; zur früheren Rechtsprechung (V) *W. Schmidt*, Verwaltungsrecht Rn. 138.

7 Kritisch zu den gängigen Begriffen (V) *Meyer/Borgs* § 75 Rn. 2.

8 Zur Zulässigkeit einer abschnittsweisen Planfeststellung (F) BVerwG DÖV 1973, 785; zur Problematik dadurch geschaffener »vollendeter Tatsachen« und »Sachzwänge« (V) *W. Schmidt*, Verwaltungsrecht Rn. 138.

9 (F) BVerwG DVBl. 1972, 678 (679 – KKW Würgassen) = DÖV 1972, 757 (758); (F) BVerwG DVBl. 1982, 960 (962); zur früheren Rechtslage (V) BVerwGE 24, 23 (27); im

4. Unterschiedliche Arten von Verfahrensbeteiligung

In den Anlagengenehmigungsverfahren ist jedermann einwendungsberechtigt (Jedermanns- oder »Popularbeteiligung«; § 10 III BImSchG, § 7 IV AtG). Das entspricht der aus dem Gewerberecht (der §§ 16ff. GewO früherer, inzwischen aufgehobener Fassung) kommenden Entwicklungslinie (– demgegenüber kennt das Modell der §§ 63–71 VwVfG keine besondere Beteiligtenregelung und beläßt es deshalb gemäß § 63 II VwVfG bei der allgemeinen Regelung des § 13 VwVfG). In den Planfeststellungsverfahren wird die Beteiligtenstellung auf diejenigen, deren Belange durch das Vorhaben berührt werden, eingeschränkt (§ 73 IV VwVfG); auch das entspricht der Tradition dieser Verfahrensart. Der neueren Rechtsprechung des BVerwG zufolge sind diese »Belange« nicht auf Individualinteressen beschränkt (die auch bisher schon nicht in gleicher Weise rechtlich geschützt zu sein brauchten wie die Rechte, die gemäß § 13 II 2 VwVfG einen Anspruch auf Verfahrensbeteiligung begründen); sie schließen u. U. auch öffentliche Belange (z. B. des Landschaftsschutzes) ein.[10] 226

5. Beteiligtenstellung und Klagebefugnis (§ 42 II VwGO)

a) Anlagengenehmigung und Planfeststellungsbeschluß sind Verwaltungsakte, die für den Antragsteller oder den Träger des Vorhabens bestimmt sind, zugleich aber auch Dritte in ihren Rechten betreffen. Für die Anfechtungsklage eines Dritten gilt (wie auch sonst bei der Anfechtung von »Verwaltungsakten mit Drittwirkung«) § 42 II VwGO. Der Kreis der Klagebefugten ist also gewöhnlich kleiner als der zum Verwaltungsverfahren zugelassenen Einwendungsberechtigten. Andererseits ist er immer noch groß genug, daß man hier auch im Verwaltungsprozeß von Massenverfahren sprechen kann;[1] er ist so gut wie immer größer als der Kreis von Nachbarn eines gewöhnlichen (nur einem schlichten Baugenehmigungsverfahren unterworfenen) Bauvorhabens. Wenn in Rechtsprechung und Literatur gelegentlich der Eindruck erweckt wird, als handele es sich bei Klagen gegen Planfeststellungsbeschlüsse nur um eine Weiterentwicklung der baurechtlichen Nachbarklage,[2] so stoßen solche Anknüpfungen nicht nur äußerlich, sondern alsbald auch inhaltlich auf erhebliche Schwierigkeiten. Bei der baurechtlichen Nachbarklage werden die klagebefugten Nachbarn mit Hilfe des Eigentums oder anderer dinglicher Rechte an einem Nachbargrundstück 227

übrigen auch (F) OVG Münster DVBl. 1978, 853; zur Frage einer Konzeptgenehmigung (V) BayVGH DÖV 1984, 1027 (1029f.), mit Anm. *Jacob*, S. 1031f.

10 (L) BVerwGE 67, 74; dem folgt (F) BadWürtt VGH DÖV 1984, 896; vgl. auch (V) *Broß*, VerwArch 75 (1984), 425ff.

1 (V) *Maurer* § 19 Rn. 7.

2 Vgl. (F) BVerwG DÖV 1983, 678 (679), zur Klage gegen einen Planfeststellungsbeschluß.

eingegrenzt, »weil« (wie die Begründung lautet) »das Bebauungsrecht die bauliche und sonstige Nutzung der Grundstücke regelt, also grundstücks- und nicht personenbezogen« sei.[3] Grundrechtlich ausgedrückt geht es also um Art. 14 I 1 GG und nicht um Art. 2 II 1 GG, also nicht um Leben oder Gesundheit der Nachbarn. Das kann schon mit Blick auf die nachbarschützenden Vorschriften über den Bauwich (dazu oben Rn. 207) angezweifelt werden. Die Zweifel verstärken sich für die unterschiedlichen Planfeststellungsverfahren (dazu sogleich zu b). Für die Anlagengenehmigungsverfahren des BImSchG und des AtG ist die Verkürzung des Schutzes von Drittbetroffenen auf einen Nachbarschutz aus Eigentum undurchführbar (dazu unten c).

b) Wenn in der Rechtsprechung des BVerwG wieder betont wird, für Anfechtungsklagen gegen straßenrechtliche Planfeststellungsbeschlüsse würden die benachbarten Grundstücke durch ihre zivilrechtlichen Eigentümer (ausnahmsweise einmal auch durch andere dinglich Berechtigte) »repräsentiert«, nicht aber durch diejenigen, die ihre Rechte nur auf der Grundlage eines obligatorischen Vertrags von den Eigentümern ableiten,[4] so mag dies für die Abgrenzung des sachenrechtlichen Nachbarschutzes sinnvoll sein. Das schließt jedoch nicht aus, zusätzlich für die Begründung einer Nachbarklage auf »die durch Art. 2 II GG geschützten höchstpersönlichen Rechtsgüter (Leben, Gesundheit)« zurückzugreifen.[5]

c) Die Diskussion um die Abgrenzung von Beteiligtenstellung und Klagebefugnis im Anlagengenehmigungsverfahren wird meist am Beispiel atomrechtlicher Verfahren geführt. Das Nachbareigentum spielt hier keine zentrale Rolle; meist geht es um die Gesundheitsgefährdung der im Umkreis der geplanten Anlage lebenden Menschen.[6] Insoweit wurde früher die Klagebefugnis aus Art. 2 II 1 GG abgeleitet. Angesichts der weiten Fassung dieser Schutznorm, die eine Risikoschwelle für Gesundheitsgefährdungen nicht (mit Hilfe der zu § 42 II VwGO entwickelten Formel) von vornherein ausschließen; die Klagen waren in aller Regel zulässig (und die Gerichte mußten in die Sachprüfung eintreten). In der Rechtsprechung des BVerwG wird hingegen eine denkbare Rechtsverletzung erst dann angenommen,

---

3 (F) BVerwG DÖV 1983, 344; vgl. aber auch (V) BVerwGE 54, 211 (222f.), und dazu sogleich noch Fn. 5.

4 Dazu nochmals (F) BVerwG DÖV 1983, 678 (679).

5 So (F) OVG Münster DÖV 1984, 436, im Anschluß an (V) BVerwGE 54, 211 (222f.), eine bauplanungsrechtliche (!) Entscheidung; restriktiver, aber ohne Auseinandersetzung mit der soeben zitierten Entscheidung, (F) *Steiner* in: Steiner IV Rn. 66.

6 Der Radius dieses Umkreises wird von der Rechtsprechung relativ großzügig bemessen; vgl. (F) OVG Lüneburg DVBl. 1975, 190 (192); VG Oldenburg DVBl. 1978, 860 (2–65 km). In einem um die Explosionsgefahr einer chemischen Fabrik geführten Rechtsstreit sah (F) BVerwG DÖV 1983, 287 (289) den Radius von 45 km als zu groß an.

wenn die Gefahrengrenzwerte einfachrechtlicher Schutznormen (im Atomrecht die Dosisgrenzwerte der Strahlenschutzverordnung) überschritten werden; das darunter liegende »Restrisiko« muß klaglos hingenommen werden.[7]

d) Schwierigkeiten ergeben sich für die Klagebefugnis von Gemeinden. 228
Unstreitig läßt sie sich entweder aus konkreten Selbstverwaltungskompetenzen (z.B. Planungshoheit; Trinkwasserversorgung der Bevölkerung)[8] oder aus zivilrechtlichem Grundstückseigentum[9] ableiten. Die Berufung auf das Selbstverwaltungsrecht insgesamt wird von der Rechtsprechung abgelehnt.[10] Keine dieser Rechtspositionen genießt Grundrechtsschutz, so daß sich der Rechtsschutz der Gemeinden insoweit auf die Verwaltungsgerichtsbarkeit beschränkt.[11]

e) Von solchen Abgrenzungsschwierigkeiten grundsätzlich frei ist die auf der 229
Grundlage des Ausnahmevorbehalts des § 42 II VwGO (»Soweit...») z.B. in Bremen und Hessen zugunsten einiger Naturschutzverbände geregelte Verbandsklage.[12]

6. Präklusionsprobleme

a) Mit »Präklusion« wird im Verwaltungsrecht der Einwendungsausschluß 230
durch Fristversäumnis in Planfeststellungsverfahren oder förmlichen Anlagengenehmigungsverfahren bezeichnet.[1] Die Wirkung solcher Ausschlußfristen unterscheidet sich danach, ob die Einwendungen nur im Verwaltungsverfahren nicht mehr geltend gemacht werden können (»formelle Präklusion« der meisten Planfeststellungsverfahren; vgl. § 73 VI VwVfG)[2] oder ob ein Verlust des Einwendungsrechts eintritt, der es ausschließt, die Einwendung im Verwaltungsprozeß geltend zu machen (»materielle Präklu-

7 (L) BVerwGE 61, 256 (262 – KKW Stade); die Rechtsprechung zum »Restrisiko« wurde in (L) BVerfGE 49, 89 (143 – »Schneller Brüter« Kalkar) vorbereitet.

8 (F) BadWürttVGH DVBl. 1976, 538 (540f.).

9 In straßenrechtlichen Planfeststellungsstreitigkeiten wurde so ein Lärmschutz zugunsten sonst nicht klagebefugter Grundstücksnutzer (hier: Schüler einer Schule) vermittelt; (F) BVerwGE 51, 6 (13); vgl. auch (F) BVerwGE 51, 15, 35 (36f.), zur selbständigen Anfechtbarkeit (usw.) von Schutzauflagen gem. § 17 IV BFStrG.

10 Dazu (F) BadWürttVGH, aaO (Fn. 8); zur Kritik (V) *von Mutius*, Gutachten E, 53. DJT (1980), S. 91f., oder *W. Schmidt*, Verwaltungsrecht Rn. 188 (jeweils m.w.N.)

11 (L) BVerfGE 61, 82 (102ff. – Sasbach); BVerwG NVwZ 1989, 247 (249); dazu schon oben Rn. 55 und Rn. 230 Fn. 3.

12 Dazu (V) *W. Schmidt*, Verwaltungsrecht Rn. 184. Der HessVGH tendiert zu einer überaus restriktiven Auslegung; dazu (V) *E. Rehbinder*, NVwZ 1982, 666f.; anders (V) OVG Bremen DVBl. 1984, 1181.

1 Zu Parallelen im Zivilrecht (V) BVerfGE 62, 249 (254); 67, 39 (41).

2 Anders – nämlich im Sinn der aus dem Gewerberecht entwickelten Anlagengenehmigungsverfahren – § 17 III, IV WaStrG; dazu (V) BVerwGE 66, 99 (102f.).

sion« im Anlagengenehmigungsverfahren; vgl. § 10 III 3 BImSchG; § 7 IV AtG i. V. m. § 7 I 2 AtVfV).[3] Die »materielle Präklusion« erstreckt sich nicht auf Nichtigkeitsgründe.[4] Wegen Art. 103 I GG müssen »materielle« Präklusionsregelungen sehr behutsam angewendet werden.[5]

b) Die »formelle Präklusion« beschränkt sich für den verspäteten Einwender auf verfahrensrechtliche Folgen: er hat keinen Anspruch auf Beteiligung am Erörterungstermin. Die Anhörungsbehörde kann ihn beteiligen, muß das aber nicht (§ 73 VI 1 VwVfG). Tut sie es nicht, so bleiben nach ganz h. M. die Rechtsfolgen der Fristversäumung auf den Ablauf des Erörterungstermins beschränkt. Soweit die Einwendungen in der Sache erheblich sind, gehören sie zum Abwägungsmaterial der Planfeststellungsbehörde.[6] Eine spätere Anfechtungsklage (des vom Erörterungstermin wegen Fristversäumung ausgeschlossenen Einwenders) bleibt zulässig.[7]

c) Im Fall einer »materiellen Präklusion« darf die Anhörungsbehörde den verspäteten Einwender nicht am Erörterungstermin beteiligen. Dennoch sind unter dem Aspekt des Amtsermittlungsprinzips auch hier die sachlich erheblichen Einwendungen noch zu berücksichtigen, mag auch der säumige Einwender diese Berücksichtigung nicht mehr erzwingen können.[8] Die für die Anlagengenehmigung maßgebende materielle Rechtslage bleibt in ihrem objektivrechtlichen Gehalt unberührt. Nur der subjektivrechtliche Abwehranspruch des säumigen Einwenders wird von der Ausschlußwirkung betroffen – die Rechtsprechung behandelt seine Klage wegen fehlender Klagebefugnis als unzulässig. Das ist nicht zwingend, wie die Zulässigkeit einer Feststellungsklage wegen behaupteter Nichtigkeit der Anlagengenehmigung zeigt.[9] Wird die Klage für zulässig gehalten, fehlt es gleichwohl an einer Rechtsverletzung des mit seinem Abwehranspruch ausgeschlossenen Einwenders; sie ist dann gemäß § 113 I 1 VwGO unbegründet.[10]

---

3 Dazu (L) BVerwGE 60, 297 (301 ff. – KKW Wyhl); bestätigt in (L) BVerfGE 61, 82 (Sasbach – dazu oben Rn. 228 Fn. 11).
4 (F) BVerwG DVBl. 1980, 1009 = NJW 1981, 363.
5 (L) BVerwG DÖV 1984, 467.
6 Zu den Anforderungen an diese Abwägung (F) BVerwGE 58, 154 (155 f.).
7 (L) BVerwGE 26, 302 (303).
8 So ausdrücklich (L) BVerwGE 60, 297 (310); vgl. oben Fn. 3.
9 Dazu oben a) mit Fn. 4.
10 Dazu (V) *W. Schmidt*, Verwaltungsrecht Rn. 175, 178.

VIII. Die staatliche Verwaltung zwischen öffentlichem Recht und Privatrecht (Zuordnungsfragen)

1. Unterschiedliche Fallgruppen und gemeinsame Fragestellungen (Zwischenbilanz und Übersicht)

Wie die bisherige Darstellung des Verwaltungsrechts gezeigt hat, ist die staatliche Verwaltung in der Regel dem öffentlichen Recht in dessen doppelter Bedeutung unterworfen: die **Formen** ihrer Organisation und ihres Handelns sind ebenso öffentlichrechtlich wie ihre **inhaltlichen Bindungen** (zu diesem Doppelaspekt schon eingangs Rn. 19). Das Privatrecht spielt mehr am Rande und dann in sehr unterschiedlicher Weise in die Arbeit mit dem Verwaltungsrecht hinein. Teils geht es nur um die klare Zuordnung von tatsächlichen Handlungen oder Abläufen, die primär noch nicht auf eine rechtliche Wirkung gerichtet sind und deshalb nach ihrem äußeren Erscheinungsbild für beide Zuordnungsergebnisse in Betracht kommen; sind sie (aus noch darzustellenden Gründen) dem öffentlichen Recht zuzuordnen, werden sie »Realakte« genannt (dazu schon oben Rn. 15). Damit verwandt ist die Nutzung von Sachen (z. B. Grundstücken) zu öffentlichen Zwecken (z. B. als öffentliche Straßen) mit der Folge einer **Verdrängung** der privatrechtlichen Verfügungsbefugnisse ohne völlige Aufhebung des privatrechtlichen Eigentums – dieses Recht der öffentlichen Sachen bringt zwar einige Abgrenzungsprobleme mit sich, aber keine eigentlichen Grundsatzschwierigkeiten. Schwieriger wird es insoweit bei der **Indienststellung** privatrechtlicher Organisations- und Handlungsformen für Aufgaben der öffentlichen Verwaltung. Das Ausweichen in privatrechtliche Organisationsformen kann wegen der damit verbundenen Preisgabe öffentlichrechtlicher Organisationsregeln solche Grundsatzfragen aufwerfen, schafft aber für die Zuordnung des Handelns klare Verhältnisse: privatrechtliche Organisationen handeln nur in privatrechtlicher Form; insoweit gibt es keine Abgrenzungsprobleme (dazu schon oben Rn. 19). Die größeren Schwierigkeiten entstehen, wenn ein öffentlichrechtlich organisierter Verwaltungsträger in privatrechtlicher Form handeln will. Praktisch geht es dabei meist um die Erbringung staatlicher Leistungen in der Form privatrechtlicher Verträge. Wichtige Beispiele liefern die Anstaltsnutzung und die Vergabe von Subventionen. Das Zuordnungsergebnis entscheidet (hier wie in den zuvor genannten Fallgruppen) darüber, welche Art Vorschriften die Rechtsgrundlage bilden und welcher Rechtsweg in Betracht kommt (dazu schon Rn. 18 zu b). Die in der Literatur genannten Beispiele betreffen deshalb häufig Rechtsschutzfragen, so daß auch hier (wie schon in anderem Zusammenhang, dazu oben Rn. 123) der Verwaltungsalltag in einer leichten Verzerrung wahrgenommen wird. **231**

2. Überlagerung des Privateigentums durch eine öffentlichrechtliche Zweckbindung: Die öffentlichen Sachen

a) Begriff

232 Typische Beispiele unterschiedlicher öffentlicher Sachen sind öffentliche Straßen, der Sachbestand einer nutzbaren Anstalt (wie etwa die Räume, Bücher und sonstige Einrichtungsgegenstände einer öffentlichen Bibliothek)[1] oder ein Verwaltungsgebäude. Diese Beispielsgruppen genügen für das Studium der Grundbegriffe des Rechts der öffentlichen Sachen. Bei ihnen gibt es keine grundsätzlichen Unterschiede zum Sachbegriff des § 90 BGB; es handelt sich jeweils um körperliche Gegenstände.[2] Bei diesen treffen öffentliches Recht und Privatrecht in der Sache selbst aufeinander: die öffentlichrechtliche Zweckbindung überlagert und beschränkt das Privateigentum. Bei dieser Konstruktion eines »dualistischen Rechtsstatus« oder eines »modifizierten Privateigentums« bleibt das Privateigentum zwar formell bestehen, wird aber durch Vorschriften des öffentlichen Rechts überlagert und beschränkt und insoweit »modifiziert«.[3] Am Beispiel der öffentlichen Straße wird das besonders anschaulich: die öffentlichrechtliche Sachherrschaft lastet auf dem Grundeigentum wie eine Dienstbarkeit, also wie ein beschränktes dingliches Recht.[4] Dem »dualistischen Rechtsstatus« entspricht die Gabelung des Rechtswegs: die (praktisch seltenen) Streitigkeiten um Befugnisse aus dem Resteigentum sind bürgerliche Rechtsstreitigkeiten im Sinne des § 13 GVG; Auseinandersetzungen um Entstehung, Ausmaß oder Beendigung der öffentlichrechtlichen Sacheigenschaft (um die Eigenschaft der Sache als »öffentliche Sache«) sind öffentlichrechtliche Streitigkeiten im Sinne des § 40 I 1 VwGO.

b) Entstehung, Reichweite und Ende der öffentlichrechtlichen Sachherrschaft; Rechtsschutzfragen

233 Die Eigenschaft als öffentliche Sache entsteht mit dem Rechtsakt der Widmung (zur öffentlichen Sache) und der tatsächlichen Indienststellung; sie

1 Die Anstalt **hat** Sachen, deren Nutzung sie vermittelt, **ist** aber selbst **nicht** Sache im Sinne des Rechts der öffentlichen Sachen; (F) *Wolff/Bachof/Stober* II § 98 Rn. 15; zum Anstaltsbegriff oben Rn. 6, 183.

2 Nach herkömmlicher, in neuerer Zeit aber mit triftigen Gründen bestrittener Auffassung können auch unkörperliche Gegenstände (wie z. B. der Luftraum, der elektrische Strom) öffentliche Sachen sein; dagegen (V) *Papier*, Recht der öffentlichen Sachen, 2. Aufl. 1984, S. 2, 21, oder *W. Schmidt*, Verwaltungsrecht Rn. 192.

3 In Hamburg gibt es stattdessen »öffentliches Eigentum« an öffentlichen Straßen und Hochwasserschutzanlagen, in Baden-Württemberg »öffentliches Eigentum« an Gewässern; zu den Kompetenzgrenzen solcher Regelungen (V) BVerfGE 42, 20; E 67, 299 (Verfassungswidrigkeit des hamburgischen Verbots von »Laternengaragen«; vgl. auch noch das Beispiel unten Rn. 233 bei Fn. 7).

4 (V) *Salzwedel*, in: Erichsen/Martens, § 45 Rn. 5, oder *Papier*, Jura 1979, 93ff. (94).

endet mit der Entwidmung (im Straßenrecht auch »Einziehung« genannt). Bei den öffentlichen Straßen ist die Widmung in aller Regel ein Verwaltungsakt in der Form der Allgemeinverfügung (§ 35 S. 2, 2. Alternative VwVfG); bei den anstaltlich genutzten Sachen hat sie oft die Form einer Satzung.[5] Die Widmung einer öffentlichen Straße nimmt zwar schon in der Planfeststellung ihren Anfang, wird aber erst mit der Indienststellung (der Verkehrsübergabe) wirksam; nach einigen Landesstraßengesetzen gilt die Straße unter besonders geregelten Voraussetzungen mit der Verkehrsübergabe als gewidmet.[6] Die wegerechtliche Zuständigkeit für die Widmung (oder Umwidmung usw.) ist jedoch von straßenverkehrsrechtlichen Regelungsbefugnissen streng zu trennen.[7]

Beispiel (F) BVerwGE 62, 376 (378): A betreibt ein Fotogeschäft in einer innerstädtischen Einkaufsstraße, die inzwischen zur Fußgängerzone gewidmet worden ist. Er beantragt, ihm weiterhin die An- und Abfahrt von Hochzeitspaaren zu seinem Atelier zu gestatten.

Die Widmung bedarf der Zustimmung des Eigentümers. Fehlt diese (steht z.B. der Grundstücksstreifen, über den eine Gemeinde einen Weg gebaut und als öffentlichen Weg gewidmet hat, im Privateigentum), so ist die Widmung rechtswidrig; ein darum geführter Rechtsstreit gehört gemäß § 40 I 1 VwGO vor die Verwaltungsgerichte.[8] Das gilt auch für einen Streit um das Ausmaß der durch die Widmung begründeten öffentlichrechtlichen Zweckbindung der Sache und das danach noch verbleibende Resteigentum.

Beispiel (F) BGH DÖV 1969, 434 = DVBl. 1970, 275: Jemand beansprucht gemäß § 917 BGB ein Notwegrecht über ein städtisches Grundstück, das dem Feuerwehrdienst gewidmet ist.

c) Arten der Sachnutzung

Die schon mehrfach genannten Beispielsgruppen stehen für die gängige **234**
Einteilung der öffentlichen Sachen nach deren unterschiedlicher Nutzungsbestimmung und dem regelmäßigen Zugang zu dieser Nutzung. Sachen, die den besonderen Bedürfnissen einer Behörde gewidmet sind, wie manche, aber keineswegs alle Behördengebäude, nennt man Sachen im Verwaltungsgebrauch. Die dem Bürgergebrauch zugänglichen Sachen unterscheidet man nach der rechtlichen Ausgestaltung des Zugangs zur Sache. Ist die Sache für jedermann im Rahmen der Widmung zugänglich (wie gewöhnlich die

5 Zu weiteren Beispielen am Rande des Pflichtfachstoffs – Widmung der Bundeswasserstraßen durch § 5 WaStrG, des Meeresstrandes durch Gewohnheitsrecht – (V) *Papier* (Fn. 2), S. 36f.

6 Vgl. § 5 VI BadWürttStrG; § 2 I 2 HessStrG; § 6 IV SHStrWG.

7 Zu den unterschiedlichen Regelungskompetenzen nochmals (V) BVerfGE 67, 299; dazu oben Rn. 232 Fn. 3.

8 (F) BGHZ 48, 239.

öffentlichen Straßen),[9] so handelt es sich um eine Sache im Gemeingebrauch. Schiebt sich eine (meist nichtrechtsfähige) öffentlichrechtliche Anstalt zwischen Sache und Benutzer, wird somit der Zugang anstaltlich vermittelt, so handelt es sich um Sachen im Anstaltsgebrauch. Der Anstaltsgebrauch bedarf somit immer einer (wenn auch stillschweigend erteilten) Zulassung. Der Gemeingebrauch ist hingegen zulassungsfrei. Geht die Sachnutzung über die gewöhnliche, für den Regelfall in der Widmung vorgesehene Nutzung hinaus, so liegt Sondernutzung vor. Die Sondernutzung bedarf einer besonderen (meist gebührenpflichtigen) Erlaubnis. Zwar beziehen sich die meisten Beispiele für Sondernutzungen auf Sachen im Gemeingebrauch (z.B. die Aufstellung eines fahrbaren Verkaufsstandes in einer Fußgängerzone),[10] doch gibt es auch Sondernutzung im Rahmen des Anstaltsgebrauchs (z.B. die Nutzung eines Hallenschwimmbads für ein Vereinstraining außerhalb der allgemeinen Öffnungszeiten).
Zwischen Bürgergebrauch, Verwaltungsgebrauch und (privatrechtlichem) Resteigentum liegt das Recht auf Zugang zu Behördengebäuden. Zu unterscheiden ist danach, ob die Tätigkeit der Behörde einen ungehinderten Publikumsverkehr einschließt (wie z.B. die Tätigkeit eines Sozialamts in einem städtischen Rathaus) oder nicht. Die Frage wird gewöhnlich am Konfliktfall der Zugangsverweigerung unter den Stichworten »Hausverbot« und »Hausrecht der Behörde« thematisiert. Gefragt wird, ob das »Hausrecht« öffentlichrechtlich zu begründen oder aus dem (privatrechtlichen) Resteigentum abzuleiten sei; bei öffentlichrechtlicher Begründung werden neuerdings auch die Anforderungen an die Rechtsgrundlage (Rechtssatzvorbehalt? Parlamentsvorbehalt?) erörtert. Im Ergebnis unstreitig ist das »Hausverbot« gegenüber einem Rathausbesucher, der einen ihn betreffenden Antrag mit einem zuständigen Sachbearbeiter erörtern will (z.B. ein Sozialhilfeberechtigter im Sozialamt), ein Verwaltungsakt.[11] Hingegen verhält sich ein Gewerbetreibender in einem Behördengebäude mit Publikumsverkehr (z.B. ein Hochzeitsfotograf auf dem Korridor des Standesamts) nicht anders als jemand, der eine Sondernutzung in Anspruch nimmt.[12] Bei Behördengebäuden ohne Publikumsverkehr kann sich die Zugangsmöglichkeit auch nach Privatrecht richten (z.B. für die Anbahnung von Vertragskontakten).[13]

9 Als Beispiel § 7 I 1 BFStrG.

10 Hier geht sie, wie die Straßengesetze definieren, »über den Gemeingebrauch hinaus«; vgl. z.B. § 8 I BFStrG, aber auch noch unten Rn. 236. Eine Sachnutzung außerhalb der Widmung und ohne Beeinträchtigung des Gemeingebrauchs betrifft hingegen nur das Resteigentum; vgl. z.B. § 8 X BFStrG und dazu (V) *Papier*, Jura 1979, 96f.

11 (F) OVG Münster JZ 1963, 566 = DÖV 1963, 393; als weiteres Beispiel (F) BayVGH NJW 1980, 2722 (Störer im Justizgebäude); aus der Literatur (F) *Maurer* § 3 Rn. 24 oder *Salzwedel*, in: Erichsen/Martens § 49, oder *Papier* (Fn. 2), S. 32f. (jeweils m.w.N.); (V) *W. Schmidt*, Verwaltungsrecht, Rn. 227–231, dort auch zum folgenden.

12 Anders (F) BGHZ 33, 230.

13 (F) BVerwGE 35, 103 (106f.), am Beispiel eines Rüstungslobbyisten.

d) Anliegergebrauch als gesteigerter Gemeingebrauch und im Übergang zur Sondernutzung

»Anliegergebrauch« nennt man den gesteigerten Gemeingebrauch des Straßenanliegers. Er wird in den geltenden Straßengesetzen nicht ausdrücklich erwähnt, aber in der Rechtsprechung aus Art. 14 I GG abgeleitet.[14] Außerdem wird der Anliegergebrauch als »Kontakt nach außen« zum Recht am eingerichteten und ausgeübten Gewerbe eines Anliegerunternehmens gerechnet und im öffentlichen Recht insoweit ebenfalls aus Art. 14 I GG geschützt.[15] Das wird in zweierlei Hinsicht praktisch: (seltener) mit Blick auf die Existenz der Straße überhaupt, dabei also vor allem im Zusammenhang mit Maßnahmen der Entwidmung (oder Einziehung),[16] und (meist) für die Möglichkeit der Werbung durch in den Luftraum der Straße ragende Hinweis- und Werbeschilder oder durch die (nur ausnahmsweise zum Anliegergebrauch gerechnete) Anbringung von Verkaufsautomaten.[17] Der »schlichte« Gemeingebrauch jedermanns wird hingegen nur aus Art. 2 I; 3 I GG geschützt; Rechte gegen die Entwidmung (oder Einziehung) einer Straße (oder gegen Verkehrsbeschränkungen) werden insoweit nicht anerkannt. 235

e) Werbung und Straßenkunst auf öffentlichen Straßen und Plätzen zwischen Gemeingebrauch und Sondernutzung

Öffentliche Straßen und Plätze werden ganz allgemein für gewerbliche oder politische Werbung in Anspruch genommen, für beide Zwecke gleichermaßen durch die Verteilung von Handzetteln oder Flugblättern, mehr für politische Werbung durch die vorübergehende Aufstellung von Informationsständen und (vor allem zu Wahlkampfzwecken) durch die länger andauernde Aufstellung von Plakatständern oder Werbetafeln. Als Ergebnis einer vorübergehenden Welle von Gerichtsentscheidungen und einer diese begleitenden umfangreichen Literatur lassen sich folgende, inzwischen weithin akzeptierte Ergebnisse festhalten: Politische Werbung durch die Verteilung von Flugblättern wird – auch mit Rücksicht auf den besonderen Schutz aus Art. 5 I GG – vom Gemeingebrauch noch umfaßt. Straßenkunst wird dem inzwischen gleichgestellt. Für die gewerbliche Werbung durch Handzettelverteilung wird in neuerer Zeit angezweifelt, ob sie weiterhin als Sondernutzung zu behandeln ist.[18] Die Aufstellung von Informationsständen ist immer 236

14 (F) BVerwGE 54, 1 (2f.).
15 Auch dazu (F) BVerwGE 54, 1 (3). Es genügt das Recht am eingerichteten und ausgeübten Gewerbebetrieb; Grundstückseigentum ist nicht erforderlich.
16 (F) BVerwGE 32, 222; DÖV 1977, 603.
17 (F) BVerwG NJW 1975, 357 = DÖV 1975, 209; NJW 1979, 440; BGH DVBl. 1979, 73.
18 (F) BVerwGE 35, 326; 56, 24; 84, 71 (75); *Salzwedel*, in: Erichsen/Martens § 46 Rn. 12; *Steiner* in: Steiner II Rn. 115–120; letzte Nachw. (F) *F. Hufen*, JuS 1993, 155 (156).

(schon) Sondernutzung.[19] Die Aufstellung von Plakatständern ist zu Wahlkampfzwecken (also während der akuten Phase des Wahlkampfs) erlaubt; im Ansatz leicht umstritten, aber im Ergebnis unerheblich ist, ob entsprechende Ansprüche sich auf Gemeingebrauch oder auf eine (dann gebührenfreie) Sondernutzungserlaubnis richten.[20]

3. Realakte

237 »Realakt« ist der Auffangbegriff für alle öffentlichrechtlichen Handlungen oder Abläufe, die weder Verwaltungsakt noch Rechtssatz (hier im weiteren Sinne einschließlich der Verwaltungsvorschriften) sind, aber dennoch sekundäre Rechtswirkungen haben können (dazu schon oben Rn. 15). Häufig werden sie nach Meinungs- und Wissensäußerungen einerseits, tatsächlichen Verrichtungen andererseits unterschieden,[1] jedoch erfassen solche Beschreibungen nicht alle Fallgruppen hinreichend genau. Tatsächliche Verrichtungen können Ursachen für weitere Abläufe (z. B. Immissionen) setzen, die für einen Streit um die öffentlichrechtliche Verantwortlichkeit eines Verwaltungsträgers (für die Beseitigung oder Schadensersatzleistung) ihrerseits als Realakte qualifiziert werden.[2] Die Fallgruppe der Meinungs- und Wissensäußerungen ist inzwischen auf die Informationserfassung und -verarbeitung (namentlich die Datenverarbeitung) auszuweiten.

Bei der Zuordnung von Tathandlungen oder tatsächlichen Abläufen zum öffentlichen oder privaten Recht sind in Rechtsprechung und Literatur nur noch kleinere Abgrenzungsprobleme umstritten; die Grundsatzfragen sind inzwischen – jedenfalls im Ergebnis – weitgehend unstreitig. Diese Entwicklung wurde erst durch das umfassende Rechtsschutzsystem der Verwaltungsgerichtsbarkeit unter dem GG ermöglicht; vorher hätte es für öffentlichrechtliche Beseitigungs- und Unterlassungsansprüche keine gerichtliche Durchsetzungsmöglichkeit gegeben. Dementsprechend wurden solche Anspruchsgrundlagen gar nicht erst ausgebildet; stattdessen wich man in privatrechtliche Konstruktionen aus, die vor die ordentlichen Gerichte führten. Die Kenntnis dieser Entwicklungslinien hilft die noch verbliebenen Unklarheiten in der heutigen Verwaltungsrechtsdogmatik besser verstehen.

Bei der Zuordnung zum öffentlichen oder privaten Recht wird die materiellrechtliche Anspruchgsgrundlage (z. B. der öffentlichrechtliche »Folgenbeseitigungsanspruch« oder der weitgehend parallele quasideliktische Beseitigungsanspruch auf der Grundlage von §§ 823, 1004 BGB) als grundsätzlich verfügbar jedenfalls vorausgesetzt: An dieser Stelle ist **nicht im einzelnen** darzulegen, **daß** es solche **Anspruchsgrundlagen gibt und woraus** sie im

---

19 (F) BVerwGE 56, 63; vgl. auch (F) BVerfG (Vorprüfungsausschuß) NJW 1977, 671; HessVGH NVwZ 1987, 902.
20 (F) BVerwGE 56, 56.
1 (F) *Erichsen/Martens* § 33, oder *Maurer* § 15 Rn. 2; (V) *W. Schmidt*, Verwaltungsrecht Rn. 212.
2 (F) *Bull* Rn. 122; vgl. die Beispiele unten Fn. 5.

einzelnen abzuleiten sind,[3] **sondern nur, ob öffentliches Recht** (oder Privatrecht und damit die jeweilige Anspruchsgrundlage) anzuwenden ist. Für die Zuordnung lassen sich folgende Leitlinien aufstellen: Die Zuordnung zum öffentlichen Recht kommt nur dann in Betracht, wenn das Handeln oder die Verantwortlichkeit für einen tatsächlichen Ablauf (z. B. für Immissionen) auf einen öffentlichrechtlich organisierten Verwaltungsträger zurückzuführen sind.[4] Gibt es für das Handeln eine Rechtsgrundlage, an deren Zuordnung zum öffentlichen Recht nicht gezweifelt wird (z. B. Regelungen für die Datenverarbeitung durch staatliche Stellen), so bedarf es für die Zuordnung des Handelns im Einzelfall keines besonderen theoretischen Aufwands (es kann unter Benutzung der »Zuordnungslehre« ähnlich formelhaft verfahren werden wie sonst bei Verwaltungsakten). Entsprechend ihrer öffentlichrechtlichen Rechtssatzgrundlage kommen solche Handlungen nur in öffentlichrechtlichem Zusammenhang vor. Gibt es keine derart deutlichen Anknüpfungspunkte, so verwenden BVerwG und BGH für die Zuordnung tatsächlicher Verrichtungen oder der Quelle störender Immissionen in neuerer Zeit die Abgrenzungsformel vom »öffentlichrechtlichen Planungs- und Funktionszusammenhang« und knüpfen bei öffentlichen Sachen (als Immissionsquelle) zusätzlich an deren bestimmungsgemäße (im Rahmen der Widmung liegende) Nutzung an.[5] Bei Meinungs- und Wissensäußerungen kommt es darauf an, ob sie von einem Amtswalter im Zusammenhang mit den ihm übertragenen Verwaltungsaufgaben getan worden sind oder getan werden sollen,[6] also auf einen Handlungs- und Organisationszusammenhang. In solchen Fällen richtet sich die Zuordnung letztlich

---

3 Zur Begründung des »Folgenbeseitigungsanspruchs« unten Rn. 269. Ein Rechtsgutachten bei schon erhobener Verwaltungsklage z. B. auf Widerruf einer ehrverletzenden amtlichen Äußerung würde also etwa folgendermaßen aufgebaut werden können: Im Rahmen des § 40 I VwGO ist zu entscheiden, ob die Äußerung und ihr Widerruf dem öffentlichen Recht zuzuordnen sind; falls ja, führt die Prüfung der Klageart zur allgemeinen Leistungsklage (vgl. oben Rn. 151); für die Klagebefugnis (§ 42 II VwGO analog) ist nicht auszuschließen, daß dem Kläger ein »Folgenbeseitigungsanspruch« zustehen kann; dieser wiederum ist zweckmäßigerweise erst im Rahmen der Begründetheitsprüfung abzuleiten. Eine solche Schwerpunktbildung findet sich jetzt z. B. auch im Urteilsaufbau von (F) BVerwGE 69, 366 (dazu noch unten Rn. 269, 270).

4 Als Gegenbeispiel (F) BGH DVBl. 1984, 472, mit verdeutlichender Anmerkung *Bettermann*: Immissionen von der Bus-Endhaltestelle einer Nahverkehrs-AG. An diesem Organisationskriterium muß festgehalten werden, soll nicht alles ins Schwimmen geraten. Die Gegenansicht verbessert nicht die materiellrechtliche Position des Betroffenen (denn auch im Verwaltungsprivatrecht bleibt es bei den öffentlichrechtlichen Bindungen), sondern schafft nur Unsicherheit über den einzuschlagenden Rechtsweg; im Ergebnis wie hier (V) *Püttner*, DVBl. 1975, 353 ff. (354).

5 Dazu – zugleich als Beispiele – (F) BVerwG NJW 1974, 817 = DVBl. 1974, 239: Kläranlage; BGH NJW 1976, 570 = DVBl. 1976, 210: Bolzplatz; OVG Münster NJW 1984, 1982: Feuerwehrgerätehaus als Standort einer städtischen Baukolonne.

6 Beispiele: (F) BGH NJW 1980, 2573, 2578; 1982, 2188; dazu – sowie zu einigen Komplikationen dieses Teilbereichs – (V) *W. Schmidt*, Verwaltungsrecht Rn. 237–239.

also nach der Rechtssatzgrundlage für das Handeln, in dessen größerem Zusammenhang die umstrittene Einzelhandlung steht.

4. Zuordnung nach der Art des Rechtsverhältnisses? Verträge (I)

238 a) In seinem Grundmuster unterscheidet sich ein öffentlichrechtlicher Vertrag[1] nicht von einem Vertrag des BGB. Wie dieser kommt er durch einander entsprechende, auf einen gemeinsamen Rechtserfolg gerichtete Willenserklärungen (Angebot und Annahme) zustande. Das VwVfG ergänzt dieses Grundmuster durch Vorschriften, die der besonderen Bindung der öffentlichen Gewalt Rechnung tragen sollen.[2] Im übrigen verweist § 62 S. 2 VwVfG auf das Vertragsrecht des BGB. § 57 VwVfG normiert (im Unterschied zur grundsätzlichen Formfreiheit des BGB) den Schriftformzwang (§ 62 S. 2 VwVfG i. V. m. § 125 BGB).
Der öffentlichrechtliche Vertrag als Handlungsform von Behörden auch im Verhältnis zum Bürger erhielt erst mit dem VwVfG eine gesicherte Rechtsgrundlage. Öffentlichrechtliche Verträge zwischen Verwaltung und Bürger wurden erst unter dem GG anerkannt, aber auch dann noch wegen verbliebener Grundsatzunsicherheit nur zögernd entwickelt. In weiten Bereichen wurden auch dort privatrechtliche Verträge angenommen, wo der Sache nach »ein Rechtsverhältnis auf dem Gebiet des öffentlichen Rechts ... begründet, geändert oder aufgehoben« wurde (vgl. jetzt § 54 S. 1 VwVfG).[3] Infolge des Schriftformzwangs des § 57 VwVfG, dem bestimmte Fallgruppen von Alltagsbeziehungen, die auf übereinstimmenden Vereinbarungen (oder doch entsprechendem Verhalten) beruhen,[4] nicht genügen, hat sich an dieser früheren Praxis im Ergebnis wenig geändert.[5] An zusätzlicher praktischer Bedeutung hat der öffentlichrechtliche Vertrag durch §§ 54–62 VwVfG

1 Das VwVfG spricht vom »öffentlich-rechtlichen« Vertrag und stellt diesen so dem privatrechtlichen Vertrag gegenüber. Aus der Beschränkung des § 1 VwVfG auf die Verwaltungstätigkeit von Behörden folgt jedoch, daß die §§ 54–62 VwVfG nur den engeren Bereich des verwaltungsrechtlichen Vertrags betreffen; (V) *Meyer/Borgs* § 54 Rn. 12; aaO Rn. 13–19 zu anderen öffentlichrechtlichen Verträgen.

2 Ganz grundsätzlich kann die Vertragsautonomie einer Behörde nicht weiter reichen als ihr Entscheidungsspielraum für einseitiges Handeln; dazu (V) *W. Schmidt*, Verwaltungsrecht Rn. 207 (m. N.).

3 Als Beispiel für die zunächst eher zögerliche Entwicklung (F) BGH JZ 1973, 420, mit Anm. *Rüfner*, S. 421 f.; zu den sog. Baudispensverträgen noch unten Rn. 240.

4 Als Beispiel die Nutzung öffentlicher Einrichtungen und dazu noch unten Rn. 243; zur Annahme privatrechtlicher faktischer Verträge früher (V) *Wolff/Bachof* I § 23 II b 2.

5 Ein weiterer Grund liegt in der pragmatischen Tendenz der ordentlichen Gerichte, den Kläger möglichst nicht in einen anderen Rechtsweg (hier: an das VG) zu verweisen, um ihm die dadurch sonst entstehenden Verluste an Zeit (usw.) zu ersparen; dazu (V) *Bachof*, in: Festgabe BVerwG, 1978, S. 1 ff. (6).

bisher kaum gewonnen.[6] Vielmehr ist für einige auch früher schon umstrittene Fallgruppen die jeweils sehr grundsätzlich erörterte Problematik der Zuordnung zum öffentlichen oder privaten Recht vorerst lebendig geblieben. Diese Problemgruppen (Anstaltsnutzung und Subventionsvergabe) werden hier im Anschluß an eine Übersicht über die Systematik des VwVfG und einige sich dabei ergebende Einzelfragen dargestellt. Diese Abfolge hat ausschließlich darstellungstechnische Gründe. Es sollte keiner Hervorhebung bedürfen, daß im Aufbau eines schulmäßigen Rechtsgutachtens die Zuordnung des vertraglich geregelten Rechtsverhältnisses zum öffentlichen oder privaten Recht den Vorrang vor Einzelheiten der rechtlich zulässigen Vertragsabreden hätte.

b) Das VwVfG unterscheidet zwischen Verträgen, die einen inhaltlichen Bezug zu einem Verwaltungsakt und dessen möglichem Regelungsinhalt haben (§ 54 S. 2 VwVfG), und anderen Verträgen (§ 54 S. 1 VwVfG).[7] Verwaltungsaktsbezogene Verträge sind die verwaltungsaktsvorbereitenden Verträge, in denen die Behörde den späteren Erlaß (oder die Unterlassung) eines Verwaltungsakts zusagt (vgl. dazu auch noch unten Rn. 239), und die verwaltungsaktsersetzenden Verträge (vgl. § 54 S. 2 VwVfG: »anstatt«).[8] Für die verwaltungsaktsbezogenen Verträge enthalten §§ 55, 56, 58 II, 59 II, 61 VwVfG einige besondere Regelungen. Hervorzuheben sind hier §§ 55, 56 VwVfG, die zugleich zwei besondere Vertragstypen des verwaltungsaktsbezogenen Vertrags regeln (also eine Art »Besonderen Schuldrechts« des VwVfG enthalten). § 55 VwVfG lockert für Vergleichsverträge den sonst geltenden Untersuchungsgrundsatz des § 24 VwVfG. § 56 VwVfG lockert für den Austauschvertrag das aus dem Gesetzmäßigkeitsprinzip für Verwaltungsakte folgende Koppelungsverbot.[9]

Als kleiner Exkurs aus Anlaß der soeben erwähnten §§ 54 S. 2, 58 II VwVfG: Statt den **239**
Verwaltungsakt durch einen zweiseitigen Vertrag vorzubereiten, kann die Behörde gemäß § 38 VwVfG auch eine einseitige Zusicherung geben. Die Parallelen der §§ 38

6 Zu einigen weniger beachteten Beispielen, die sich heute dem öffentlichrechtlichen Vertrag zuordnen lassen – aber auch erst zugeordnet werden müssen! – (V) *W. Henke*, DÖV 1985, 41 ff. (41–44, 53).

7 Ein solcher anderer Vertrag zwischen Behörde und Bürger ist z. B. der Erschließungsvertrag gem. § 124 BauGB; (F) *Meyer/Borgs* § 54 Rn. 42. In der Literatur wird § 54 S. 1 VwVfG gelegentlich unzutreffend nur auf Verträge zwischen Verwaltungsträgern angewendet; so (F) *Erichsen/Martens* § 26.

8 Unstreitig ist der Wortlaut des § 54 S. 2 VwVfG zu eng und jedenfalls insoweit mißglückt; (F) *Meyer/Borgs* § 54 Rn. 45, oder *Maurer* § 14 Rn. 13; zur Mißverständlichkeit und Entbehrlichkeit der in diesem Zusammenhang gebräuchlichen Unterscheidung zwischen »koordinations-« und »subordinationsrechtlichen« Verträgen (V) *W. Schmidt*, Verwaltungsrecht Rn. 204.

9 Das gilt vor allem für Baudispensverträge; vgl. das Fallbeispiel (F) BGH JZ 1973, 420 (o. Fn. 3), sowie noch unten Rn. 240; zu anderen Sonderregelungen die Übersicht in (V) *W. Schmidt* Rn. 203 (m. N.).

und 57, 58 II, 59 II, 60 VwVfG sind offenkundig. Die Zusicherung als Unterfall der Zusage (die auch auf ein anderes Verwaltungshandeln als einen Verwaltungsakt gerichtet sein kann) ist selbst Verwaltungsakt.[10]

240 d) Als typisch öffentlichrechtliche Verträge werden heute die baurechtlichen Verträge angesehen; ihre Zuordnung zum öffentlichen Recht wird nicht mehr ernstlich bestritten. Dafür ergeben sich hier (innerhalb des öffentlichen Rechts) andere, teils Einzel-, teils Grundsatzfragen. Ein öffentlichrechtlicher Vertrag kann im Baurecht den Inhalt eines Verwaltungsakts vorbereiten, meist eine Baugenehmigung mit Ausnahmebewilligung oder eine Befreiung. In beiderlei Hinsicht spricht man hier undifferenziert von »Baudispensverträgen«.[11] Solche Verträge werden als grundsätzlich unbedenklich angesehen; zu achten ist aber jeweils auf das Koppelungsverbot des § 56 I 2 VwVfG.[12] Grundsätzlich umstritten sind jedoch Verträge zwischen einer Gemeinde und einem Bauträger, in denen sich die Gemeinde (vertreten durch ihren Vorstand) zum Erlaß eines auf ein bestimmtes Bauvorhaben zugeschnittenen Bebauungsplans verpflichtet, wobei offen im Gegenzug der Bauträger Folgekosten dieses Bauvorhabens (für die Infrastruktur der Gemeinde) übernimmt, deshalb dann »Folgekostenvertrag«, allgemein auch »Normsetzungsvertrag« genannt. Solche Verträge werden überwiegend als Verletzung des für die Aufstellung eines Bebauungsplans mit Bürgerbeteiligung vorgesehenen demokratischen Satzungsgebungsverfahrens angesehen; zusätzlich verletzt ist in aller Regel der Genehmigungsvorbehalt der höheren Verwaltungsbehörde (§ 11 BauGB; § 58 II VwVfG). Normsetzungsverträge sind deshalb unzulässig und nichtig.[13]

241 e) Gemäß § 59 VwVfG ist Nichtigkeit (anders als gemäß §§ 43, 44 VwVfG beim Verwaltungsakt) die regelmäßige Folge der Rechtswidrigkeit eines öffentlichrechtlichen Vertrages. Das entspricht dem Grundsatz der Gesetzmäßigkeit der Verwaltung (Art. 20 III GG), der bei rechtswidrigen Verwaltungsakten anders durchsetzbar ist als bei rechtswidrigen Verträgen. Rechtswidrige, aber zunächst wirksame Verwaltungsakte können von der Behörde immer noch im Widerspruchsverfahren aufgehoben und sonst gemäß § 48 VwVfG zurückgenommen werden. Bei öffentlichrechtlichen Verträgen bestehen solche Möglichkeiten nicht. Sie würden, wenn ebenfalls grundsätzlich wirksam, verbindlich bleiben; die Behörde könnte auf die Durchführung rechtswidriger Maßnahmen verklagt werden.

10 Dazu (V) *W. Schmidt* Rn. 262 (m.N.).

11 »Dispens« meint sonst nur die Befreiung; dazu schon oben Rn. 206.

12 Als Beispiel aus der früheren Rechtsprechung, die (in diesem Zeitpunkt gerade) noch einen privatrechtlichen Vertrag annahm, (F) BGH DVBl. 1972, 824 (826): Ausnahmebewilligung für die Geschoßzahl eines Bauvorhabens gegen Grundstücksabtretung für Straßenverbreiterung.

13 Zum Streitstand (F) *Meyer/Borgs* § 54 Rn. 56–59; *Krebs*, in: von Münch/Schmidt-Aßmann, 4 Rn. 93; ausführlicher (V) *W. Schmidt*, Verwaltungsrecht Rn. 206.

Die Einzelregelungen des § 59 VwVfG und ihre Systematik haben diesen Ausgangspunkt etwas verdunkelt. Noch klar und unstreitig wird in § 59 II VwVfG ein nicht erschöpfender (: »ferner«) Katalog von Nichtigkeitsgründen für verwaltungsaktsbezogene Verträge normiert. Er wird durch die Generalklausel des § 59 I VwVfG ergänzt, die ihrerseits auf die Nichtigkeitsregeln des BGB verweist. Ein unstreitiges Beispiel ist die Formnichtigkeitsregel des § 125 BGB (vgl. §§ 57, 62 S. 2 VwVfG). Streitig ist, in welcher Weise sich die entsprechende Anwendung des § 134 BGB auf rechtswidrige öffentlichrechtliche Verträge auswirkt. Dabei wird die entsprechende Anwendbarkeit auch des § 134 BGB im Rahmen des § 59 I VwVfG inzwischen kaum noch grundsätzlich bestritten; streitig ist die Reichweite. Soweit differenzierende Lösungen (meist nach »formellen« und »materiellen« Fehlern) vertreten werden, führt das in der Literatur bislang zu unterschiedlichen kasuistischen Aufzählungen.[14] Wichtig für ein Rechtsgutachten vor allem aus der Situation einer Klausur oder einer mündlichen Prüfung ist, daß die Fragestellung erkannt und eine plausible Begründung entwickelt wird – mehr kann nicht verlangt werden.

f) Die Zuordnung zum öffentlichen oder privaten Recht muß von § 54 S. 1 **242**
VwVfG ausgehen: Wenn »ein Rechtsverhältnis auf dem Gebiet des öffentlichen Rechts« Gegenstand übereinstimmender Willenserklärungen ist, handelt es sich um einen öffentlichrechtlichen Vertrag. Die Behörde hat also nicht etwa die Wahl, ein »Rechtsverhältnis auf dem Gebiet des öffentlichen Rechts« durch privatrechtlichen Vertrag zu begründen, zu ändern oder aufzuheben. Dieser im Kern unbestrittenen Feststellung widerspricht die Beibehaltung der älteren (aus der Zeit vor dem VwVfG stammenden) Verwaltungspraxis auf zwei Teilgebieten des öffentlichen Rechts: der Nutzung öffentlichrechtlicher Anstalten (vor allem öffentlicher Einrichtungen der Gemeinden und Kreise) und der Vergabe von rückzahlbaren Wirtschaftssubventionen durch einen öffentlichrechtlich organisierten Leistungsträger (also ohne Zwischenschaltung eines privatrechtlich organisierten Kreditinstituts). Über die Vergabe z.B. eines Subventionsdarlehens wird zwar durch Verwaltungsakt entschieden, jedoch wird anschließend in Vollzug dieses Bewilligungsbescheids auf einer zweiten Stufe ein privatrechtlicher Darlehensvertrag zwischen Behörde und Subventionsempfänger geschlossen.[15] Für die nutzbaren öffentlichrechtlichen Anstalten, insbesondere die kommunalen öffentlichen Einrichtungen, wird auch heute noch ein Wahlrecht des Anstalts- bzw. Einrichtungsträgers zwischen öffentlichrechtlicher oder privat-

14 Zum Streitstand (F) *Meyer/Borgs* § 59 Rn. 18–24, oder *Maurer* § 14 Rn. 41–43. Eine Rechtsprechung zu § 59 VwVfG gibt es bisher nur in Ansätzen.

15 Dazu aus der Lehrbuchliteratur zum Allgemeinen Verwaltungsrecht (F) *Maurer* § 17 Rn. 11 ff. (m. w. N.), dort auch zum folgenden.

rechtlicher Ausgestaltung des Nutzungsverhältnisses angenommen;[16] jedoch ist der Anspruch auf Zulassung zur Anstaltsnutzung (oder Nutzung der öffentlichen Einrichtung) immer öffentlichrechtlicher Natur, also auch bei anschließend privatrechtlicher Ausgestaltung des Nutzungsverhältnisses auf einer zweiten Stufe.[17] Das Rechtsverhältnis zwischen Verwaltungsträger und Leistungsempfänger wird also auf öffentlichrechtlicher Grundlage begründet (1. Stufe), aber anschließend in privatrechtlicher Form ausgestaltet und abgewickelt (2. Stufe). Für jede der beiden Stufen gilt ein jeweils anderer Rechtsweg: auf der ersten Stufe ist Verpflichtungsklage zum Verwaltungsgericht zu erheben; die zweite Stufe führt vor die ordentlichen Gerichte. Streitigkeiten um eine einseitige Änderung oder Aufhebung der Bewilligungsgrundlagen lassen sich keiner dieser Stufen eindeutig zuordnen; dementsprechend schwierig ist die Rechtswegfrage zu beantworten. Aus solchen Gründen wird vor allem zum Subventionsrecht die Zwei-Stufen-Konstruktion zunehmend kritisiert.[18] Da um die öffentlichrechtliche Grundlage der 1. Stufe nicht herumzukommen ist, bleiben als widerspruchsfreie Alternative nur (»einstufig«) öffentlichrechtliche Lösungen, im Subventionsrecht also der öffentlichrechtliche Darlehensvertrag. Das ist für die beiden Problemfallgruppen kurz im Zusammenhang der sonstigen Ausgestaltungsmöglichkeiten darzustellen.

5. Die Nutzung öffentlichrechtlicher Anstalten und anderer öffentlicher Einrichtungen

243 a) Die öffentlichrechtliche Ausgestaltung der Anstaltsnutzung kann am deutlichsten in einer öffentlichrechtlichen Satzung vorgesehen werden; zugleich ist eine solche Satzung die angemessene Rechtsgrundlage für die Erhebung von Benutzungsgebühren.[1] An die Stelle einer Satzung kann nach verbreiteter Meinung inzwischen eine Allgemeinverfügung im Sinne von § 35 S. 2 (3. Alternative) VwVfG treten; die schon früher (oben Rn. 162) angedeuteten Bedenken gegen eine solche Lösung verstärken sich, wenn Benutzungsgebühren erhoben werden sollen. In beiden Fällen (bei Satzung wie bei Allgemeinverfügung) bleibt jedoch die Frage zu beantworten, welche Form das zwischen Benutzer und Anstaltsträger entstehende Rechtsverhältnis mit

16 Zu dieser immer noch h. L. (F) *Maurer* § 14 Rn. 9, oder *Erichsen/Martens* § 31 bzw. *Salzwedel*, in: Erichsen/Martens § 44 Rn. 1.

17 Als Rechtsprechungsbeispiel – noch vor dem VwVfG – (F) BVerwGE 32, 333 (334): Anspruch einer politischen Partei auf Benutzung einer Stadthalle; (F) *Schmidt-Aßmann*, in: von Münch/Schmidt-Aßmann, 1 Rn. 112.

18 (F) *Maurer* § 17 Rn. 20ff.; (V) *Zuleeg*, Festschrift Fröhler, 1980, S. 275ff. (auch zur Entstehungsgeschichte der Konstruktion).

1 Eine Benutzungsordnung in Satzungsform mit Gebührenregelung gilt als Indiz für ein öffentlichrechtliches Benutzungsverhältnis; (F) *Maurer* § 3 Rn. 26, oder *Wolff/Bachof/Stober* II § 99 Rn. 36; BayObLG (KompKonflGH) DVBl. 1975, 370 (372, m. N.); zum Begriff der Gebühr schon oben Rn. 30.

seinen wechselseitigen Rechten und (Haupt- und Neben-)Pflichten hat. Ein öffentlichrechtlicher Vertrag wird in den Fällen der nur vorübergehenden Anstaltsnutzung (z. B. eines Museums- oder Schwimmbadbesuchs) an dem Schriftformerfordernis des § 57 VwVfG scheitern. Als Ausweg bleibt hier zwar die Annahme eines faktischen öffentlichrechtlichen Vertrags (so wie gerade für die Nutzung öffentlicher Einrichtungen ursprünglich einmal die faktischen Vertragsverhältnisse des Zivilrechts entwickelt und auch im Verwaltungsrecht anerkannt[2] wurden), doch ist dieser Vorschlag auf wenig Gegenliebe gestoßen.[3] Warum ein Rechtsverhältnis, das in zivilrechtlicher Deutung bisher unstreitig als faktisches Vertragsverhältnis behandelt wurde,[4] nicht auch als öffentlichrechtliches Verhältnis ein faktisches Vertragsverhältnis bleiben kann, ist allerdings bislang nicht einsichtig gemacht worden – zumal es, wie sich sogleich zeigen wird, auch im öffentlichen Recht solche faktischen Verträge unter anderer Überschrift längst gibt.

b) In den Fällen der Wasserversorgung und -entsorgung durch die entspre- **244**
chenden kommunalen öffentlichen Einrichtungen wird seit langem von der Rechtsprechung der ordentlichen Gerichte ein vertragsähnliches (»quasivertragliches«) öffentlichrechtliches Schuldverhältnis angenommen. Es dient im Haftungsrecht der Ergänzung der deliktischen Haftung durch die für den Bürger günstigeren vertraglichen Haftungsregeln (insbesondere die Beweislastverteilung der §§ 282, 285 BGB). Das Haftungsrecht des BGB wird entsprechend angewendet[5] – so wie bei Annahme eines öffentlichrechtlichen Vertrags (denn um nichts anderes handelt es sich hier der Sache nach, und dem Schriftformerfordernis des § 57 VwVfG dürfte Rechnung getragen werden können) über § 62 S. 2 VwVfG dieselben Regeln des BGB entsprechend anwendbar wären. Weil die haftungsrechtlichen Streitigkeiten früher kraft Tradition vor die ordentlichen Gerichte führten, brauchten diese das Rechtsverhältnis nicht nur um des Rechtswegs willen in einen privatrechtlichen Vertrag umzudeuten, sondern konnten es immer schon bei seinem öffentlichrechtlichen Namen nennen. Als öffentlichrechtlicher Vertrag würde es jetzt gemäß § 40 II 1 VwGO allerdings vor die Verwaltungsgerichte führen.

c) Unstreitig hat der Träger einer öffentlichen Einrichtung die Wahl, die **245**
Einrichtung als juristische Person des Privatrechts zu organisieren (Beispiele: Fernheizungs-AG, Stadthallen-GmbH) und dadurch im organisationsrechtlichen Vorfeld die Weiche in ein (dann zwingend) privatrechtliches Nutzungsverhältnis zu stellen. Der öffentlichrechtliche Zulassungsanspruch

2 (F) *Wolff/Bachof* I § 23 II b 2.
3 Dazu (V) *W. Schmidt*, Verwaltungsrecht Rn. 225 einerseits; *Ehlers*, DVBl. 1983, 422 ff. (429), andererseits.
4 Dazu (F) *Wolff/Bachof/Stober*, II § 99 Rn. 37.
5 (F) BGH DVBl. 1978, 108 (109).

richtet sich dann als Verschaffungsanspruch gegen den Verwaltungsträger (z.B. die Gemeinde für die Stadthallen-GmbH); ihm entspricht eine Einwirkungspflicht des Verwaltungsträgers auf die von ihm getragene juristische Person des Privatrechts.[6] Denkbar ist aber auch ein (verwaltungs-)privatrechtlicher Anspruch auf Vertragsschluß (Abschlußzwang) direkt gegen den privatrechtlich verselbständigten Leistungsträger.[7]

6. Die Vergabe von Subventionen (Begriff und Rechtsgrundlagen von Wirtschaftssubventionen; Eingrenzung des Zuordnungsproblems; zusätzliche Rechtsschutzfragen – Verträge II)

246 a) Die einzelnen Tatbestandvoraussetzungen der unterschiedlichen Subventionsleistungen brauchen nach noch überwiegender Auffassung nicht gesetzlich geregelt zu sein (mit anderen Worten: sie unterliegen nicht einem Parlamentsvorbehalt). Sie ergeben sich dann aus einer Kombination von Haushaltsgesetz, Haushaltsplan und Verwaltungsvorschriften: Im Haushaltsplan als Bestandteil des Haushaltsgesetzes (vgl. Art. 110 I 1, II 1 GG) werden die erforderlichen Geldmittel bereitgestellt und mit der Auflage versehen, die Subventionen nach Maßgabe besonderer Richtlinien zu gewähren.[1] Es gibt auch kein allgemeines Subventionsgesetz zur Regelung der zulässigen Rechtsformen von Subventionen und des Vergabeverfahrens.[2] Was überhaupt unter einer »Subvention« zu verstehen ist, kann nur mittelbar aus eher versteckten Regelungen anderer Gesetze erschlossen werden und schwankt hinsichtlich der Abstraktionshöhe der Begriffsbestimmung. Sehr allgemein spricht § 23 BHO von Zuwendungen an Stellen außerhalb der Bundesverwaltung zur Erfüllung bestimmter Zwecke. § 264 VI StGB engt das auf Leistungen aus öffentlichen Mitteln an Betriebe oder Unternehmen zur Förderung der Wirtschaft ohne marktmäßige Gegenleistung und damit auf den Begriff der Wirtschaftssubvention ein.[3] Auch und gerade für Wirtschafts-

---

6 Dazu in neuerer Zeit (F) BVerwG DVBl. 1990, 154; DÖV 1990, 977; ferner (F) *Papier*, Recht der öffentlichen Sachen, 2. Aufl. 1984, S. 28 (m.N.); (V) *W. Schmidt*, Verwaltungsrecht, Rn. 226; vgl. auch noch die folgende Rn. 246 bei und mit Fn. 7.

7 Der Anspruch kann sich auch auf bestimmte Vergünstigungen richten; als Beispiel (F) BGHZ 52, 325. Das organisationsrechtliche Unterscheidungsmerkmal wird in (F) BVerwGE 37, 243 (244), verkannt; das dort zitierte frühere Urteil (V) BVerwGE 34, 213, betraf demgegenüber einen öffentlichrechtlich organisierten Verwaltungsträger.

1 (F) BVerwGE 58, 45 (48); *Ossenbühl*, in: Erichsen/Martens § 5 Rn. 14 (bei Fn. 20f.), oder *Maurer* § 6 Rn. 14.

2 Das mißverständlich als »Subventionsgesetz« abgekürzte »Gesetz gegen mißbräuchliche Inanspruchnahme von Subventionen« vom 29.7.1976 (BGBl. I S. 2034) ist in Wahrheit ein Wirtschaftsstrafgesetz; vgl. § 264 StGB und dazu sogleich oben im Text.

3 Dieser engere Begriff wird mehr oder minder stillschweigend in der Lehrbuchliteratur zugrundegelegt; vgl. (F) *Maurer* § 17 Rn. 3, oder *Wolff/Bachof* III § 154 Rn. 1; von dem weiteren Begriff (Zuwendung an jede Art Privatrechtssubjekt, nicht nur an Unternehmen) geht offenbar (F) *Bull* Rn. 846 aus.

subventionen ist § 44 a BHO (oder die entsprechende landesrechtliche Regelung) zu beachten, eine Spezialregelung im Verhältnis zu §§ 48, 49 VwVfG.[4] Nicht alle Einzelheiten des Subventionsrechts gehören zum Pflichtfachstoff des Verwaltungsrechts, sondern nur solche, die grundsätzliche Fragestellungen des Allgemeinen Verwaltungsrechts veranschaulichen[5]: die Zuordnung vertraglicher Leistungsabwicklung zum öffentlichen oder privaten Recht (b) und Besonderheiten des (verwaltungsgerichtlichen) Rechtsschutzes, die sich aus dem Fehlen eines gesetzlichen Anspruchstatbestandes ergeben (c).

b) Unter dem Aspekt unterschiedlicher Vergabeformen und ihrer Zuordnung zum öffentlichen oder privaten Recht lassen sich drei Arten von Subventionen unterscheiden, wobei sich das Zuordnungsproblem auf eine Fallgruppe eingrenzen läßt: (1) verlorene Zuschüsse einschließlich von Zinszuschüssen (»Finanzhilfen«, »Prämien«, »Beihilfen«) – sie werden einstufig durch Verwaltungsakt gewährt und (z. B. gemäß § 44 a BHO) zurückgefordert; ein Zuordnungsproblem gibt es nicht; (2) die »Realförderung« durch bevorzugte Berücksichtigung bei der Vergabe öffentlicher Aufträge, bei Grundstücksverkäufen oder Vermietungen oder Verpachtungen – sie wird in aller Regel einstufig (verwaltungs-)privatrechtlich abgewickelt und bildet dann ebenfalls kein Zuordnungsproblem;[6] (3) Darlehen, Bürgschaften und Refinanzierungszusagen – für diese verbreitete Art von Subventionen ist die (oben Rn. 242 vorgestellte) Zwei-Stufen-Konstruktion entwickelt worden mit der Folge, daß das Zuordnungsproblem in das Subventionsrechtsverhältnis insgesamt hineingetragen wird, denn abzugrenzen ist jetzt der öffentlichrechtliche Anspruch auf ermessensfehlerfreie Berücksichtigung bei der Subventionsvergabe, über den durch Verwaltungsakt (Bewilligungsbescheid oder seine Ablehnung) entschieden wird, von dem Vollzug des Bewilligungsbescheids durch privatrechtlichen Vertrag (Darlehens-, Bürgschaftsvertrag usw.). Vermeiden lassen sich die (bislang ungelösten und letztlich auch unlösbaren) Abgrenzungsschwierigkeiten dieser Konstruktion (mit den Folgeproblemen der Rechtsweggabelung je nach Abgrenzungsergebnis) nur durch eine einstufige Konstruktion. Dabei scheitert die einstufig (verwal-

4 Die amtliche Überschrift des § 44 a BHO ist zu eng; vgl. § 44 a II 1 BHO; zu § 44 a BHO allgemein (V) *Dommach*, DÖV 1981, 122ff., oder *Grawert*, DVBl. 1981, 1029ff. oder *Weides*, JuS 1985, 364ff.; als Fallbeispiel für eine landeshaushaltsrechtliche Regelung (V) BadWürttVGH DÖV 1983, 383 = NVwZ 1983, 552.

5 Aus der Lehrbuchliteratur (jeweils immer ausführlicher): (F) *von Münch*, in: Erichsen/Martens § 2 Rn. 48f.; *Bull* Rn. 845–860; *Maurer* § 17 Rn. 3–33. Im Besonderen Verwaltungsrecht gehören weitere Einzelheiten zum Wirtschaftsverwaltungsrecht.

6 Bei gesetzlich geregelter Bevorzugungspflicht bejahen (F) BVerwGE 14, 65 (67f.); DVBl. 1970, 866, zwar die Zulässigkeit einer allgemeinen Feststellungsklage, verneinen aber die Anwendbarkeit der Zwei-Stufen-Konstruktion; dem stimmt (V) *Hoffmann-Becking*, VerwArch 62 (1971), 191 (193ff.), zu; anders in der Tendenz (V) *Maurer* § 17 Rn. 31.

tungs-)privatrechtliche Lösung an dem inzwischen allseits als öffentlichrechtlich anerkannten Anspruch auf fehlerfreie Subventionsvergabe. Es bleibt nur der (einstufig) öffentlichrechtliche Vertrag; die Wahrung der Schriftform (§ 57 VwVfG) dürfte hier (anders als in den Alltagsfällen der Anstaltsnutzung, dazu oben Rn. 243) keine Schwierigkeiten bereiten. Wer sich für diese einstufig öffentlichrechtliche Lösung entscheidet, muß auch weiterhin eine Ausnahme bei der (allerdings seltenen) ausdrücklichen gesetzlichen Anordnung einer Zwei-Stufen-Konstruktion (wie in § 102 II WohnungsbauG) machen. Hingegen führt die Einschaltung eines privatrechtlich organisierten Kreditinstituts zu einem Dreiecksverhältnis zwischen staatlichem Subventionsträger, privatem Subventionsempfänger und Kreditinstitut mit zwei unterschiedlichen Rechtsverhältnissen und nicht zur Zerlegung eines Rechtsverhältnisses im Sinne der Zwei-Stufen-Konstruktion.[7]

247 c) Ergeben sich (wie meist bei Wirtschaftssubventionen) die einzelnen Tatbestandsvoraussetzungen eines Bewilligungsbescheids erst aus einer (Haushaltsgesetz und Haushaltsplan ausfüllenden) Subventionsrichtlinie, also einer Verwaltungsvorschrift, so folgen daraus Besonderheiten für die Durchsetzung des Anspruchs auf eine Subvention und für die Normenkontrolle. Weil nach noch überwiegender Meinung eine Verwaltungsvorschrift allein keine Rechtsgrundlage ist und Ansprüche sich insoweit erst aus einer Verwaltungspraxis ergeben,[8] muß derjenige, der einen Bewilligungsbescheid zu seinen Gunsten anstrebt, auf die Vergabepraxis zugunsten seiner Konkurrenten verweisen: Die Verpflichtungsklage auf Bewilligung einer Subvention wird zur »positiven Konkurrentenklage«, meist in Form einer Bescheidungsklage.[9] Will jemand nicht selbst subventioniert werden, sondern bestreitet er ganz grundsätzlich die Rechtmäßigkeit der subventionsrechtlichen Tatbestandsbildung, so würde er bei gesetzlicher Regelung des Subventionstatbestands eine Verfassungsbeschwerde unmittelbar gegen das Gesetz erheben und dabei eine Grundrechtsverletzung zu seinem Nachteil rügen, z. B. die Verletzung seiner aus Art. 2 I GG geschützten Wettbewerbsfreiheit. Ist der Subventionstatbestand nur in einer Verwaltungsvorschrift geregelt, so entfällt die Möglichkeit der direkten Normenkontrolle, an ihre Stelle tritt die »negative Konkurrentenklage«.[10]

---

7 Das wird trotz zurückhaltender Formulierungen bei (V) *Maurer* § 17 Rn. 28, nicht ganz deutlich; vgl. auch schon die parallele Situation im Recht der öffentlichen Einrichtungen oben Rn. 245.

8 Dazu oben Rn. 180 bei Fn. 3, sowie nochmals (F) BVerwGE 58, 45 (50, 51), mit der Feststellung, daß solche Richtlinien eine Funktion erfüllen, »die in der Regel Rechtsnormen zukommt«.

9 Dazu (F) BVerwGE 30, 190 (192 f.); *Bull* Rn. 1051–1053; (V) *J. Scherer*, Jura 1985, 11 ff. (16 mit Fn. 6); sowie noch unten Rn. 254.

10 Dazu ebenfalls (F) BVerwGE 30, 190 (198); (V) *Scherer* (Fn. 9), S. 14 ff.; als weiteres Beispiel (V) OVG Berlin DVBl. 1975, 905, sowie die Urteilsanmerkungen zur Entscheidung der Vorinstanz (V) *Scholz*, DÖV 1975, 136 f.; *W. Henke*, DVBl. 1975, 272 ff.

7. Zusammenfassung

248 a) Probleme der Zuordnung zum öffentlichen oder privaten Recht gibt es allgemein bei tatsächlichem Handeln oder bei Abläufen, die einem Verwaltungsträger zuzurechnen sind, in einigen (keineswegs allen) Bereichen der Leistungsverwaltung schon für die Organisationsform[1] und, bei öffentlichrechtlicher Verwaltungsorganisation, beim Handeln in vertraglicher oder quasivertraglicher Form. Keine Zuordnungsprobleme gibt es für die Organisation der Polizei- und Ordnungsverwaltung (sie ist immer öffentlichrechtlich)[2], ihre typisch öffentlichrechtlichen Handlungsformen des Ge- oder Verbots und der Erlaubnis und für die solche Verwaltungsakte vorbereitenden Verwaltungsverfahren bis hin zu den förmlichen Anlagengenehmigungs- und Planfeststellungsverfahren. Keine Zuordnungsprobleme gibt es im Gegenzug bei der Verwaltung als Konsument (für die sogenannten »fiskalischen Hilfsgeschäfte«, z. B. die Deckung des Bürobedarfs) oder als Produzent (oft schon in privatrechtlicher Organisationsform):[3] hier handelt sie immer in privatrechtlicher (meist Vertrags-)Form – eine andere Frage, die aber kein Zuordnungsproblem im Sinne des § 40 I 1 VwGO (§ 35 S. 1 VwVfG) enthält, zielt auf inhaltliche Bindungen im Sinne eines »Verwaltungsprivatrechts«. Die privatrechtlich organisierte Verwaltung ist in aller Regel an ihrer Rechtsform als juristische Person des Privatrechts (meist als Kapitalgeselschaft) erkennbar.[4] In privatrechtlicher Organisationsform handelt die Verwaltung immer privatrechtlich. Keine ernsthaften Zuordnungsprobleme bewirkt schließlich die Überlagerung des Privateigentums durch die öffentlichrechtliche Eigenschaft einer Sache: die Reichweite des öffentlichen Rechts bestimmt sich nach dem Inhalt der Widmung zur öffentlichen Sache (vgl. § 35 S. 2, 2. Alternative VwVfG). Das gilt in gleicher Weise für die auf eine öffentliche Sache rückführbaren Immissionen (dazu oben Rn. 232, 233, 237).

249 b) Als problematische Fallgruppen bleiben somit die Verträge und vertragsähnlichen Rechtsverhältnisse, die Verträge vor allem als Instrument zur Vergabe bestimmter (nicht aller!) Formen von Wirtschaftssubventionen, Verträge und vertragsähnliche Verhältnisse nebeneinander in den Bereichen der Anstaltsnutzung einschließlich der Nutzung öffentlicher Einrichtungen. Hier wird die Legaldefinition des § 54 S. 1 VwVfG für die Zuordnung von Verträgen zum öffentlichen Recht noch nicht strikt in die Praxis umgesetzt; vielmehr wird das jeweilige Rechtsverhältnis (das Nutzungsverhältnis zwischen Einrichtungsträ-

1 Eine öffentlichrechtliche Organisationsform schreibt Art. 87 II GG für die Sozialversicherungsträger vor.

2 Auch »Beliehene« sind Teil der öffentlichrechtlichen Verwaltungsorganisation; (F) *Maurer* § 23 Rn. 56, und schon oben Rn. 7.

3 Dazu (V) *Bull* Rn. 38, 39.

4 Einen Überblick gibt (V) *Stober*, NJW 1984, 449 ff.

ger und Benutzer, das Subventionsverhältnis zwischen öffentlichrechtlich organisiertem Subventionsträger und Subventionsempfänger) in die zwei Stufen eines öffentlichrechtlichen Zulassungs- und eines wahlweise auch privatrechtlichen Abwicklungsverhältnisses zerlegt. Anders verhält es sich nur mit bestimmten, bisher als quasivertraglich, aber öffentlichrechtlich gedeuteten »verwaltungsrechtlichen Schuldverhältnissen«, die sich heute ohne Schwierigkeiten als öffentlichrechtliche Verträge begreifen und abschließen ließen (dazu oben Rn. 244). Alle diese Fallgruppen sind nur aufgrund positiver Kenntnisse davon, wie es gemacht wird, zutreffend in ihrer jeweils besonderen Problematik zu erfassen. Für die berühmten Theorien zur Abgrenzung von öffentlichem und privatem Recht (oben Rn. 137) sind sie irreguläre Fälle, die sich mit keiner dieser Theorien zureichend erklären lassen.

Ganz allgemein könnte aufgefallen sein, daß es in diesem Abschnitt (Rn. 231 ff.) an keiner Stelle auf eine der Abgrenzungstheorien ankam (zu ihrer formelhaften Verwendung in unproblematischen Fällen schon oben Rn. 137). Auch die in der neueren Literatur bevorzugte »Zuordnungslehre« versagt von ihrem Ansatz her dort, wo die Rechtsgrundlagen des zuordnungsbedürftigen Vorgangs unzureichend ausgebildet sind wie vor allem bei tatsächlichen Handlungen und Abläufen, und bedarf dort notwendig der Ergänzung um weitere Formelelemente (wie denen des »Organisations- und Handlungszusammenhangs«; dazu oben Rn. 237); sie ist unbrauchbar, wo ihr unter noch breiter Zustimmung derselben Literatur offen zuwidergehandelt wird wie bei der Vergabe von Subventionsdarlehen und Bürgschaften (und ähnlichen Zusagen) – wer also hier der ganz überwiegenden Praxis und der noch überwiegenden Literatur folgen will, tut gut daran, seinen »theoretischen« Ansatz nicht ernster zu nehmen als jede beliebige Schaumschlägerei. In Kurzfassung: alle Abgrenzungstheorien müssen für den Bereich des tatsächlichen Verwaltungshandelns (einschließlich der Immissionen) ergänzt und für eine Rechtfertigung der Subventionspraxis durchbrochen werden. Hier müssen sie äußerst behutsam eingesetzt werden, soll das Gutachten nicht in einer Sackgasse enden.

250 c) Wichtiger als der Zierat solcher »Theorien« ist das Verständnis für die Besonderheiten der Verwendung privatrechtlicher Formen durch die staatliche Verwaltung.[5] Die inhaltliche Bindung bleibt jedenfalls hinsichtlich der Grundrechtsbindung und modifiziert das von der Verwaltung eingesetzte Privatrecht zum »Verwaltungsprivatrecht«. Die von dem Verwaltungsträger jeweils gewonnene größere Beweglichkeit besteht in anderen (vermeintlichen) Vorteilen: in der Minderung des Einflusses hierarchischer Weisungsbefugnisse innerhalb der öffentlichrechtlichen Verwaltungsorganisation (insofern entsteht mit der Wahl einer privatrechtlichen Organisationsform ein selbstverwaltungsähnlicher Freiraum), in der Vermeidung der strikteren Bindungen des öffentlichrechtlichen Haushalts- und Dienstrechts und der öffentlichrechtlichen Verfahren der Entscheidungsvorbereitung. Im übrigen gilt: Die Wahl privatrechtlicher Formen verdrängt, wenn schon nicht das materielle öffentliche Recht, so doch den Verwaltungsrichter (§ 40 I 1 VwGO; § 13 GVG). Aus allen diesen Gründen wird im Schrifttum eine zunehmende Zurückhaltung gegenüber dem bisherigen Ausmaß von »Verwaltungsprivatrecht« spürbar.[6]

5 Zu den verbleibenden Fallgruppen eines Wahlrechts der Verwaltung (V) *W. Schmidt*, Verwaltungsrecht Rn. 240, 241.

6 Dazu (V) *von Zezschwitz*, NJW 1983, 1873 ff.; *Ehlers*, DVBl. 1983, 422 ff.

D. Rechtsschutzfragen im Verwaltungsrecht

I. »Anspruchsgrundlagen« (Überblick)

1. Unterschiede und Parallelen zum Bürgerlichen Recht

a) Das Wort »Anspruchsgrundlagen« wird hier in Anführungszeichen gesetzt. **251**
Der im Bürgerlichen Recht (oder Zivilrecht), wie hier besser für Privatrecht gesagt wird), entwickelte Begriff kann im Verwaltungsrecht nur nach erheblichen Modifizierungen verwendet werden. Das folgt aus dem Unterschied zwischen grundsätzlicher Freiheit des Handelns im Bürgerlichen Recht (Privatautonomie) und der ebenso grundsätzlichen Bindung der öffentlichen Gewalt (dazu oben Rn. 20–22) und wirkt sich bis in die Einzelheiten einzelner »Anspruchsgrundlagen« und ihren Zusammenhang untereinander aus. Das Denken in Anspruchsgrundlagen steht im Bürgerlichen Recht so sehr im Vordergrund, daß dort eine Darstellung zur Examensvorbereitung nach Anspruchsgrundlagen geordnet werden kann.[1] Das ist im öffentlichen Recht insgesamt und auch im Verwaltungsrecht als einem seiner Teilgebiete nicht möglich; hier werden die Anspruchsgrundlagen vor allem des Deliktsrechts (im weitesten Sinne) und manchmal die anerkannten oder umstrittenen Parallelen zur ungerechtfertigten Bereicherung (öffentlichrechtlich: »Erstattung«) und Geschäftsführung ohne Auftrag jeweils in einem großen Schlußkapitel zusammengefaßt.[2] Das entspricht den schon genannten Grundsatzunterschieden: Die Arbeit mit Anspruchsgrundlagen paßt im Verwaltungsrecht nur auf Teilbereiche vor allem der Beziehungen zwischen Bürger und Verwaltung (ganz selten auf Beziehungen zwischen unterschiedlichen Verwaltungsträgern) und kann dort wegen der Bindung aller öffentlichen Gewalt nicht wie im Bürgerlichen Recht die Vertragsfreiheit zum Ausgangspunkt und Zentrum der Darstellung nehmen; im Vordergrund stehen vielmehr die Ansprüche aus einem Rechtssatz (meist einem Gesetz). Die übliche, weil zweckmäßige Anordnung des Bürgerlichen Rechts nach Vertrag, Geschäftsführung ohne Auftrag, dinglichen Ansprüchen, Ansprüchen aus Delikt und aus ungerechtfertigter Bereicherung[3] paßt deshalb nicht; an die Spitze treten »Ansprüche« aus einem Rechtssatz, die sich am ehesten mit den dinglichen Ansprüchen des Bürgerlichen Rechts vergleichen lassen, und auch andere Anspruchsgrundlagen des Bürgerlichen Rechts haben im Verwaltungsrecht nur sehr eingeschränkt eine Parallele. So kann es z. B. nicht um eine Geschäftsführung ohne vertraglich vereinbarten Auftrag gehen,

1 *Medicus*, Bürgerliches Recht, 16. Aufl. 1993.
2 Besonders deutlich bei (F) *Maurer* §§ 25–30.
3 (F) *Medicus* (Fn. 1) Rn. 8–11.

sondern nur um eine ausnahmsweise »Geschäftsführung« ohne **gesetzlichen** Auftrag (dazu noch unten Rn. 275). Trotz aller dieser Vorbehalte und Einschränkungen kann ein Vergleich zwischen dem Denken in Anspruchsgrundlagen im Bürgerlichen Recht und seiner Veränderung im Verwaltungsrecht gerade für Studenten sinnvoll sein. Studenten werden vor ihrer Beschäftigung mit dem Verwaltungsrecht meist schon mit bürgerlichrechtlichen (= privatrechtlichen) Anspruchsgrundlagen gearbeitet haben. Sie werden einige davon im Verwaltungsrecht wiedererkennen (z. B. in §§ 48 II 5, 6; 54; 62 VwVfG; § 40 II VwGO; Art. 34 GG i. V. m. § 839 BGB) und sich fragen, ob es auch im Verwaltungsrecht ein entsprechendes Anspruchssystem gibt und wie es aussieht. Die Antwort auf solche Fragen kann nochmals die Eigenart des öffentlichen Rechts (und des Verwaltungsrechts als seines Teilgebiets) im Vergleich mit dem Bürgerlichen Recht (oder Zivilrecht oder Privatrecht) verstehen helfen.

b) Die Entsprechungen zur zivilrechtlichen Anspruchsprüfung sind (von den praktisch nicht so gewichtigen Fällen des öffentlichrechtlichen Vertrags abgesehen) am deutlichsten bei den öffentlichrechtlichen Ersatzleistungen (ausführlicher: den öffentlichrechtlichen Schadensersatz- und Entschädigungsleistungen), also in der Parallele zum zivilrechtlichen Deliktsrecht im weitesten Sinne. Dieses umfaßt neben den unerlaubten Handlungen auch die Gefährdungshaftung und die bürgerlichrechtliche Aufopferung[4] – so wie die öffentlichrechtlichen Schadensersatz- und Entschädigungsansprüche die Amtshaftung (als Parallele zum Anspruch aus unerlaubter Handlung), die Enteignung und die Aufopferung (sowie deren gesetzliche und richterrechtliche Modifikationen) zusammenfassen und (auf eine je nach Systematik der Darstellung manchmal etwas undeutliche Weise) von dem »Folgenbeseitigungs«- und Unterlassungsanspruch ergänzt werden. Zum Verständnis dieses auf einen ersten Blick nicht sehr übersichtlichen Teilsystems öffentlichrechtlicher Ansprüche muß man sich zweierlei klar machen: (1) Als »öffentlichrechtliche Ersatzleistungen« werden die Tatbestände rechtswidriger Schädigung, die neben einem Anspruch auf Schadensersatz in Geld (Amtshaftung) auch einen (»Folgen«-)Beseitigungs- oder Unterlassungsanspruch auslösen, mit solchen Entschädigungstatbeständen zusammengefaßt, die (wie besonders anschaulich die Enteignung, aber auch die Aufopferung) nur einen Anspruch auf Ausgleich in Geld begründen, während die (schon eingetretene) Schädigung (oder die Quelle weiterer Schädigungen) nicht abgewehrt werden kann, sondern geduldet werden muß. (2) Ansprüche auf Schadensersatz **in Geld** können durch jede Art einzelfallbezogenen Verwaltungshandeln ausgelöst werden, also durch einen rechtswidrigen Realakt ebenso wie durch einen rechtswidrigen Verwaltungsakt oder auch durch eine Vertragsverletzung. Sobald es um Ansprüche **auf Beseitigung** im Sinne der

4 Dazu (F) *Medicus* (Fn. 1) Rn. 604, 638 a.

Wiederherstellung des früheren Zustands (vergleichbar der Naturalrestitution des § 249 S. 1 BGB) oder um Unterlassung geht, gabeln sich die Wege des Verwaltungsrechts in einer schon bekannten Weise: in die »Beseitigung« rechtswidriger Vewaltungsakte (durchzusetzen im Wege der Anfechtung) und in die »Folgenbeseitigung« (oder Unterlassung) von Realakten.[5] Die Anfechtung rechtswidriger Verwaltungsakte war aus historischen Gründen nie Bestandteil eines verwaltungsrechtlichen Schadensersatzrechts. Ebenfalls aus historischen Gründen gab es bis in die Zeit unter dem GG für rechtswidrige Realakte nur Schadensersatz in Geld; der zur Ergänzung des darauf gerichteten Amtshaftungsanspruchs (heute wieder Art. 34 GG i. V. m. § 839 BGB) richterrechtlich entwickelte (und durch das aus verfassungsrechtlichen Gründen gescheiterte StHG[6] vorübergehend auch gesetzlich anerkannte) Anspruch auf »Folgenbeseitigung« beschränkt sich auf diese Rechtsschutzlücke der rechtswidrigen Realakte. Ein Blick auf das Rechtsschutzsystem des Verwaltungsrechts wird aber den Schutz gegen rechtswidrige Verwaltungsakte nicht ausblenden, vielmehr durch dessen Einbeziehung manche Eigenart des restlichen Systems erst richtig verständlich machen können.

2. Abwehr rechtswidriger Eingriffe; Schadensersatz-, Entschädigungs- und Ausgleichsansprüche[1] (außerhalb öffentlichrechtlicher Verträge[2])

a) Besteht der Eingriff im Erlaß eines belastenden Verwaltungsakts, so ist für **252**
die Klagebefugnis zwischen Adressaten und Drittbetroffenen zu unterscheiden. Die Rechtsverletzung zu Lasten des Anfechtungsklägers ist neben der Rechtswidrigkeit des Verwaltungsakts die zweite Voraussetzung einer erfolgreichen Anfechtung (§§ 42 II, 113 I 1 VwGO). Die Rechtswidrigkeit des Verwaltungsakts folgt aus dem Fehlen oder der fehlerhaften Anwendung einer Rechtsgrundlage (Ermächtigungsgrundlage). Der Adressat eines Verwaltungsakts ist durch dessen Rechtswidrigkeit immer auch in seinen Rechten verletzt. Der Drittbetroffene ist es nur dann, wenn eine zu seinen Gunsten bestehende Schutznorm verletzt worden ist; hier wird die Parallele zur An-

5 Dem entspricht im Bürgerlichen Recht die Unterscheidung zwischen dem Deliktsrecht im engeren und im weiteren Sinn.

6 Dazu (L) BVerfGE 61, 149.

1 Die folgende Übersicht soll den Gesamtüberblick erleichtern; ihre Lektüre kann aber auch zur Selbstkontrolle für die Erkennung besonders auffälliger Wissenslücken benutzt werden.

2 Auch im Rahmen öffentlichrechtlicher Verträge kann es zu Schadensersatzansprüchen wegen Leistungsstörung kommen; dazu – kürzer (F) *Maurer* § 14 Rn. 52, oder – ausführlicher – (V) *Meyer/Borgs* § 62 Rn. 15–22 (m. w. N.). Sie sind jedoch eine sekundäre, nicht die primär vereinbarte Rechtsfolge. Auch die rechtswidrige Ablehnung oder Unterlassung eines beantragten Verwaltungsakts oder die Verweigerung einer anderen Vertragsleistung, auf die der Antragsteller einen Anspruch hat, tritt hinter dem eigentlichen Leistungsanspruch zurück und wird hier nicht nochmals einbezogen.

spruchsgrundlage des Zivilrechts besonders deutlich (zu allem schon oben Rn. 144, 145). Besonders typische Fallgruppen der Verwaltungsakte mit (belastender) Drittwirkung können aufgrund des inzwischen schon dargestellten Verwaltungsrechtsstoffs noch einmal kurz zusammengefaßt und ergänzt werden (unten Rn. 253–257); schon dabei werden Überschneidungen mit der dann darzustellenden Schadensersatzproblematik erkennbar werden.

b) Ein (zusätzlicher) Schaden in Geld kann einen Amtshaftungsanspruch begründen; dafür bedarf es gemäß Art. 34 GG i. V. m. § 839 BGB des Nachweises einer (vorsätzlichen oder) fahrlässigen Amtspflichtverletzung durch den Amtswalter, der den Schaden verursacht hat. Das unterscheidet die Amtshaftung von der (als Gesetz gescheiterten) Staatshaftung, die einen solchen Verschuldensnachweis nicht voraussetzt.[3] Besteht der Eingriff in einem rechtswidrigen Realakt, so kann er mit dem richterrechtlich entwickelten und jedenfalls im Ergebnis allgemein anerkannten »Folgenbeseitigungsanspruch« abgewehrt werden; auf Verschulden kommt es nicht an – insoweit wird mit dem »Folgenbeseitigungsanspruch« die Staatshaftung teilweise vorweggenommen. Das gilt ebenso für den tatsächlichen Vollzug eines Verwaltungsakts; ein entsprechender »Vollzugsfolgenbeseitigungsanspruch« wird in § 113 I 2 VwGO vorausgesetzt. Einen weiteren Vorgriff auf die Staatshaftung hat die Rechtsprechung des BGH mit dem Entschädigungsanspruch aus »enteignungsgleichem Eingriff« entwickelt. Das Verständnis solcher Zusammenhänge setzt deshalb die Kenntnis des Richterrechts zu Enteignung und Aufopferung voraus.

c) Gegenstand der Enteignung (Art. 14 III GG) sind die von Art. 14 I 1 GG geschützten vermögenswerten Rechte. Gegenstand einer spezialgesetzlich geregelten Aufopferungs- oder Gefährdungshaftung sind auch duldungspflichtige Eingriffe in nichtvermögenswerte Rechtsgüter wie z. B. die Gesundheit (als Beispiele vorerst § 51 BSeuchenG oder die landesgesetzlich geregelten Entschädigungsansprüche eines Notstandsverantwortlichen). Der hinter solchen spezialgesetzlich geregelten Tatbeständen subsidiär anwendbare, gewohnheitsrechtlich anerkannte und richterrechtlich modifizierte allgemeine Aufopferungsanspruch wurde bis zu der soeben (zu b) erwähnten Rechtsprechung des BVerfG zu den Voraussetzungen des Art. 14 III GG auf duldungspflichtige Eingriffe in nichtvermögenswerte Rechtsgüter beschränkt und wird inzwischen vom BGH unter Beibehaltung des Begriffs »enteignender Eingriff« auf solche Eingriffe in vermögenswerte Rechte erstreckt, die nicht alle Voraussetzungen des Art. 14 III (insbesondere nicht S. 2) GG erfüllen, aber dennoch weiterhin als duldungspflichtig angesehen werden (dazu im einzelnen unten Rn. 258, 262).

3 § 2 I 2 StHG 1981 sah insoweit eine Beweislastumkehr vor; vgl. den Abdruck in (L) BVerfGE 61, 149 (152).

d) Schadensersatz- und Entschädigungsansprüche werden für bestimmte vertragsähnliche verwaltungsrechtliche Schuldverhältnisse teils gesetzlich, teils richterrechtlich ergänzt und modifiziert. Dazu zählen die verwaltungsrechtlichen Schuldverhältnisse zwischen Bürger und kommunalen Wasserversorgungs- und -entsorgungseinrichtungen (dazu schon oben Rn. 244) und die in § 40 II 1 VwGO vorausgesetzte öffentlichrechtliche Verwahrung (dazu unten Rn. 273).

e) Dem privatrechtlichen Anspruch aus ungerechtfertigter Bereicherung (§§ 812ff. BGB) entspricht der öffentlichrechtliche Erstattungsanspruch (vgl. auch hier vorerst § 48 II 5, 6 VwVfG und noch unten Rn. 274).

f) Umstritten ist, ob und – wenn ja – in welchen Fällen auch im öffentlichen Recht ein Aufwendungsersatz aufgrund eines ungeschriebenen Anspruchs aus »Geschäftsführung ohne Auftrag« verlangt werden kann (dazu unten Rn. 275).

II. Verwaltungsrechtsschutz gegen »Verwaltungsakte mit Drittwirkung«

1. Zur Grundsatzproblematik des Rechtsschutzes Drittbetroffener; Querverbindungen zwischen Drittanfechtung und Amtshaftung

Das Nebeneinander von Rechtswirkungen eines Verwaltungsakts für seinen **253** Adressaten und sonst von ihm (in ihren Rechten) betroffene Dritte war schon mehrfach zu beobachten.[1] Für den Dritten geht es durchgängig um Rechtsnachteile; für ihn handelt es sich um einen belastenden Verwaltungsakt. Gemeinsames Problem aller unterschiedlichen Fallgruppen (war und) ist die genauere Bestimmung der Rechte, in denen der Dritte verletzt sein kann. Diese Rechte wiederum finden ihre Grundlage in einer Rechtsnorm, die den Schutz des Dritten bezweckt (deshalb auch Schutznorm genannt) oder, in der Sprache des § 823 II BGB, in einem »den Schutz eines anderen« bezweckenden Gesetz. Diese Querverbindung zu § 823 II BGB kann zweierlei verdeutlichen: (1) Das Grundmuster des Rechtsschutzes Drittbetroffener ist nicht auf das öffentliche Recht beschränkt, sondern findet sich gleichermaßen im Zivilrecht. (2) Der Rechtsschutz Drittbetroffener beschränkt sich nicht auf Eingriffsabwehr, sondern kann auch zu Schadensersatzansprüchen führen, im Verwaltungsrecht aus Art. 34 GG i.V.m. § 839 BGB – wobei die Schutznorm sich in der Rechtsgrundlage für die Amts-

1 So im Ausländer-, Nachbar-, Anlagengenehmigungs- und Planfeststellungsrecht; zur Terminologie nochmals §§ 41 I 1, 43 I 1, 50 VwVfG, sowie (V) *W. Schmidt*, Verwaltungsrecht Rn. 143.

pflicht »einem Dritten gegenüber« findet und der »Dritte« dadurch zum Tatbestandsmerkmal der Anspruchsgrundlage wird. Dementsprechend kann derselbe Sachverhalt (z. B. eine unter Verstoß gegen eine nachbarschützende Norm erteilte und deshalb rechtswidrige Baugenehmigung) beide Rechtsfolgen nach sich ziehen: die Anfechtungsklage des Nachbarn (mit dem Ziel der Aufhebung der Baugenehmigung) und eine Amtshaftungsklage auf Ersatz eines zusätzlich entstandenen Vermögensschadens.[2] Das Stichwort »Verwaltungsakt mit Drittwirkung« zielt jedoch auf den verwaltungsgerichtlichen Rechtsschutz des »Dritten«.

2. Gesamtüberblick

254 Ein Überblick über die in der Praxis bisher erörterten unterschiedlichen Fallgruppen des »Verwaltungsakts mit Drittwirkung« kann zunächst bei den unterschiedlichen Rechtswirkungen des Verwaltungsakts auf seinen Adressaten und den Dritten ansetzen, anschließend bei den Rechtsschutzzielen des Dritten und ihrer Begründung.

Meist enthält der Verwaltungsakt für den Adressaten eine Begünstigung, für den Dritten eine Belastung. Eine Ausnahme sind ausländerrechtliche Ausweisungsverfügungen, die den Ausländer und seine Familienangehörigen gleichermaßen belasten; der Rechtsschutz des Dritten macht im übrigen keine besonderen Schwierigkeiten, so daß es für diese Fallgruppe bei den oben (Rn. 145) gegebenen Lösungshinweisen bleiben kann. Im Regelfall des den Adressaten begünstigenden, den Dritten belastenden Verwaltungsakts gibt es aus der Sicht des Dritten je nach Ausgangssituation drei unterschiedliche Rechtsschutzziele: (1) Meist geht es ihm nur um die Aufhebung des Verwaltungsakts, also die Abwehr des ihn belastenden Verwaltungsakts im Wege einer Anfechtungsklage, so in den schon bekannten Fällen der baurechtlichen und immissionsschutzrechtlichen Nachbarklage bis hin zur Anfechtung der Genehmigungs- (oder Vor-)Bescheide in den atomrechtlichen Genehmigungsverfahren oder der Anfechtung von Planfeststellungsbeschlüssen (dazu oben Rn. 207, 227, 228), aber auch in den noch (unten Rn. 255) kurz zu skizzierenden Fällen des Schutzes von Versicherungsnehmern oder Bankkunden gegen wirtschaftsaufsichtsrechtliche Genehmigungen und in den nur ausnahmsweise zulässigen »negativen Konkurrentenklagen« des Berufs- und Gewerberechts. Dabei berühren sich die immissionsschutzrechtlichen Nachbarklagen gegen emittierende öffentliche Einrichtungen mit der neueren Rechtsprechung des BGH zum »enteignenden Eingriff«, so daß sich auch hier Überschneidungen von Abwehr- und Entschädigungsklagen ergeben.[3] (2) Damit verwandt sind die verdrängenden

2 Grundsätzlich zu solchen Querverbindungen zwischen Nachbarklage, Amtshaftungsanspruch und auch § 823 II BGB (F) BGHZ 86, 356 (361 f.).
3 Dazu hier schon (V) *Papier*, JuS 1985, 184 ff. (187); sowie unten Rn. 262 (mit Fn. 14).

Konkurrentenklagen aus dem Recht der freien Berufe und des Beamtenrechts (dazu im einzelnen sogleich Rn. 257). (3) Nur in die äußere Form einer Konkurrentenklage gekleidet sind die subventionsrechtlichen Klagen auf (gleiche) Vergabe einer Subvention (wie an den schon begünstigten Konkurrenten) oder auf die grundsätzliche Unzulässigkeit solcherart Subventionsvergabe. Diese Konkurrentenklagen sind durch das Fehlen gesetzlicher Subventionstatbestände bedingte Umwegkonstruktionen. Gäbe es gesetzliche Subventionstatbestände, so würde statt im Wege der »positiven Konkurrentenklage« direkt auf Subventionsvergabe geklagt oder anstelle einer »negativen Konkurrentenklage« direkt ein Normenkontrollverfahren betrieben (dazu schon oben Rn. 247). Mit dem Grundmuster des Verwaltungsrechtsschutzes gegen »Verwaltungsakte mit Drittwirkung« unter Berufung auf die Verletzung einer Schutznorm hat das nichts zu tun, denn an einer solchen Schutznorm für den Einzelfall fehlt es gerade. Soweit mit einer »negativen Konkurrentenklage« nur ein unliebsamer Konkurrent behindert werden soll, ohne daß die Rechtmäßigkeit dieser Art Subventionen insgesamt infrage gestellt wird, ist die Klage aus den gleichen Gründen unzulässig wie im Regelfall der (sogleich noch näher darzustellenden) berufs- oder gewerberechtlichen »negativen Konkurrentenklage«.

3. Zu einigen Fallgruppen der Drittbelastung durch Adressatenbegünstigung

Die folgenden Ergänzungen betreffen den Drittschutz gegen wirtschafts-, 255
gewerbe-und berufsaufsichtsrechtliche staatliche Maßnahmen.

a) In der Fallgruppe der baurechtlichen und immissionsschutzrechtlichen Nachbarklagen ging es um die Drittwirkung staatlicher Gefahrenabwehr durch Erlaubnisverfahren. Dem gleichen Muster folgt die staatliche Wirtschaftsaufsicht über private Versicherungsunternehmen und Banken. Versicherungsunternehmen bedürfen z. B. für eine Änderung ihrer Prämientarife der Genehmigung durch das Bundesaufsichtsamt für das Versicherungs- und Bausparwesen; Banken unterliegen der Aufsicht durch das Bundesamt für das Kreditwesen. Die Drittwirkung solcher staatlichen Aufsichtsmaßnahmen und dementsprechend zuvor die Schutzwirkung der dafür geltenden Rechtsgrundlagen zugunsten der Versicherungsnehmer wurde in verwaltungsgerichtlichen Anfechtungsstreitigkeiten und in einem anderen Fall später auch mit einer Amtshaftungsklage geltend gemacht. Das BVerwG verneinte die Schutzwirkung der einschlägigen Vorschrift, obwohl diese dem Bundesamt die Wahrung der Belange der Versicherten ausdrücklich zur Pflicht macht.[1]

1 (F) BVerwGE 30, 135 (137), mit der Unterscheidung zwischen der Gesamtheit der Versicherten und den einzelnen Versicherten – mit dieser Unterscheidung könnte es bei allgemein gefaßten Vorschriften (zugunsten aller gleich betroffenen Dritten) nie zur

Auch der BGH entschied in diesem Sinn.[2] Demgegenüber wurde später vom BGH die Schutzwirkung bankenaufsichtsrechtlicher Regelungen zugunsten der Bankkunden in zwei – ihrer wirtschaftspolitischen Bedeutung wegen weithin beachteten – Amtshaftungsprozessen bejaht.[3]

256 b) Bestimmte Gewerbe (z.B. Taxifahrer) bedürfen einer staatlichen Erlaubnis, bestimmte Berufe (z.B. Notare) einer staatlichen Zulassung. Bestimmte Modalitäten der Berufsausübung werden staatlich beaufsichtigt und reguliert (z.B. Ladenöffnungszeiten; die Höhe der Pflegesätze privater Krankenanstalten). Insoweit bestehen noch deutliche Parallelen zur soeben behandelten Fallgruppe der Versicherungs- und Bankenaufsicht. Im Unterschied dazu melden sich hier als Drittbetroffene nicht Geschäftspartner, sondern Konkurrenten unter Berufung auf eine Verletzung der jeweiligen einfachgesetzlichen Rechtsgrundlagen und zusätzlich ihrer Grundrechte aus Art. 12 I; 14 I 1 GG (als Schutz des Rechts am eingerichteten und ausgeübten Gewerbebetrieb), Art. 2 I GG (als Schutz der Wettbewerbsfreiheit) und auch Art. 3 I GG. Weder die einfachgesetzlichen Rechtsgrundlagen noch die genannten Grundrechte schützen jedoch vor unliebsamer Konkurrenz. Die Klagen sind deshalb schon unzulässig.[4]
Als ausnahmsweise zulässige Konkurrentenabwehrklage wird vom BVerwG die Klage eines privaten Linienbusunternehmens gegen die Zulassung eines weiteren Unternehmens angesehen; die Klagebefugnis wurde hier aus dem Anhörungsrecht des schon vorhandenen Unternehmens im Genehmigungsverfahren (jetzt) gemäß § 14 I Nr. 1 c PersBefG abgeleitet.[5] Das ist angesichts der Rechtsprechung zum Auseinanderfallen von Beteiligungsrecht und Kla-

---

Schutzwirkung für einzelne Dritte kommen; etwas anders in der Begründung bei gleichem Ergebnis (F) BVerwGE 75, 147 (149f., 153).

2 (F) BGHZ 58, 96 (98).

3 (F) BGHZ 74, 144 (147 – »Hubmann« oder »Wetterstein-Fonds«); 75, 120 (122 – »Herstatt«); in neuerer Zeit bestätigt in (F) BGHZ 90, 310 (313).

4 Für diese ständige Rechtsprechung und zugleich als Beispiele (F) OVG Lüneburg OVGE 5, 484 (486): Notar; BVerwGE 60, 154 (158): Krankenhauspflegesätze; OVG Münster NJW 1980, 2323: Taxiunternehmer; (V) BVerwGE 64, 238: Klage auf eine Taxi- (=»Kraftdroschken«-)Genehmigung. Hingegen handelt es sich in (V) BVerwGE 39, 329 (332 – Klage eines Bestattungsunternehmers gegen die gleichgerichtete Tätigkeit einer Gemeinde), nicht um die Anfechtung eines Verwaltungsakts mit Drittwirkung und auch nicht um die Abwehr eines Konkurrenten, sondern um eine allgemeine Leistungsklage gegen eine tatsächliche öffentlichrechtlich zu qualifizierende Beeinträchtigung, die nicht in die Fallgruppe der Konkurrentenklagen paßt; anders (V) *J. Scherer*, Jura 1985, 11ff. (12).

5 Die maßgeblichen Gründe der Ausgangsentscheidung (F) BVerwGE 9, 340 (341), werden in der späteren Rechtsprechung (und Literatur) insoweit nur verkürzt wiedergegeben – wahrscheinlich, weil kaum jemand noch so weit zurückblättert; vgl. (F) BVerwGE 30, 347 (349).

gebefugnis (dazu oben Rn. 227) widersprüchlich[6] und nicht verallgemeinerungsfähig.

c) Anders ist die Ausgangslage, wenn mehrere Antragsteller sich um dieselbe (Ausnahme-)Genehmigung streiten (z.B. eine Rezeptsammelstellenerlaubnis als Ausnahme von dem Verbot des Apothekenbetriebs außerhalb der genehmigten Betriebsräume) und der unterlegene Antragsteller versucht, den glücklicheren Konkurrenten im Wege einer Verwaltungsklage und unter Berufung auf eine Verletzung des Art. 3 I GG in Verbindung mit einem anderen Grundrecht (meist Art. 12 I GG) zu verdrängen.[7] Die Besonderheit einer solchen Konkurrentenverdrängungsklage liegt im Verwaltungsprozeßrecht und dort bei der Klageart: Der Kläger muß eine Anfechtungsklage (gegen die Begünstigung des ihm vorgezogenen Konkurrenten) mit einer Verpflichtungsklage (auf Begünstigung seiner selbst) verbinden. Solche Klagen werden inzwischen für zulässig gehalten, haben jedoch in der Sache geringe Erfolgsaussichten. 257

Für das Konkurrentenverhältnis mehrerer Bewerber um dieselbe Beamtenstelle wird diese Konstruktion inzwischen nicht mehr verwendet. Wegen der beamtenrechtlichen Beschränkung der Aufhebungsgründe (vgl. §§ 9, 59 BRRG und die entsprechenden Vorschriften der Beamtengesetze) wird die Anfechtung der Ernennung des Konkurrenten für unzulässig und die Verpflichtungsklage (Bescheidungsklage) des unterlegenen Bewerbers auf Verfolgung seines Bewerbungsverfahrensanspruchs für erledigt gehalten. Das Feststellungsinteresse für eine Fortsetzungsfeststellungsklage ist selten gegeben. Der Rechtsschutz verlagert sich in das Verfahren einer einstweiligen Anordnung gemäß § 123 VwGO vor der beabsichtigten Ernennung des Konkurrenten; wegen Art. 19 IV GG muß dem anderen Bewerber die Ernennungsabsicht rechtzeitig mitgeteilt werden. Der Anordnungsanspruch ergibt sich aus Art. 33 II GG, § 7 BRRG (usw.).[8]

III. Enteignung, Aufopferung, Gefährdungshaftung

1. Begriffs- und Problemzusammenhänge

a) Gemeinsam ist den Tatbeständen dieser Gruppe von Anspruchsgrundlagen die Pflicht des Geschädigten zur Duldung – eines Eingriffs (z.B. der Eigentumsentziehung, der Anordnung einer Zwangsimpfung) oder einer dem öffentlichen Recht zuzuordnenden umweltbelastenden Anlage (z.B. einer 258

6 Kritisch (V) *K. Lange*, DVBl. 1975, 130 (135); zuvor schon (V) *Friauf*, DVBl. 1969, 368 ff. (370), zu (F) BVerwGE 30, 347 (o. Fn. 5).

7 Dazu (F) BayVGH DVBl. 1983, 274 = NJW 1984, 680 (Rezeptsammelstelle); BVerwGE 80, 270 (273 – Güterfernverkehrsgenehmigung).

8 (F) BVerwGE 80, 127; BVerfG NJW 1990, 501 = JuS 1990, 756 (*F. Hufen*); HessVGH DVBl. 1988, 1071; zum verbliebenen Streitstand (V) *Köpp*, in: Steiner III Rn. 95 f. Die weiteren beamtenrechtlichen Komplikationsmöglichkeiten liegen außerhalb des Pflichtfachstoffs.

Kläranlage) oder einer umweltgefährdenden öffentlichrechtlichen Maßnahme (z.B. des polizeilichen Schußwaffengebrauchs in einem Wohngebiet mit der Gefahr von Querschlägern)[1] – gegen Entschädigung der erlittenen Rechtsverluste oder Schäden. Ein Beseitigungs- oder Unterlassungsanspruch besteht nicht.

b) Historisch wie systematisch ist die Aufopferung der alles verbindende Ausgangsbegriff. Die Enteignung ist ein verfassungsrechtlich (Art. 14 III GG) und gesetzlich geregelter Sonderfall der Aufopferung. Die Kenntnis dieses systematischen Zusammenhangs ist Voraussetzung für das Verständnis der umstrittenen Rechtsprechung des BGH zum »enteignenden Eingriff« bis hin zu ihrem Begründungsaustausch als Antwort auf die Rechtsprechung des BVerfG zu Art. 14 III GG.[2]

c) Der allgemeine Aufopferungsgrundsatz als subsidiäre Anspruchsgrundlage hinter spezialgesetzlich geregelten Tatbeständen wird auf §§ 74, 75 Einl. ALR zurückgeführt.[3] Unstreitig liefert dieser allgemeine Aufopferungsgrundsatz eine subsidiäre Anspruchsgrundlage für die Aufopferung nichtvermögenswerter Rechtsgüter (Leben, Gesundheit, Freiheit); streitig ist, ob auch für die Aufopferung vermögenswerter Rechte, die mangels gesetzlicher Grundlage wegen Art. 14 III 2 GG nicht als Enteignung[4] entschädigt werden können. Welche Art Rechtsquelle der allgemeine Aufopferungsgrundsatz ist, wird nicht ganz einheitlich beurteilt. Unstreitig ist nur, daß es sich um Gewohnheitsrecht handelt. Während diesem Gewohnheitsrecht in der Literatur teilweise Verfassungsrang zuerkannt wird,[5] spricht der BGH vom allgemeinen Aufopferungsgrundsatz »in seiner richterrechtlichen Ausprägung« und siedelt diese Anspruchsgrundlage »auf der Ebene des einfachen

1 Zu diesen Beispielen §§ 85, 87, 93, 95 BauGB; § 51 I Nr. 2 BSeuchenG; (F) BGHZ 20, 81 (Querschläger); (L) BGHZ 91, 20 (Kläranlage). Zum Nachschlagen und für ein vertiefendes Studium kommen neben den Lehrbüchern des Allgemeinen Verwaltungsrechts in Betracht: (F bzw. V) *F. Ossenbühl*, Staatshaftungsrecht, 4. Aufl. 1991; *R. Steinberg/A. Lubberger*, Aufopferung – Enteignung und Staatshaftung, 1991.

2 (L) BVerfGE 58, 300; BGHZ 91, 20 (o. Fn. 1); dazu noch unten Rn. 262.

3 Auch dazu (L) BGHZ 91, 20 (27f.). §§ 74, 75 Einl.ALR lauten: »§ 74. Einzelne Rechte und Vortheile der Mitglieder des Staats müssen den Rechten und Pflichten zur Beförderung des gemeinschaftlichen Wohls, wenn zwischen beiden ein wirklicher Widerspruch (Collision) eintritt, nachstehn. § 75. Dagegen ist der Staat denjenigen, welcher seine besonderen Rechte und Vortheile dem Wohle des gemeinen Wesens aufzuopfern genöthigt wird, zu entschädigen gehalten.«

4 Das wiederum ist außer Streit. (L) BGHZ 91, 20 (27f.), behält zwar den Begriff »enteignender Eingriff« mit der Begründung, der Begriff habe »sich eingebürgert«, bei, stellt aber unmißverständlich klar, daß es sich nach (L) BVerfGE 58, 300 (Naßauskiesung), nicht länger um Enteignung, sondern um Aufopferung handele.

5 (F) *Maurer* § 27 Rn. 1, und *Rüfner*, in: Erichsen/Martens § 52 Rn. 72, bezeichnen das als die überwiegende Auffassung.

Rechts« an.[6] § 40 II 1 VwGO setzt diesen Anspruch voraus und verweist darauf bezogene Streitigkeiten an die ordentlichen Gerichte.

d) Mit seiner neueren Rechtsprechung zur Verankerung der Entschädigung auch für »enteignende Eingriffe« im allgemeinen Aufopferungsgrundsatz hat der BGH die von ihm selbst früher entwickelte Entgegensetzung von Enteignung (vermögenswerter Rechte) und Aufopferung (nichtvermögenswerter Rechtsgüter) aufgegeben. Die frühere Rechtsprechung des BGH steht in engem Zusammenhang mit der Anerkennung des allgemeinen Aufopferungsgrundsatzes als subsidiärer Anspruchsgrundlage für die Entschädigung nichtvermögenswerter Rechtsgüter überhaupt. Damit kehrte der BGH die Rechtsprechung des RG, das einen solchen Entschädigungsanspruch nicht anerkannt und den Aufopferungsgedanken im Ergebnis auf die Enteignung zurückgenommen hatte, unter Hinweis auf Art. 2 II GG ausdrücklich um, »weil Freiheit, Leben und Gesundheit einen stärkeren Schutz verdienen als bloße Vermögensrechte«.[7] In der neueren Rechtsprechung des BGH ist der allgemeine Aufopferungsgrundsatz zum subsidiären Entschädigungsanspruch für jede Art Sonderopfer geworden, das im öffentlichen Interesse erbracht wird. Die einzelnen Anspruchsvoraussetzungen lassen sich besser verstehen, wenn zuvor die Struktur spezialgesetzlich geregelter Enteignungs- und Aufopferungstatbestände studiert worden ist.

2. Spezialgesetzliche Enteignungs- und Aufopferungstatbestände; der Aufbau der Anspruchsgrundlagen

a) Die Enteignung ist im Regelfall Administrativenteignung und nur ausnahmsweise Legalenteignung (dazu Rn. 73). Beispiele für eine gesetzliche Regelung der Enteignung im Sinne des Art. 14 III (2!) GG liefern das 1. Kapitel, 5. Teil des BauGB oder die Enteignungsgesetze der Länder. Ein Beispiel für einen spezialgesetzlich geregelten Aufopferungstatbestand ist § 51 I Nr. 2 BSeuchenG, eine allgemeine Regelung enthält jetzt § 5 SGB I. Anders als bei der Enteignung geht es bei der **Aufopferung nicht** um die **gezielte** und vom Betroffenen zu duldende **Entziehung** der Gesundheit oder gar des Lebens (im Beispielsfall des § 51 I BSeuchenG auch »wirtschaftlicher« Interessen) »zum Wohl der Allgemeinheit«, **sondern** um die **Pflicht**, aus einem übergeordneten öffentlichen Interesse **sich** einer allgemeinen **Gefahrensituation auszusetzen**, wobei das die Entschädigungspflicht auslösende Sonderopfer zwar aus der Gefahrenlage entstanden, aber dennoch unerwünscht ist. Primär duldungspflichtig ist der »hoheitliche Zwang«, sich der Gefahr auszusetzen. Der schädigende »Eingriff« (z.B. die konkrete **259**

6 (L) BGHZ 90, 17 (»enteignungsgleicher Eingriff«; dazu unten Rn. 272).
7 Seit (V) BGHZ 9, 83; das Zitat stammt aus (F) BGHZ 45, 58 (77); zu dieser Rechtsprechungsentwicklung (V) *W. Schmidt*, Verwaltungsrecht Rn. 292.

Zwangsimpfung) bildet zwar den Anknüpfungspunkt für den Entschädigungsanspruch, zielt aber nicht auf die Schädigung.[8] Die öffentlichrechtliche Aufopferung ist deshalb insoweit auch öffentlichrechtliche Gefährdungshaftung – nur gilt das nicht umgekehrt, denn nicht jeder dem öffentlichen Recht zuzuordnende Gefährdungstatbestand führt in der Praxis auch zu einer Entschädigung aus dem allgemeinen Aufopferungsgrundsatz (dazu noch unten Rn. 261, 263).

260 b) Am Beispiel der §§ 85 ff. (85; 86 I; 87 I; 96; 99) BauGB lassen sich folgende Merkmale eines Enteignungstatbestandes herausarbeiten: (1) der Gegenstand der Enteignung: die Entziehung oder Belastung eines vermögenswerten Rechts im Sinne des § 86 I BauGB (2) aufgrund Gesetzes (3) zum Wohl der Allgemeinheit; (4) die Entziehung oder Belastung gilt von Gesetzes wegen als entschädigungspflichtiges Sonderopfer; wegen anderer Vermögensnachteile bedarf das Sonderopfer einer zusätzlichen Begründung; (5) Entschädigung in Geld.

c) Am Beispiel der §§ 14 I; 51 I Nr. 2; 52 I BSeuchenG ergeben sich für den Aufbau eines spezialgesetzlichen Aufopferungstatbestandes folgende Parallelen: Anspruchsvoraussetzungen sind (1) ein Impfschaden mit gesundheitlichen und wirtschaftlichen (!) Folgen (2) durch eine aufgrund Gesetzes angeordnete Impfung (3) zum Schutz bedrohter Teile der Bevölkerung; (4) ein Impfschaden ist jedoch nur ein über das übliche Maß einer Impfreaktion hinausgehender Gesundheitsschaden (Sonderopfer); daraus ergibt sich (5) ein Versorgungsanspruch.

d) Aus der Besonderheit der Aufopferung als eines Gefährdungstatbestandes (dazu Rn. 259) folgen unterschiedliche Akzente bei der Begründung des »Eingriffs« (jeweils zu 2) und des Sonderopfers (jerweils zu 4). Das Sonderopfer bedarf bei einem auf völligem oder teilweisen Rechtsentzug zielenden Eingriff (z. B. der Eigentumsentziehung) in der Regel keiner zusätzlichen Begründung. Anders steht es bei unerwünschten Nebenfolgen. Hier läßt sich die schadensverursachende Maßnahme auch nur sehr eingeschränkt als »Eingriff« bezeichnen – das ist gemeint, wenn in Rechtsprechung und Literatur formuliert wird, ein »gezielter Eingriff« sei nicht erforderlich.

3. Der subsidiäre Entschädigungsanspruch für die Aufopferung nichtvermögenswerter Rechtsgüter

261 Dieser Anspruch ist heute zwar allgemein anerkannt, infolge zahlreicher gesetzlicher Regelungen (wobei die Gesetzgebung in vielen Fällen durch entsprechende Gerichtsentscheidungen angestoßen worden ist)[9] aber prak-

8 Zu dieser Sicht der Aufopferung (V) *Maurer* § 27 Rn. 9, oder *Ossenbühl* (Fn. 1), Rn. 69, S. 113, oder *Rüfner*, in: Erichsen/Martens § 52 Rn. 69, oder *W. Schmidt*, Verwaltungsrecht Rn. 290.

9 § 51 I Nr. 3 BSeuchenG ist ein solches Beispiel; vgl. (V) BGHZ 45, 290.

tisch sehr selten geworden.[10] Sollte er wieder einmal praktisch werden, so lassen sich in Anlehnung an spezialgesetzliche Regelungen (oben Rn. 260) folgende Anspruchsvoraussetzungen angeben: (1) ein in Geld ausdrückbarer Schaden an einem nichtvermögenswerten Recht (z. B. Gesundheit), also mit der Folge eines Vermögensschadens, (2) der durch die öffentliche Gewalt, aber ohne gesetzliche Grundlage verursacht worden ist, (3) wobei der »hoheitliche Zwang« im öffentlichen Interesse duldungspflichtig war und (4) zu einem Sonderopfer geführt hat, ist (5) in Geld zu entschädigen.

Ein Sonderopfer wird vom BGH einerseits nicht angenommen, wenn die Schäden auch ohne den hoheitlichen Zwang, der zu der Gefahrenlage geführt hat, eingetreten wären (also »Verwirklichung des allgemeinen Lebensrisikos« sind). Andererseits schließen (Unfall-)Versicherungen der öffentlichen Hand zugunsten des Geschädigten den Aufopferungsanspruch aus. Auf diese Weise bemüht sich der BGH, den subsidiären Aufopferungsanspruch nicht zu einer (zusätzlichen) allgemeinen Gefährdungshaftung werden zu lassen.[11]

4. Subsidiäre Entschädigungsansprüche für die Aufopferung vermögenswerter Rechte außerhalb von Art. 14 III GG? Die Problematik des »enteignenden Eingriffs«

a) Eigentumsschäden, für die es keinen gesetzlichen Entschädigungstatbe- **262**
stand im Sinne des Art. 14 III 2 GG (der sogenannten Junktim-Klausel, die ein Junktim zwischen Enteignungstatbestand und Entschädigungsregelung herstellt) gibt und die, weil jenseits einer Opfergrenze, auch nicht als Sozialbindung des Eigentumsgegenstands gemäß Art. 14 II GG entschädigungslos zu dulden sind, wurden in der Rechtsprechung des BGH bis zum Naßauskiesungs-Beschluß des BVerfG nach Enteignungsgrundsätzen entschädigt. Diese Grundsätze wurden Art. 14 III 1, 3, 4 GG entnommen, also Art. 14 III GG abzüglich der Junktim-Klausel; im Unterschied zur Enteignung (im Sinne des Art. 14 III GG insgesamt) wurde von einem »enteignenden Eingriff« gesprochen. Praktische Beispiele (und Anlaß dieser Rechtsprechung) waren meist U-Bahn-Baumaßnahmen mit Nebenfolgen für Anliegerbetriebe, gelegentlich auch öffentliche Straßen oder Einrichtungen als Quelle übermäßiger Emissionen.[12] Das Ergebnis von Duldungspflicht und Folgenentschädigung wurde in der Literatur überwiegend gebilligt; von einer Mindermeinung wurde als Lösungsansatz der Rückgriff auf den allgemeinen Aufopferungsgrundsatz (statt auf den verkürzten Art. 14 III GG) vorgeschla-

10 Aus der – insoweit nach wie vor neueren! – Rechtsprechung (F) BGHZ 66, 118 (122); zuvor (F) BGHZ 60, 302 (304 f., 308, 311); 65, 196 (206).

11 Dazu ebenfalls (F) BGHZ 60, 302 (308, 311), zuletzt (F) BGH LM § 74 Einl.ALR Nr. 7 (mit Anm. *W. Schmidt*), sowie unten Rn. 263.

12 (V) BGHZ 57, 359 (U-Bahn); 64, 220 (»Reuterstraße«, zu Lärmimmissionen); DVBl. 1972, 115 (»Kaufhauspassage«).

gen (sogenannte Aufopferungsenteignung).[13] Unstreitig scheidet in solchen Fällen eine entschädigungslose Duldungspflicht aus Sozialbindung des Eigentums aus. Wer wegen Art. 14 III 2 GG die Kombination von Duldungspflicht und Entschädigung nach Enteignungsgrundsätzen ablehnt, aber auch den Weg über den subsidiären Aufopferungsgrundsatz nicht gehen will, muß mangels Rechtfertigungsmöglichkeit zum rechtswidrigen und deshalb nicht duldungspflichtigen Eingriff in das Eigentum kommen: Die Alternative zur Aufopferungsenteignung (vom BGH auch nach dem Begründungswechsel von Art. 14 III [ohne S. 2] GG zur Aufopferung weiterhin »enteignender Eingriff« genannt) ist nicht der entschädigungslose Eingriff, sondern der Beseitigungs- oder Unterlassungsanspruch, ergänzt um einen Schadensersatzanspruch in Geld für Schäden, die trotz rechtzeitig angestrebter Beseitigung oder Unterlassung nicht vermeidbar waren. Für die genannten Beispiele heißt das: der U-Bahn-Bau müßte eingestellt, die Autobahn eingezogen, die Kläranlage beseitigt werden. Das mag den raschen Begründungswechsel von der Entschädigung nach Enteignungsgrundsätzen zur Entschädigung aus allgemeiner Aufopferung in einer neuen richterrechtlichen Ausprägung erklären[14]: der Knackpunkt ist hier nicht die Entschädigung, sondern die ihr vorausgehende Duldungspflicht des Geschädigten.

b) Von dem Begründungswechsel abgesehen, bleibt beim »enteignenden Eingriff« für den BGH und die ihm folgende Literatur somit alles beim alten. Der ordentliche Rechtsweg ergibt sich nicht länger aus Art. 14 III 4 GG, sondern jetzt aus § 40 II 1 VwGO. Problematisch und in ihrer Tragweite umstritten war und bleibt in den Fällen einer Schädigung durch Immissionen öffentlicher Einrichtungen die Auffüllung des allgemeinen öffentlichrechtlichen Aufopferungsgrundsatzes mit der Interessenentscheidung des § 906 II BGB; in der Literatur werden begründete Einwendungen gegen die undifferenzierte Rechtfertigung solcher Immissionen aus einem ungeschriebenen Rechtfertigungsgrund des öffentlichen Interesses erhoben.[15]

c) In der neueren Rechtsprechung des BGH und des BVerwG wird vom »enteignenden Eingriff« nur noch dann gesprochen, wenn ein vom Gesetzgeber nicht beabsichtigtes, aber gleichwohl eingetretenes und den einzelnen besonders treffendes Opfer auszugleichen ist. Dadurch ergeben sich Zuordnungsprobleme bei naturschutz- und denkmalschutzrechtlichen Geboten oder Verboten, die in der Regel eine entschädigungslose Sozialbindung des Eigentums konkretisieren und nur ausnahmsweise aufgrund »sal-

13 (V) *Wolff/Bachof* I § 61; zur früher dem entgegenstehenden Systematik des BGH oben Rn. 258 mit Fn. 7.

14 Dazu nochmals (L) BGHZ 91, 20; dazu (F) *Papier*, JuS 1985, 184ff.

15 Dazu *Papier* (Fn. 14), S. 188; zu § 906 II BGB als bürgerlichrechtlicher oder zivilrechtlicher Aufopferung (V) BGHZ 48, 98 (100) und dazu *Hubmann*, JZ 1968, 66f.

vatorischer Entschädigungsklauseln« einen Entschädigungssanspruch auslösen. Da dem Eigentümer keine Rechte entzogen werden, handelt es sich nicht um Enteignung i. S. Art. 14 III GG. Die Gerichte sprechen aber auch nicht mehr von einem »enteignenden Eingriff«, sondern in Fortentwicklung vereinzelter obiter dicta des BVerfG von »ausgleichspflichtiger Inhaltsbestimmung«. Dabei ist es in jüngster Zeit zu einer Kontroverse um den Rechtsweg gekommen: Das BVerwG bestreitet die Zuordnung dieser Fallgruppe zur Aufopferung i. S. des § 40 II 1 VwGO und reklamiert stattdessen (im Ergebnis gegen die ständige Rechtsprechung des BGH, aber ohne Anrufung des Gemeinsamen Senats der obersten Bundesgerichte gem. Art. 95 III GG) den Rechtsweg zu den Verwaltungsgerichten gemäß § 40 I 1 VwGO.[16]

5. Die Rechtsschutzlücke bei Computerschäden

Das aus Kompetenzgründen gescheiterte StHG 1981 hatte in § 1 II »das 263
Versagen einer technischen Einrichtung« als besonderen Anspruchstatbestand normiert. Anlaß und Beispiel war die Haftung für das Versagen einer Verkehrsampel; aber der Tatbestand wäre auf jedes Versagen einer computergesteuerten Anlage (kürzer: auf jedes Computerversagen) anwendbar gewesen. Vor dem StHG 1981 hatte es der BGH im Fall des Versagens einer Verkehrsampel abgelehnt, seine bisherigen richterrechtlich entwickelten Haftungstatbestände des »enteignenden Eingriffs« (für Vermögensschäden aus duldungspflichtigem hoheitlichem Zwang) oder »enteignungsgleichem Eingriff« (für rechtswidrige Schädigungen auch ohne Verschuldensnachweis) auf solche Fälle zu erstrecken; diese Rechtsprechung hat er inzwischen aufgegeben, ohne daß alle Konsequenzen schon überschaubar sind.[17] Soweit Computerschäden nicht von spezialgesetzlich normierten Staatshaftungstatbeständen (des allgemeinen Polizei- und Ordnungsrechts[18] oder des Datenschutzrechts) erfaßt werden, bleibt eine Rechtsschutzlücke, die letztlich nur über den Aufopferungsgedanken geschlossen werden kann.

---

16 (F) BVerwG NJW 1993, 2949 (2951); BGH NJW 1993, 1700 = LM Art. 14 (Ca) GG Nr. 40 mit Anm. *W. Schmidt*; BVerfGE 58, 137; 79, 174 I (192).

17 (F) BGHZ 99, 249 (256), gegen BGHZ 54, 332. Da es in dem früher entschiedenen Fall nur um Sachschäden ging, schied für den BGH nach seiner damals praktizierten Entschädigungsystematik ein Aufopferungsanspruch von vornherein aus. Zur Problematik (V) *Ossenbühl*, JuS 1988, 193–196.

18 Auch dazu (F) BGHZ 99, 249.

IV. Amtshaftung, »Folgenbeseitigung«, »enteignungsgleicher Eingriff«

264 Die Amtshaftung beruht auf Art. 34 GG in Verbindung mit § 839 BGB. Die Ansprüche aus »Folgenbeseitigung« und »enteignungsgleichem Eingriff« beruhen auf Richterrecht: der »Folgenbeseitigungsanspruch« auf im Ergebnis unstreitigem Richterrecht des BVerwG, der Anspruch aus »enteignungsgleichem Eingriff« auf umstrittenem Richterrecht des BGH. In ihrer Gesamtheit bilden diese Ansprüche das System des öffentlichrechtlichen Deliktsrechts als Gegenstück zum Deliktsrecht des BGB.

1. Beamtenhaftung – Amtshaftung – Staatshaftung. Unterschiedliche Teilstücke einer noch nicht abgeschlossenen Rechtsentwicklung

Die Anspruchsgrundlage des Amtshaftungsanspruchs ist aus zwei Normen zusammengesetzt. Davon steht § 839 BGB, für sich allein betrachtet, für die ältere Entwicklungsschicht der privatrechtlichen Beamtenhaftung als Sondertatbestand der §§ 823 ff. BGB; durch Art. 34 GG wird sie für einen öffentlichrechtlichen Teilbereich aus diesem Zusammenhang herausgelöst und zur Amtshaftung des Staates (oder eines ihm eingegliederten Verwaltungsträgers). § 839 BGB normiert die verschuldensabhängige (I 1: »vorsätzliche oder fahrlässige«) und privilegierte (I 2: bei Fahrlässigkeit nur subsidiäre) Haftung des Beamten als eines Privatrechtssubjekts für Amtspflichtverletzungen, die einen Dritten geschädigt haben. In § 839 BGB wird noch nicht unterschieden, ob der Beamte in öffentlichrechtlicher oder in privatrechtlicher Form gehandelt hat; aber auch bei öffentlichrechtlichem Handeln geht der Schadensersatzanspruch nur auf das, was der Beamte selbst unabhängig von seiner Amtsstellung, eben als Privatrechtssubjekt, zu leisten vermag, also grundsätzlich nur auf Geld.[1] Diese persönliche Haftung des Beamten wird mit Art. 34 GG im öffentlichen Bereich auf den Staat übergeleitet und dabei auf alle Arten von Amtswaltern, also nicht nur Beamte, sondern auch z. B. Angestellte des öffentlichen Dienstes ausgeweitet (»jemand in Ausübung eines ihm anvertrauten öffentlichen Amtes«). In diesem Bereich haftet dem Geschädigten nur der Staat (oder sonst die juristische Person des öffentlichen Rechts), nicht der schadensverursachende Amtswalter; für diesen besteht lediglich die Regreßpflicht des Art. 34 S. 2 GG.[2] Im Bereich privatrechtlicher Staatstätigkeit bleibt es für Beamte bei der privilegierten Haftung aus § 839 BGB (sogenannte Eigenhaftung eines Beamten). Andere Amtswalter haften dem

1 Zu praktisch seltenen Ausnahmen z. B. der Leistung vertretbarer Sachen (V) BGHZ 34, 99 (105 f.).
2 Zu dieser Entwicklung der Amtshaftung aus der Beamtenhaftung (L) BVerfGE 61, 149 (178–197), oder *W. Schmidt*, Verwaltungsrecht Rn. 314–316.

Geschädigten aus § 823 BGB; der Staat (usw.) haftet dem Geschädigten je nach der Funktion seines Amtswalters aus §§ 89, 31 BGB oder aus § 831 BGB (dort mit Exculpationsmöglichkeit).
Die Amtshaftung des Art. 34 GG in Verbindung mit § 839 BGB ist also eine mittelbare (abgeleitete) Haftung des Staates, der in die Haftung seines Amtswalters unter den Haftungsvoraussetzungen des § 839 BGB eintritt: Der Staat haftet nur bei Verschulden des Amtswalters, nimmt die Privilegierung des § 839 I 2 BGB in Anspruch und haftet nur auf Schadensersatz in Geld (nicht auf Naturalrestitution in der Form der Beseitigung oder Unterlassung). Demgegenüber versteht man unter Staatshaftung die originäre (nicht abgeleitete) Haftung des Staates für die in rechtswidriger (deshalb nicht duldungspflichtiger) Ausübung öffentlicher Gewalt verursachten Schäden. Eines Verschuldensnachweises durch den Geschädigten bedarf es nicht. Haftungsprivilegien (wie das des § 839 I 2 BGB) gibt es nicht. Der Schadensersatz umfaßt Naturalrestitution und Geldersatz. Teilstücke einer solchen Staatshaftung waren schon vor dem StHG 1981 richterrechtlich entwickelt worden: ein dem Anspruch auf Naturalrestitution angenäherter Anspruch auf »Folgenbeseitigung« und ein Entschädigungsanspruch (nicht voller Schadensersatzanspruch) für »enteignungsgleiche Eingriffe« nach Enteignungsgrundsätzen, also auf der Grundlage des Art. 14 III GG.[3] Das StHG 1981 baute diese zusätzlichen Haftungsgründe und Haftungsfolgen in ein umfassendes Staatshaftungssystem ein (die Eigenhaftung von Beamten und anderen Amtswaltern im Bereich privatrechtlicher Staatstätigkeit wurde ersatzlos gestrichen). Nach dem kompetenzbedingten Scheitern des StHG 1981 wurden der »Folgenbeseitigungsanspruch« und auch der Anspruch aus »enteignungsgleichem Eingriff« wiederbelebt, wobei der BGH den Entschädigungsanspruch für einen »enteignungsgleichen Eingriff« wegen des zwischenzeitlich ergangenen Naßauskiesungs-Beschlusses des BVerfG jetzt ebenfalls von Art. 14 III GG auf den allgemeinen Aufopferungsgrundsatz umgestellt hat.[4]
Nach dem Scheitern der Staatshaftungsreform gibt es für Ansprüche gegen den Staat (oder einen anderen Verwaltungsträger) und seine Amtswalter jetzt wieder ganz unterschiedliche Anspruchsgrundlagen, die jeweils unterschiedlichen Stufen der Rechtsentwicklung entsprechen, heute aber nebeneinander gelten: im Bereich öffentlichrechtlicher Staatstätigkeit im Schwerpunkt die auf Geldersatz gerichtete Amtshaftung (Art. 34 GG in Verbindung mit

3 Als Seitenstück zu diesem »enteignungsgleichen Eingriff« in vermögenswerte Rechte wurde in der Literatur ein »aufopferungsgleicher Eingriff« in nichtvermögenswerte Rechtsgüter entwickelt, aber in der Rechtsprechung mit der allgemeinen Aufopferungsentschädigung vermengt; (V) *Rüfner*, in: Erichsen/Martens § 52 Rn. 14 mit Fn. 29, oder *Maurer* § 27 Rn. 3. Der jetzt vom BGH neu begründete »enteignungsgleiche Eingriff« ist nichts anderes als ein solcher »aufopferungsgleicher Eingriff«; zu den dagegen bestehenden Einwänden unten Rn. 272.

4 Zum »Folgenbeseitigungsanspruch« unten Rn. 269–271; zum »enteignungsgleichen Eingriff« nach (L) BVerfGE 58, 300: (L) BGHZ 90, 17, und dazu noch unten Rn. 272.

§ 839 BGB), ergänzend (unstreitig) den »Folgenbeseitigungsanspruch« und (umstritten) den jetzt aus dem allgemeinen Aufopferungsgrundsatz abgeleiteten Anspruch aus »enteignungsgleichem Eingriff«, beide als Teilstücke einer Staatshaftung richterrechtlich entwickelt, sowie im Bereich privatrechtlicher Verwaltungstätigkeit die privilegierte Beamtenhaftung (gemäß § 839 BGB für Beamte im Sinne der Beamtengesetze) und die allgemeine deliktsrechtliche Haftung anderer Amtswalter und ihrer Anstellungskörperschaft auf der Grundlage des BGB.

2. Amtshaftung, Art. 34 GG in Verbindung mit § 839 BGB

265 a) Art. 34 GG, § 839 BGB enthalten drei Gruppen von Tatbestandsmerkmalen, die in ihrer Gesamtheit den **Amtshaftungstatbestand** bilden: solche, die sich nur in § 839 BGB finden (z. B. das Verschuldensmerkmal »vorsätzlich oder fahrlässig« und die Subsidiaritätsklausel des § 839 I 2 BGB), solche, die in beiden Normen vorkommen (z. B. die »Amtspflicht ... einem Dritten gegenüber«), und solche, die nur in Art. 34 GG enthalten sind, wobei zugleich der restliche Tatbestand des § 839 BGB modifiziert wird (besonders deutlich in dem Merkmal »jemand« statt »ein Beamter« und auch in dem Merkmal »öffentliches Amt« mit seiner Begrenzung der Amtshaftung auf das öffentliche Recht). Diese Modifikationen durch Art. 34 GG sprechen dagegen, die Prüfung eines Amtshaftungsanspruchs mit einer vollständigen Prüfung aller Merkmale des § 839 BGB zu beginnen, denn auf diese Weise wird teils Überflüssiges erörtert (so die Ersetzung des »Beamten« durch jeden Amtswalter), teils bleibt der Ansatz zu weit, denn eine »Amtspflicht« im Sinne des § 839 BGB ist nicht auf öffentlichrechtliches Verwaltungshandeln beschränkt, sondern besteht auch bei (verwaltungs-)privatrechtlicher Verwaltungstätigkeit[1] – nur so kann es überhaupt noch zur ausnahmsweisen Eigenhaftung eines Beamten aus § 839 BGB (allein, ohne Art. 34 GG) kommen. Stattdessen empfiehlt es sich, verhältnismäßig früh das Merkmal »jemand« und die Weichenstellung in die öffentlichrechtliche Amtshaftung (oder in die allgemein privatrechtliche Deliktshaftung der §§ 823 ff. BGB mit der dann noch denkbaren Eigenhaftung des Beamten aus § 839 BGB) zu prüfen. Vor der Ausarbeitung des Gutachtens kann zur Kontrolle überlegt werden, ob es überhaupt um Schadensersatz in Geld geht (denn andernfalls bleibt nur der »Folgenbeseitigungsanspruch«). Die Einschränkung (auf Geld-

1 Im Ansatz wie hier (F) *Maurer* § 25 Rn. 9. In dieser Hinsicht sind andere, sonst sehr zuverlässige Anleitungsbücher leider nicht zu empfehlen; vgl. (F) *Schwerdtfeger* Rn. 308. Aus den gleichen Gründen ist die strikte Unterscheidung zwischen »haftungsbegründender« (§ 839 BGB) und »haftungsverlagernder Norm« (Art. 34 GG), wie sie sich in (L) BVerfGE 61, 149 (198) findet, nicht durchführbar, denn für andere Amtswalter als Beamte wird die Amtshaftung erst in Art. 34 S. 1 GG begründet, nicht schon in § 839 BGB. Gut brauchbar zur Prüfung eines Amtshaftungstatbestandes (L) *Bull* Rn. 1086 ff., dort auch zum folgenden.

ersatz) folgt, wie soeben ausgeführt, aus § 839 BGB. Für die Niederschrift des Gutachtens wird diese Vorüberlegung meist ebenso entbehrlich sein wie die selbständige Prüfung, ob »jemand« gehandelt hat. Ganz überflüssig ist jedenfalls die Erörterung des »haftungsrechtlichen Beamtenbegriffs«, denn insoweit wird § 839 BGB (»ein Beamter«) von Art. 34 GG (»jemand«) verdrängt. Wer längere Zeit nicht mit einem Amtshaftungsfall zu tun hatte und aus der besonderen Arbeitssituation (z.B. einer Examensklausur) auf brauchbare Arbeitsanleitungen verzichten muß, sollte sich an die Besonderheiten des Amtshaftungsanspruchs (Schadensersatz nur in Geld wegen § 839 BGB, Weichenstellung ins öffentliche Recht bei Ausweitung der Haftung für jeden Amtswalter durch Art. 34 GG) erinnern, dann zunächst die vier grundlegenden Merkmale der aus Art. 34 GG, § 839 BGB zusammengesetzten Haftungsnorm prüfen, anschließend überlegen, ob eine Haftungsausschlußnorm (§ 839 I 2, § 839 III BGB) einschlägig sein kann, und schließlich den Anspruchsgegner gem. Art. 34 S. 1 GG (»den Staat oder die Körperschaft«) bestimmen. Die vier grundlegenden Tatbestandsmerkmale sind:

(1) jemand in Ausübung eines ihm anvertrauten **öffentlichen Amtes** (Art. 34 S. 1 GG), dabei im Schwerpunkt das »öffentliche Amt« (»jemand«, »ihm anvertraut« und »in Ausübung« nur, wenn und soweit der Sachverhalt dazu Veranlassung gibt)

(2) die einem Dritten (= dem Geschädigten) gegenüber obliegende Amtspflicht (Art. 34 S. 1 GG, § 839 I 1 BGB)

(3) verletzt (Art. 34 S. 1 GG, § 839 I 1 BGB)

(4) vorsätzlich oder fahrlässig (§ 839 I 1 BGB).

Das erste, zugleich die Weichen ins öffentliche Recht (statt in die fiskalische Haftung) stellende Merkmal wird somit Art. 34 S. 1 GG allein entnommen, die beiden folgenden sind Art. 34 S. 1 GG, § 839 I 1 BGB gemeinsam, das letzte kommt aus § 839 I 1 BGB. Wer die Überlegungen, die zu diesem Anspruchsaufbau geführt haben, verstanden hat, kann ihn im Bedarfsfall aus denselben Überlegungen heraus ohne weitere Hilfsmittel rekonstruieren.[2]

b) Von den eben genannten Einzelmerkmalen bedürfen nur die Weichen- **266**
stellung ins öffentliche Recht und die Drittwirkung der Amtspflichtregelung einer etwas breiteren Darstellung (dazu sogleich Rn. 267, 268). Von den Verschuldensmerkmalen spielt in der Praxis nur die Fahrlässigkeit eine Rolle. Die Rechtsprechung hat die entsprechenden Verhaltensanforderungen (wie parallel auch im Zivilrecht) stark verobjektiviert. Sie stellt auf den durch-

2 Sollte es noch zu einer kompetenzrechtlich einwandfreien Staatshaftungsreform i. S. des StHG 1981 kommen, werden die Tatbestandsmerkmale (1)-(3) auch weiterhin den Kern eines Staatshaftungstatbestandes bilden.

schnittlichen Amtswalter der entsprechenden Amtsstellung ab, so daß eine individuelle Einfältigkeit die Amtshaftung nicht ausschließt.[3] Die Subsidiaritätsklausel des § 839 I 2 BGB wird zunehmend restriktiver ausgelegt; das hatte zunächst Bedeutung für die (Nicht-)Anrechnung gesetzlicher oder privater Versicherungsansprüche und hat sich in neuerer Zeit in Fallgruppen eines nicht spezifisch öffentlichrechtlichen Handelns (Teilnahme am Straßenverkehr, Straßenverkehrssicherungspflicht) fortgesetzt.[4]

267 c) Die Zuordnung zur Ausübung öffentlicher Gewalt (in den Worten des Art. 34 S. 1 GG: zur »Ausübung eines öffentlichen Amtes«) wirft grundsätzlich die gleichen Schwierigkeiten auf wie z. B. im Verwaltungsprozeßrecht die »öffentlichrechtliche Streitigkeit« in § 40 I 1 VwGO. Bei Tathandlungen hat im Amtshaftungsrecht die Teilnahme am Straßenverkehr fast mehr Schwierigkeiten gemacht als zu erwarten. Wie immer bei Realakten kommt es auf den sonstigen öffentlichrechtlichen Organisations- und Handlungszusammenhang an.[5] Eine Besonderheit des Amtshaftungsrechts ist, daß die Rechtsprechung (im Gegensatz zur überwiegenden Literatur) jede Art von Verkehrssicherungspflicht grundsätzlich dem Privatrecht zuordnet. Für das Straßenrecht ist das inzwischen ohne praktische Bedeutung, weil die zuständigen Landesgesetzgeber die Straßenverkehrssicherungspflicht durchweg zur öffentlichen Aufgabe erklärt haben.[6]

268 d) Die »Amtspflicht ... einem Dritten gegenüber« ist praktisch gleichbedeutend mit einer Rechtspflicht[7] gegenüber dem Geschädigten und ergibt sich dann aus der Rechtsgrundlage für die schadensverursachende Ausübung öffentlicher Gewalt. Diese Rechtsgrundlage muß also (auch) den Schutz des Geschädigten bezwecken. Insoweit entspricht die Konstruktion des Amtshaftungstatbestandes der des § 823 II BGB; eine weitere Parallele ist, daß beide Anspruchsgrundlagen – im Unterschied zu § 823 I BGB – auf Ersatz auch des Vermögensschadens gehen. Ob die jeweils in Betracht kommende Amtspflichtregelung eine Schutzwirkung auch zugunsten des Geschädigten hat, läßt sich nicht nach einheitlichen Kriterien beantworten. Es lassen sich vier Fallgruppen unterscheiden, von denen nur eine bis in die Gegenwart Gegenstand einer sich immer mehr ausweitenden Kasuistik ist.

---

3 (F) *Rüfner*, in: Erichsen/Martens § 51 Rn. 22.

4 (F) BGHZ 70, 7; 79, 26 und 35; 85, 230; sowie (F) *Maurer* § 25 Rn. 31, oder *Rüfner*, in: Erichsen/Martens § 51 Rn. 26; zum bisher letzten Stand (F) BGH LM § 839 (E) BGB Nr. 56 mit Anm. *W. Schmidt*.

5 Dazu schon oben Rn. 237.

6 Dazu (F) *Maurer* § 25 Rn. 23, oder *Salzwedel*, in: Erichsen/Martens § 46 Rn. 27 (jeweils m. N.).

7 Als praktisch höchst seltene Ausnahme wird eine Schädigung in Ausführung einer bindenden rechtswidrigen Weisung angesehen; dazu aus der Rechtsprechung (F) BGH NJW 1977, 713 = JZ 1977, 398 (399); dazu (L) *Maurer* § 25 Rn. 16f., oder (V) *Ossenbühl*, Staatshaftungsrecht, 4. Aufl. 1991, S. 38ff.

(1) Die erste Fallgruppe betrifft die Schädigung durch einen Verwaltungsakt; sie bietet im Vergleich mit dem schon bekannten Stoff keine Besonderheiten. Die Frage nach der Amtspflicht dem Geschädigten gegenüber läßt sich mit der Formel beantworten: Wer zulässigerweise den Verwaltungsakt anfechten kann (und wegen § 839 III BGB auch anfechten muß!), ist zugleich »Dritter« im Sinne der Art. 34 GG, § 839 BGB. Das sind die Adressaten eines belastenden Verwaltungsakts und alle Dritten im Sinne der Verwaltungsakte mit belastender Drittwirkung (dazu oben Rn. 252–257).

(2) Bei einer Schädigung durch Realakt lassen sich als zweite unproblematische Gruppe die Fälle ausgrenzen, die in ihrem äußeren Ablauf ebenso unter Privatpersonen vorkommen könnten und dort eine unerlaubte Handlung im Sinne des § 823 BGB wären. Zu den Pflichten eines Amtswalters gehört es ganz allgemein, bei der Ausübung öffentlicher Gewalt unerlaubte Handlungen gegenüber Dritten zu unterlassen. Beispiele liefert die Teilnahme am Straßenverkehr.[8]

(3) Bei Schädigungen durch Realakte, die so nur in öffentlichrechtlichem Zusammenhang vorkommen, wie z.B. die Eintragung des ersten Zulassungsdatums in einem Kraftfahrzeugbrief[9] ist danach zu unterscheiden, ob der Schaden an einem Rechtsgut im Sinne des § 823 I BGB oder nur am Vermögen eingetreten ist. Unproblematisch ist die Schädigung eines Rechtsguts im Sinne des § 823 I BGB, denn insoweit gilt das gleiche wie schon zu der soeben herausgearbeiteten zweiten, aber umfassender angelegten Fallgruppe. Für beide Fallgruppen – (2) und (3) – läßt sich insoweit gemeinsam sagen: Jeder Amtswalter ist »verpflichtet, sich bei der Amtsausübung aller Eingriffe zu enthalten, die eine unerlaubte Handlung im Sinne des § 823 I BGB darstellen.«[10]

(4) Die einzig problematische Fallgruppe ergibt sich, wenn die schädigende Handlung so nur im öffentlichen Recht (als Realakt) vorkommt und der Schaden nicht an einem Rechtsgut im Sinne des § 823 I BGB, sondern nur am Vermögen entsteht. Hier hilft die Parellele zu § 823 II BGB nicht weiter. Die Frage nach der Schutzwirkung der bei der Schadensverursachung verletzten Norm muß mangels tatsächlicher wie rechtlicher Parallelen im Zivilrecht allein aus dem öffentlichen Recht beantwortet werden. Ein neueres Rechtsprechungsbeispiel ist die (soeben erwähnte) Eintragung des ersten Zulassungsdatums in einen Kraftfahrzeugbrief. Für

8 Deren Zuordnung zur Amtspflicht ergibt sich aus einem öffentlichrechtlich zu beurteilenden Handlungszusammenhang; vgl. auch das Beispiel fußballspielender Soldaten in (F) BGHZ 85, 230.
9 (V) BGH NJW 1982, 2188 (Kraftfahrzeugbrief); vgl. auch schon oben Rn. 207.
10 Dazu nochmals (V) BGHZ 69, 128.

solche Fälle (und damit diese Fallgruppe insgesamt) haben sich allgemeingültige Kriterien, wann eine Amtspflicht dem Geschädigten gegenüber besteht und wann nicht, bisher nicht finden lassen. Hier muß interessenbezogen argumentiert werden; nützlich ist deshalb die Kenntnis einiger Rechtsprechungsbeispiele.[11]

Mustert man die vier Fallgruppen noch einmal durch, so zeigt sich, daß die Schwierigkeiten sich gleichsam gegenläufig zu denen verhalten, die bei der Zuordnung der Tathandlung oder des tatsächlichen Ablaufs zum öffentlichen oder privaten Recht (oben Rn. 267) auftauchen. Was dort problematisch war, weil der Vorgang sich genausogut unter Privatpersonen hätte abspielen können, ist nach der Zuordnung zum öffentlichen Recht für die Feststellung einer Amtspflicht dem Geschädigten gegenüber gerade wegen der ausgeprägten Parallelen zum Deliktsrecht der §§ 823ff. BGB nicht mehr problematisch. Was dort wegen seiner öffentlichrechtlichen Besonderheiten unproblematisch war, macht hier Schwierigkeiten, zwar noch nicht, wenn sich Parallelen zum Tatbestand des § 823 I BGB ziehen lassen, wohl aber, wenn es um den Ersatz eines Vermögensschadens geht, der aus § 823 I BGB nicht ersetzt würde. Nur hier ist die Amtspflicht einem Dritten gegenüber im Gutachten zu problematisieren; in den anderen Fallgruppen kann sie eher formelhaft (durch die Verweisung auf die gegen den Verwaltungsakt bestehende Anfechtungsmöglichkeit oder auf die Parallelen zu §§ 823ff. BGB allgemein oder doch zu § 823 I BGB) behandelt werden.

3. »Folgenbeseitigungs«- und Unterlassungsanspruch

269 a) Ein Beseitigungsanspruch zielt auf das Gebot der Wiederherstellung des Zustandes vor Eintritt der Rechtsverletzung, ein Unterlassungsanspruch auf das Verbot künftiger Rechtsverletzungen. Der Unterlassungsanspruch ist ein reiner Abwehranspruch. Der Beseitigungsanspruch nähert sich dem Anspruch auf Schadensersatz in Gestalt von Naturalrestitution; eine genauere Abgrenzung kann dort relevant (und dann im einzelnen problematisch) werden, wo die besonderen Voraussetzungen eines Schadensersatzanspruchs wie z.B. ein Verschulden des Schädigers nicht nachweisbar sind, wohl aber die Rechtswidrigkeit der Schädigung nicht bestritten werden kann. Im Zivilrecht hat das zur Unterscheidung zwischen dem Anspruch auf (vollen) Schadensersatz aus §§ 823ff. BGB und auf (quasi-)negatorische Beseitigung aus § 1004 BGB (außerhalb von Eigentumsverletzungen: analog) geführt; die Unterschiede und Abgrenzungsschwierigkeiten zeigen sich bei Vermögensschäden. Parallele Probleme ergeben sich wegen der über eine rechtswidrige Schädigung hinausgehenden Voraussetzungen des Amtshaftungsanspruchs (Verschulden, Subsidiarität gemäß § 839 I 2 BGB) beim richterrechtlichen »Folgenbeseitigungsanspruch«. Ein Anspruch auf vollen Schadensersatz ließe sich im Rahmen einer Staatshaftung für rechtswidrige Schädigungen den-

11 Außer den schon (o. Fn. 9) genannten Beispielen aus der Rechtsprechung noch (F) BGH NJW 1982, 988; zur Argumentation aus dem Schutzzweckzusammenhang (V) *W. Schmidt*, Verwaltungsrecht Rn. 324.

ken. Dafür gibt es nach der Nichtigerklärung des StHG 1981 durch das BVerfG keine gesetzliche Grundlage; es gilt wieder das Richterrecht des BVerwG, wobei sich das BVerwG vor wie nach dem Zwischenspiel des StHG 1981 um Zurückhaltung gegenüber der Gesetzgebung bemüht und den »Folgenbeseitigungsanspruch« deshalb nicht als Schadensersatzanspruch, sondern nur als Beseitigungs- und Unterlassungsanspruch anerkannt hat.
Die Unterscheidung dieses (»Folgen-«)Beseitigungsanspruchs vom Unterlassungsanspruch, der ebenfalls nicht allgemein gesetzlich geregelt ist, hat sich erst nach und nach herausgebildet. Inzwischen werden beide Ansprüche deutlich unterschieden und auch leicht unterschiedlich aus dem Verfassungsrecht abgeleitet. Die Ableitung beider Ansprüche aus dem GG ermöglicht dem BVerwG die revisionsrechtliche Überprüfung und die Bildung bundeseinheitlichen Richterrechts. Mit der Einschränkung, daß es sich nicht um einen Schadensersatzanspruch handelt, wird der offene Kompetenzkonflikt für Fragen der Staatshaftung vermieden, denn nach der Nichtigerklärung des StHG 1981 durch das BVerfG steht fest, daß dem Bund (und damit auch dem BVerwG) jedenfalls für Fragen der deliktischen öffentlichrechtlichen Staatshaftung eine allgemeine Regelungskompetenz fehlt.[1]

b) Der öffentlichrechtliche Unterlassungsanspruch wird in der neueren **270**
Rechtsprechung aus der Abwehrfunktion der Grundrechte abgeleitet. »Die Grundrechte schützen den Bürger vor rechtswidrigen Beeinträchtigungen jeder Art, auch solchen durch schlichtes Verwaltungshandeln (Verwaltungsrealakt). Infolgedessen kann der Bürger, wenn ihm ... eine derartige Rechtsverletzung droht, gestützt auf das jeweils berührte Grundrecht Unterlassung verlangen«.[2]

c) Der öffentlichrechtliche (»Folgen-«)Beseitigungsanspruch wird vom **271**
BVerwG zunehmend ebenfalls aus den jeweils berührten Grundrechten hergeleitet, teils aber auch aus dem Rechtsstaatsprinzip.[3] Der Rückgriff auf die Grundrechte hat den Vorzug einer Verknüpfung mit dem Schutz des Geschädigten, zu dessen Nachteil die Veränderung eines tatsächlichen Zustands eingetreten ist.
Der (»Folgen-«)Beseitigungsanspruch bezieht sich auf Schäden, die in einer nach öffentlichem Recht zu beurteilenden »Veränderung eines tatsächlichen Zustandes zum Nachteil des Geschädigten« bestehen.[4] Gegenstand des Besei-

1 Vgl. noch unten Rn. 272 zu c).
2 (L) BVerwGE 82, 76 (77f.).
3 Zuletzt besonders deutlich in (L) BVerwGE 82, 76 (95); aus der früheren Rechtsprechung (F) BVerwG DÖV 1971, 857, mit Anm. *Bachof*, S. 859f.; BVerwGE 69, 366 (dort jeweils auch zur Vorgeschichte und zu anderen Ableitungen).
4 So die Formulierung des § 3 I StHG 1981, die insoweit das frühere Richterrecht zusammenfaßte und deshalb auch nach der Nichtigerklärung des StHG 1981 weiter als Anhalt dienen kann; § 3 StHG 1981 ist auch in (L) BVerfGE 61, 149 (153) abgedruckt.

tigungsanspruchs sind nur Realakte, und zwar auch die tatsächliche Vollziehung eines Verwaltungsakts (der in § 113 I 2 VwGO vorausgesetzte »Vollzugsfolgenbeseitigungsanspruch« wird heute als Unterfall des allgemeinen »Folgenbeseitigungsanspruchs« angesehen).

Prozeßrechtlich fällt der »Folgenbeseitigungsanspruch«, weil kein Schadensersatzanspruch, nicht unter die Sonderzuweisung des § 40 II 1 VwGO,[5] sondern unter die Generalklausel des § 40 I 1 VwGO: er führt vor die Verwaltungsgerichte und ist dort mit der allgemeinen Leistungsklage durchzusetzen.

Die materiellrechtlichen Besonderheiten zeigen sich noch nicht bei den Anspruchsvoraussetzungen, sondern erst bei den Anspruchsfolgen (dem Umfang dessen, was mit einem »Folgenbeseitigungsanspruch« an Wiederherstellung verlangt werden kann).

Die Anspruchs**voraussetzungen** entsprechen denen eines öffentlichrechtlichen Schadensersatzanspruchs: die schädigende Handlung (oder der schädigende Ablauf) muß als Realakt dem öffentlichen Recht zuzuordnen sein; der Realakt muß Rechte des Geschädigten verletzen. Für die Zuordnung als Realakt gelten keine Besonderheiten.[6] Die Rechte des Geschädigten entsprechen im Deliktsrecht des BGB den Rechtsgütern des § 823 I BGB; für die Pflicht der Amtswalter, diese Rechtsgüter bei der Ausübung öffentlicher Gewalt nicht zu verletzen, gilt nichts anderes als schon bei der Amtshaftung. Ein über eine solche Rechtsgutverletzung hinausgehender Vermögensschaden würde in Geld bestehen (nicht in der Veränderung eines tatsächlichen Zustandes) und scheidet schon deshalb als Gegenstand eines »Folgenbeseitigungsanspruchs« aus.

Für die Anspruchs**folgen**, also den Umfang dessen, was mit einem »Folgenbeseitigungsanspruch« an Wiederherstellung verlangt wird, unterscheidet die Rechtsprechung zwischen »unmittelbaren« und »mittelbaren« Schäden und sieht als »mittelbar« verursacht solche an, die erst durch ein hinzutretendes Handeln des Geschädigten entstanden sind. Die Grenzziehung ist unklar, wird aber selten praktisch.[7]

---

5 Deshalb ist es eine müßige Frage, ob der »Folgenbeseitigungsanspruch«, weil kein Bestandteil der Traditionszuweisungen, auch als Schadensersatzanspruch nicht unter § 40 II 1 VwGO fallen würde; vgl. zu dieser Problematik allgemein (L) BVerwGE 37, 231 (235 f.), und dazu noch unten Rn. 273 Fn. 2.

6 Als Rechtsprechungsbeispiel (F) BVerwG NJW 1974, 817 = DÖV 1974, 132 = DVBl. 1974, 239 (Kläranlage).

7 Als neueres Rechtsprechungsbeispiel nochmals (F) BVerwGE 69, 36 (o. Fn. 4): Kreditkosten infolge behördlich angeordneter Bardepoteinlage.

Die Zustandsveränderung zum Nachteil des Geschädigten muß rechtswidrig sein.[8] Die Folgenbeseitigung muß möglich, zulässig und zumutbar sein.

Beispiel (F) VG Köln NJW 1980, 799[9]: In bezug auf eine baufällige Grenzmauer wird rechtmäßig eine Abbruchverfügung erlassen, aber verfahrensfehlerhaft im Wege der Ersatzvornahme vollstreckt. Der Grundstückseigentümer verlangt als »Folgenbeseitigung« den Wiederaufbau der Mauer.

Nach alledem sind bei einem »Folgenbeseitigungsanspruch« folgende Merkmale zu prüfen:

(1) Die Veränderung eines tatsächlichen Zustands,
(2) die nach öffentlichem Recht zu beurteilen ist
(3) und Rechte eines Dritten (des Geschädigten)
(4) verletzt.
(5) Die Wiederherstellung muß möglich, zulässig und zumutbar sein.
(6) Die Vollzugsfolgenbeseitigung entfällt, wenn der Grundverwaltungsakt unanfechtbar ist.

4. Der »enteignungsgleiche Eingriff«

a) Der BGH hat diese Anspruchsgrundlage richterrechtlich für solche in Geld **272**
ausdrückbaren Schäden an einem vermögenswerten Recht entwickelt, die nicht alle Voraussetzungen eines Amtshaftungsanspruchs erfüllen, namentlich solche, die am fehlenden Verschuldensnachweis oder an der Subsidiaritätsklausel des § 839 I 2 BGB oder an der dreijährigen Verjährungsfrist des § 852 BGB scheitern. Die Schädigung muß lediglich rechtswidrig, der »Eingriff« braucht nicht gezielt zu sein; der Anspruch aus »enteignungsgleichem Eingriff« gilt vielmehr auch für nicht gewollte Nebenfolgen. Streng genommen handelt es sich deshalb weder um einen »Eingriff« noch ist die Schädigung »enteignungsgleich«,[1] denn eine Enteignung wäre duldungspflichtig, während der »enteignungsgleiche Eingriff« allenfalls als Ergänzung eines »Folgenbeseitigungsanspruchs« in Betracht kommt.

b) Nach dem Naßauskiesungs-Beschluß des BVerfG ließ sich der »enteignungsgleiche Eingriff« nicht länger auf Art. 14 III GG zurückführen. Der BGH hat ihn (wie schon mehrfach angemerkt) jetzt ebenfalls auf den allgemeinen Aufopferungsgrundsatz umgestellt.[2] Dagegen spricht allerdings, daß die Aufopferung gerade durch die Duldungspflicht der Schadensquelle gekennzeichnet ist, während der »enteignungsgleiche Eingriff« rechtswidrig und deshalb primär als Eingriff im Wege der Anfechtung (von Verwaltungsakten) oder mit Hilfe des »Folgenbeseitigungsanspruchs« (bei Realakten)

8 Als Gegenbeispiel (F) BadWürttVGH BWVBl. 1983, 25: duldungspflichtige Immissionen.

9 Dort auch zur Vorwirkung des § 3 II 1 StHG 1981; zu § 3 StHG 1981 oben Fn. 4.

1 (V) *Wolff/Bachof* I § 60 I c 2.

2 Dazu nochmals (L) BVerfGE 58, 300; BGHZ 90, 17; dort jeweils auch zum folgenden.

angegriffen werden muß. Ein Wahlrecht zwischen Anfechtung und Geldersatz wie in der auch insoweit hochproblematischen früheren Rechtsprechung des BGH hat sich mit dem Naßauskiesungs-Beschluß des BVerfG erledigt. Das dürfte die praktische Bedeutung des »enteignungsgleichen Eingriffs« in Zukunft deutlich mindern.

c) Gegen die Beibehaltung dieser von Anfang an fragwürdigen Anspruchsgrundlage unter anderen Vorzeichen (dem des »aufopferungsgleichen Eingriffs«) sprechen weitere Überlegungen. Die Alternative zur Anerkennung einer solchen Anspruchsgrundlage ist die Beschränkung des Geldersatzes auf die Voraussetzungen des Amtshaftungsanspruchs; der Anspruch auf »Folgenbeseitigung« oder die Abwehrmöglichkeit gegen rechtswidrige Verwaltungsakte bleiben erhalten. In Wahrheit handelt es sich deshalb beim »enteignungsgleichen Eingriff« auch weiterhin um eine teilweise Vorwegnahme der Staatshaftung unter Umgehung des Art. 34 GG in Verbindung mit § 839 BGB, also um ein geradezu klassisches Beispiel von Richterrecht contra legem. Daß es um Staatshaftung geht, wird in neueren Entscheidungen des BGH offen eingeräumt.[3] Dieses Richterrecht läßt sich nicht aus einem Verfassungsrang des allgemeinen Aufopferungsgrundsatzes rechtfertigen,[4] denn so wie das StHG 1981 an der fehlenden (Gesetzgebungs-)Zuständigkeit des Bundes gescheitert ist, steht auch dem Richterrecht des BGH die fehlende Bundeszuständigkeit jedenfalls zur Regelung der Staatshaftung in den Ländern entgegen, für die Staatshaftung des Bundes die gemäß § 31 BVerfGG bestehende Sperrwirkung des BVerfG-Urteils zur Nichtigkeit des StHG 1981 (denn es geht um die Ausfüllung des Art. 34 GG), allgemein die Grenzen der Kompetenz zur richterlichen Rechtsfortbildung dort, wo andernfalls in den Gestaltungsspielraum des Gesetzgebers übergegriffen wird. Aus allen diesen Gründen erklärt sich der fortdauernde Streit um die Anerkennung einer solchen Anspruchsgrundlage.

V. Öffentlichrechtliche Verwahrung

273 Die in § 40 II 1 VwGO vorausgesetzte öffentlichrechtliche Verwahrung ist nur in wenigen Bereichen hinsichtlich ihrer Entstehung und ihrer Rechtsfolgen gesetzlich geregelt, z. B. in der HinterlegungsO oder in den polizeigesetzlichen Vorschriften über Sicherstellung oder Beschlagnahme.[1] In den nicht näher geregelten Fällen entsteht ein öffentlichrechtliches Verwahrungsverhältnis – im Unterschied zur Verwahrung des § 688 BGB – grundsätzlich nicht durch Vertrag, sondern dadurch, daß eine Behörde

---

3 (F) BGH LM § 839 (Cb) BGB Nr. 83 (*Boujong*'sche Formel) mit Anm. *W. Schmidt* (dort auch zum folgenden).

4 Ganz abgesehen davon, daß der BGH und die ihm folgende Literatur den »enteignungsgleichen Eingriff« auf der Ebene des einfachen Rechts ansiedeln.

1 Vgl. §§ 32–34 BadWürttPolG; Art. 25–28 BayPAG; §§ 38–41 BerlASOG; §§ 29–32 BbgVGPolG; §§ 23–26 BremPolG; § 14 HambSOG; §§ 40–43 HSOG; §§ 61–64 MVSOG; §§ 24–27 NdsSOG; §§ 43–46 NWPolG; §§ 22–25 RhPfPOG; §§ 21–24 SaarlPolG; §§ 26–29 SächsPolG; §§ 45–48 SachsAnhSOG; §§ 210–213 SHLVwG; §§ 27–30 ThürPAG. – Die HinterlegungsO findet sich in der Sammlung *Schönfelder* (Nr. 121).

bewegliche Sachen zur Aufbewahrung für eine Privatperson[2] in Besitz nimmt, also durch den tatsächlichen Eintritt eines Verwahrungstatbestandes (– so erklärt sich das Nebeneinander von öffentlichrechtlicher Verwahrung und öffentlichrechtlichem Vertrag in § 40 II 1 VwGO!). Für die Rechtsfolgen (Obhutspflichten, Ansprüche auf Aufwendungsersatz oder Schadensersatz, den Rückgabeanspruch) werden die §§ 690ff. BGB entsprechend angewendet, soweit dies jeweils mit der primären Zielsetzung der Inbesitznahme (z.B. einer Sicherstellung oder Beschlagnahme!) vereinbar ist. Solche Analogien sind also von Fall zu Fall ebenso sorgfältig wie zurückhaltend zu begründen. Für Schadensersatzansprüche des Eigentümers der Sache werden zusätzlich – und mit den gleichen Einschränkungen – §§ 276, 278, 280, 282 BGB entsprechend angewendet; damit wird die Rechtslage im Vergleich mit einem Amtshaftungsanspruch verbessert.[3]

VI. Der öffentlichrechtliche Erstattungsanspruch

Der Erstattungsanspruch ist das öffentlichrechtliche Gegenstück zur privat- **274**
rechtlichen ungerechtfertigten Bereicherung. Wie diese zielt er darauf, eine rechtsgrundlose Vermögensverschiebung rückgängig zu machen. Er ist teils allgemeingesetzlich (§ 48 II 5–8 VwVfG), teils spezialgesetzlich (z.B. in § 44 a BHO; § 53 II BRRG, § 87 II BBG) geregelt,[1] im übrigen aber als eigenständiges Rechtsinstitut des Verwaltungsrechts anerkannt; überwiegend wird er aus dem Grundsatz der Gesetzmäßigkeit der Verwaltung (Art. 20 III GG) abgeleitet.[2] Für die Ableitung des öffentlichrechtlichen Erstattungsanspruchs sind deshalb die §§ 812ff. BGB noch nicht heranzuziehen; sie können seine einzelnen Entstehungsvoraussetzungen verdeutlichen helfen, sind jedoch auf den Vertrauensschutz wegen Wegfalls der Bereicherung (vgl. §§ 818 III, 819 I BGB) nur sehr eingeschränkt anwendbar.[3] Grundsätzlich gilt: der öffentlichrechtliche Erstattungsanspruch verdrängt die Bereicherungsvorschriften des BGB.

Die Entstehung eines öffentlichrechtlichen Erstattungsanspruchs setzt drei-

2 Für den entgegengesetzten Fall der öffentlichrechtlichen Verwahrung durch eine Privatperson für eine Behörde wird als Beispiel (F) VG Arnsberg JuS 1975, 401 – und dazu (V) *H. Müller*, JuS 1977, 232 – zitiert. Für Ansprüche der Behörde gilt nicht § 40 II 1 VwGO! Dazu allgemein (L) BVerwGE 37, 231 (235f.); vgl. auch schon oben Rn. 271 Fn. 5.

3 Dazu – wie zur öffentlichrechtlichen Verwahrung allgemein – (V) *Erichsen/Martens* § 30 Rn. 4–7, oder *Schwerdtfeger* Rn. 259–262, sowie das nicht ganz einfache Rechtsprechungsbeispiel (V) BVerwGE 52, 247 (254).

1 Das ErstattungsG (*Sartorius* I Nr. 215) regelt hingegen keinen öffentlichrechtlichen Erstattungsanspruch; dazu (V) *Maurer* § 28 Rn. 30.

2 (F) BVerwGE 48, 279 (286); im übrigen zum öffentlichrechtlichen Erstattungsanspruch (F) *Bull*, S. 285, oder *Erichsen/Martens* § 30 III, oder *Maurer* § 28 Rn. 20–29 (dort jeweils auch zum folgenden).

3 Dazu (L) BVerwGE 71, 85 (88f.).

erlei voraus: (1) im Rahmen eines öffentlichrechtlichen Rechtsverhältnisses[4] muß (2) eine unmittelbare Vermögensverschiebung stattgefunden haben, (3) für die der rechtliche Grund fehlt oder später weggefallen ist.[5] Ist die Leistung aufgrund eines Verwaltungsakts bewirkt worden, so liefert dieser auch dann den Rechtsgrund, wenn er zwar rechtswidrig, aber noch wirksam (vgl. § 43 II VwVfG) ist; der Verwaltungsakt muß also zunächst zurückgenommen (§ 48 II 5 VwVfG!) oder anderweitig aufgehoben werden.
Die Frage nach einem Wegfall der Bereicherung wird im Verwaltungsrecht unter dem Stichwort »Vertrauensschutz« diskutiert und differenziert beantwortet. Drei Fallgruppen sind zu unterscheiden: (1) Der Staat oder einer seiner Verwaltungsträger kann sich nicht auf Vertrauensschutz berufen.[6] (2) Wenn ein Bürger Leistungen aufgrund eines rechtswidrigen Verwaltungsakts erhalten hat, gilt § 48 II VwVfG. (3) Hat ein Bürger auf anderer Grundlage (also ohne Bewilligungsbescheid) eine Leistung erhalten, so gilt dem BVerwG[7] zufolge ebenfalls ein (im Vergleich mit §§ 818 III, 819 I BGB) abgeschwächter Vertrauensschutz wie z. B. in § 48 II VwVfG.
Die verfahrensrechtlichen Möglichkeiten für eine Behörde, einen öffentlichrechtlichen Erstattungsanspruch durchzusetzen, richten sich danach, ob die Leistung aufgrund eines Verwaltungsakts bewirkt worden ist oder nicht. Ist die Leistung aufgrund eines Verwaltungsakts bewirkt worden, so ist der Erstattungsanspruch im Wege des Leistungsbescheids durchzusetzen, »denn der Erstattungsanspruch stellt die Kehrseite des Leistungsanspruchs dar«.[8] Das ergibt sich inzwischen auch aus § 48 II 8 VwVfG (: »festgesetzt«). In allen anderen Fällen ist die allgemeine Leistungsklage zu erheben.[9] Im Rahmen solcher Rückabwicklungen kann es auch im öffentlichen Recht zu Aufrechnungsproblemen kommen.[10]

VII. »Geschäftsführung ohne Auftrag« auch im öffentlichen Recht?

275 a) Ansprüche auf Aufwendungsersatz im Zusammenhang mit einer öffentlichrechtlichen »Geschäftsführung ohne Auftrag« werden aus einer entspre-

4 Die Zuordnung zum öffentlichen (oder privaten) Recht kann, weil die Leistung rechtsgrundlos erfolgt ist, nur an dem vermeintlichen Leistungsanspruch (also gleichsam hypothetisch) ausgerichtet werden. Der Erstattungsanspruch teilt die Rechtsqualität des Leistungsanspruchs, den er umkehrt; (V) BVerwG DVBl. 1980, 686 (687); BVerwGE 55, 337 (339) – sog. »Kehrseitentheorie«.
5 Dazu (V) BadWürttVGH ESVGH 30, 166 (167).
6 (L) BVerwGE 71, 85 (89).
7 (L) BVerwGE 71, 85 (90).
8 (F) BVerwGE 40, 85 (89); vgl. auch schon oben Fn. 4.
9 Als Beispiel (F) OVG Münster OVGE 35, 224 = DÖV 1982, 124: Rückforderung einer irrtümlich erstatteten (!) Rundfunkgebühr.
10 Dazu (V) *W. Schmidt*, JuS 1984, 28 ff. (30, 32 f.).

chenden Anwendung der §§ 683, 670 BGB abgeleitet.[1] Die Rechtsprechung erkennt diese Konstruktion grundsätzlich an,[2] liefert aber nur wenige praktische Beispiele; in der Literatur ist diese Anleihe beim BGB in den Einzelheiten umstritten.[3] Zum Verständnis der Diskussion bedarf es der Erinnerung, von welchen Voraussetzungen der Anspruch aus §§ 683, 670 BGB im Zivilrecht abhängt und was davon überhaupt auf öffentlichrechtliches Handeln übertragbar ist.
Die zivilrechtliche Geschäftsführung ohne Auftrag ist nur zulässig, wenn die Geschäftsführung im Interesse eines anderen (des »Geschäftsherrn«) dessen wirklichem oder mutmaßlichem Willen entspricht. Beide Anspruchsvoraussetzungen zusammen (Interesse und wirklicher oder mußmaßlicher Wille des Geschäftsherrn) liefern einen Rechtsgrund für die wirtschaftlichen Folgen der Geschäftsführung; ein Anspruch aus ungerechtfertigter Bereicherung (des Handelnden gegen den durch das Handeln Begünstigten) scheidet deshalb aus. Öffentlichrechtliches Handeln wird nicht schon durch den wirklichen oder mutmaßlichen Willen desjenigen, in dessen Interesse gehandelt wurde, gerechtfertigt, sondern bedarf gemäß dem verfassungsrechtlichen Grundsatz der Gesetzmäßigkeit der Verwaltung (Art. 20 III GG) einer Rechtsgrundlage. Auf den (wirklichen oder mußtmaßlichen) Willen des eigentlichen Berechtigten oder Verpflichteten kann es nur im Rahmen dieser Rechtsgrundlage ankommen, also nur dann, wenn der Rechtssatz ein Ermessen einräumt. Fehlt eine solche Rechtsgrundlage, so bleibt nur noch ein Anspruch auf Erstattung (oben Rn. 274). Gibt es hingegen eine solche Rechtsgrundlage, so ist zunächst zu prüfen, ob sie nicht auch den Aufwendungsersatz zugunsten des Handelns regelt. Beispiele solcher Regelungen liefert das Sozialhilferecht für das Verhältnis unterschiedlicher Behörden (§§ 103–113 BSHG) und für das Handeln Privater in einer Nothilfesituation (§ 121 BSHG; vgl. § 679 BGB: »nicht rechtzeitig«).

b) Auch für die Diskussion der Grundsatz- und der Einzelfragen ist danach zu unterscheiden, wer in wessen Interesse gehandelt hat: (1) eine Behörde für eine andere Behörde, (2) ein Privater für eine Behörde oder einen anderen Privaten oder (3) eine Behörde für einen Privaten.

(1) Die erste Fallgruppe (Behörde für Behörde) entspricht einer Amtshilfe ohne Ersuchen (vgl. § 4 VwVfG). Deshalb kann inzwischen auch daran

1 (L) BVerwGE 80, 170 (172ff.). Die von (F) *Maurer* § 28 Rn. 14, genannten Schadensersatzansprüche des Geschäftsherrn wegen unzulässiger Geschäftsführung ohne Auftrag betreffen nur die zivilrechtliche Geschäftsführung ohne Auftrag [vgl. unten zu (3)]; das öffentlichrechtliche Seitenstück ist hier der Anspruch aus Art. 34 GG, § 839 BGB (vgl. *Maurer*, aaO).
2 Dazu inzwischen (L) BVerwGE 80, 170.
3 Aus der Lehrbuchliteratur außer (F) *Maurer* § 28 Rn. 10–14 noch (F) *Erichsen/Martens* § 30 Rn. 8–18, oder *Schwerdtfeger* Rn. 263–271.

gedacht werden, § 8 VwVfG entsprechend anzuwenden,[4] dies aber auf die Fälle von Nothilfe zu begrenzen und im übrigen auf die öffentlichrechtliche Erstattung zu verweisen. Die (ältere) Rechtsprechung (aus der Zeit vor Geltung des VwVfG) wendet ohne solche Einschränkungen §§ 683, 670 BGB sinngemäß an.[5]

(2) Die öffentlichrechtliche Geschäftsführung durch Private kommt jedenfalls nicht für hoheitliches Handeln, sondern nur im Bereich der Realakte in Betracht. Als Beispiel für eine Geschäftsführung im Interesse einer Behörde hat die Rechtsprechung die Verlegung einer Kanalisationsleitung angesehen,[6] als Beispiel für eine Geschäftsführung unter Privaten, aber auf dem Gebiet des öffentlichen Rechts kann an die Erfüllung einer öffentlichrechtlichen Streupflicht für einen abwesenden Nachbarn gedacht werden.

(3) Behörden bedürfen für öffentlichrechtliches Handeln, das Private mit Kosten belastet, immer einer Rechtsgrundlage; insoweit handeln sie nicht ohne gesetzlichen Auftrag und auch nicht ohne Rechtsgrund. Weder öffentlichrechtliche Geschäftsführung ohne Auftrag noch Ansprüche aus öffentlichrechtlicher Erstattung kommen in Betracht. Zudem erfüllen sie ein eigenes Geschäft. Gleichwohl hat der BGH in solchen Fällen, in denen es keine Regelung über die Kostentragung gibt (deshalb nicht in den Fällen einer verwaltungsvollstreckungsrechtlichen Ersatzvornahme! -dazu oben Rn. 171), angenommen, die Behörde habe zugleich ein Geschäft des Privaten **mit**besorgen wollen, und hier einen Aufwendungsanspruch gemäß §§ 683, 670 BGB aus zivilrechtlicher (nicht öffentlichrechtlicher!) Geschäftsführung ohne Auftrag zuerkannt. Beispiele lieferte jeweils der Einsatz der (unstreitig öffentlichrechtlich handelnden) Feuerwehr bei der Brandbekämpfung oder bei Öltankwagenunfällen.[7] Diese Konstruktion einer Doppelnatur des behördlichen Handelns (als öffentlichrechtliche Gefahrenabwehr und zugleich zivilrechtliche Geschäftsführung ohne Auftrag)[8] wird in der neueren Literatur als Umgehung des Gesetzmäßigkeitsgrundsatzes zunehmend abgelehnt.[9] Aber ganz abgesehen von solchen mehr methodischen Einwänden scheitert eine zivilrechtliche Geschäftsführung ohne Auftrag

4 Dafür (F) *Bull*, S. 286; dagegen (F) *Meyer/Borgs* § 4 Rn. 18.

5 Dazu (F) OVG Münster NJW 1976, 1956.

6 (F) BadWürttVGH ESVGH 27, 125; dazu (V) *Schulze-Osterloh*, JuS 1978, 59.

7 (F) BGHZ 40, 28; 63, 167 – dazu (V) *H. Weber*, JuS 1975, 248 f.; vgl. auch (F) BGHZ 65, 384, und dazu (V) *K. Schmidt*, JuS 1976, 602 (m. w. N.).

8 Weil die Feuerwehr zur Gefahrenabwehr verpflichtet ist, hat sie nicht etwa die Wahl, »nur privatrechtlich« zu handeln; mißverständlich insoweit (V) *K. Schmidt*, aaO (Fn. 7).

9 (F) *Maurer* § 28 Rn. 12, sowie die Nachweise bei *K. Schmidt* (Fn. 7).

schon an § 677 BGB, denn Geschäftsführung ohne Auftrag scheidet aus, wenn der Geschäftsführer dem Geschäftsherrn gegenüber auch ohne Auftrag »sonst« zur Geschäftsführung »berechtigt« ist. Diese Berechtigung ergibt sich aus der öffentlichrechtlichen Gefahrenabwehrregelung; sie berechtigt und verpflichtet die Behörde auch im Verhältnis zu dem Privaten, dessen Interesse die Gefahrenabwehrmaßnahme zugleich dient. Der Pflicht der Behörde entspricht der Anspruch des Privaten, sofern die Gefahrenabwehr im konkreten Fall zugleich seine Individualbelange schützt.[10] Damit besteht zwischen Behörde und Privatem ein gesetzliches Rechtsverhältnis, das eine Geschäftsführung ohne Auftrag ausschließt.

10 Zu diesem Anspruch auf polizeiliches Einschreiten oben Rn. 197 mit Fn. 3.

Gesetzesregister (GG und Bundesrecht)

Zahlen = Randnummern; Zahlen hinter Schrägstrich = Fußnoten

AO

AtG (mit AtVfV)

a) AtG

b) AtVfG

AuslG

BauGB

BHO

BImSchG

BRAO

BRRG

BSeuchenG

BSHG

BVerfGG

BVwVG

DVAuslG

EGBGB

Entscheidungsregister

Zahlen = Randnummern; Zahlen hinter Schrägstrich = Fußnoten

I. BVerfG

1. BVerfGE

Zeitschriftenabdrucke

II. BVerwG

1. BVerwGE

2. Zeitschriftenabdrucke

III. BGH

1. BGHZ

2. Abdrucke in sonstigen Entscheidungssammlungen/Zeitschriftenabdrucke

IV. BSG

BSGE

V. Landesverfassungsgerichte

1. BayVerfGH

2. HessStGH

VI. Oberverwaltungsgerichte, Verwaltungsgerichtshöfe

1. Bad.-Württ. VGH

2. BayVGH

3. OVG Berlin

4. OVG Bremen

5. HessVGH

6. OVG Lüneburg

7. OVG Münster

8. OVG Rheinl.-Pfalz

9. OVG Saarlouis

VII. Verwaltungsgerichte

VG Arnsberg

VG Berlin

VG Hamburg

VG Köln

VG Oldenburg

VIII. Ordentliche Gerichte

BayObLG

Sachregister

Zahlen = Randnummern, Zahlen nach Schrägstrich = Fußnoten, s. = siehe, s. a. = siehe auch